MICHAEL E. RAYNOR & MUMTAZ AHMED

AS TRÊS REGRAS

COMO AS EMPRESAS EXCEPCIONAIS PENSAM

Tradutora
Alessandra Mussi Araujo

Do original: *The Three Rules*
Tradução autorizada do idioma inglês da edição publicada por Penguin Group
Copyright © 2013, by Deloitte Development LLC

© 2014, Elsevier Editora Ltda.

Todos os direitos reservados e protegidos pela Lei nº 9.610, de 19/02/1998.

Nenhuma parte deste livro, sem autorização prévia por escrito da editora, poderá ser reproduzida ou transmitida sejam quais forem os meios empregados: eletrônicos, mecânicos, fotográficos, gravação ou quaisquer outros.

Copidesque: Vicktoria Adler
Revisão: Edna Cavalcanti
Editoração Eletrônica: Estúdio Castellani

Elsevier Editora Ltda.
Conhecimento sem Fronteiras
Rua Sete de Setembro, 111 – 16º andar
20050-006 – Centro – Rio de Janeiro – RJ – Brasil

Rua Quintana, 753 – 8º andar
04569-011 – Brooklin – São Paulo – SP – Brasil

Serviço de Atendimento ao Cliente
0800-0265340
atendimento1@elsevier.com

ISBN 978-85-352-7532-2
ISBN (versão digital): 978-85-352-7533-9
Edição original: ISBN: 978-1-59184-614-7

Nota: Muito zelo e técnica foram empregados na edição desta obra. No entanto, podem ocorrer erros de digitação, impressão ou dúvida conceitual. Em qualquer das hipóteses, solicitamos a comunicação ao nosso Serviço de Atendimento ao Cliente, para que possamos esclarecer ou encaminhar a questão.

Nem a editora nem o autor assumem qualquer responsabilidade por eventuais danos ou perdas a pessoas ou bens, originados do uso desta publicação.

CIP-Brasil. Catalogação na Publicação
Sindicato Nacional dos Editores de Livros, RJ

R216t   Raynor, Michael E.
    As três regras: como as empresas excepcionais pensam / Michael E. Raynor, Mumtaz Ahmed; tradução Alessandra Mussi Araujo. – [1. ed., reimpr.] – Rio de Janeiro: Elsevier, 2014.

    Tradução de: The three rules
    Inclui índice
    Sumário
    ISBN 978-85-352-7532-2

    1. Administração de empresas. I. Ahmed, Mumtaz. II. Título.

13-06776   CDD: 658
                                                          CDU: 658

AGRADECIMENTOS

Se persistisse em sua tolice, o tolo se tornaria sábio.

William Blake (1757–1827), "Provérbios do inferno" (1793),
O matrimônio do céu e do inferno

Não sabíamos disso na época, mas este projeto foi concebido no fim de 2001. Mumtaz tinha ideias sobre inovação de modelos de negócios e seu trabalho culminou no artigo "Bottom Feeding for Blockbuster Businesses", publicado em 2003 pela *Harvard Business Review*. Conforme conversávamos sobre se o trabalho teria desdobramentos e poderia servir de base para aprofundar a pesquisa, começamos a questionar a premissa fundamental não só dessa iniciativa, mas de grande parte da pesquisa na área de gestão: Por que as empresas tidas como exemplares e dignas de imitação são tão iguais e, ao mesmo tempo, tão mutáveis? Quase sempre, dizem que uma empresa apresenta desempenho notavelmente bom porque adotou esta ou aquela prática. Mas o que caracteriza tal desempenho como notável? Para ilustrar nossa reflexão em termos de alto contraste, como podemos saber se uma empresa realmente alcançou algo digno de atenção ou apenas ganhou popularidade graças a uma recente onda de pura sorte?

Quanto mais insistíamos nessa pergunta, mais desiludidos ficávamos em saber como outros pesquisadores lidavam com a questão. Especialmente no gênero de pesquisa conhecido como "estudos de casos de sucesso", concluímos que quase ninguém abordava com rigor a questão sobre por que uma empresa mereceria atenção. Os critérios de desempenho eram justificados apenas com base no que instituições consagradas qualificavam como resultados dignos de nota. Ficamos com a impressão de que não havia bons motivos para acreditar nos estudos de casos de sucesso disponíveis na época, nem nos que surgiram desde então.

Assim, batizamos nosso esforço como "Projeto da persistência" ("The Persistence Project"), pois estávamos em busca de empresas que apresentaram alto desempenho de modo persistente. Este é um "projeto" mais em nome do que em substância, visto que exploramos o problema de 2003 a 2006, encaixando outras oportunidades de pequeno e grande porte que surgiram no período. Se tivemos algum avanço, foi graças a colegas aos quais convencemos a nos ajudar: Jim Wappler foi o primeiro, seguido por Paul Goydan, Jim Guzcza e Jeff Schulz. Com eles, conseguimos gerar insights importantes e úteis, mas nosso objetivo maior continuava longe de nossas mãos.

Assim, persistimos.

Foi no início de 2007, quando Mumtaz encontrou o Professor Andy Henderson na University of Texas em Austin, que começamos, de fato, a avançar rumo à solução do problema. A percepção aguçada, a criatividade, a expertise técnica, o bom humor e a paciência aparentemente inesgotável de Andy mostraram-se qualidades inestimáveis. No fim de 2008, demos o primeiro passo crucial: criamos uma "tabela atuarial" para o desempenho corporativo. Finalmente, sentimos que conseguimos, se não saber ao certo se uma empresa apresentara desempenho espetacular, pelo menos quantificar sua probabilidade de atingir um desempenho notável, especial e excepcional. Este trabalho foi publicado pela *Harvard Business Review* em 2009 e, com Andy como autor principal, no *Strategic Management Journal*, em 2012. Nossa persistência valeu a pena.

A próxima etapa foi usar a nova ferramenta para identificar uma amostra de empresas excepcionais e analisá-las em maior profundidade. Lige Shao e Tamara Fossey foram indispensáveis em manter o projeto em andamento enquanto passamos meses examinando listas de empresas e conduzindo uma pesquisa preliminar na tentativa de encontrar comparações que nos permitissem identificar os fatores determinantes do desempenho excepcional. O próprio Phil Rosenzweig do IMD colocou-se à disposição para várias conversas produtivas e incentivou-nos, enquanto lutávamos com o problema da seleção das amostragens. Consideramos vários designs de pesquisa e centenas de empresas em várias combinações e permutas. Foi um trabalho meticuloso e, muitas vezes, frustrante, mas a promessa de uma amostra de estudos de caso com empresas de desempenho comprovadamente excepcional era fascinante demais. Assim, persistimos.

Em 2008, estabelecemos nossos trios – as instituições cujos estudos de caso são apresentados neste livro – e começamos a procurar diferenças comportamentais relevantes entre elas. Com colegas nos Estados Unidos e na Índia, conseguimos contar com equipes dinâmicas em cada um dos trios por até um ano.

Algumas respostas expressivas eram, na verdade, ambíguas. Nossa história no Capítulo 1, de becos sem saída e desfiladeiros, não é um mero mecanismo de retórica – foi exatamente o que aconteceu. Recorremos a Margot Bellamy nos Estados Unidos e a Divakar Goswami na Índia para nos manter no prumo. Margot e Divakar foram incansáveis no trabalho com os quadros contextuais em constante mudança, organizando estruturas, suprindo a necessidade de dados em maior volume e variedade, trazendo novos integrantes para a equipe de modo rápido e eficaz, e descobrindo maneiras de condensar a enorme quantidade de informação em algo digerível, sem perder a substância.

Em momentos diferentes, todas as pessoas na tabela que se segue contribuíram de alguma forma no estudo do setor ou do trio de empresas do outro, mas o crédito principal sobre o conhecimento que adquirimos em cada segmento pertence a estes indivíduos:

Trio	Equipe
Semicondutores	Margot Bellamy, Florence Evina-Ze, Ally Ward
Dispositivos médicos	Divakar Goswami, Sukanya Kannappan, Praveen Tanguturi
Material elétrico	Geetendra Wadekar, Susmit Datta, Divya Ravichandran, Ashish Gambhir, Anand Kalra
Vestuário	Divakar Goswami, Selva Kandasamy, Siddharth Ramalingam
Confeitaria	Ben Barclay, Andy Ho, Megana Gowda, Eric Chan
Gêneros alimentícios	Divakar Goswami, Selva Kandasamy, Geetendra Wadekar, Praveen Tanguturi, Ashish Gambhir
Indústria farmacêutica	Divakar Goswami, Vinay Hukumchand, Divya Ravichandran, Anand Kalra, Lajja Modhiya
Transporte rodoviário	Margot Bellamy, Kalyn Fink, Masha Rozen
Eletrodomésticos	Margot Bellamy, Kalyn Fink

Mir Hyder Ali, Mitchell Evans, Zach Finlay, Aleen Khan, Vishwas Krishnamurty e Ben Roberts também ajudaram com as monografias e vários outros elementos do projeto. Graças a seus esforços, em 2011, para cada trio analisado neste livro havia uma monografia de trinta páginas com a análise da evolução do setor, uma série de *players* de destaque além do trio escolhido e explicações detalhadas das diferenças no desempenho entre as empresas de cada trio. Para cada fato em cada organização citada neste livro, essas equipes revelaram dezenas de situações correlatas.

Nossa persistência valera a pena.

Em paralelo a esses esforços, trabalhamos em estreito contato com Jeff Schulz para resumir nossos achados e criar uma conexão quantitativa entre nossos *cases* e os pormenores das diferenças de desempenho que gostaríamos de explicar. Experimentamos uma série de técnicas analíticas e enquadramentos conceituais que consideramos capazes de trazer ordem ao caos – vários deles divulgados em artigos da *Deloitte Review* em coautoria com Jeff, no início de 2010. Fizemos apresentações para nossos colegas nos Estados Unidos e em todo o mundo, falando sobre o desempenho excepcional em termos de M&A (fusões e aquisições), inovação, globalização e execução. Esses esforços geraram seus próprios insights, mas nos mantivemos sempre atentos contra anomalias vexatórias, dados recalcitrantes e contradições definitivas. Assim, persistimos.

Reformulamos tudo – tudo! – talvez meia dúzia de vezes, abandonando, a cada recomeço, meses de trabalho. Às vezes, era difícil não desanimar e por isso somos imensamente gratos pelo incansável apoio de Joe Echevarria, ex-CEO da Deloitte que, durante grande parte deste projeto, atuou como COO dessa renomada consultoria. Joe garantiu que o projeto contasse com sólidos recursos materiais e conseguiu a adesão da liderança de toda a corporação a fim de afastar as pessoas altamente capazes de que precisávamos de suas funções no atendimento aos clientes durante meses a fio. Foi um ato de fé da parte de Joe, que nos inspirou e conquistou. Nossos colegas do atendimento ao cliente foram incessantemente solícitos e generosos em encontrar maneiras de nos proporcionar liberdade de expressão em nossas discussões sobre as empresas as quais sentimos orgulho em atender com distinção.

Somente em meados de 2011 os gráficos de perfil de desempenho e as tabelas de elementos de vantagem surgiram como as principais ferramentas analíticas que nos permitiram ver as três regras como os principais fatores determinantes do desempenho excepcional. Selvarajan Kandasamy, Jeff Schulz e Geetendra Wadekar sofreram na produção das incontáveis versões desses modelos, mas encararam cada solicitação de um novo modo de exibição dos dados com tamanho vigor e atenção aos detalhes que nem pareciam estar envolvidos no que parecia uma labuta sem fim. Andy Henderson, que pensara ter escapado de nossas garras, permitiu-se graciosamente ser atrelado ao projeto enquanto desenvolvemos os modelos estatísticos que serviram de base para a aplicabilidade geral de nossos principais achados. Margot e Ben Barclay fizeram um esforço adicional revisando e sintetizando os modelos que usamos para avaliar a importância das diferenças comportamentais em relação às diferenças de ROA (return on assets – retorno sobre os ativos). Finalmente, pelo menos para nós, chegamos a achados interessantes e a uma história que consideramos digna de ser contada. Nossa persistência valera a pena.

Novembro de 2011 marcou o início do processo de escrita. Dwight Allen e Jeff Johnson agora se sentiam punidos pela ajuda dada nos projetos anteriores, pois enviávamos uma versão atrás da outra. Experimentamos diferentes metáforas e níveis de detalhamento, rasgando o manuscrito e começando do zero nos oito meses seguintes. Ao contrário de grande parte do trabalho feito antes, o projeto tornou-se um esforço dolorosamente solitário. Como antes, porém, nossos colegas nos tranquilizavam de que o esforço valeria a pena.

Assim, persistimos.

No segundo semestre de 2012, concluímos o primeiro capítulo e a estrutura do livro que tem em mãos. E então, uma nova maratona teve início, que foi do Dia do Trabalho (3 de setembro, nos Estados Unidos) até o Dia de Ação de Graças (22 de novembro), período em que acordávamos às 4h30 da manhã e produzimos uma média de um capítulo por mês. Do Dia de Ação de Graças ao Natal, trabalhamos na revisão e edição que resultaram em um corte de 30% no tamanho do livro. Entre janeiro e fevereiro trabalhamos na organização do manuscrito, cuidando de todos os detalhes finais, deixando o livro o mais correto possível, processo que culminou com a inclusão do Apêndice J. Foi uma verdadeira corrida contra o tempo que testou a paciência de todos, mas ninguém deu sinal de cansaço: Ben, Margot, Adam Brown, Divakar, Andy, Selva e Geetendra foram importunados com infinitas solicitações "finais" de última hora para verificar novamente isso, reformatar aquilo, realizar mais uma vez aquela análise etc.

E aqui está este livro – o resultado mais palpável do nosso esforço e do empenho de nossos colegas. Para realizar um projeto desta dimensão, contamos com uma equipe de apoio que inclui Wes Neff, do Leigh Bureau, que acompanhou todo o desenrolar desta criação, sempre com uma oportuna e muito bem-vinda palavra de incentivo. Contamos também com o suporte de Adrian Zackheim e Niki Papadopolous da Portfolio/Penguin, que nos ajudaram a encontrar uma forma diferente, porém eficaz, de falar sobre estratégia para um vasto, exigente e perspicaz público. Na reta final para a conclusão do trabalho, Niki e Natalie Horbachevsky foram infalivelmente solícitos, sempre nos lembrando dos prazos para que conseguíssemos cumprir a data de publicação acordada.

Agora podemos ver se nossa persistência valeu a pena.

Esperamos que sim, é claro, e o impacto deste livro será um indicador do mérito de termos embarcado nesta inesperadamente longa e difícil jornada, sem desistir no meio do caminho. Quaisquer que sejam os resultados futuros, não conseguimos deixar de sentir que isto tudo é apenas o começo. Daqui em diante, esperamos usar não só as regras que descobrimos, mas também os métodos analíticos que desenvolvemos para aprofundar e ampliar nosso entendimento do que impulsiona o desempenho excepcional em empresas de todos os tipos pelo mundo. Sentimos como se tivéssemos criado o protótipo de um relógio que registra o tempo no mar, permitindo-nos medir a longitude com precisão suficiente para explorar a desconhecida vastidão à nossa frente. Nossos esforços nos exauriram, mas regozijamo-nos com o que nos possibilitaram.

Por fim, terminamos com a costumeira, mas sincera, expressão de gratidão pessoal às pessoas mais próximas.

De Mumtaz

Minha mãe, Jameela, por ensinar-me desde cedo a ter perseverança e excelência. Minha esposa, Munira, pelo apoio e incentivo incansáveis; e minhas filhas, Zohra e Zainab, pela divertida leveza durante todo o processo.
San Francisco, Califórnia
Fevereiro de 2013

De Michael

Sempre fico atônito e muito grato pela persistência que minha maravilhosa esposa, Annabel, demonstra em tudo o que vivemos juntos. Ela nunca perde de vista o que realmente importa. Sem ela, certamente me perderia.
Mississauga, Ontário
Fevereiro de 2013

PREFÁCIO À EDIÇÃO BRASILEIRA

O tripé da excelência

A Deloitte tem orgulho em apoiar a iniciativa que traz para o país uma das obras mais influentes do mundo dos negócios nos últimos anos. Escrito por dois líderes da nossa organização nos Estados Unidos, *As três regras* apresenta um estudo rigoroso e de fôlego, que certamente marcará época. A publicação analisa o desempenho de 25 mil empresas em mais de quatro décadas, para traçar as estratégias comuns às organizações mais bem-sucedidas ao longo do período.

Essa grande pesquisa permitiu a consolidação das conclusões em um tripé de princípios que representa referências essenciais para os agentes de negócios. Os autores exploram cada uma das "regras" com exemplos ricos e comparações objetivas entre empresas de diversos segmentos de atuação.

Ao se debruçarem sobre empresas que cultivaram o seu sucesso ao longo de décadas, os autores não se prendem a modismos. Com clareza e solidez, os conceitos apresentados foram construídos de forma a apoiar as futuras estratégias das empresas ainda por muitos e muitos anos.

Se o objetivo de sua organização é obter mais do que sucesso, garantindo uma evolução histórica verdadeiramente espetacular, tenho certeza de que você vai encontrar empatia com os conteúdos das próximas páginas, desvendando com prazer o que está por trás dos mais vibrantes casos de excelência do mundo empresarial.

Uma ótima leitura!

Ricardo Balkins
Managing Director da Deloitte Consulting no Brasil

SUMÁRIO

AGRADECIMENTOS   III

PREFÁCIO À EDIÇÃO BRASILEIRA   IX

CAPÍTULO 1
Mais do que um biscoito da sorte   1

CAPÍTULO 2
Encontrando um sinal no ruído   31

CAPÍTULO 3
O melhor antes do mais barato   53

CAPÍTULO 4
Receita antes do custo   95

CAPÍTULO 5
Não existem outras regras   139

CAPÍTULO 6
Por que seguir as três regras   187

APÊNDICES   207

NOTAS   319

ÍNDICE   343

CAPÍTULO 1

Mais do que um biscoito da sorte

A busca pela grandeza leva naturalmente ao estudo de grandes empresas. Infelizmente, o estudo das grandes empresas não leva de forma natural a um grande insight. Estudos sobre o fluxo e o refluxo dos principais atores normalmente geram explicações fundamentadas na concatenação de eventos improváveis e impossíveis de se repetirem.[1] Isso normalmente equivale a um pouco mais do que uma biografia corporativa interessante, ficando muito longe das poderosas generalizações que buscamos.[2]

Para estar além da simples narrativa é necessário que isolemos os efeitos dos comportamentos da empresa em relação ao seu desempenho de outras influências significativas, tais como a estrutura do setor, o ritmo e a natureza das mudanças tecnológicas, regimes regulatórios imprevisíveis, globalização e assim por diante – até mesmo da pura sorte. Esses fatores constituem o ruído do sistema no qual todas as empresas operam e precisamos encontrar uma forma de filtrá-lo, se quisermos escutar o sinal (algumas vezes fraco) gerado pelas medidas que as empresas tomam e que afetam os resultados de interesse.

Com isso em mente, nossa busca pelos vetores de um desempenho superior e de longo prazo começou com uma premissa totalmente diferente: os fatores que determinam um desempenho de destaque não são óbvios. Não basta apenas estabelecer um índice para o desempenho, não importa o quão exigente isso possa parecer, e ver quem consegue alcançá-lo. Também não basta classificar uma amostra ou uma série de empresas e focar naquelas que estão no topo da lista. Cada abordagem nos deixa muito suscetíveis a nos concentrar em navegadores sem rumo. Queríamos apenas as empresas que fossem boas o bastante, e durante um bom tempo, de forma que pudéssemos ter certeza de que algo especial estava acontecendo. Queríamos empresas que fossem realmente *excepcionais*.

Com essa finalidade, analisamos os 45 anos de dados da Compustat sobre mais de 25.000 empresas exclusivas com cerca de 300.000 observações por ano com relação a cada empresa, de 1966 a 2010. A partir desse universo, identificamos uma população de 344 empresas excepcionais em duas categorias: 174 *Miracle Workers* (fazedores de milagres), ou os melhores entre os melhores, e 170 *Long Runners* (fundistas) – também excepcionais, porém em um nível mais baixo e durante um período maior. (O significado desses rótulos será explicado no Capítulo 2.[3] Por enquanto, pense nisso como a diferença entre a medalha de ouro e a de prata dos vencedores.)

TABELA 1 **Os nove trios**

Setor	Miracle Worker (fazedor de milagres)	Long Runner (fundista)	Average Joe (mediano)
Semicondutores	Linear Technology	Micropac Industries	International Rectifier
Equipamentos médicos	Medtronic	Stryker	Invacare
Material elétrico	Thomas & Betts	Hubbell	Emrise
Confecção	Abercrombie & Fitch	Finish Line	Syms
Confeitaria	Wm. Wrigley Jr. Company	Tootsie Roll Industries	Rocky Mountain Chocolate Factory
Alimentos	Weis Markets	Publix Super Markets	Whole Foods Market
Farmacêutico	Merck & Co.	Eli Lilly & Co.	KV Pharmaceutical
Transportes	Heartland Express	Werner Enterprises	P.A.M. Transportation Services
Eletrodomésticos	Maytag	HMI Industries	Whirlpool

Fonte: Compustat; análise dos autores.

> O desempenho financeiro de todas as empresas se dá por meio da combinação de habilidade e sorte. Usamos técnicas estatísticas avançadas para identificar as organizações que apresentaram um bom desempenho durante um bom tempo, mas que excluíram a sorte como a origem principal de seu sucesso. Essas são as empresas "excepcionais".

A partir dessa série de empresas excepcionais, selecionamos um trio de amostra representativo, três empresas de cada um dos nove setores. Cada trio é formado por um *Miracle Worker*, um *Long Runner* e uma terceira empresa de desempenho mediano a que chamamos de *Average Joe*. Comparando a melhor com a muito boa, e ambas com a de desempenho mediano, esperamos esclarecer dois tipos diferentes de excelência. Primeiro, o que é necessário para se distanciar do grupo, ou seja, como os *Miracle Workers* e os *Long Runners* se destacam dos *Average Joes*? Segundo, como os *Miracle Workers* – os melhores – se destacam dos *Long Runners* – aqueles que são muito bons?

Com grande esperança sobre o que imaginávamos ser uma sólida amostra, começamos a buscar diferenças de comportamento entre as empresas do nosso estudo de caso. Iniciamos nossa pesquisa com um cenário competitivo que fosse o mais parecido possível com uma simples corrida de atletismo: caminhões, um setor que, assim como o aéreo, é essencial e invisível. As empresas norte-americanas de transporte literalmente mantêm a economia em movimento, embora formem o que talvez seja o setor menos glamoroso no mundo. Jamais houve uma bolha no mercado de ações de transportadoras, nem uma crise econômica global precipitada pelas práticas de gerenciamento de risco das empresas de transporte, sequer um leve sopro de brilho ou glamour, ou uma única invenção para salvar o mundo, tampouco algum ganhador do Prêmio Nobel.

Melhor ainda, a era moderna do setor de transporte teve início em 1980 com uma revisão drástica da lei Motor Carrier Act. A lei anterior, sancionada em 1935, regulava os preços, rotas, o que podia ser transportado, os equipamentos a serem utilizados, as qualificações dos funcionários – em resumo, quase tudo sobre cada aspecto material do ramo de logística. Além disso, as transportadoras novas ou as já existentes não podiam prestar serviços (rotas, frete, condições negociáveis) a clientes novos ou antigos sem antes solicitar uma autorização do órgão regulador.

Com a desregulamentação, as transportadoras puderam estabelecer seus próprios preços, escolher suas rotas, definir suas práticas de mão de obra e assim por diante. Isso era o equivalente ao início de um tiroteio: startups invadiram o setor e a demanda explodiu.[4] Enfrentando uma concorrência mais acirrada e as oportunidades de crescimento, todas as transportadoras, novas ou antigas, se depararam com escolhas difíceis sem respostas claras. Contudo, a estrutura elementar e descomplicada do setor poderia, esperávamos, facilitar para que enxergássemos de uma forma mais clara de que modo o gerenciamento, em vez dos fatores externos, afetavam o desempenho da empresa se começássemos com um setor mais complexo.

Em nosso trio de transportadoras incluímos a Heartland Express (Heartland), como o *Miracle Worker*; a Werner Enterprises (Werner), no papel de *Long Runner*; e a P.A.M. Transportation Services (PAM), como o *Average Joe*. Essas três eram muito parecidas em relação ao seu porte e serviços prestados quando o tiroteio começou em 1980, e as três abriram seu capital em 1986. Em 2010, no entanto, seus caminhos divergiram de forma significativa. Tudo o que precisávamos fazer era determinar o que causou cada mudança de rota e por quê.

Esse esforço quase acabou conosco.

Qualquer comparação simples entre os pares pareciam explicações convincentes ou pelo menos razoáveis. Por exemplo, a PAM adquiriu cinco transportadoras relativamente pequenas entre 1995 e 2003 como parte da sua estratégia de crescimento, e como resultado direto aumentou sua receita em cerca de 15%. Por outro lado, a Werner não realizou um único negócio importante durante todo o período entre 1986 e 2010, mas ainda assim conseguiu crescer muito mais rápido do que a PAM, e com uma base de receita muito maior. Descobrir que o nosso *Average Joe* realizou mais aquisições do que nosso *Long Runner* parecia consistente com o senso comum de que as fusões e aquisições (M&A) com frequência podem destruir o valor da empresa adquirente.[5] Talvez o "crescimento orgânico" fosse um comportamento que comprovasse ser um vetor para um desempenho excepcional também em outros setores.

Para infortúnio dessa ideia, a Heartland (*Miracle Worker*) adquiriu cinco transportadoras entre 1987 e 2002, aumentando sua receita em mais de 50%. Ou seja, a empresa de melhor desempenho, a Heartland, era a mais ativa nas aquisições enquanto a de segundo melhor desempenho (a Werner) não fez qualquer negócio, e a nossa *Average Joe* (a PAM) seguiu o que talvez se possa considerar o caminho mais razoável, uma série de pequenas aquisições.

O único princípio que parecia surgir em relação às fusões e aquisições era "faça os negócios certos da forma certa", ou seja, um conceito completamente inútil.

E o foco no cliente? Com certeza quanto mais focado no cliente, melhor. Quando comparamos a Heartland e a Werner, essa ideia parece fazer sentido. A Heartland concentrou-se nas rotas do centro-oeste dos Estados Unidos – o "coração" do país – e seus cinco principais clientes eram normalmente responsáveis por 40% a 60% da receita total. Por outro lado, a Werner concorreu em uma área muito maior – a parte continental dos Estados Unidos. Essa empresa também realizou operações com uma variedade muito maior de tipos de

TABELA 2 **Estatística descritiva do trio de transportadoras**

Empresa	Categoria	Ano de fundação	Período de observação	Crescimento da receita (US$)	ROA anual médio	TSR anual composto	Crescimento da receita anual composto
Heartland Express	*Miracle Worker*	1955	1985 a 2010	19 mi a 500 mi	14,6%	17,3%	14,0%
Werner Enterprises	*Long Runner*	1956	1985 a 2010	74 mi a 1,8 bi	7,1%	10,6%	13,7%
P.A.M. Transportation Services	*Average Joe*	1980	1985 a 2010	20 mi a 332 mi	2,0%	−1,2%	12,0%

Fonte: Compustat; documentos da empresa; análise dos autores.

veículos (por exemplo, vans, carretas de plataforma, caminhões frigoríficos), em âmbito regional, de médias e longas distâncias. Os 5% de seus principais clientes (que perfaziam consideravelmente mais do que cinco contas) quase nunca geravam mais de 10% da receita total.

Como a Heartland superou a Werner, e a Werner superou a PAM, esperávamos que a PAM tivesse uma base de clientes mais pulverizada. Em vez disso, a PAM concentrou seus serviços no corredor do NAFTA e gerou 70% ou mais da sua receita a partir de serviços de frotas dedicadas, o que significava assumir os ativos e responsabilidades das antigas operações internas de transporte de seus clientes. Essa estratégia não tinha um foco tão preciso quanto a da Heartland, mas tinha mais foco do que a da Werner. Uma vez mais, ficamos com uma obviedade que nada acrescentava: focar nos clientes certos da forma certa.

Mudamos, então, nossa hipótese para atributos mais conceituais. Por exemplo, a Heartland nunca foi especialmente inovadora ou pioneira. Normalmente expandia suas rotas e base de clientes por meio de uma série de "testes" antes de assumir um compromisso importante. Por outro lado, a Werner normalmente era a primeira – não apenas das três, mas também de todo o setor – a adotar novas tecnologias, como os sistemas de posicionamento geográfico (GPS – global positioning system) em seus caminhões ou registros eletrônicos para seus motoristas.

Talvez a PAM tenha sido a que correu o maior risco entre as três. A empresa abriu seu capital em 1986 com vista na criação de uma transportadora nacional de larga escala e realizou os investimentos necessários para concretizar essa visão.[6] A frota da PAM passou de 172 veículos em 1985 para 724 em 1987, e a intensidade de seu capital, em 45% das vendas, superou com uma margem significativa tanto a média do setor como nossas duas empresas excepcionais.

No entanto, o desempenho ficou muito aquém das expectativas, pois a partir de 1991 a empresa passou mais anos no vermelho do que no azul. Ironicamente, não foi a lentidão no setor de transportes que destruiu seus planos, mas seu rápido crescimento. A falta de caminhoneiros fez a média salarial subir de forma significativa, e como um ator relativamente novo em cena, a PAM teve de pagar um salário mais alto para atrair novos caminhoneiros para o setor ou roubar motoristas de outras empresas. Para pagar salários mais altos e ainda ter lucro, seria necessário aumentar os preços, o que exigia um nível de serviço que a PAM não seria capaz de prestar. Em consequência, grande parte da nova frota da PAM permaneceu ociosa. Em virtude da crise de liquidez resultante, a empresa teve de apertar o cinto em relação às despesas operacionais, o que tornou sua frota obsoleta. Isso aumentou os custos de manutenção e o tempo ocioso de cada caminhão, o que afetou os níveis de serviço, colocando ainda mais pressão sobre os preços.

A melhor lição que poderíamos tirar disso tudo é que, se vai apostar pesado, tenha certeza de apostar certo, o que é algo quase tão útil quando sugerir que você tente escolher apenas os números ganhadores na loteria.

Perambulamos por todos os tipos de rua sem saída, becos e trilhas de cânions à medida que olhávamos (quase) tudo. Nada parecia fazer muito sentido. Poderíamos facilmente ter uma ideia de por que a Heartland havia se saído melhor do que a Werner, ou por que a Werner havia superado a PAM, mas mesmo trabalhando apenas com essas três empresas não conseguimos encontrar, de maneira objetiva, um conjunto satisfatório de comportamentos mensuráveis que fossem responsáveis por todas essas diferenças. Pior ainda, muito pouco parecia alinhar-se àquilo que recomendaria o senso comum a respeito de muitas dessas questões. Tudo o que tínhamos de demonstrar em relação a nossos esforços era uma frase de rendição de duas palavras: *tudo depende*.

Em uma tentativa de encontrar uma forma de sair dessa confusão, começamos a observar os outros trios da nossa amostra. Se a confusão na qual encontramos as transportadoras se repetisse de forma drástica em contextos diferentes, talvez estivéssemos, afinal, chegando a algum lugar.

Sem tal sorte. Os outros trios não só estavam igualmente metidos em confusão, mas também em um tipo de confusão diferente a cada vez. No setor de confeitaria, tínhamos a Wm.Wrigley Jr. Company (Wrigley), o *Miracle Worker*, e a Rocky Mountain Chocolate Factory (RMCF), nossa *Average Joe*, que cresceram de forma orgânica enquanto a Tootsie Roll Industries (Tootsie Roll), a *Long Runner*, comprava seu crescimento – o contrário do que havíamos visto com as transportadoras.

Quando olhamos para o foco do cliente, o *Miracle Worker* no setor de semicondutores (a Linear Technology) teve grande sucesso diversificando seus negócios em uma série de segmentos, enquanto a *Long Runner* (Micropac Industries) viu seu desempenho ficar limitado justamente porque havia mantido o foco em poucos clientes e em poucos segmentos. A *Average Joe* desse setor (a International Rectifier) diversificou-se da mesma maneira que o *Miracle Worker*.

E no que diz respeito a inovar e correr riscos? Na indústria farmacêutica, foi o nosso *Miracle Worker*, a Merck & Co. (Merck), que apostou bilhões, alterando seu primeiro paradigma de pesquisa, inicialmente baseado na química, para os estudos com base em biologia na metade dos anos de 1970. Tal mudança talvez tenha ocorrido quase uma década antes que a *Long Runner*, Eli Lilly & Co. (Eli Lilly), e o resto do setor fizesse uma alteração parecida. Essa transformação afetou o desempenho da Merck ao longo de quase 10 anos, demonstrando uma vontade de investir em longo prazo. Esse compromisso firme e precoce com sua própria reinvenção determinou uma etapa de quase duas décadas de desempenho excepcional e renovado. A Merck também foi a líder desse trio ao adotar de forma agressiva outras mudanças de paradigma como os modelos de Pesquisa e Desenvolvimento (P&D) colaborativos e baseados em parceria.

Em outras palavras, todo comportamento que observamos estava associado a um tipo de desempenho. Não havia apenas semelhanças significativas dentro das nossas categorias de desempenho que contrastassem de forma expressiva com as diferenças entre elas. Tudo o que podíamos afirmar com certeza era que as empresas excepcionais alcançaram esse status trabalhando da forma "correta" enquanto as *Average Joes* fizeram as mesmas coisas da forma "errada". Essa é uma receita para ação com o nível de insight que podemos esperar de um "biscoito da sorte".

Um quadro explicativo útil começou a surgir somente depois que mudamos nossa ênfase do que essas empresas *faziam* para uma série de hipóteses sobre como elas *pensavam*. Isso lentamente começou a dar frutos. Ao buscar os critérios de tomada de decisões implícitos nas variadas escolhas que nossas empresas excepcionais faziam, conseguimos reduzir uma complexidade impressionante para um conjunto de regras muito mais administráveis que podia ser aplicado a quaisquer circunstâncias. Faça um negócio ou promova o crescimento orgânico; diversifique ou atenha-se ao trabalho; corra riscos ou seja cuidadoso; e muitas outras coisas – as alternativas escolhidas não apresentaram nenhum padrão. Mas chegamos à conclusão de que os *Miracle Workers* fizeram escolhas consistentes com três regras específicas, enquanto as escolhas dos *Long Runners* e dos *Average Joes* violavam de forma sistemática essas regras.

> Tentativas para explicar as diferenças de desempenho em termos de padrões nas diferenças de comportamento foram inúteis; deixamos, então, de buscar diferenças no comportamento e passamos a buscar diferenças em como as empresas pareciam pensar. Identificamos um pequeno conjunto de regras decisórias implícitas nas escolhas que as empresas excepcionais faziam e que aquelas com desempenho inferior pareciam não utilizar.

Nos capítulos a seguir apresentaremos as evidências por completo. Especialmente, aplicaremos testes estatísticos para demonstrar que a associação entre o uso dessas regras e o desempenho excepcional é mais do que uma coincidência e comprovam que essa relação vai muito além de uma simples correlação. Melhor ainda, mostraremos que essas regras estão em jogo de uma forma estatisticamente significativa em todo o nosso grupo de empresas excepcionais. Em outras palavras, acreditamos que fomos além das descobertas incidentais e alcançamos algo que se aproxima de uma prova empírica. Por fim, por meio de uma análise das diferenças em como nossas empresas excepcionais e medianas aplicaram essas regras, esperamos dar exemplos que você possa pôr em prática usando essas regras para orientar sua tomada de decisões.

Aqui estão elas: as três regras.

O melhor antes do mais barato

No nível mais genérico, sempre que compramos algo há duas dimensões para o valor obtido com nossa compra: *preço* e *não-preço*.[7] O valor preço é uma função de quanto pagamos por algo, e quanto menos pagamos maior é o valor preço. O valor não-preço é uma função de todas as demais dimensões de valor: durabilidade, funcionalidade, qualidade, conveniência, facilidade de uso, estilo, marca etc. O quanto de cada valor preço e não-preço uma empresa fornece em relação a seus concorrentes define sua *posição* no espaço competitivo; ou seja, como uma empresa cria valor para seus clientes.

No caso do setor de transportes, a desregulamentação em 1980 aumentou de forma considerável a variedade de escolha para o cliente, obrigando as transportadoras a definir suas posições – essa combinação de valor preço e não-preço que podia diferenciá-las de seus concorrentes de maneira que os clientes estivessem dispostos a pagar por isso. Infelizmente, não havia um jeito fácil de saber qual posição seria mais lucrativa. Em um setor recém-desregulamentado, havia a oportunidade de reduzir o custo e concorrer com o valor preço, e a oportunidade de melhorar os níveis de serviço e concorrer com o valor não-preço. Os dados eram tão ambíguos que as duas alternativas pareciam fazer sentido.

As empresas do nosso trio fizeram, de forma sistemática, escolhas diferentes em relação a uma ampla gama de questões que serviram coletivamente para dar a cada uma delas uma posição competitiva relativa diferente. Vejamos o foco geográfico e do cliente da Heartland. Alguns clientes têm características logísticas complexas e imprevisíveis. Isso cria oportunidades para oferecer um valor não-preço superior por meio da capacidade de atender sob demanda e conseguir que *aquilo* seja expedido para *lá* até *tal data*. Parece que uma forma especialmente eficaz de alcançar tal objetivo era atender um número limitado de clientes dentro de uma área geográfica limitada. Portanto, o foco da Heartland estava na prestação de serviços a partir de uma posição competitiva distinta não-preço, o que, por sua vez, permitiu que ela mantivesse um valor preço diferenciado consistente de mais de 10% em relação ao restante do setor, incluindo a Werner e a PAM.[8]

Por outro lado, a Werner concorria em uma área muito maior – a parte continental dos Estados Unidos – e prestava uma gama de serviços muito mais ampla. Vários concorrentes cobiçavam os contratos menos complexos em termos operacionais, de maior volume e com prazo mais longo que os oferecidos pela Werner. Como consequência, a chave do sucesso da Werner parece ter sido sua capacidade de afirmar com credibilidade que poderia atender as exigências de desempenho de seus clientes com um preço competitivo, o que lhe rendeu o status de *Long Runner*. Ao mesmo tempo, uma base de clientes maior e mais diversificada é uma vantagem considerável contra os caprichos de um mercado muito concorrido. A relativa falta de foco da Werner não foi um erro, mas uma implicação necessária de sua posição competitiva baseada em preço.

De sua parte, a PAM estava muito focada em setores específicos (automotivo) e nos clientes (a General Motors era uma de suas contas principais). Os serviços de frota dedicada não geraram o tipo de complexidade que a Heartland assumiu com seus clientes e quando o volume das montadoras caiu, a PAM não conseguiu abrir um nicho nem reduzir os custos o bastante para se manter lucrativa. Assim, embora a PAM tivesse mais foco do que a Werner, não estava focada de uma maneira que criasse um diferencial por meio do valor não-preço ou preço.

A principal diferença, então, não era o grau de foco entre as três empresas, já que o foco estava associado tanto ao desempenho excepcional quanto ao mediano. O que importava era se e como esse foco definia a posição da empresa. A Heartland tinha uma estratégia não-preço enquanto a Werner e a PAM tinham posições baseadas no preço – apesar de a Werner ter se provado lucrativa graças a uma melhor estratégia de atuação.

Essa perspectiva era generalizada entre nossos trios: os *Miracle Workers* tinham estratégias não-preço esmagadoras; os *Long Runners* não demonstraram qualquer tendência nesse sentido; e os *Average Joes* concorriam como sempre em relação ao preço (veja o Capítulo 3).

Ainda mais interessante – e grande parte da razão pela qual achamos que uma estratégia não-preço é a *causa* material de um desempenho excepcional – descobrimos que quando as empresas excepcionais abandonavam uma estratégia não-preço, seu desempenho era afetado logo em seguida. Por exemplo, no setor de eletrodomésticos, a Maytag (veja o Capítulo 5) apresentou durante duas décadas uma lucratividade mais alta que teve fim em 1986. Sua estratégia não-preço foi definida e defendida por uma combinação meticulosamente formada pela excelência dos produtos, propaganda eficaz e distribuição altamente personalizada. Seus produtos normalmente eram mais bem avaliados pela *Consumer Reports*; o técnico da Maytag, que ficou dias sem ter o que fazer por causa da famosa qualidade das lavadoras de roupa desse fabricante, tornou-se um ícone da propaganda norte-americana; e uma rede diferenciada de mais de dez mil varejistas independentes provou ser um canal de vendas altamente eficaz. Por outro lado, a Whirlpool, o *Average Joe* do trio, passou os mesmos 20 anos fabricando eletrodomésticos para a Sears, cuja marca mais conhecida concorria com a Maytag, principalmente no quesito preço.

Graças à sua estratégia não-preço, a Maytag desfrutou de 20 anos seguidos de um desempenho de *Miracle Worker*. Depois, em meados dos anos 1980, a consolidação no canal de varejo levou ao crescimento das chamadas *megastores*. Esses varejistas tinham o costume de oferecer menos marcas de eletrodomésticos e, portanto, preferiam os fabricantes com uma gama completa de produtos, principalmente com vários níveis de preços. A Maytag tinha apenas lavadoras e secadoras de primeira linha. Com medo de ser superada pelo novo canal poderoso, diversificou sua linha de produtos, principalmente por meio de aquisições, como a compra da Magic Chef em 1986. No entanto, essa manobra fracassou. O desempenho da empresa piorou de forma significativa e constante, até chegar ao ponto em que a Maytag foi comprada pela Whirlpool em 2004.

Então a diversificação é algo ruim, certo? De jeito nenhum. Quando o negócio de transportes se consolidou, em meados dos anos 1990, a Heartland estava sofrendo a mesma pressão para crescer e oferecer serviços em uma área geográfica maior. Ela tinha uma opção: fazer isso de forma que comprometesse seu valor não-preço, ou fazer os investimentos necessários para preservar sua posição competitiva enquanto enfrentava a transformação no setor. A Heartland escolheu essa última, expandindo sua cobertura geográfica, mas também investindo em centros de distribuição (CDs) e enfrentando a falta de motoristas com um modelo *motorista-funcionário*.

A diversificação da Maytag teve como alvo as marcas para classe média e baixa, o que fortaleceu a empresa em relação a um cenário de distribuição que havia passado de uma pulverizada rede de empresas independentes a um pequeno número de varejistas de maior porte. No entanto, isso custou à empresa algo muito mais valioso: sua estratégia não-preço em relação à Whirlpool e finalmente a concorrentes de fora dos Estados Unidos, como a sul-coreana LG e a chinesa Haier. Portanto, o que importa não é a diversificação em si, mas se a diversificação serve para proteger ou expandir uma bem-sucedida estratégia não-preço.

> Existem duas dimensões de valor entre as quais qualquer empresa pode se diferenciar: o valor preço e o valor não-preço. Nossa pesquisa revela que as empresas excepcionais normalmente têm o foco no valor não-preço, mesmo que isso signifique que tenham de cobrar preços mais elevados. Não deveria ser assim: a concorrência baseada em preços é uma estratégia legítima. No entanto, descobrimos que concorrer com o *melhor* em vez de o *mais barato* está associado de forma sistemática a um desempenho melhor e de longo prazo.

O melhor antes do mais barato é uma regra útil porque se aplica não só às questões de diversificação ou foco, mas a muitas decisões críticas que nossos *Miracle Workers* enfrentaram. As diferenças de comportamento que melhor explicavam as distinções de desempenho eram consistentes com uma tendência de aumento no valor não-preço, ainda que isso, às vezes, se desse à custa de ser competitivo em termos de preço.

Outro aspecto muito importante é que a regra *O melhor antes do mais barato* tem substância, pois a alternativa é completamente razoável. Conselhos como "dê aos clientes o que eles desejam" são inúteis porque "dar aos clientes o que eles não desejam" realmente é uma péssima ideia.[9] Por outro lado, talvez a concorrência baseada no preço, muitas vezes, fosse mais bem-sucedida do que a baseada em não-preço. *O melhor antes do mais barato* não é um aforismo, é uma descrição baseada em fatos sobre os casos estudados.

Claro que nenhuma empresa pode se dar ao luxo de ignorar sua posição relativa ao preço. Por isso é que existe a regra *O melhor antes do mais barato*: ser competitivo no preço está longe de ser irrelevante, mas quando se trata de uma *posição* no mercado, o desempenho excepcional é gerado principalmente pelo valor não-preço em vez de um preço mais baixo.

Receita antes do custo

A posição de uma empresa define como ela cria valor para os clientes em relação à concorrência. Uma *fórmula de lucratividade* descreve como a empresa obtém valor para si mesma em comparação às outras. Parece que assim como há um padrão sobre como as empresas excepcionais criam valor (*o melhor antes do mais barato*), há um padrão sobre como elas obtêm valor.

Medimos a lucratividade usando o retorno sobre o ativo (ROA – return on assets), que é definido como a receita dividida pelo valor contábil do ativo. (Para mais detalhes sobre por que esse é um bom indicador a ser usado, veja o Capítulo 2.) O ROA é o resultado do retorno sobre as vendas (ROS – return on sales), ou a receita dividida pelas vendas, e o giro de ativos totais (TAT – total asset turnover), ou vendas divididas pelos ativos. Como consequência, existem apenas três maneiras, seja de forma individual ou combinada, pelas quais uma empresa pode melhorar seu ROA: aumentar a receita, diminuir o custo ou reduzir os ativos.

Nossa pesquisa revela que as empresas excepcionais normalmente têm maior probabilidade de aproveitar sua vantagem em relação ao ROA por meio de uma receita relativa mais alta do que um custo relativo mais baixo ou ativos relativos menores. Ao nos aprofundarmos um pouco mais, vimos que a vantagem com a receita pode ser direcionada por um preço unitário mais alto ou um volume unitário maior, e as empresas excepcionais tendem a depender mais do preço (veja o Capítulo 4). Sendo assim, a regra número dois é *receita antes do custo*.

A Heartland aproveitou tanto sua vantagem em relação ao ROS quanto ao TAT sobre a Werner e a PAM, graças a uma série de escolhas interdependentes. Sua estratégia de valor não-preço permitiu que ela cobrasse mais do que a Werner e a PAM por tonelada-quilômetro, criando uma vantagem de receita relativa por meio de preços mais altos.

Manter os ativos relativamente mais baixos foi algo alcançado principalmente por duas maneiras. Primeiro, a estrutura de rota ponto a ponto da Heartland evitava o uso de CDs, que encarecem a operação, enquanto a Werner precisava de CDs para fazer a manutenção de sua enorme frota de caminhões e veículos a fim de que estivessem disponíveis para serem utilizados e mais bem aproveitados.

Segundo, a Werner e a PAM mantinham frotas de caminhões operados por motoristas-funcionários. Os motoristas no modelo de terceirização tinham seus próprios caminhões e, assim, a frota terceirizada reduz o custo do ativo da empresa de transporte. Infelizmente, os terceirizados normalmente eram vistos como o menos confiável. Como fornecedores independentes, eles podiam recusar solicitações de última hora ou aproveitar oportunidades mais lucrativas. Além disso, normalmente não mantinham seus equipamentos da mesma forma como as empresas cuidavam de seus ativos corporativos, o que contribuía para atrasos inesperados devido a falhas nos equipamentos. Consistentes com a prática do setor, a Werner e a PAM usaram as frotas terceirizadas de forma oportunista para lidar com picos na demanda.

No entanto, a Heartland quebrou essa relação mutuamente conflitante conseguindo os melhores terceirizados, principalmente por meio de pagamentos relativamente mais altos que os praticados no setor. Conseguir bons motoristas, no entanto, era apenas meio caminho andado: mantê-los também era importante. A Heartland investiu em manter seus melhores colaboradores por meio de iniciativas como oferecer bolsas de estudo universitário para os filhos dos motoristas com mais tempo de serviço, entre outras. Além disso, a base de clientes geograficamente concentrada da Heartland permitia que seus motoristas pudessem voltar para casa semanalmente, o que era algo muito favorável em comparação com as práticas do setor, cujos retornos podiam demorar até seis semanas. Ao tornar o trabalho na Heartland muito mais atraente, a empresa conseguiu atrair a nata da força de trabalho dos terceirizados estabelecendo, com sucesso, um modelo de ativos básicos em relação a uma estratégia de valor não-preço. Enquanto a Heartland usava mais de 50% de sua frota com motoristas terceirizados, a Werner dependia deles em pouco mais de 15% da sua frota.

Temos provas de que nossa fórmula de lucratividade é regra em outros setores, até mesmo naqueles em que talvez ache que a liderança de custo fosse indispensável. Veja, por exemplo, o caso da Family Dollar, uma varejista de descontos. Durante mais de 30 anos, a Family Dollar apresentou um desempenho que não estava à vista, superando as lendas do varejo de descontos desde a metade dos anos 1970, e fazendo isso de uma forma que poucos poderiam imaginar.

O foco da Family Dollar sempre foi atender as necessidades dos clientes das classes mais baixas. Talvez você ache que se alguma vez existiu um setor no qual os preços mais baixos e o custo menor eram essenciais para uma lucratividade maior, esse seria o varejo de descontos. Essa era, com certeza, nossa premissa, mas não era bem isso o que acontecia. O sucesso da Family Dollar deu-se em função dos preços *mais altos*, obtidos por meio da disposição de incorrer em um custo *mais alto* e tolerar uma *menor* eficiência do que muitos de seus grandes concorrentes de varejo de descontos com desempenho inferior (mas, ainda assim, bem-sucedidos).

Como isso é possível? Como um varejista de descontos que atende aos segmentos de clientes mais "desprovidos" consegue ter uma lucratividade maior por mais de três décadas com preços e custos mais altos do que a maioria de seus concorrentes?

Comecemos com a posição da Family Dollar em comparação à concorrência. Para obter os benefícios dos preços baixos dos maiores varejistas de descontos, os clientes normalmente precisam dirigir vários quilômetros até locais com mais de 30.000 m², distantes da cidade, e comprar produtos em quantidades relativamente grandes. Em termos estereótipos, mas representativos, gastar US\$5 em gasolina para comprar um pacote com 150 fraldas a um custo unitário de US\$0,15 dá um total de US\$27,50. Isso faz mais sentido do que andar três quadras e comprar 15 pacotes com 10 fraldas a US\$0,20 cada, totalizando US\$30.

Quando um cliente tem US\$27,50 para gastar, aquele que oferecer o maior desconto fecha o negócio. Entretanto, nos dias ou semanas que se passam até a data do próximo pagamento, quando o dinheiro fica muito curto, o cálculo do cliente é bem diferente. Nessas circunstâncias, as pessoas mais pobres só conseguem comprar quantidades menores, e normalmente compram apenas alguns produtos que variam de uma semana para outra. Esta semana alguém ficou sem fraldas, na semana passada foi o sabão em pó, na próxima pode ser a pasta de dentes. Nessas circunstâncias, caminhar até uma loja de 6.000 m² da Family Dollar localizada na cidade para comprar um pacote com 10 fraldas a US\$0,20 cada faz muito mais sentido.

Atender clientes com tais restrições levou a Family Dollar a criar uma posição definida pela conveniência, seleção e tamanho de cesta menor – todas as dimensões não-preço de valor. Uma análise das demonstrações financeiras da empresa revela as implicações econômicas dessas escolhas. A Family Dollar apresenta uma vantagem na margem bruta em relação à maioria de seus principais concorrentes, mas tem uma desvantagem de custo geral, de vendas e administrativo (SG&A – sales, general and administrative) e no giro mais baixo de ativos. Claro que uma vantagem na margem bruta poderia ser bem administrada pelo custo mais baixo dos produtos vendidos (COGS – cost of goods sold) e não por preços mais altos, mas esse não é o caso: parece que a Family Dollar sempre tem preços ajustados pela qualidade mais alta.[10]

Agora, a Family Dollar tem um custo menor, maior crescimento, preços mais baixos e melhor giro de ativos que os varejistas de alta qualidade, como Bergdorf Goodman. No entanto, a Family Dollar não concorre com a Bergdorf Goodman. É quando se está frente a frente com outro grande varejista de descontos que a natureza e a importância das escolhas da Family Dollar se tornam claras: ela incorreu no custo mais alto necessário para estabelecer uma posição baseada nas dimensões não-preço de valor. Isso acarretou uma desvantagem na eficiência, mas a empresa compensou isso com preços relativamente mais altos. O resultado líquido são mais de 30 anos de uma lucratividade excepcional.[11]

A Family Dollar e a Heartland aproveitam os valores superiores dos preços unitários e são um pouco menores do que os *Long Runners* em seus trios. No entanto, a vantagem da receita obtida pelo volume unitário também pode ajudar no desempenho excepcional. A Merck, por exemplo, desfrutou uma vantagem de lucratividade material sobre a Eli Lilly durante grande parte do período de 1966 a 2010 (veja o Capítulo 5). Mas, ao contrário da Family Dollar, a Merck dependia de giros de ativos mais altos, uma medida de eficiência direcionada pelo volume, durante dois terços de sua liderança. Com base nisso, parece que a Merck está impulsionando o lucro com um custo mais baixo, e não com preços mais altos – exatamente o contrário da Family Dollar, e uma aparente violação da nossa regra *receita antes do custo*.

A verdade é mais profunda. Primeiro, observe que tanto a Merck quanto a Eli Lilly ocupam estratégias de valor não-preço no setor farmacêutico, concorrendo na base da eficácia clínica de seus medicamentos protegidos por patentes nas áreas terapêuticas em que estão focadas.

No início dos anos 1990, a lucratividade mais alta da Merck pode ser atribuída principalmente à decisão da empresa de globalizar-se mais cedo, de forma mais bem-sucedida e mais agressiva do que a Eli Lilly: a Merck gerava 50% ou mais de suas vendas farmacêuticas no valor de US$10 bilhões a partir de mercados fora dos Estados Unidos, enquanto a Eli Lilly gerava apenas 30% de vendas no valor de US$6 bilhões de mercados fora dos Estados Unidos. Por causa das diferenças na estrutura do mercado, principalmente do envolvimento do governo no pagamento de medicamentos vendidos sob prescrição médica, os preços nesses mercados normalmente eram mais baixos do que nos Estados Unidos, mas a Merck nunca concorreu com o preço *relativo às alternativas nesses mercados*. Em outras palavras, a Merck gerava receita através de maior volume, mas gerava volume através de um valor não-preço mais alto, e não de preços mais baixos.

Vender em mercados com tetos de preços mais baixos obrigou a Merck a aceitar o custo de vendas (COGS) relativo mais alto, o que explica por que as margens brutas da Merck não eram o principal fator de vantagem. No entanto, esses mercados também tinham custos de venda estruturalmente mais baixos enquanto as despesas fixas de P&D da Merck estavam espalhadas por uma base de vendas muito mais ampla. As economias de escala na produção de medicamentos indicavam que a Merck tinha uma base de ativos relativa menor, resultando em giros de ativo mais altos que os da Eli Lilly.

Além disso, a Merck alavancou sua base de produção e de P&D para diversificar seu portfólio de produtos mais do que a Eli Lilly. De acordo com alguns indicadores, a diversificação da Merck era três vezes maior, mas de maneira que alavancava uma base de ativos muito mais comum, aumentando assim o volume de uma forma que criasse uma vantagem de eficiência do ativo.

Ou seja, a maior lucratividade da Merck não estava relacionada com o custo mais baixo de determinado volume, mas sim com a melhor eficiência graças a um volume mais alto, resultante da demanda dos clientes gerada pelo valor não-preço.[12] O resultado foram décadas seguidas de crescimento de receita, tornando o negócio principal da Merck duas vezes maior que o da Eli Lilly até 2010, apenas 8% maior em 1985.

Uma vez mais, embora as escolhas específicas feitas por nossos atores excepcionais no setor de transportes, varejo de descontos, indústria farmacêutica e outros setores sejam muito diferentes, a questão em comum é que impulsionar a receita vem em primeiro lugar, e as empresas excepcionais estão dispostas a investir e incorrer no custo necessário para gerar essa receita.[13]

Como em *O melhor antes do mais barato*, a regra *receita antes do custo* tem o mérito de servir como uma orientação importante, pois o contrário poderia ter sido verdadeiro: o custo mais baixo poderia sistematicamente ter conduzido a uma lucratividade mais alta. Em vez disso, descobrimos que, em oito dos nossos nove trios, a lucratividade mais alta é gerada pela receita maior, em muitos casos alcançada ao incorrer em um custo *mais alto*. Dos oito *Miracle Workers* com desempenho excepcional impulsionados pela receita, seis dependiam principalmente dos preços mais altos, enquanto dois (a Merck e a Wrigley) dependiam do volume, fosse em grande parte ou no todo. Ainda melhor, essas descobertas são retratadas em nossa análise do grupo completo de empresas excepcionais (veja o Capítulo 4) e, portanto, temos fundamentos para concluir que esse padrão não está confinado à nossa amostra, mas reflete uma característica compartilhada pela maioria das empresas excepcionais.

> A posição competitiva de uma empresa define como ela cria valor. A fórmula de lucratividade da empresa define como ela alcança valor. A lucratividade aumenta quando a receita aumenta, os custos são baixos ou os ativos diminuem. Descobrimos que as empresas excepcionais conseguem uma lucratividade maior com o aumento da receita, ainda que isso signifique um custo mais alto ou uma base de ativos maior.

Sabendo disso, os gestores defrontados com as decisões sobre investimentos mais difíceis agora podem fazer considerações de forma muito mais consistente. As empresas excepcionais percebem que o valor não-preço deve ser obtido de forma repetida e contínua. Não importa qual seja o setor, isso quase sempre se traduz em um investimento contínuo e significativo em ativos ou outros dispêndios. A pressão de curto prazo para melhorar a lucratividade por meio da redução do custo geralmente é uma faca de dois gumes, e o lado errado é sempre o mais afiado. Alcançar resultados excepcionais pode exigir a coragem de incorrer em um custo mais alto, até o ponto de uma desvantagem de custo.

Você ouviu bem: uma *des*vantagem de custo. Quando impulsionam a receita por meio do preço ou volume, as empresas excepcionais tendem a ter um custo *maior* em pelo menos algumas dimensões – até quando, como no caso da Family Dollar, elas competem por mercados aparentemente sensíveis ao preço. A disposição de incorrer em um custo maior permite que as empresas excepcionais criem, preservem e explorem suas estratégias de valor não-preço cobrando preços mais altos ou gerando um volume maior.

Não existem outras regras

As duas primeiras regras dizem o que você *deve* fazer: *o melhor antes do mais barato* e *receita antes do custo*. A terceira regra diz o que você *não* deve fazer; ou seja, achar que todo o restante é importante de uma forma sistemática e especificável.

Você deve focar no seu negócio principal ou aprimorar suas competências para entrar em novos mercados? Não encontramos evidências de uma resposta consistente para essa pergunta. Algumas vezes os *Miracle Workers* se atêm ao que sabem fazer, às vezes se arriscam bastante. O que importava era se tinham uma estratégia não-preço e uma fórmula de lucratividade impulsionada pela receita.

Você deve focar no talento e desenvolver as capacidades das pessoas ou criar processos para melhorar as capacidades da sua organização? Chegar a uma conclusão certa parecia ativar qualquer resposta que contribuísse da melhor forma para uma estratégia não-preço e uma fórmula de lucratividade impulsionada pela receita.

Que tipo de liderança contribui mais para o sucesso corporativo: CEOs (Chief Executive Officer) carismáticos, durões, impressionantes, que aparentemente fazem a empresa avançar, seja pela força ou disposição, ou líderes humildes, cautelosos e que compartilham a glória? Pelo que vimos, quase sempre, tudo o que importava era se a liderança estava ou não focada na criação de uma estratégia não-preço e uma fórmula de lucratividade impulsionada pela receita.

Não importa o tema, não importa o senso comum, não conseguimos encontrar uma única suposta regra que permanecesse intacta, mesmo falando de uma maneira mais ampla, através da nossa amostra de empresas excepcionais. Não importam quais sejam as circunstâncias, não importam as restrições, nossos atores principais foram extremamente persistentes apenas em sua adesão às duas primeiras regras.

Mercados expansionistas? *O melhor antes do mais barato; receita antes do custo.*

Economia em recessão? *O melhor antes do mais barato; receita antes do custo.*

Ruptura tecnológica? *O melhor antes do mais barato; receita antes do custo.*

Praga de gafanhotos? Apocalipse dos zumbis? *O melhor antes do mais barato; receita antes do custo.*

Uma constatação surpreendente é que você não deve fechar sua mente mesmo diante da ausência de qualquer regra além de *o melhor antes do mais barato* e *receita antes do custo.* Cortar as duas regras significa que todo o resto está em jogo e isso impõe o pesado fardo de uma busca ativa para determinar qual a melhor forma de seguir as duas primeiras regras diante de uma mudança ambiental e competitiva, às vezes dolorosa. Parece que, para ser persistente, uma grande dose de flexibilidade é necessária.

Para ilustrar a extensão da mudança que pode ser necessária para manter uma estratégia não-preço e uma fórmula de lucratividade impulsionada pela receita, considere, uma vez mais, a experiência da Heartland. Há duas áreas distintas em seu desempenho, que identificamos usando um método estatístico descrito no Capítulo 2: 1985 a 1994, e 1995 a 2010. Durante o primeiro período, o ROA médio da Heartland foi de quase 18%, enquanto o setor contentava-se com um ROA em torno de 5%, sugerindo que a Heartland, com certeza, estava obtendo grande parte do valor que criava. No entanto, seu ROA caiu de forma constante durante esse período, de 26% em 1986 para uma faixa de 15% até a metade dos anos 1990.

Então, a queda terminou de forma repentina: de 1995 a 2010 o ROA da Heartland alcançou uma média pouco abaixo dos 13%, mas em comparação ao período anterior permaneceu extraordinariamente estável, variando entre pouco mais de 10% e pouco abaixo de 14%. Sua vantagem em relação à Werner também diminuiu, de quase 11 pontos percentuais de ROA a cada ano para pouco mais de 6 pontos percentuais. Como essas diferenças de desempenho têm grande significado estatístico e econômico, seguramente podemos buscar diferenças significativas no comportamento da Heartland por todas essas áreas.

Para ajudar a guiar nossos esforços, exploramos uma característica importante das informações contábeis que definem o ROA. Usando o método descrito no Apêndice A, desmembramos a vantagem de desempenho da Heartland em seus elementos constituintes. A Tabela 3 classifica os elementos de vantagem da Heartland em comparação com os da Werner. Essa abordagem tornou-se uma ferramenta analítica central para nosso trabalho.

Comecemos pelo final da Tabela 3: a diferença média do ROA entre a Heartland e a Werner foi de 9,6 pontos percentuais (pp)/ano na Era 1 (1985–1994) e 6,2 pp na Era 2 (1995–2010). Durante a Era 1, 2,3 pp da diferença de 9,6 no ROA foram responsáveis pela margem bruta mais alta da Heartland, e 4,1 pp responderam por um giro dos ativos fixos (FAT – fixed asset turnover) mais alto, e assim por diante.

As diferenças nos elementos de vantagem durante as eras proporcionam dicas adicionais de que algo mudou; melhor ainda, essas diferenças fornecem algumas pistas a serem seguidas ao identificar as mudanças comportamentais que causaram essas diferenças. Observe que a vantagem da Heartland em termos de TAT na Era 1 transformou-se em uma desvantagem na Era 2, enquanto sua confiança relativa e absoluta na margem bruta aumentou de forma drástica. Isso é um forte indício de que a Heartland preservou seu preço diferenciado, mas teve de passar para um modelo de ativos relativamente muito mais intenso.

Há uma forte evidência comportamental de que isso foi exatamente o que aconteceu. Começando com seu primeiro centro de distribuição em 1993, a Heartland já tinha uma dúzia em 2004. Para lidar com as demandas dos clientes por soluções de ponta a ponta, a Heartland expandiu-se de forma drástica, principalmente por meio de três aquisições que quase triplicaram o tamanho da empresa e expandiram seu alcance geográfico para além de seu mercado natal e para os mercados na costa Oeste e Nordeste. Como resultado, o foco no cliente foi diluído: a relativa importância dos cinco clientes principais da Heartland caiu de forma contínua, de cerca de 60% da receita total para apenas pouco mais de 30%.

TABELA 3 **Elementos de vantagem da Heartland em comparação aos da Werner**

	Contribuição para a vantagem do ROA em pontos percentuais por ano	
Elementos do ROA	**Era 1: 1985–1994**	**Era 2: 1995–2010**
Margem bruta	2,3	7,4
SG&A	0,0	0,0
P&D	0,0	0,0
Outros (incluindo impostos)	4,2	0,2
ROS	6.5	7,6
CAT	−1,0	−2,5
FAT	4,1	1,4
Outros	0,0	−0,3
TAT	3,1	−1,4
ROA	**9,6**	**6,2**

Fonte: Compustat; análise da Deloitte.
Os números podem não bater com o total devido ao arredondamento.

> O uso da decomposição do ROA para orientar nossa busca por comportamentos de empresas relevantes obrigou-nos a vincular nossa explicação sobre diferenças de desempenho à estrutura financeira que as sustenta.

Talvez o mais importante seja que a Heartland não era mais capaz de quebrar o *trade-off* (relações mutuamente conflitantes) entre o uso de terceirizados e os níveis de serviços. As margens operacionais sobre o frete no modelo terceirizado, que para a Heartland historicamente mantinha-se em cerca de 10 pontos percentuais mais altos em relação aos motoristas próprios, havia caído para 15 pontos percentuais, ou seja, basicamente a média do setor para os terceirizados até 2006. Como consequência, a relativa ênfase da Heartland nos terceirizados atingiu seu pico pouco acima de 60% do frete total em 1996 e depois caiu drasticamente. Até 2004, a Heartland e a Werner tinham menos de 15% de seu frete com terceirizados.

Todas as grandes mudanças observadas no modelo da Heartland pretendiam manter um serviço diferenciado e, assim, preços mais altos, em vez de cortar custos ou manter a base de ativos mais baixa. Suas aquisições, por exemplo, motivadas pela necessidade de crescer em um setor em consolidação, foram caracterizadas por um contraditório corte implacável nos contratos e rotas. Nos doze meses seguintes após a empresa adquirir a Munson Transportation (Munson), em 1994, um negócio que dobrou o tamanho da Heartland, a administração da controladora se desfez de 30% das operações da adquirida – não porque não fossem lucrativas, mas porque não eram lucrativas o bastante. Além disso, agora que havia investido de forma mais pesada em uma frota de caminhões, a Heartland preferiu manter um saldo de caixa mais alto para que pudesse comprar novos ativos em um momento oportuno, reduzindo assim o custo de manter uma frota jovem – um elemento crítico na prestação de serviços de alta qualidade.

Essas mudanças são todas explicações plausíveis para o desempenho superior e contínuo da Heartland. Como estão alinhadas com os elementos de vantagem observados, podemos dizer, com mais confiança ainda, que esses são os fatores que fazem a diferença.

O talento da Heartland durante essa transição foi perceber que o declínio durante a Era 1 não foi consequência de a Heartland ter feito algo errado – foi apenas a evolução natural do setor de transportes e a necessidade crítica de um *ambiente* muito mais competitivo. Os concorrentes abordavam os níveis de serviço da Heartland a um custo estrutturalmente menor graças aos avanços, descobertos em alguns casos pela Werner, no uso do GPS e outras tecnologias. Isso poderia ter terminado de forma desastrosa se a Heartland tivesse tentado ater-se a retornos fora do normal. Em vez disso, parece que a Heartland percebeu que a magnitude de sua vantagem estava inevitavelmente se corroendo, mas que isso ainda poderia ser o melhor para os negócios.

Se tivesse se limitado apenas a adotar as mesmas tecnologias e da mesma maneira que seus concorrentes, a Heartland nunca teria conseguido manter o serviço diferenciado necessário para sustentar seu preço diferenciado. Em vez disso, para se manter no topo, parecia ser necessária uma transformação completa do modelo enxuto de ativos que havia sido responsável por grande parte da vantagem da empresa durante quase uma década. Em outras palavras, a empresa mudou quase tudo que havia sido o fator principal de sua lucratividade, justamente para preservar a lucratividade.

A disposição de mudar tudo para ater-se a uma estratégia não-preço e uma fórmula de lucratividade impulsionada pela receita também pode ser observada nos outros trios. Vejamos a Abercrombie & Fitch (A&F), varejista de roupas (veja o Capítulo 4). Depois de ter sido desmembrada da The Limited e passar a uma empresa de capital aberto em 1996, a A&F aumentou seu número de ações rapidamente durante quatro anos e aproveitou o ROA e as margens de liderança do setor. Sua posição estava definida por uma combinação exclusiva de um estilo de ponta, uma propaganda muito bem criada e direcionada, e uma experiência em loja altamente diferenciada que tornaram a A&F líder no segmento de roupa casual para adolescentes e adultos jovens. Isso normalmente exigia que a A&F incorresse em um custo relativo mais alto do que seus concorrentes, gastando mais, por exemplo, em locais, instalações e pessoal das lojas (os quais eram chamados de modelos e normalmente contratados com base na aparência física). Isso gerou uma lucratividade maior apesar do custo mais alto, graças aos preços que eram consistente e materialmente mais altos do que os de seus concorrentes.

O varejo, contudo, tem um ciclo de crescimento e declínio estereotipado. Um conceito que comprova que o popular pode crescer de forma rápida e lucrativa contanto que permaneça popular e haja novos shopping centers a serem colonizados. Quando os clientes ficam entediados ou há um desgaste na imagem da organização, o varejista deve focar no crescimento das vendas das lojas e procurar continuar "na moda" e "relevante" para os clientes que se importam com a moda e que, de um dia para o outro, "enjoam" do que antes achavam o máximo.

A Abercrombie & Fitch enfrentou esse problema com a cabeça erguida, trabalhando duro para manter sua marca principal na liderança e, ao mesmo tempo, lançar novas marcas que alcançassem segmentos diferentes do mercado de roupas, normalmente definido pela faixa etária. Uma nova linha, a "abercrombie", foi lançada em 1997, com foco nos estudantes do ensino fundamental (entre 7 e 14 anos); a Hollister Co. foi lançada em 2000, com foco na faixa etária de 14 a 18 anos; a Ruehl No.925 em 2004, buscando o grupo dos pós-universitários (22 a 34 anos); e a Gilly Hicks em 2008, com foco em lingerie e acessórios para mulheres. Nem todas foram bem-sucedidas – a Ruehl acabou em 2010 – mas todas compartilharam o mesmo posicionamento como marcas "da última moda", "que ditam tendências" com preços mais altos do que a maioria de seus concorrentes. Enquanto isso, a A&F aproveitou os resultados do ROA líder do setor. Em resumo, a A&F estava disposta a criar imagens totalmente novas – talvez a característica marcante do varejo da moda – para buscar novos segmentos de maneira mais eficaz. No entanto, nunca vacilou em sua dedicação para buscar uma estratégia voltada para o valor não-preço e uma fórmula de lucratividade orientada para o preço.

Esse tipo de persistência nem sempre esteve isento de polêmicas, ainda que tenha sido bem-sucedido ao longo dos anos. Quando houve a Grande Recessão em 2008, era comum que muitos varejistas cortassem os preços para preservar o volume e a fatia de mercado. A Abercrombie & Fitch, em geral, não seguiu o exemplo, provocando, às vezes, críticas diretas.[14] Embora ainda esteja recuperando seu espaço, há sinais de recuperação na A&F, que parecem resultar da observação das duas primeiras regras. Sua receita voltou a crescer com base em aumentos no volume relativamente modestos, graças a preços geralmente mais altos. Os concorrentes que enfrentaram a recessão com descontos enfrentam dificuldades para aumentar seus preços, pois acabaram ensinando os clientes que suas camisetas não precisam custar US$30.

A adesão às três regras não significa tornar-se um crustáceo corporativo, agarrando-se a um local e depois comendo seu próprio cérebro. Como mostra o caso da Heartland, em uma economia dinâmica, é improvável que uma empresa em completo êxtase consiga sobreviver, não importa que apresente um desempenho excepcional. Para as empresas excepcionais, a posição e a fórmula da lucratividade são as *únicas* coisas não negociáveis. Todo o *restante* é para ser arrebatado.

E tudo quer dizer *tudo*. O modelo de recursos humanos? No setor de transportes vimos uma mudança de terceiros para funcionários. Pesquisa e desenvolvimento? Na indústria farmacêutica, veremos uma evolução das *joint-ventures* internas para uma inovação aberta. Mercados atendidos? No setor de confecção veremos uma mudança de nacional para global. A intensidade dos ativos? No setor de semicondutores veremos uma mudança de um investimento menor para um mais alto. Fusões e aquisições? No setor de equipamentos médicos, o fechamento de negócios passa de irrelevante para a pedra angular do crescimento e lucratividade. Tudo mais evidencia que é necessária uma impressionante capacidade de adaptação para manter a mesma posição e fórmula de lucratividade.

> Não há razão para que nenhuma posição ou fórmula de lucratividade específica esteja sistematicamente associada a um melhor desempenho. Há argumentos fortes e exemplos convincentes para ambos os lados da questão. Nossos resultados revelam que *na realidade* há um padrão distinto, o qual resumimos nas três regras: *o melhor antes do mais barato, receita antes do custo* e *não existem outras regras.*

Esse tipo de persistência compensa inúmeras vezes. As empresas com melhor desempenho, que mudam o que precisam para preservar sua posição e fórmula de lucratividade, às vezes em função de uma piora no desempenho, tendem de forma esmagadora a ser recompensadas com excepcionais resultados sustentados. Aquelas que respondem às circunstâncias em fase de mudança – por mais racionais que suas estratégias possam parecer – mudando sua posição ou fórmula de lucratividade tendem, quase sempre, a ver seu elevado *status* desaparecer, e nunca mais ser recuperado. É a *persistência* na posição e na fórmula de lucratividade, aliada à capacidade de mudar todo o resto, que cria o desempenho excepcional mais durável.

Atenha-se às regras *o melhor antes do mais barato* e *receita antes do custo.* Depois disso, *não existem outras regras.*

Decidindo ser excepcional

A tomada de decisões é a essência da gestão. Será que você deve expandir para novas linhas de negócios ou focar nos mercados atuais, adquirir um grande concorrente ou uma pequena startup em um setor adjacente, investir na redução dos custos ou em P&D de ponta? É o impacto cumulativo dessas e de várias outras escolhas, tanto grandes quanto pequenas, que determina o destino de uma organização.

Infelizmente, apenas algumas vezes – talvez raramente – as alternativas entre as quais devemos escolher estão claramente identificadas, os *trade-offs* que vêm junto com a escolha de uma alternativa em relação a outras quantificadas, e as consequências de cada escolha específica. De maneira ainda mais frequente, os dados são incompletos, as implicações são ambíguas e o limite de tempo e dinheiro normalmente nos obrigam a escolher entre um número de cursos de ação igualmente plausíveis, porém incompatíveis.

É sob essas circunstâncias que as três regras do desempenho excepcional podem ser especialmente úteis. Quando você se depara com a situação de ter de alocar recursos escassos – normalmente pessoas, tempo ou dinheiro – entre prioridades que competem entre si (o que certamente acontecerá), pense nas iniciativas que mais contribuem para aprimorar os elementos não-preço da sua posição, ou para alcançar preços relativamente mais altos ou um volume maior, e dê a elas o sinal positivo.

Por exemplo, se o seu programa de eficácia operacional trata principalmente de cortar custos enquanto seus esforços de inovação tratam principalmente de afastá-lo do grupo, fique com a inovação. Mas poderia apenas ser o contrário: se expandir as operações significar oferecer níveis de serviço ao cliente com os quais sua concorrência só pode sonhar, enquanto a inovação parece articulada para fazer o mesmo por menos, então seus colegas de operações merecem os incentivos e cuidados extras.

Será que uma aquisição está sendo justificada em termos de economias de escala, ou se trata de uma oportunidade para perceber o potencial de crescimento de uma estratégia não-preço que você já conquistou nos mercados que atende atualmente? A primeira pode ser uma boa ideia, talvez até mesmo essencial para mantê-lo no jogo, mas é provável que apenas a última impulsione um desempenho excepcional.

Sabendo que os resultados excepcionais estão mais associados a um valor não-preço mais alto e a uma receita maior torna mais provável que você encontre o equilíbrio certo entre atender às demandas de curto prazo ou ir atrás das metas de longo prazo. Sabendo que esses objetivos são as únicas coisas não negociáveis permite compreender de forma mais clara o que não pode ou não deve mudar no decorrer de uma turbulência competitiva ou ambiental.

Essas regras podem se mostrar indispensáveis quando você enfrentar algumas das situações potencialmente patológicas de muitos índices financeiros.

Para uma medida como o ROA (e os demais indicadores do gênero, como retorno sobre o ativo líquido, retorno do fluxo de caixa sobre investimento e valor econômico agregado), o denominador é alguma medida dos ativos enquanto o numerador é alguma medida da receita. Esses índices subirão se a base de ativos for reduzida e se a receita for mantida constante, ou até mesmo caindo menos que a base de ativos. Os métodos de fluxo de caixa descontado (FCD) usados para comparar o valor estimado de diferentes iniciativas compensam o rápido *payback* (retorno financeiro) sobre a gratificação em atraso. O pior, os métodos de probabilidade normalmente usados para calcular as diferentes probabilidades de sucesso influenciam nossas escolhas em favor do que aparentemente é mais certo.

Consequentemente, quando os clientes não estão mais dispostos a pagar por sua última inovação ou os concorrentes de baixo custo estão pegando no seu pé, a resposta mais frequente é concorrer abandonando os mercados desafiadores ou baixando os preços para tentar preservar a lucratividade cortando os custos e abrindo mão de ativos. Embora possamos acreditar, ou pelo menos querer acreditar, que investir no amanhã é a coisa certa a fazer, os fatos aparentemente irrefutáveis dos modelos de FCD e de análise marginal do custo nos levam a ignorar os que mais se esforçaram por nós.

A maioria de nós sabe que isso é um erro, um sentimento decorrente do princípio de que nenhuma empresa pode encurtar seu caminho para a grandeza. Talvez nossas descobertas possam agregar algum peso empírico ao que, pelo contrário, não passa de uma frase de para-choque. Descobrimos que as empresas excepcionais gostam de gastar e investir. As empresas que fracassam em sua busca pelo desempenho excepcional são levadas pelo mau caminho, pelas certezas atraentes e enganosas do corte de custos no curto prazo ou do desinvestimento. Consideraremos nossos trabalhos completamente recompensados se mais gestores perseverarem no desenvolvimento de estratégias não-preço que alcancem preços mais altos ou maiores volumes que normalmente impulsionam os resultados excepcionais.

Somos otimistas porque as três regras são mensuráveis e, portanto, viáveis. É possível mensurar se você está adotando uma estratégia baseada em um valor não-preço mais alto do que a concorrência. Você pode saber melhor se o desempenho de sua solução é substancialmente diferente das alternativas disponíveis para os segmentos do mercado que sua empresa está buscando. Você pode entender melhor qual é sua estratégia de preço relativa e, normalmente, pode determinar, para uma aproximação útil, sua estratégia de custo relativa. Como consegue medir até que ponto está seguindo as três regras, conseguirá adaptar seu comportamento para continuar respeitando-as, o que mantém sua organização avançando de forma consistente em uma direção que é sistematicamente mais provável do que as alternativas para resultar em um desempenho melhor e talvez até excepcional. Pelo que nossas descobertas revelaram, essas características das regras são cruciais e sintetizam as causas das diferenças de desempenho em um número razoável de princípios de aplicação geral que facilmente podem se transformar em banalidades.

> As três regras formam uma orientação útil porque definem quais das várias alternativas plausíveis estão sistematicamente associadas ao desempenho excepcional. *O melhor antes do mais barato* não significa que a concorrência de preços seja irrelevante; significa que diante de uma escolha, se os dados não estiverem claros, fique com o *melhor*. *Receita antes do custo* não significa que não importa manter o custo sob controle, mas sim que aumentar a receita é mais importante. *Não existem outras regras* não significa que você deve seguir cegamente as regras existentes; significa que deve aplicar toda a sua criatividade e percepção para segui-las diante de todos os tipos de cenários.

É uma armadilha que pegou alguns dos pesquisadores mais famosos ou mais conceituados da área. Por exemplo, geralmente nos dizem para confrontar a realidade nua e crua, ter um entendimento grande o bastante sobre o mercado, contar com uma estratégia clara e focada, e ser ágil, disciplinado e focado.[15] É difícil não concordar com esse conselho – mas é aí que mora o problema. Quem gostaria de se esconder da verdade, ter um entendimento curto, uma estratégia confusa e dispersa ou ser esclerosado, indisciplinado e disperso? Consideremos também as observações de que o sucesso está em ser específico, metódico e consistente; em colocar as pessoas certas; e em não abandonar seu negócio principal de forma prematura.[16] Essas prescrições são úteis apenas se você achava que poderia haver circunstâncias nas quais seria aconselhável ser vago, fortuito e inconsistente; colocar as pessoas erradas; ou jamais fazer algo de forma prematura.

Por outro lado, as três regras são alegações equivocadas, porém fundamentadas. Não são uma questão de necessidade lógica, mas uma questão de fato. Talvez você tenha a impressão de que o desempenho excepcional ocorra em função dos preços mais baixos, do custo menor e da capacidade de adaptação em relação a esses dois fatores. Porém não foi assim. Por motivos que ainda explicaremos, acreditamos que o caminho para o desempenho excepcional está na busca persistente de colocar *o melhor antes do mais barato* e a *receita antes do custo* e que, independentemente das escolhas que tiver de fazer, *não existem outras regras.*

Por fim, a busca pela grandeza tem base mais sólida do que um biscoito da sorte.

> CAPÍTULO 2

Encontrando um sinal no ruído

Este livro trata do que chamamos de "estudo de caso de sucesso". Provavelmente você já leu, ou pelo menos já ouviu falar dos títulos mais famosos e influentes do setor, entre os quais se poderia incluir *Vencendo a crise* de Tom Peters e Robert Waterman, e *Feitas para vencer* de Jim Collins. Como estudantes do setor, já lemos vários livros muito bons (veja o Apêndice B).[1]

Se também já leu alguns desses livros, você se encaixa em uma das três categorias. Talvez tenha considerado as receitas dos "casos de sucesso" anteriores convincentes ou apenas muito úteis para refletir. Nesse caso, recomendamos que leia este capítulo com bastante atenção. Discutiremos aqui que as descobertas dos trabalhos anteriores foram destruídas por enormes falhas no método que nos deram muito trabalho remediar, com implicações importantes em sua validade e solidez.

Por outro lado, talvez tenha se inclinado a ignorar as recomendações dos trabalhos anteriores, por conta das enormes falhas no método. Nesse caso, também recomendamos que leia este capítulo com bastante atenção, e pelo mesmo motivo.

Se não se encaixar em nenhuma dessas categorias (e assim pertencer à nossa terceira categoria), pule este capítulo.

> Se já encontrou "estudos de casos de sucesso" anteriores convincentes ou se os desconsiderou por serem relativamente superficiais, recomendamos que leia este capítulo: nossos métodos para identificar empresas excepcionais e determinar as causas de seu desempenho excepcional são diferentes daqueles já encontrados antes. Entender essas diferenças é uma parte importante para conseguir levar nossas conclusões a sério.

A premissa fundamental de todo estudo de caso de sucesso é que qualquer um pode inferir as causas das diferenças no desempenho comparando os comportamentos das empresas com melhor desempenho com os das empresas de desempenho inferior. A maioria dos estudos de caso de sucesso estabelece índices de desempenho intuitivamente exigentes e depois afirma que qualquer empresa que superá-los teve um desempenho superior.

Eis o problema: nossas intuições são juízes terríveis do que constitui uma diferença significativa no desempenho. Por exemplo, se dissermos que o índice de mercado amplo tinha um retorno total aos acionistas (TSR – total shareholder return) anualizado de 9,2% em um período de três meses enquanto nesse mesmo período a Empresa A e a Empresa B tiveram TSRs anualizados de 9,3% e 9,1%, respectivamente, você acreditaria que valeria a pena tentar determinar quais diferenças comportamentais causaram essas diferenças no desempenho? Se suas intuições forem parecidas com as nossas em relação a isso, a resposta é não. Essa diferença não é significativamente material durante um período longo o bastante para justificar uma pesquisa mais profunda.

Agora, a notícia ruim: se reconhecermos que algumas diferenças no desempenho são tão pequenas a ponto de não ter nenhum conteúdo de informação discernível, somos obrigados a especificar qual o tamanho que as diferenças devem ter para serem importantes. De forma conceitual, uma diferença anualizada de 0,1% durante três meses não é o mesmo que uma diferença dez vezes maior durante um período de 10 anos. Embora a última com certeza *pareça* uma diferença material e significativa, não temos qualquer evidência verdadeira que sustente tal intuição. Uma abordagem muito melhor é quantificar a probabilidade de que uma diferença realmente *seja* uma diferença que vale a pena explorar.[2] Somente então poderemos ter esperança de escutar o sinal escondido no ruído.

Por analogia, imagine que você quisesse determinar se alguém era bom ou não no cara ou coroa usando uma moeda honesta, sem truques. Como determinaria isso? Provavelmente não pediria que tirassem cara em uma única jogada e, se saísse cara, concluiria que eles podem manipular o resultado. Que tal pedir que façam isso duas vezes seguidas (25% de chance)? Dez vezes (0,098% de chance)? Qualquer resultado tem uma probabilidade diferente de zero de acontecer por si só, mas ao especificar com antecedência o resultado desejado (cara em todos) e ao calcular as probabilidades ditadas pela chance, você consegue pelo menos atribuir um valor à probabilidade de que nosso jogador de moedas possa manipular os resultados com base na probabilidade do resultado observado.

Levando em conta esse tipo de variabilidade sistêmica, ao lidar com tirar cara ou coroa é simples: sabemos as chances de cada jogada individual e que o resultado de cada jogada não depende dos outros, assim podemos determinar rapidamente a probabilidade de resultados especificados segundo um número definido de tentativas. Mas ao observar o desempenho corporativo, isso não é assim tão simples. Quais as chances de uma empresa que superou o índice de mercado em dez vezes ser um ruído e não um sinal no sistema? Talvez, assim como o nosso jogador das dez caras, esse resultado seja raro em uma única instância, mas com tentativas suficientes, pode ser que finalmente aconteça. Como dezenas de milhares de empresas já se lançaram na corrida ao longo dos anos e as bolsas de valores apresentam alta volatilidade, resultados extremos são muito prováveis, e algumas empresas acabarão com um desempenho aparentemente extraordinário por causa do sistema, e não por causa de algo especial que a empresa tenha feito.[3] Precisamos encontrar o sinal de alguma maneira – o tipo de desempenho que significa algo especial está provavelmente no trabalho – entre todo o ruído gerado pelo que coloquialmente chamamos de sorte. Até onde sabemos, nenhum estudo de sucesso anterior lidou com essa questão.[4]

Parte disso talvez seja que ao falar em "sorte" ou "aleatoriedade" como um fator de contribuição para o desempenho corporativo possa ser desconcertante. Para muitos, esses termos têm a conotação inexplicável de uma força mágica, irracional ou inspiradora, e parecem rejeitar o papel de ação deliberada ao determinar o desempenho corporativo. Afinal, a maioria dos gerentes busca determinados fins de propósito. Como os resultados podem ser aleatórios?

Então, talvez seja útil pegar emprestado do mundo do controle de processo estatístico e pensar nos resultados como determinados por uma combinação de "causas comuns" (atributos do sistema) e "causas especiais" (atributos da empresa). Os resultados que não puderem ser distinguidos da variação no pano de fundo do sistema devem ser atribuídos às causas comuns.[5] Claro, quando analisamos um caso específico, quase sempre podemos encontrar algo que se pareça a uma causa especial, mas possivelmente estejamos nos iludindo. É mais provável que nossa descoberta seja apenas uma explicação com base nas causas comuns.

Evitar a armadilha de caçar causas especiais em um regime de causas comuns exige que caracterizemos a variabilidade do sistema no qual as empresas operam de forma individual, e depois buscar um desempenho que supere os parâmetros desse sistema. Somente então conseguiremos quantificar nosso nível de confiança ao atribuir um resultado às características individuais em vez de um sistema maior no qual essa empresa opera.

Definindo o desempenho excepcional

Enfrentamos esse desafio em duas etapas.[6] Primeiro, usando uma técnica estatística conhecida como regressão quantílica, com todas as empresas no nosso banco de dados, passamos seu ROA de cada ano para uma classificação em decis. Nosso modelo remove o impacto do setor, ano, desvio e uma série de outros fatores determinantes do desempenho. Isso transforma um conjunto de valores do ROA (por exemplo, 11,3%, 9,5%, 13,2%) em um conjunto de classificações em decis (por exemplo, 7, 5, 9), mas os decis incorporam o impacto de todos os nossos controles. Isso serve para criar uma igualdade para a comparação de uma empresa com qualquer outra delas em qualquer ano entre 1966 a 2010.

Uma característica-chave desse método é que os valores de ROA absolutos mais altos (medidos em pontos percentuais) não precisam ter um desempenho relativo mais alto (medido em decis). Por isso, um desempenho no 7º decil de software em 1998 talvez exija um ROA de 20%, enquanto um desempenho no 7º decil do aço em 1981 talvez exija um ROA de apenas 5%; uma empresa de serviços financeiros com um ROA de 1,3% em 2009 pode alcançar uma classificação no 9º decil enquanto uma empresa farmacêutica com um ROA de 18% em 1996 poderia alcançar uma classificação no 5º decil. Em outras palavras, as classificações em decis mostram o desempenho *relativo* de cada empresa determinado pelos fatores que estão sob controle ou influência mais direto dos gestores.

As classificações em decis permitem comparações anuais, mas o desempenho excepcional duradouro não pode ser identificado apenas por meio de uma verificação desses números. Como podemos dizer se 7, 6, 8, 9, 7, 9, 8 é melhor ou pior do que 6, 3, 9, 9, 9, 9, 6, 8, 7, 9, 5, 2? A segunda etapa do nosso processo considera isso. Lembra-se da nossa busca por alguém excepcional ao tirar cara e coroa? Desta vez estamos buscando empresas excepcionais, aquelas que apresentam um desempenho melhor do que esperamos de acordo com os parâmetros do sistema. A diferença é que, com uma moeda, sabemos o que constitui "honesto", e assim avaliar a probabilidade de um resultado violar essa hipótese é algo bem direto. Quando se trata do desempenho corporativo, devemos observar os parâmetros do sistema e então estimar a probabilidade de certos resultados com base nesses parâmetros. Somente depois poderemos determinar a probabilidade de o desempenho de uma empresa ser um sinal em vez de ruído (veja o Apêndice C).[7]

Começamos especificando quais resultados serão considerados significativos, definindo duas categorias de desempenho excepcional: o *Miracle Worker* (fazedor de milagres) e o *Long Runner* (fundista). Considerando seu tempo de vida, os *Miracle Workers* apresentaram classificações no 9º decil de forma a ser muito improvável que estejamos dispostos a concluir que há algo mais além de sorte no trabalho – e eles são chamados assim porque esse desempenho nos parece milagroso. Os *Long Runners* tiveram anos de desempenho na faixa do 6º ao 8º decil (inclusive) para não se enquadrar como milagre.[8] A classificação deriva do fato de ter mantido seu desempenho por mais tempo em seu decil central e que consiste em um nível inferior de desempenho e abrange uma faixa mais ampla.[9]

> O desempenho excepcional está condicionado ao tempo de vida de uma empresa e sua faixa no decil central. Por exemplo, para ser considerada um *Miracle Worker*, uma empresa com 15 anos de vida precisa de 10 anos no 9º decil, mas apenas 12 em 20 anos. Um *Long Runner* precisa de 14 em 15 anos na faixa do 6º ao 8º decil, mas 18 em 20.

Além disso, definimos como *Average Joes* as empresas com tempo médio de vida, níveis de desempenho médio e volatilidade média. Essas empresas são um contraste nas nossas duas categorias de empresas com um desempenho excepcional. Elas não deveriam ser vistas como empresas de "desempenho fraco" – a identificação de um desempenho fraco exigiria todos os testes estatísticos realizados para identificar aquelas com um desempenho superior. Pelo contrário, são empresas com perfis de desempenho não distinguíveis do ruído de fundo, empresas com um desempenho "sem consistência". Isso não quer dizer que os gestores não tenham habilidade ou capacidade. Em vez disso, alega-se que não é possível discernir a habilidade, por motivos que não podemos especificar, baseadas exclusivamente em uma análise de desempenho da empresa.

Todo método está sujeito a *trade-offs*. Decidimos concentrar-nos em evitar o problema do falso positivo – ou seja, chamar uma empresa de excepcional quando na verdade não é. Pagamos um preço por isso: estamos sujeitos a uma tendência a falsos negativos – ou seja, não identificar como excepcionais algumas empresas que, na verdade, o são. Isso aumenta o risco de magoarmos algumas pessoas, já que ninguém gosta de saber que sua empresa preferida talvez não seja tão boa quanto achavam que era. No entanto, como o objetivo de nosso trabalho é identificar os vetores do desempenho excepcional, e não identificar de forma infalível empresas com um desempenho excepcional, achamos que esse é o *trade-off* correto a ser feito.

Com esse método e essas definições, conseguimos ver todas as empresas de capital aberto no mercado dos Estados Unidos e identificar cada *Miracle*

Worker e *Long Runner* que já existiu entre 1966 e 2010. Essa população de empresas excepcionais – 174 *Miracle Workers* e 170 *Long Runners* – é a base da nossa pesquisa.

Medindo o desempenho

Nenhuma medida do desempenho corporativo consegue abranger tudo o que importa a todas as partes. Acreditamos que o ROA é uma forma útil de medir o desempenho de uma empresa determinado por fatores específicos da empresa em uma ampla gama. Porém, outras medidas são importantes e de interesse relevante, talvez não mais do que duas como o TSR e o crescimento da receita.

Preferimos o ROA ao TSR ou ao crescimento porque queremos uma medida que mostre as contribuições consistentes dos gestores para o desempenho da empresa. Nossa visão é de que o crescimento da receita não é um resultado que valha a pena buscar por si só. Pelo contrário, é um indicador de desempenho positivo ou negativo de algum aspecto financeiro – normalmente a lucratividade ou o TSR. Assim como no TSR, observe que o preço da ação reage principalmente às mudanças inesperadas nas projeções do desempenho futuro. Uma empresa que está indo muito mal de acordo com a medição feita pela lucratividade e surpreende os investidores saindo do vermelho, mesmo que apenas um pouco, provavelmente terá um desempenho mais acentuado no valor de seu patrimônio e, portanto, um forte aumento no preço da ação. Por outro lado, uma empresa com níveis constantes, porém muito mais altos de lucratividade, provavelmente não verá a mínima mudança no preço de sua ação, apresentando retornos médios de mercado ajustados ao risco.

> O TSR é uma medida comum do desempenho nos estudos de casos de sucesso. No entanto, o retorno ao acionista é mais uma função da mudança nas expectativas dos investidores do que de gestão consistente. Queríamos entender o que cria uma grande empresa, e não o que cria um grande investimento.

Colocando isso de forma clara, existe uma diferença enorme entre uma grande empresa e um grande investimento. Achamos que a lucratividade é mais apropriada para medir o primeiro caso e o TSR para medir o último. De qualquer forma, nossa esperança é que tudo o que for necessário para que nossa pesquisa tenha importância é que a lucratividade, conforme medido pelo ROA, seja vista pelo menos como uma das várias medidas importantes do desempenho financeiro.

Para fazer uma análise integral, também observamos o desempenho de nossas empresas de alto desempenho e aquelas identificadas como concorrentes com desempenho superior nos estudos de casos de sucesso identificados no apêndice conforme medido pelo ROA, crescimento e TSR (veja o Apêndice C). Considerando os 19 estudos como uma população, na expectativa de que apenas 12% de cada amostra tivesse um ROA excepcional, apenas 17% estivesse no 9º decil de crescimento e apenas 25% estivesse no 9º decil de TSR. (Em todos os casos, analisamos o desempenho de empresas usadas em outros estudos apenas durante o período relevante para tal estudo.)

Uma análise mais refinada não mostrou resultados mais encorajadores. Quatro estudos com foco na questão do crescimento – *Alquimia do crescimento* (Record)*, Blueprint to a Billion, O crescimento granular* (Elsevier) e *Stall Points* – têm 0%, 20%, 21% e 17% de suas amostras respectivamente no 9º decil de crescimento. As classificações médias dos decis para empresas com forte crescimento nas amostras desses estudos são 7, 8, 7 e 8, com intervalos de interquartil entre o 1,5º e o 3º decil, indicando uma variação relevante. Em comparação, os *Miracle Workers* e *Long Runners* em nosso estudo, escolhidos unicamente com base no ROA excepcional, têm uma classificação de crescimento média de decis de 8 e 7, respectivamente.

Nos estudos com foco no TSR, como *Feitas para vencer* (Ediouro) e *O que realmente funciona* (Elsevier), 30% e 25% das empresas com alto desempenho nas amostras estão no 9º decil do TSR, e a classificação média dos decis do TSR da amostra é 7. Pouco mais de um quarto da nossa população, pouco mais de um terço da nossa amostra está no 9º decil do TSR, e a classificação média dos decis da nossa população é 7, sugerindo que não há muito o que escolher em relação ao desempenho médio do TSR, entre as empresas escolhidas com base no TSR e aquelas que identificamos baseadas exclusivamente no desempenho excepcional do ROA estatisticamente validado.

Observe que cinco dos nossos *Long Runners* não alcançaram os *índices* estabelecidos para o desempenho excepcional. Isso é um compromisso que nos foi imposto pela necessidade de combinar as empresas em trios de acordo com critérios diferentes do desempenho, como anos de sobreposição e receita comparável no início de um período de comparação. O Apêndice D fornece mais detalhes.

Com base na análise resumida na Tabela 4, estamos dispostos a concluir, primeiro, que os principais estudos de casos de sucesso não fizeram, de forma

TABELA 4 **Comparando estudos de casos de sucesso**

	Empresas organizadas em categorias*	ROA**			Crescimento***			TSR		
	Nº da classificação (% da amostra original)	Probabilidade média de ser excepcional	IQR (pp)	# (%) Excepcional	Média de classificação em decil	IQR (pp)	Nº (%) no 9º decil	Tempo de vida médio e decil	IQR (pp)	Nº (%) no 9º decil
Alquimia do crescimento	17 (59%)	0%	43,5	1 (6%)	6	2,5	0 (0%)	7	1,5	2 (12%)
Beyond Performance (Além do desempenho)	17 (85%)	55%	82,3	4 (24%)	7	2	3 (18%)	7	4,5	5 (29%)
Grandes vencedores / perdedores	9 (100%)	0%	61,9	1 (11%)	7	2	0 (0%)	8	3	3 (33%)
Esquema para alcançar o bilhão	362 (94%)	0%	18,2	8 (2%)	7	3	73 (20%)	8	2	133 (37%)
Empresa extraordinária	6 (67%)	42%	52,7	1 (17%)	7,5	1,8	1 (17%)	9,5	0,4	5 (83%)
Feitas para durar	16 (89%)	45%	72,6	3 (19%)	5	1,8	1 (6%)	5	1,8	1 (6%)
Destruição criativa	11 (92%)	17%	79,3	2 (18%)	5	3,3	0 (0%)	7	1,3	0 (0%)
Enduring Success (Sucesso duradouro)	7 (78%)	22%	40,1	1 (14%)	4	0	0 (0%)	7	0	0 (0%)
Vantagem essencial	26 (72%)	41%	81,5	6 (23%)	7	2,5	5 (19%)	6	4,1	6 (23%)
Feitas para vencer	10 (91%)	11%	44,7	0 (0%)	6	2	0 (0%)	7	2,5	3 (30%)
A granularidade do crescimento	39 (76%)	27%	65,3	6 (15%)	7	4	8 (21%)	7	3	9 (23%)
Vencedoras por opção	7 (100%)	88%	29,9	3 (43%)	9	0,5	5 (71%)	9,5	0,4	7 (100%)
Como as gigantes caem	9 (100%)	47%	66,0	1 (11%)	7	1	2 (22%)	7	2	2 (22%)

Vencendo a crise	13 (93%)	29%	55,7	1 (8%)	5	1	0 (0%)	5	3	2 (15%)
Jumping the S-curve (Pulando a curva em S)	72 (89%)	45%	78,7	8 (25%)	7	2,5	8 (25%)	8	3,5	9 (28%)
Desempenho máximo	17 (81%)	0%	58,1	1 (6%)	7	5	5 (29%)	7	4,1	5 (29%)
Lucro a partir do core business	27 (73%)	19%	66,0	2 (7%)	7,5	3,8	6 (22%)	7	3,5	7 (26%)
Stall Points (Pontos de estol)	58 (87%)	34%	67,0	7 (12%)	8	4	10 (17%)	8	2,5	13 (22%)
O que realmente funciona	16 (94%)	23%	53,4	1 (6%)	7	2	2 (13%)	7	2,5	4 (25%)
Três regras – amostra	**18 (100%)**	**97%**	**9,2**	**13 (72%)**	**7**	**1**	**0 (0%)**	**6,5**	**3,8**	**6 (33%)**
Miracle Workers Long	9 (100%)	98%	3,9	9 (100%)	7	0	0 (0%)	6	3	4 (44%)
Runners	9 (100%)	89%	22,5	4 (44%)	6	2	0 (0%)	7	3	2 (22%)
Três regras – população	**344 (100%)**	**97%**	**5,6**	**344 (100%)**	**5**	**3**	**17 (5%)**	**7**	**3**	**90 (26%)**
Miracle Workers	174 (100%)	98%	4,2	174 (100%)	6	3	11 (6%)	8	3	63 (36%)
Long Runners	173 (100%)	96%	5,9	170 (100%)	5	3	6 (4%)	7	2	27 (16%)
TOTAL****	699	–	–	57 (8%)	–	–	129 (18%)	–	–	216 (31%)
MÍNIMO	6	0%	18,2	0 (0%)	4	0	0 (0%)	5	0	0 (0%)
MÁXIMO	362	88%	82,3	8 (43%)	9	5	73 (71%)	9,5	4,5	133 (100%)
MÉDIA	16	27%	61,9	2 (12%)	7	2	2 (17%)	7	2,5	5 (25%)
IQR	17	30 pp	21,1	4 (12 pp)	1	1,4	6 (22 pp)	1	1,6	5 (11 pp)

Fonte: Estudos citados; Compustat; análise da Deloitte.

*Devido à disponibilidade dos dados não podemos incluir todas as empresas de todos os estudos. Analisamos apenas os períodos examinados em cada estudo.

**Para cada empresa identificada em cada estudo, calculamos a probabilidade de que ela tenha um ROA excepcional usando o método descrito neste capítulo. Apresentamos a probabilidade média do ROA excepcional e o intervalo interquartil (IQR – interquartile range) das empresas em cada estudo para as quais não temos dados suficientes.

***Usando o método "residual cumulativo" descrito no Apêndice C, calculamos a classificação do decil de crescimento e TSR do tempo de vida para cada empresa em um estudo e apresentamos aqui os intervalos médio e interquartil das empresas em um estudo com base no qual temos os dados.

****Essas estatísticas resumidas para a população dos estudos excluem nossa pesquisa.

geral, o que achavam estar fazendo. Em média, as empresas estudadas não parecem ter apresentado níveis de desempenho que as separem do ruído de fundo da população a partir da qual foram selecionadas. Além disso, se a maioria das empresas excelentes, vencedoras, no auge, extraordinárias e duradouras que são analisadas não consegue garantir de forma confiante que merece esses adjetivos, as descobertas obtidas a partir de nossa análise devem ser vistas com muito cuidado. Não nos cabe dizer que as receitas desses estudos estão erradas. No entanto, nossa análise estatística sugere de maneira bem forte que a evidência de estarem certas é bem mais fraca do que gostaríamos.

Segundo, esta análise nos leva a acreditar que nossa amostra é diferente de maneira significativa, mas também de maneira que talvez seja crítica à credibilidade de nossas descobertas. Colocamos nosso foco no ROA enquanto outros estudos não, portanto, de forma previsível, nossas empresas têm sistematicamente um ROA relativo mais alto do que aqueles apresentados em outros trabalhos. Como consequência, podemos concluir, com um pouco de confiança, que pelo menos nessa medida de desempenho identificamos um conjunto fundamentalmente diferente de empresas.

> As empresas identificadas na faixa de desempenho superior em outros estudos apresentaram, na verdade, resultados relativamente não excepcionais. Por outro lado, do ponto de vista de ROA, nossa amostra é realmente excepcional e não consideravelmente pior do que outras empresas de desempenho superior com medição feita com base no crescimento ou no TSR.

Contudo, nossa população e amostra não parecem sofrer muito, se assim for, quando o desempenho é medido pelo crescimento ou pelo TSR. Nossas empresas têm desempenho igual àquele apresentado no trabalho anterior, enquanto se saem quase tão bem no crescimento e TSR como as empresas *escolhidas* com base no crescimento ou no TSR. Não acreditamos que esse teria sido o caso se os pesquisadores anteriores buscassem desenvolver testes estatísticos para o desempenho excepcional. Em razão de seus índices terem sido escolhidos com base na validade de face, comprovou-se que o nível determinado foi muito baixo.

Como nossas empresas excepcionais parecem ter um desempenho de crescimento e TSR que é muito parecido com o das empresas apresentadas no trabalho anterior, nossas recomendações de ação, pelo menos, não parecem impor uma penalidade de crescimento ou TSR. Em outras palavras, não há evidências de que seguir nossas três regras na busca por uma lucratividade mais alta prejudique o valor do patrimônio ou o crescimento da receita. Melhor ainda, nossas três regras podem até contribuir para o crescimento e o TSR que estejam em pé de igualdade com as empresas escolhidas por seu desempenho com base nessas medidas.[10]

Perfil do desempenho

Ao avaliar o desempenho de uma empresa, usamos todo o tempo de vida observável de cada empresa. Poucos estudos de caso de sucesso fazem isso, escolhendo em vez disso focar em períodos específicos, digamos, 10, 15 ou até mesmo 30 anos.

Isso é um erro. Cria uma possibilidade muito real de tornar-se vítima do que se conhece como a falácia de "Texas sharpshooter", na qual o alvo é definido somente depois que os tiros já foram disparados. Quando estabelece o alvo depois de ter atirado, você pode facilmente criar a ilusão de precisão ao colocar o alvo aleatoriamente sobre qualquer buraco de bala que encontrar.

Assim, por exemplo, *O que realmente funciona* (Elsevier) tem como foco a década de 1986 a 1996, enquanto o foco de *Grandes vencedores e grandes perdedores* (Bookman Companhia ED) é de 1992 a 2002. Os períodos em análise nos dois estudos têm uma sobreposição de cinco anos (do início de 1992 ao final de 1996), e os dois livros identificam a Campbell Soup como uma empresa que vale a pena estudar. *O que realmente funciona* (Elsevier) considera a Campbell Soup uma "vencedora" enquanto *Grandes vencedores e grandes perdedores* vê a empresa com uma "grande perdedora". Quem está certo?

Parece que a Campbell Soup teve uma grande fase de 1986 a 1998: o valor da ação passou de US$4,17 para US$54,61, superando em três vezes o mercado. Depois, de 1998 a 2002 caiu para US$23,47, sendo que no período total de 16 anos coberto pelos dois estudos ficou praticamente igual ao Dow Jones Industrial Average.* A moral da história é que, se você quiser dizer alguma coisa sobre o desempenho de qualquer empresa, precisa analisar todos os dados

---

* *Nota da Editora*: Índice criado em 1896 pelo editor do *The Wall Street Journal* e fundador do Dow Jones & Company, Charles Dow. É o segundo mais antigo índice dos Estados Unidos, e ao lado do *Nasdaq Composite* e do Standard & Poor's 500 um dos principais indicadores dos movimentos do mercado americano. Dos três indicadores, é o mais largamente publicado e discutido.

disponíveis sobre ela. A unidade fundamental da análise é o tempo de vida da empresa, ou algo razoavelmente próximo, sujeito à disponibilidade de dados: qualquer coisa abaixo disso cria o risco de mostrar uma grandeza ou incompetência quando, na verdade, quase não há bases para atribuir nenhum desses dois fatores.[11] Poderia parecer muito mais fácil decidir se as sopas da Campbell são apenas boas do que determinar se a sopa da Campbell é deliciosa.

Porém, poderia haver padrões significativos no desempenho, períodos de resultados melhores ou piores que indicam mudanças importantes no comportamento de uma empresa ao longo do tempo? Enfrentamos esse desafio sobre o desempenho relativo (classificações de decis do ROA) e o desempenho absoluto (valores do ROA) e usamos métodos estatísticos diferentes para cada um de forma a abordar a natureza fundamentalmente diferente dos dois.[12] Uma empresa é um *Miracle Worker* em função de quantos anos apresenta desempenho no 9º decil em relação ao tempo de vida observado. Tem uma *trajetória* mantida se esse desempenho no 9º decil for distribuído de forma aleatória ao longo de todos os anos observados; perde o status caso o desempenho superior ocorra apenas no início do período, com queda notável no fim; e adquirem novo status se o desempenho superior concentrar-se no fim do período de observação. A trajetória na categoria "outros" mostra todo o resto, mas consiste basicamente em empresas com um perfil dentro-fora-dentro. As mesmas trajetórias (mantida, revelada, perdida, "outros") aplicam-se aos *Long Runners*. Os *Average Joes* não têm uma trajetória discernível.

O desempenho absoluto pode mostrar evidências de padrões, o que chamamos de eras, bem independentes de qualquer faixa no desempenho relativo que define uma trajetória. Por exemplo, uma empresa com tendência de alta constante no ROA absoluto pode estar deixando para trás um desempenho medíocre relativo e finalmente mantendo-se no 9º por períodos suficientes para alcançar o *status* de *Miracle Worker*. Essa empresa teria um período único, mas duas faixas e uma trajetória revelada. De forma recíproca, um *Miracle Worker* pode estar em um período de declínio do ROA durante um tempo, mas reverte essa tendência antes que seu desempenho relativo sofra. Neste caso, veríamos dois períodos, mas uma faixa e uma trajetória mantida.

Essa análise de padrões tanto no desempenho relativo quanto no absoluto nos fornece períodos mais objetivos e potencialmente significativos para buscar padrões ou diferenças de comportamento. Tendemos a ver o ROA anual, e temos uma forte tendência de tratar os períodos relativamente curtos, digamos, os três a cinco últimos anos como significativos porque esse é um horizonte de tempo relevante para muitos gestores. No entanto, vale a pena observar que não há uma razão necessária nem para a periodicidade da órbita da Terra sobre o Sol nem para a duração e trajetória de carreiras gerenciais para que causem um impacto significativo nos processos que geram lucros em organizações complexas. Os estudos de casos de sucesso têm mais credibilidade quando analisam o desempenho – na sua magnitude e nos padrões – de forma completamente independente das possíveis explicações causais: se abandonarmos nossas crenças anteriores sobre o que pode ser mais importante em nossa caracterização do desempenho, estaremos presumindo a resposta que buscamos.

Nossa amostra de nove trios tem três *Miracle Workers* com trajetórias reveladas, três perdidas, duas mantidas e uma na categoria "outros" (veja mais detalhes no Apêndice D). Ao comparar os *Miracle Workers* e os *Long Runners* durante seus períodos de maior desempenho relativo uns com os outros e com os *Average Joes*, esperamos entender o que motiva o desempenho superior. Ao comparar o comportamento durante os períodos de maior e menor desempenho nas empresas de forma individual, conseguimos obter algo em relação aos tipos de mudanças no comportamento que geram mudanças no desempenho. Isso provou ser algo muito valioso, já que parecia ser outro teste de nossas principais descobertas. Não só concluímos que nossas três regras são responsáveis por diferenças de empresas entre si e entre suas categorias, mas também que essas mudanças no grau de comprometimento com o qual uma empresa segue essas mesmas regras são responsáveis por sua trajetória.

O Apêndice E apresenta gráficos de perfil de desempenho de todas as 27 empresas de nosso estudo que mostram todas essas dimensões de desempenho graficamente. A Heartland (ver Figura 24 no Apêndice E) tem uma trajetória mantida – ou seja, desempenho consistente no 9º decil ao longo de todo o período de observação, apesar de estar alguns anos abaixo do 9º decil. A empresa tem também duas eras, conforme descrito no Capítulo 1, cada qual caracterizada por média, tendências e variação diferentes no ROA.[13]

> Identificamos empresas com desempenho duradouro que conseguem ficar acima do ruído. Depois, encontramos o sinal no ruído do desempenho de cada empresa excepcional buscando padrões em seu desempenho ao longo do tempo. Períodos no desempenho relativo e eras no desempenho absoluto são fortes indicadores de mudanças importantes no comportamento corporativo.

Como consequência, ao buscar diferenças de comportamento que expliquem o desempenho relativo, devemos considerar todo o período de 1986 a 2010 um único. No entanto, ao buscar mudanças ao longo do tempo na Heartland, devemos comparar o período de 1986 a 1994 com o de 1995 a 2010. As flutuações anuais no ROA podem ser facilmente ignoradas: são apenas ruído. São os parâmetros do Perfil de Desempenho da empresa que revelam os sinais: a Heartland é um eterno *Miracle Worker*, foi constantemente um *Miracle Worker*, e seu desempenho sugere duas eras diferentes caracterizadas por diferentes Elementos de Vantagem.

As causas do desempenho

Encontrar empresas com um desempenho que possa ficar acima do ruído e definir seus contornos nos permite identificar comparações significativas. As diferenças no desempenho entre os *Miracle Workers, Long Runners* e *Average Joes* são nossa *variável dependente*, ou aquilo que esperamos explicar. Passemos agora para o modo como fizemos para identificar nossas *variáveis independentes*. Essas são as diferenças de comportamento que fazem os excelentes *Miracle Workers*, que explicam como os *Long Runners* alcançaram essa posição, mas não conseguiram chegar ao alto escalão do desempenho, e por que os *Average Joes* permaneceram relegados a um patamar que não passa da mediocridade.

O efeito auréola

Existem duas grandes armadilhas nas quais podemos cair ao tentar explicar o desempenho corporativo. A primeira delas é conhecida como "efeito auréola", que se manifesta quando o desempenho superior leva os comentaristas a conferir todos os tipos de atributos positivos a qualquer coisa e talvez a tudo o que uma empresa faz.[14] Quando o valor da ação está alto, a liderança é decisiva e arrojada; quando o valor da ação está baixo, as mesmas pessoas tornam-se arrogantes e sem visão em um passe de mágica.[15] Isso não seria um problema se muitos estudos de casos de sucesso não dependessem dos registros jornalísticos como uma grande fonte de dados. Como consequência, nas palavras de um comentarista, grande parte dos estudos de casos de sucesso famosos não são estudos sobre o que causa um excelente comportamento, mas sim, estudos sobre como o excelente comportamento é descrito.[16]

Abordamos esse desafio focando o máximo possível nas variáveis independentes que podem ser quantificadas de forma totalmente isolada do desempenho da empresa. Assim, por exemplo, na nossa discussão sobre as causas do desempenho superior da Heartland, falamos sobre o foco do cliente em termos de cobertura geográfica e de percentual de vendas gerado por seus maiores clientes; explicamos a intensidade relativa do ativo em termos de percentual do frete puxado pelos motoristas terceirizados; e documentamos o preço diferenciado da empresa.

Um efeito colateral dessa abordagem é que as discussões das pessoas e personalidades podem parecer extraordinárias por sua ausência em nossos estudos de casos. Não falamos sobre culturas ou valores, ou traços de caráter das pessoas no comando de nossas empresas excepcionais – normalmente bastante excêntricos. Não porque achemos que esses fatores não sejam importantes; com certeza o são. Mas porque normalmente estamos analisando décadas de desempenho, o tipo de evidência necessária para que alguém possa dizer algo real e importante apenas não está disponível.

Talvez seja tentador acusar-nos de realizar uma "pesquisa de bêbados": procurar nossas chaves embaixo do poste de luz porque ali a luz é mais forte, em vez de em um beco escuro onde as deixamos cair. Preferimos outra metáfora: somos paleontologistas corporativos, obrigados pelas circunstâncias a lidar somente com o registro fóssil. Talvez gostássemos de saber de que cor eram os dinossauros, ou como eram seus chamados de acasalamento. Podemos arriscar um palpite com base na aplicação de princípios como a camuflagem e seleção sexual, ou fazer inferências com base no formato e no tamanho das cavidades nasais conforme revelado pelo formato dos crânios, mas características como a cor da pele não se fossilizam e, portanto, jamais saberemos – nunca *realmente* saberemos – as respostas a essas perguntas. Da mesma forma, a cultura organizacional e as motivações de cada empresa, entre outros "aspectos subjetivos" corporativos, não são preservados a não ser que sejam estudados em tempo real e da forma certa, o que é algo muito raro. Talvez quiséssemos saber mais sobre as lutas pessoais de executivos já que eles reinventaram suas organizações para preservar o desempenho excepcional de décadas atrás, mas não podemos.

Essa falta de dados não é tão ruim assim, segundo nossa visão. As três regras são inferidas identificando aqueles critérios na tomada de decisões que, se aplicados às circunstâncias enfrentadas pelas empresas de nossa amostra, as teriam levado a fazer as escolhas da maneira observada. Não sabemos se elas *realmente* aplicaram esses critérios, mas esperamos poder demonstrar que se comportaram como se o tivessem feito. Como consequência, não é mais necessário que você seja igual a elas, mas apenas que seja bem criativo em encontrar formas de aplicar as regras à sua situação.

Esperamos que isso seja um alívio. E se, no entanto, você tivesse descoberto que precisava um líder no nível cinco, por exemplo, ainda que concluísse que apenas não tem as habilidades para essa função?[17] Em vez disso, pode buscar novas formas de aplicar seu próprio estilo de liderança, qualquer que ele seja, para seguir as três regras, colocando assim o desempenho excepcional a seu alcance.

Post hoc ergo propter hoc

A segunda das duas armadilhas em que podemos cair ao tentar descobrir as "verdadeiras" causas de um resultado está cheia de variação do *post hoc ergo propter hoc* (depois disso, portanto, por causa disso), ou de uma maneira mais matemática, a "correlação não é a causalidade".[18] Só porque existe uma diferença de comportamento entre duas empresas não significa que ela tenha provocado a diferença de desempenho na qual estamos interessados. O que normalmente falta é uma conexão mais objetiva e idealmente quantificável entre as diferenças de comportamento e as de desempenho.

Isso pode ser extremamente difícil, se não impossível, com medidas de desempenho como o TSR. Com uma variável tão ruidosa e superdeterminada como a avaliação do mercado de ações, pode ser uma tarefa não superável identificar a verdade entre todas as histórias concorrentes do livro *Histórias assim* (Editora Octavo) de Kipling.

No Capítulo 1, fizemos alusão ao poder de decompor o ROA em seus elementos constituintes – o que chamamos de Elementos de Vantagem – e a diretriz que isso fornece ao buscar explicações comportamentais para as diferenças de desempenho. A Medtronic, por exemplo, um *Miracle Worker* no setor de equipamentos médicos, aproveitou uma vantagem de 2,1%/ano no ROA em relação à Stryker, sua comparação de *Long Runner* no setor. Ambas tinham trajetórias reveladas. A vantagem da Medtronic era de 5,2%/ano de vantagem no ROS e 3,1%/ano de desvantagem no TAT. Ou seja, a Medtronic tem um retorno *maior* sobre as vendas, porém um *menor* giro dos ativos.

> Explicar diferenças de desempenho em termos de diferenças de comportamento exige que nos atenhamos ao "registro fóssil" e façamos referência apenas aos comportamentos que podem ser descritos independentemente do desempenho. Explicações possíveis devem ser verificadas em relação a sua consonância com a estrutura financeira subjacente de vantagem e sua relevância.

A estrutura financeira da diferença de desempenho entre essas duas empresas é uma forma de *variável independente* porque a estrutura de uma vantagem do ROA não depende da própria vantagem do ROA. Como resultado, os Elementos de Vantagem da Medtronic em relação à Stryker impõem restrições importantes sobre os comportamentos (variáveis independentes adicionais) que podemos afirmar com certeza que causaram a diferença relevante no ROA. O TAT da Medtronic era menor do que o da Stryker por causa de ineficiências, ou será que havia algo em relação à maneira pela qual a Medtronic gerava um ROS maior que impôs um *trade-off* que levou a um TAT menor? Como veremos no próximo capítulo, o sucesso da Medtronic pode ser atribuído em grande parte à adoção de uma plataforma comum de desenvolvimento de produtos, à melhora de sua capacidade de fabricação e a uma série de aquisições bem realizadas. Essas ações serviram para estabelecer uma estratégia construída em torno de um valor não-preço e uma fórmula de lucratividade impulsionada por preços mais altos. O TAT mais baixo era em função da necessidade de investir de forma pesada em ativos especializados para poder permanecer na liderança de um mercado de equipamentos médicos que mudava de forma drástica e rápida.

Por outro lado, a Stryker concorreu menos na diferenciação de seus produtos do que fez a Medtronic e mais no preço. Ela tinha uma linha de produtos limitada que conseguia fabricar de forma consistente e eficiente, com uma base de ativos relativamente menor. A empresa cresceu, em uma base percentual, tão rápido quanto a Medtronic – e na verdade teve um desempenho melhor do que a Medtronic, se medido pelo TSR. Porém, seu crescimento e a eficiência dos ativos não foram suficientes para compensar a combinação específica de posição e fórmula de lucratividade da Medtronic.[19]

Quando os comportamentos que têm o impacto qualitativo desejado são identificados, podemos avaliar, pelo menos até determinado grau, a relevância do impacto. Quanto mais água uma diferença de comportamento precisar carregar, maior será o ônus da prova. Em alguns casos, conseguimos criar modelos financeiros crus que nos permitiram avaliar se determinada explicação é plausível.

Por exemplo, nossa análise dos Elementos de Vantagem mostrou que a Heartland dependia de um ROS mais alto em grande parte de sua vantagem de desempenho, e grande parte disso se transformou em uma margem bruta maior. Descobrimos que a Heartland tinha um preço diferenciado de 10% ou mais. Esse é um traço comportamental consistente com a vantagem de estrutura financeira da Heartland. Criar um modelo muito simples e transparente – apenas cortando 10% da receita líquida da Heartland – nos permite avaliar, de uma forma bem geral e qualitativa mas ainda assim instrutiva, o grau ao qual o preço diferenciado observado é uma alegação legítima como sendo parte da explicação correta. Neste caso, o preço diferenciado provou ser relevante, digamos, de uma maneira que um preço diferenciado de 2% não seria. Fizemos o mesmo com vários dos comportamentos que consideramos importantes na explicação das vantagens de desempenho: criamos "testes de indícios, de primeira impressão" ou "teste de racionalidade" para estabelecer, em uma primeira aproximação, que os comportamentos que pareciam ser importantes eram explicações com credibilidade.

Observe também que os Elementos de Vantagem são apresentados em média de pontos percentuais por ano ao longo de períodos que podem ser uma década ou mais. Vale a pena confirmar que essas médias são na verdade padrões representativos ao longo do tempo; afinal, as diferenças no ROA e os componentes dessa diferença podem estar sujeitos a uma variação extrema: uma vantagem no ROA pode ser impulsionada por uma receita não operacional em determinado ano graças a um ganho na alienação de ativos e por uma vantagem no giro dos ativos no ano seguinte porque a empresa comparada pagou um valor muito diferenciado em uma aquisição. Se estamos buscando diferenças consistentes de comportamento quando o fenômeno subjacente apresenta grande flutuação, porém de maneira invisível, provavelmente seremos levados para o mau caminho. O Apêndice F mostra a consistência dos elementos do ROS e do TAT assim como medidas absolutas de consistência para as amostras e para cada comparação entre os pares ao longo de cada período relevante. Nossa conclusão é que os Elementos de Vantagem são bastante consistentes, tanto na comparação entre os pares quanto em toda a amostra, para exigir explicações gerais sobre o comportamento.

Generalizando as descobertas

Digamos que você acreditou em nós até agora: identificamos uma amostra confiável de empresas excepcionais e os comportamentos que causam diferenças no desempenho. Estes implicam um padrão de escolhas consistentes com a aplicação das três regras: *o melhor antes do mais barato*, *receita antes do custo* e *não existem outras regras*. Por tudo isso, a utilidade da nossa pesquisa depende em grande parte da confiança que podemos ter ao aplicar o que foi aprendido em empresas diferentes daquelas que foram estudadas com tanto cuidado. É a capacidade de generalização do estudo que estabelece a credibilidade de suas receitas de ação.[20]

Em muitos estudos de casos de sucesso, as afirmações sobre generalização na maioria das vezes dependem da diversidade de empresas na amostra – os tipos de setores, os períodos analisados e assim por diante. Adotamos essa abordagem também: nossos nove trios foram obtidos de um conjunto variado de setores, incluindo indústria farmacêutica, materiais elétricos, confecção, transporte e varejo de moda.

Uma amostra diversa com certeza terá uma probabilidade maior de ser generalizada do que uma amostra homogênea, mas a diversidade por si está longe de ser suficiente, especialmente dado o que está em jogo. O problema é que não podemos saber quais características de semelhança e diferença são relevantes. E se os setores estudados fossem diferentes em relação à intensidade do ativo ou taxas de crescimento? Restrições regulatórias ou mudanças tecnológicas? Pressões de concorrência ou choques exógenos? Há várias maneiras de ser diferente para que qualquer amostra seja diferente de todas as formas relevantes possíveis. A diversidade ajuda, mas não é suficiente.

Em nosso caso, identificamos a população de empresas excepcionais e então escolhemos uma amostra de forma basicamente aleatória a partir dessa população. Podemos afirmar com confiança que nossos estudos de caso são pelo menos potencialmente importantes porque lançam luz sobre um número muito maior de empresas. Nossas explicações têm a expectativa de dizer algo sobre as empresas diferentes daquelas que já estudamos.[21]

No entanto, essas considerações podem importar menos do que seu próprio sentido de intuição sobre se nossas descobertas se aplicam a sua empresa.

Buscar nosso próprio aperfeiçoamento por meio do estudo da grandeza de qualquer tipo pode parecer extremamente desestimulante. Será que um estudante de Física deveria se espelhar em Newton, Einstein, ou Hawking? Será que um aspirante a escritor deveria seguir os passos de Shakespeare, Tolstoi ou Twain? Será que um líder de negócios em ascensão deveria adotar as práticas de Sloan, Welch ou Jobs? Essas pessoas eram... excepcionais. Será que realmente conseguimos aprender alguma coisa com *elas*? Talvez o que funcionou para elas funcionou porque eram quem eram. E se o ingrediente mais importante para ser grande não for o que você faz, mas apenas o fato de ser grande em primeiro lugar?

Da mesma forma, o estudo de grandes empresas pode nos fazer pensar se estabelecemos expectativas muito altas. O Google é o *Google*, pelo amor de Deus. A empresa certamente atrai nossa imaginação, mas talvez estejamos brincando com nós mesmos se acharmos que os vetores desse desempenho excepcional são relevantes para o resto de nós. Nas classificações de empresas excepcionais não só está o gigante do mecanismo de busca, mas também muitas outras empresas de porte como General Electric, ExxonMobil e Johnson & Johnson. Talvez apenas não sejamos capazes de nos relacionar em um nível visceral com essas empresas. Se seu excepcionalismo vem de características aparentemente únicas do setor ou das idiossincrasias individuais, quase sempre há uma lacuna entre "elas" e "nós". Se não conseguimos nos conectar de uma forma quase pessoal às experiências das empresas excepcionais, nosso problema é basicamente quixotesco, pois não conseguimos internalizar e agir de acordo com as lições que aprendemos.

A notícia boa é que junto com o icônico material de capa de revista da Microsoft e da Oracle na área de software ou da Amgen e Genzyme em biotecnologia, encontramos muitas empresas e setores que existem em uma escala muito mais humana. A 3M, com sua fabulosa inovação e milhares de produtos nos mercados comerciais e industriais, está na lista, mas o WD-40 também está, uma empresa criada com base em um único produto não patenteado, originalmente desenvolvido para evitar a corrosão nos mísseis nucleares – e o qual, sem ser modificado, tornou-se o vilão das dobradiças rangentes desde então. O globalmente ubíquo McDonald provou ser excepcional, mas a Luby's Cafeteria também, uma rede com 43 lojas, e apenas três fora do Texas. A IBM está na lista, assim como a Syntel, uma empresa 0,5% do tamanho da IBM.[22] Precisamente porque nosso método isola o efeito da tomada de decisão gerencial sobre o desempenho, encontramos empresas excepcionais de todos os tipos e tamanhos.

> Nossa crença é que nossas descobertas são úteis porque são afirmações importantes, e não truísmos. Isso é importante, mas não é suficiente. Para que nossas afirmações sejam levadas a sério na tomada de decisões importantes, elas devem ser verdadeiras – ou pelo menos verdadeiras o bastante. Essa é uma determinação que só pode ser feita com base nos métodos que usamos para encontrar evidências que as corroborassem.

Da mesma forma, nossa amostra de pesquisa inclui empresas e setores que você provavelmente conhece muito bem: a Maytag no setor de eletrodomésticos, a Wrigley em confecção, a Abercrombie & Fitch no varejo de roupas e a Merck no setor farmacêutico são, se não os nomes famosos, aqueles que podem ser facilmente reconhecidos. Essas empresas devem sua grandeza em parte às marcas ícones que perduram ao longo de gerações, à globalização agressiva, a uma propaganda de última geração que se tornou um fenômeno cultural e aos CEOs celebridades. Esses são contos que podem ser aspirados, pois nos dão a sensação do que é possível.

Mas incluímos também empresas muito menores e pouco conhecidas concorrendo em setores que chamam menos atenção. A Heartland, uma pequena empresa de administração familiar no setor de transportes, mostra como o foco pode levar a uma maior lucratividade. A Thomas & Betts mostra que a inovação pode ser um importante vetor do sucesso nos segmentos com menos tecnologia como materiais elétricos. A Weis Markets demonstra o poder duradouro das arrojadas mudanças estratégicas no setor de alimentos na área rural da Pensilvânia. Talvez esses sejam exemplos mais inspiradores de uma forma bem diferente, para que muitos possam enxergar com mais facilidade suas próprias experiências refletidas nas histórias delas.

Dedicamos o início deste capítulo a uma descrição dos nossos métodos e, na medida do possível, a uma comparação de nossos métodos com outros. Nossos métodos não são perfeitos; nenhum método é. Porém, achamos que desenvolvemos e empregamos melhorias relevantes na identificação de um desempenho realmente excepcional, isolando os períodos de maior e menor desempenho e estabelecendo uma ligação entre as diferenças de comportamento e de desempenho de uma maneira que justifique um nível mais alto de confiança em nossas conclusões.

Nos capítulos a seguir, ilustraremos nossos métodos e apresentaremos evidências que sustentam as três regras – *o melhor antes do mais barato, receita antes do custo e não existem outras regras*. Quando chegar ao Capítulo 6, você será capaz de adjudicar a legitimidade de nossas afirmações.

CAPÍTULO 3

O melhor antes do mais barato

O melhor antes do mais barato destila em sua essência o que nossa pesquisa revela sobre a relação entre posição competitiva e desempenho excepcional. Claro, a posição competitiva tem sido objeto de pesquisa e discussão há décadas. Por todas as diferenças aparentes entre as várias abordagens, o espaço competitivo normalmente é definido em termos do valor não-preço que o cliente recebe e o custo relativo de produção dos fornecedores concorrentes.[1]

Para nós, a posição competitiva define a maneira como uma empresa cria valor para os clientes e, portanto, a mais útil dessas duas dimensões tradicionais é o valor não-preço. Ao comprar um carro, por exemplo, os clientes normalmente levam em consideração vários atributos, incluindo os recursos de segurança, confiabilidade da operação, emissão de carbono, estilo, aceleração, velocidade máxima, manobra, conforto, características personalizáveis (por exemplo, cor ou estofamento), a experiência de vendas, facilidade e acessibilidade aos serviços e assim por diante.

A maioria dos elementos do valor não-preço pode ser mensurada, embora com diferentes graus de precisão: a aceleração de um carro é altamente quantificável, as avaliações de segurança um pouco menos e o "estilo" pode ser determinado talvez no máximo pela aparência. Ferramentas como uma análise conjunta podem usar essas medições para estimar a importância relativa de cada dimensão, permitindo que as empresas avaliem em quais aspectos, isolados ou combinados, devem tentar superar a concorrência para serem bem-sucedidas na concretização de negócios com clientes específicos ou com segmentos de clientes.[2]

A segunda dimensão das abordagens tradicionais na análise de posicionamento, o custo relativo de produção, não está diretamente relacionada ao *melhor antes do mais barato* porque não descreve como as empresas criam valor para os clientes. As empresas podem escolher explorar uma posição de custo mais baixo para aproveitar uma lucratividade maior com preços parecidos aos de seus concorrentes. Nessa situação, embora o custo de produção menor seja bom para a empresa, ele é irrelevante para o cliente. Como *o melhor antes do mais barato* trata de criar valor para o cliente, nossa segunda dimensão da posição é relativa ao valor preço, na qual o valor preço (como percebido pelos clientes) normalmente sobe à medida que o preço cai.[3] O preço – aquilo que o cliente paga por algo em dinheiro – é prontamente quantificável, então normalmente é possível determinar com muita facilidade quais das duas ofertas substituíveis é mais barata (tem um valor preço mais alto).

Um carro que fosse melhor do que todos os outros em todas as dimensões de valor, aos olhos de todos os clientes, teria 100% de participação no mercado. No entanto, nenhum carro tem 100% da fatia de mercado porque os diferentes segmentos de clientes querem combinações de dimensões de valor que estão necessariamente correlacionadas de maneira negativa. Alguns clientes querem um carro maior (digamos, pela capacidade de assentos) e alguns querem um carro menor (digamos, para caber em vagas pequenas). Em qualquer comparação entre os pares, nenhum carro pode ser grande e pequeno ao mesmo tempo. De forma semelhante, velocidade e consumo de energia estão correlacionados de forma negativa (todo o resto igual) porque é necessária mais força para mover determinada massa mais rápido. Outras limitações ainda são totalmente contingentes: criar uma minivan que seja mais "estilosa" do que um carro esporte exige apenas uma mudança no gosto das pessoas.

Em outras palavras, as restrições impõem *trade-offs*. Nenhum produto ou serviço pode ser tudo para todas as pessoas, e tudo o que sabemos sobre o foco e o poder de segmentação do mercado está baseado nesse fato inevitável. As empresas que se recusam a aceitar os *trade-offs* entre dimensões diferentes de desempenho normalmente acabam "rachando a diferença" de forma que as pessoas fiquem felizes.[4]

Em resumo, as dimensões de posição são o valor preço e o valor não-preço. Os produtos ou serviços ocupam posições diferentes no espaço competitivo até o ponto em que diferem ao longo dessas dimensões. Graças à existência dos *trade-offs* entre pelo menos algumas dimensões de valor, as posições competitivas diferenciadas podem ser lucrativas, enquanto as posições baseadas em ser melhor ao longo de todas as dimensões de desempenho ao mesmo tempo são raras.[5]

A relatividade da posição

A posição competitiva, assim como a posição física, é totalmente relativa. Não há nenhum quadro de referência ao qual alguém possa recorrer. Não podemos responder à pergunta "Qual é a posição da empresa X?" sem especificar também com qual empresa ou com quais empresas estamos comparando a empresa X.

Vejamos o setor de hotelaria. Qual você diria que é a posição competitiva do Four Seasons? Você seria maluco se dissesse que ele concorre com base no preço. Os hotéis da rede são renomados por seu luxo e serviço, cuja qualidade reflete-se nos preços, os quais normalmente são mais altos do que a maioria dos hotéis com os quais a maior parte das pessoas está acostumada. Da mesma forma, se tivéssemos de colocar o Motel 6 em algum lugar no espaço preço/não-preço, esperaríamos que a maioria das pessoas dissesse que é um concorrente baseado no preço porque seus preços são menores do que os de vários outros hotéis.

Esses julgamentos qualitativos e de bom senso são baseados em comparações implícitas com algum hotel ou motel "mediano" não especificado que conjuramos em nossa mente. No entanto, essas comparações têm pouco uso prático, pois os clientes não fazem escolhas entre uma opção específica (Four Seasons ou Motel 6) e uma média hipotética. Fazem escolhas entre alternativas específicas. Não é muito bom dizer que o Four Seasons concorre com base no valor não-preço; primeiro, devemos especificar *contra o que* ele concorre, baseado no valor não-preço.

Se compararmos o Four Seasons com o Motel 6, poucas pessoas discordariam que o Four Seasons é o concorrente não-preço enquanto o Motel 6 concorre com base no preço. No entanto, a validade dessa avaliação depende de como os serviços fornecidos por cada empresa são, de alguma forma aproximada, substituíveis. Temos a ideia de que as duas empresas estão no negócio de hospitalidade e, portanto, podemos dizer na cara dura que são, falando em um sentido mais amplo, substitutas uma da outra: se você precisa de um quarto, cada uma delas oferece uma solução viável.

Mas elas não são substitutas muito próximas. Quantas pessoas que realmente consideram reservar um quarto no Four Seasons para uma viagem específica, em vez disso às vezes escolhem o Motel 6 para a mesma viagem porque era mais barato? Quantas pessoas que estão procurando o Motel 6 vão até o Four Seasons e decidem, por impulso, fazer uma extravagância? O mundo é grande, portanto os dois cenários com certeza já quase aconteceram, mas isso não parece ser típico.

Talvez um melhor conjunto competitivo para o Four Seasons seja formado pelas redes Ritz-Carlton, Le Méridien e Conrad. Comparado com essas escolhas, talvez possamos dar ao Four Seasons uma posição diferente baseada nos atributos relativos de preço e não-preço de cada uma dessas alternativas que recebeu quando foi comparado com o Motel 6. Da mesma forma, se o Motel 6 fosse comparado com La Quinta, Red Roof Inn e Best Western talvez não pudéssemos concluir tão rápido que esse é um concorrente baseado no preço.

Não há uma comparação certa ou errada para servir de base a uma avaliação da posição competitiva da empresa nem um quadro de referência certo ou errado para determinar a posição física. Em vez disso, há uma ampla gama de escolhas aplicáveis, sujeitas aos extremos da utilidade limitada. Uma comparação entre duas empresas que são tão diferentes é apenas inútil. Qual é o posicionamento relativo dos automóveis da Toyota em comparação aos xampus da Procter & Gamble? Um carro e um produto para cabelo são substitutos tão fracos que compará-los parece não ter fundamento. Quando muito, eles atendem a necessidades tão diferentes que cada um concorre com o outro pelos gastos discricionários totalmente baseados nas dimensões não-preço do valor: você escolhe um Prius para dirigir e um Pantene para lavar o cabelo.

As comparações que são muito próximas provavelmente também não renderão um bom insight. Se insistirmos na capacidade de fazer uma substituição *perfeita* nas dimensões não-preço, então, por definição, não sobra nenhuma base de concorrência, exceto o preço e, portanto, não há qualquer espaço para aprender alguma coisa sobre a diferenciação não-preço.

Apesar das diferenças, comparar o Four Seasons e o Motel 6 pode revelar muita coisa sobre as escolhas operacionais muito diferentes que certamente eles fazem no esforço de oferecer níveis superiores de valor preço e não-preço, respectivamente. Podemos aprender algo mais e bem útil ao compreender de que modo o Four Seasons e o Ritz-Carlton concorrem entre si. Suas posições muito mais próximas no espaço preço/não-preço revelam os *trade-offs* mais refinados que cada um faz entre essas dimensões de valor que permitem uma diferenciação dentro de um segmento mais rigorosamente definido. Em cada caso, devemos ter cuidado de interpretar o que aprendemos completamente dentro do contexto da comparação que estamos fazendo.

Posição e desempenho

Não há uma relação logicamente necessária entre uma posição competitiva e o desempenho excepcional. Existem argumentos convincentes em favor tanto da concorrência baseada em preço quanto na baseada em não-preço, e as pesquisas acadêmicas sobre essa questão produziram resultados variados.[6] Em nossa tentativa de entender a relação entre posição e desempenho, avaliamos a posição de cada empresa em nossos trios comparadas à das outras duas. Nossas avaliações estão baseadas, na medida do possível, em dados objetivos. Quando afirmamos que uma empresa concorre com base no preço em comparação a outra, normalmente temos evidência de preços mais baixos para os produtos ou serviços que formam o volume de vendas dessa empresa. Afirmações de uma estratégia não-preço são corroboradas pela evidência de um valor não-preço superior nas dimensões relevantes aos segmentos de clientes e mercados de produtos apropriados.

Tenha em mente que a posição pode ser avaliada somente em relação a uma alternativa específica. Se tivéssemos examinado duplas em cada setor, não teríamos tido qualquer opção a não ser chamar uma empresa de concorrente não-preço e a outra de concorrente baseado no preço.[7] Com três empresas, uma delas pode ficar "no meio".[8] Também, com três empresas, nem todas precisam ocupar uma posição diferente: duas podem ser diferentes de uma terceira empresa da mesma forma e, portanto, ocupar a mesma posição competitiva ainda que, estritamente falando, elas não sejam idênticas. Por exemplo, um *Long Runner* e um *Average Joe* poderiam ser concorrentes baseados no preço em comparação ao *Miracle Worker* posicionado como não-preço, com as diferenças restantes entre eles sendo consideradas imateriais.

Finalmente, medir a posição competitiva não é como medir a altura ou o peso e, portanto, a posição que atribuímos a uma empresa não está fora de discussão. Ao longo deste e dos próximos dois capítulos explicaremos em detalhes por que acreditamos que a Tabela 5 mostra com precisão as posições competitivas em nossos trios. Por enquanto, pedimos que considere essas afirmações pelo significado aparente, sabendo que terá uma chance de avaliá-las à medida que nossos argumentos forem se desdobrando.

Com base nessas categorizações, as diferenças de desempenho parecem estar fortemente relacionadas às diferenças na posição: podemos ter mais de 90% de certeza que as empresas em categorias de desempenho diferentes terão posições competitivas diferentes (ver o Apêndice G). Além disso, e muito mais

58 AS TRÊS REGRAS

TABELA 5 **Posições competitivas dentro dos trios**

Setor	Não-preço	No meio	Preço
Semicondutores	Linear[MW-F]	Micropac[LR-K]	International Rectifier[AJ]
Equipamentos médicos	Medtronic[MW-F]	Stryker[LR-K]	Invacare[AJ]
Material elétrico	Thomas & Betts[MW-L]	Hubbell[LR-L]	Emrise[AJ]
Confecção	Abercrombie & Fitch[MW-K]	Finish Line[LR-K]	Syms[AJ]
Confeitaria	RMCF[AJ]	Wrigley[MW-F]	Tootsie Roll[LR-K]
Alimentos	Whole Foods Markets[AJ]	Publix Super Markets[LR-F]	Weis Markets[MW-L]
Indústria Farmacêutica	Merck[MW-OTH] Eli Lilly[LR-K]		KV Pharmaceutical[AJ]
Transportes	Heartland[MW-K]		Werner[LR-L] PAM[AJ]
Eletrodomésticos	Maytag[MW-L] HMI Industries[LR-L]		Whirlpool[AJ]

Fonte: Categoria de desempenho, análise dos autores: MW = *Miracle Worker*; LR = *Long Runner*; AJ = *Average Joe*. Trajetória do desempenho: K = mantida; F = revelada; L = perdida; Oth = outros.

importante, descobrimos que as empresas com estratégias não-preço tendem a ser *Miracle Workers*, as empresas nas posições do meio tendem a ser *Long Runners*, e as empresas com estratégias preço tendem a ser *Average Joes*.

A importância das linhas mostra a probabilidade de uma relação entre categoria e posição; ou seja, há 97,5% de chance de que os *Miracle Workers* na nossa amostra não estejam distribuídos de forma aleatória entre os três tipos de posições e, ao contrário, tendam a ter estratégias não-preço.

A importância das colunas mostra a probabilidade de uma relação entre posição e categoria; ou seja, há 94,1% de chance de que as empresas com posições baseadas no preço em nossa amostra não estejam distribuídas de forma aleatória entre as três categorias de desempenho e, ao contrário, tendam a ser *Average Joes*.

Lembre-se de que temos quatro trajetórias possíveis (mantidas, perdidas, reveladas, outras) para cada uma de nossas duas categorias de desempenho excepcional (*Miracle Worker, Long Runner*). Isso nos permite caracterizar cada posição da empresa durante seu período de desempenho relativo mais alto e mais baixo. A Maytag, por exemplo, é um *Miracle Worker* que perdeu esse status. Seu período de desempenho relativo mais alto foi de 1966 a 1989, durante

TABELA 6 **Quais posições tendem a ter desempenho melhor?**

Categoria	Preço	No meio	Não-preço	Probabilidade de uma relação entre categoria e posição
Miracle Worker	Weis Markets	Wrigley	Abercrombie & Fitch Heartland Linear Technology Maytag Medtronic Merck Thomas & Betts	97,5%
Long Runner	Tootsie Foll Werner	Hubbell Finish Line Micropac Publix Super Markets Stryker	Eli Lilly HMI Industries	56,5%
Average Joe	Emrise EV Pharmaceuticals International Rectifier Invacare PAM Syms Whirlpool		Rocky Mountain Chocolate Factory Whole Foods Markets	97,5%
Probabilidade de uma relação entre posição e categoria	**94,1%**	**94,7%**	**88,4%**	

Fonte: Análise dos autores.

o qual tinha uma estratégia não-preço. Durante esse período, seu ROA absoluto caiu de forma constante. Ela começou a mudar sua posição em direção ao valor não-preço no início dos anos 1980, e quando seu período de desempenho relativo mais alto acabou, havia se tornado um grande concorrente baseado no preço, uma posição que manteve ao longo do período de desempenho relativo mais baixo de 1990 a 2005. Esse é um padrão entre as empresas excepcionais que perderam tal condição: afastar-se da estratégia não-preço parece ser a causa principal de uma queda no desempenho relativo. Por outro lado, as empresas que se revelaram excepcionais, em especial os *Miracle Workers*, normalmente alcançam um período de desempenho relativo mais alto como consequência da mudança para uma estratégia não-preço.

A Figura 1 resume a análise de regressão detalhada no Apêndice H. O eixo vertical apresenta a mudança da posição da empresa ao longo do tempo: será que ela mudou em direção a uma estratégia mais baseada em preço, ou

FIGURA 1 **Mudanças na posição e mudanças no desempenho**

Mudança na posição	Em direção à diferenciação baseada em não-preço			Linear Technology (MW) Stryker (LR)* Publix SuperMarkets (LR)*
	Nenhuma mudança	Weis Markets (MW)	Abercrombie & Fitch (MW) Merck & Co. (MW)** Heartland Express (MW) Micropac Industries (LR) Finish Line (LR) Tootsie Roll Industries (LR) Eli Lilly & Co. (LR)	Wrigley (MW) Medtronic (MW)
		Hubbell (LR) Werner Enterprises (LR)		
	Em direção à diferenciação baseada no preço	Thomas & Betts (MW) Maytag (MW) HMI (LR)		
		Perdida	Mantida	Revelada

Trajetória do desempenho

MW = *Miracle Worker*, LR = *Long Runner*, K = Mantida, F = Revelada, L = Perdida, OTH = Outras

* Publix e Stryker estão fora de nossos limiares formais para mudanças com melhora no desempenho, mas os resultados qualitativos são um forte indicador de que elas devem ter se revelado como *Miracle Workers*. Discutiremos sobre a Stryker neste capítulo e sobre a Publix no Capítulo 4. O Apêndice H apresenta os resultados de regressão com a Publix Super Markets e a Stryker como trajetórias "revelada" e "perdida".

**Embora a trajetória da Merck seja Outra, ela é tratada aqui como do tipo Mantida. Veja mais detalhes no Capítulo 5.

Fonte: Análise dos autores.

em direção a uma estratégia mais baseada em não-preço, ou não houve qualquer mudança relativa às outras empresas nesse trio? Lembre do Capítulo 1: a Heartland não mudou sua posição ao longo do tempo, mas a Maytag sim, passando a uma concorrência baseada no preço. O eixo horizontal é nossa variável dependente, o desempenho relativo, e apresenta a trajetória da empresa: as empresas que perderam sua posição sofrem uma piora no desempenho, as empresas que a mantiveram não apresentam nenhuma mudança significativa e as empresas que se revelaram apresentam uma melhora no desempenho.

Isso quer dizer que:

1. A posição é importante.
   a. Diferenças na posição estão associadas a diferenças no desempenho.
2. As estratégias não-preço tendem a ser mais lucrativas.
   a. Empresas com estratégias não-preço são as que têm maior probabilidade de serem *Miracle Workers*.
   b. Empresas com posições no meio são as que têm maior probabilidade de serem *Long Runners*.
   c. Empresas com estratégias preço são as que têm maior probabilidade de serem *Average Joes*.
3. As empresas mais lucrativas tendem a ter estratégias não-preço.
   a. Os *Miracle Workers* são os que têm maior probabilidade de ter estratégias não-preço.
   b. Os *Long Runners* não são mais propensos a ter determinado tipo de posição do que outro.
   c. Os *Average Joes* têm mais probabilidade de ter estratégias preço.
4. Mudanças na posição estão associadas a mudanças no desempenho.
   a. Uma mudança em direção a uma estratégia preço está associada a uma piora no desempenho.
   b. Uma mudança em direção a uma estratégia não-preço está associada a uma melhora no desempenho.

Achamos a ligação entre posição e desempenho em nossos dados bastante sugestiva, especialmente porque há uma boa razão para achar que essa posição contribui de forma significativa no desempenho. Porém, ainda precisamos de mais evidências antes de concluirmos que é a posição que causa o desempenho e não o inverso. Isso significa ir fundo nas especificidades de cada caso. Se há uma narrativa convincente, plausível e consistente ligando a posição e o desempenho de maneira que explique os resultados do desempenho, então as afirmações casuais têm um nível de credibilidade completamente novo.[9] Ao longo deste livro voltaremos a mencionar todas as nossas evidências de casos relevantes. Por enquanto, abordaremos três trios que ilustram a relação posição-desempenho de forma bem clara: semicondutores, equipamentos médicos e materiais elétricos.

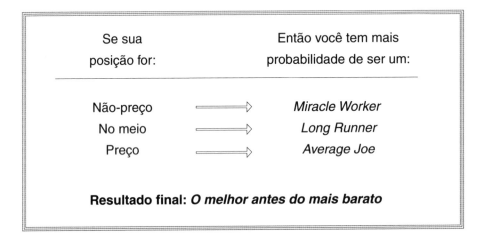

Tentamos estabelecer como a posição contribuiu no desempenho, assim, fomos obrigados a lidar com uma questão que há muito parecia impossível na ciência e na prática de gerenciamento; isto é, como a posição, a execução e o setor interagem para determinar o desempenho da empresa? Descobrimos que os vínculos entre os três podem ser demonstrados por meio da metáfora de uma montanha-russa.

Em uma montanha-russa, a meta é andar rápido, e a velocidade com a qual você anda é uma função que depende principalmente de dois fatores: da altura que alcança e da eficiência na descida para o outro lado. Quanto mais alto subir, maior será a energia potencial que você armazenará. Você transforma essa energia potencial em energia cinética gritando (de verdade e de forma metafórica) na descida. No entanto, nem toda a energia potencial criada na subida é convertida em energia cinética na descida. Parte dessa energia é obrigatoriamente perdida no atrito, e se a sua descida for mal projetada, isso pode comprometer de forma relevante a emoção da descida.

A posição competitiva é a altura da subida. A execução é o que lhe permite transformar a energia potencial em energia cinética na descida para o outro lado. Tanto a altura da subida quanto a eficiência na descida são indispensáveis para essa experiência como um todo. Uma grande subida sem nenhuma descida é praticamente inútil, e um trem que empaca na descida também não é muito diferente disso. O carro mais suave do mundo não consegue compensar uma descida insignificante. Da mesma forma, você não consegue compensar uma posição ruim com uma grande execução, e uma execução ruim pode comprometer até mesmo a posição mais promissora.

Em resumo, a posição determina a velocidade que você *consegue* alcançar; a execução determina a velocidade que *realmente* alcança.

Mas espere: sempre que falar em movimento, deve especificar um quadro de referência. Quando chega ao topo da montanha-russa você despenca em direção ao chão ou o chão vai em sua direção? Mudar o quadro de referência pode transformar uma descida rápida em algo completamente sem movimento.

O setor é o quadro de referência da energia cinética e potencial. À medida que a estrutura do setor muda – novas tecnologias, novas regulamentações, startups, e assim por diante – as empresas excepcionais entendem que todo o desempenho (ou movimento, na metáfora da montanha-russa) é relativo, e então se adaptam de forma a preservar sua capacidade de armazenar energia potencial e liberar energia cinética.

As empresas medianas e excepcionais que perdem o rumo parecem esquecer que o principal é a posição relativa dentro de um setor e, em vez disso, começam a equiparar seu comportamento às forças no nível do setor. Se um setor está se consolidando, ele cai na farra das aquisições; se um setor está passando por uma crise, começa a reduzir os custos e o preço; se um setor está em expansão, faz investimentos e cresce. Tudo isso parece razoável, mas equivale a ir na mesma direção e com a mesma velocidade do quadro de referência – em outras palavras, equivale a ficar parado. O desempenho excepcional está baseado em ser diferente, e fazer escolhas dominadas por considerações em nível do setor o transformam em uma empresa mediana.

Posição: Energia potencial

Durante talvez uma década – da metade dos anos 1990 até a metade de 2000, quando o computador pessoal estava passando de um *gadget* novo e caro para o principal dispositivo eletrônico do consumidor – o semicondutor era um assunto das conversas do dia a dia. Graças ao sucesso, proeminência e experiência em marketing da Intel, muitos de nós tínhamos, pelo menos, um nível básico de familiaridade com termos como "velocidade do *clock*" e "arquitetura x86".

No entanto, há muito mais coisas no negócio de chips além da Intel e do computador pessoal. Os semicondutores vêm em uma ampla gama de sabores e fazem parte de inúmeros dispositivos de todos os tipos. Os chips de nossos computadores pessoais e smartphones são circuitos lógicos digitais integrados, semelhantes aos produtos fabricados pela Micropac Industries (Micropac), o *Long Runner* (mantido) em nosso trio de semicondutores. O foco da International Rectifier (IR), a *Average Joe*, eram os semicondutores discretos, enquanto a Linear Technology (Linear), nosso *Miracle Worker* (revelado), concentrou-se nos circuitos analógicos integrados de alto desempenho.[10] A concorrência no setor é acirrada em cada segmento, mas os avanços tecnológicos aumentaram a capacidade de substituição entre essas fronteiras.

A partir de 2010, a Linear e a IR tornaram-se empresas bilionárias e com milhares de funcionários. A Micropac gerou menos de US$50 milhões em receita anual com pouco menos de 200 funcionários. Desde as respectivas IPOs (oferta pública inicial de ações) até 2010, a Linear aumentou 62 vezes o valor de seu patrimônio líquido, a IR, 16 vezes, e a Micropac, 10 vezes. Nossa opinião é que essas diferenças de tamanho, retornos sobre o patrimônio e, claro, lucratividade são consequência de um número relativamente pequeno de escolhas críticas que definiram a posição competitiva de cada empresa.

A Micropac foi fundada em 1963 e entrou em nosso banco de dados em 1974. Com sede em Garland, Texas, a empresa tem um histórico invejável de 35 anos de aumento gradual do ROA e um desempenho relativo contínuo. Esse registro torna-se ainda mais impressionante pelo fato de ser uma empresa de pequeno porte. As empresas que dominam o segmento de semicondutores lógicos digitais são as gigantes do setor: Intel, AMD, Cyrix entre outras – empresas com dezenas de bilhões em receita e também em orçamentos para despesas de capital (Capex – capital expenditure) e pesquisa e desenvolvimento (P&D).

Encontrar um nicho nesse segmento parece ter sido essencial para o sucesso da Micropac. O foco da empresa foi, especificamente, nos contratos de preço fixo e baixo volume com o Departamento de Defesa dos Estados Unidos (DoD – Department of Defense). Vários desses contratos exigiam certificações militares, o que restringia os usos aos quais os equipamentos e o conhecimento especializado poderiam ser aplicados. Como consequência, assumir contratos com o governo era desafiador não só tecnicamente, mas impunha também um

TABELA 7 Estatística descritiva do trio de semicondutores

Empresa	Categoria (Trajetória)	Ano de fundação	Período de observação	Crescimento da receita (US$)	ROA anual médio	TSR anual composto	Crescimento da receita anual composto
Linear Technology	*Miracle Worker* (elevada)	1981	1985 a 2010	17 mi a 1,2 bi	16,9%	20,0%	18,4%
Micropac Industries	*Long Runner* (mantida)	1963	1974 a 2010	4 mi a 23 mi	6,8%	10,2%	5,2%
International Rectifier	*Average Joe* (N/A)	1947	1966 a 2010	29 mi a 895 mi	1,5%	5,6%	8,1%

Fonte: Documentos da empresa; Compustat; análise da Deloitte.

trade-off de crescimento muito real: os volumes eram baixos, e os investimentos realizados para garantir esses volumes limitados tinham uma aplicabilidade limitada fora dos negócios com o governo que justificasse isso.

No entanto, foi adotando as implicações desses *trade-offs* que a Micropac conseguiu transformar as restrições em uma fonte de maior lucratividade. Ao direcionar seus investimentos somente para aquelas tecnologias exigidas pelo segmento de clientes escolhido, a Micropac conseguiu manter seu CAPEX entre 5% e 8% da receita, abaixo da média do setor de 6% a 12%, e seus gastos em P&D entre 5% e 10% das vendas, abaixo da média do setor de 10% a 14%, sem sacrificar o desempenho de seus produtos. Esses projetos de P&D em conjunto com clientes aliados a uma administração cuidadosa de suas instalações deram à Micropac um nível de giro dos ativos que era significativamente melhor do que o da Linear e da IR.

Em resumo, a Micropac parece ter sido uma empresa altamente focada e bem administrada.[11] Conseguiu andar sobre uma corda bamba entre a necessidade de oferecer tecnologia de ponta e a disciplina exigida para continuar sendo consistentemente lucrativa nos contratos de preço fixo. A capacidade da empresa de apresentar uma execução de forma consistente durante décadas merece não apenas respeito, mas também admiração.

No entanto, o que torna essas escolhas verdadeiros *trade-offs* é que a Micropac não conseguiu escapar das desvantagens. Focar nas Forças Armadas dos Estados Unidos dificultou o crescimento internacional da empresa por causa das questões de segurança relacionadas à transferência de tecnologia: só 10% da receita da empresa vinham de clientes de fora dos Estados Unidos. Além disso, como grande parte da lucratividade da empresa dependia do foco dos investimentos e desenvolvimento de produtos nos principais clientes, sobrava muito pouco espaço para o que poderia ter servido como a base para diversificação em outros segmentos de produtos ou mercados do setor. Como consequência, o sucesso da Micropac com os contratos de preço fixo levou a uma dependência maior dos contratos de preço fixo, responsáveis por elevar em dois terços a receita da empresa.

Contrastemos a gaiola dourada da Micropac com o crescimento e a lucratividade constante e cada vez maior da Linear, nossa *Miracle Worker*. Fundada em 1981 e abrindo seu capital em 1985, a Linear teve seu início como segunda fornecedora de semicondutores analógicos com foco em produtos mais padronizados, como reguladores de voltagem. Com metade de suas vendas vindo do governo dos Estados Unidos e um terço do setor automotivo e industrial, a

Linear era muito semelhante à Micropac em vários aspectos: um concorrente em um nicho lucrativo e bem administrado. Essas semelhanças refletiam-se no desempenho relativo parecido, já que ambas as empresas ficaram no 5º e 8º decil na segunda metade dos anos 1980.

No entanto, no início dos anos 1990, ficou claro que as duas empresas tinham trajetórias de lucratividade e crescimento completamente diferentes. O ROA da Linear estava rotineiramente na casa dos dois dígitos, e durante vários anos ficou acima de 20%, enquanto a Micropac continuou apresentando um desempenho lento e relativamente constante de um único dígito. As classificações relativas revelam a importância dessas mudanças: de 1991 até 2010, a Linear apresentou uma sequência ininterrupta de classificação no 9º decil, enquanto a classificação anual da Micropac ainda variava entre o 6º e o 8º. A Linear, que apresentara uma trajetória "revelada", havia encontrado a receita específica para seu desempenho excepcional.

Então o que mudou? Primeiro, observe que a Linear não se distanciou da Micropac por causa de nenhuma falha da Micropac: ela é um dos poucos *Long Runners* que mantiveram essa condição em nossa amostra. Pelo contrário, a Linear melhorou de forma substancial seu desempenho basicamente mudando sua posição e concorrendo mais nas dimensões não-preço de valor. A Micropac, ao contrário, permaneceu como vítima e beneficiária das restrições que definiram sua posição mais próxima do valor preço dessa sequência contínua.

A Linear, especificamente, reinvestiu seu lucro desde o início de seu sucesso como um segundo fornecedor em CAPEX e P&D, diversificando de forma proposital sua base de clientes e portfólio de produtos. A mudança foi gradual, mas constante e implacável: até 2006, mais de 70% da receita vinha de fora dos Estados Unidos, e as vendas para o governo representavam menos de 3% da receita total. Embora nenhum cliente exclusivo fosse responsável por mais de 10% das vendas, o foco da Linear estava nos circuitos integrados de missão-crítica e alto desempenho, que normalmente não representavam uma proporção alta do custo total dos clientes. Essa combinação de atributos permitiu que a Linear cobrasse preços relativamente mais altos e assim captasse grande parte do valor que criava.

Por exemplo, um grande cliente da Linear vendia scanners de dados móveis de alto desempenho no valor de milhares de dólares. Os chips da Linear melhoraram a vida útil da bateria, um diferencial-chave para esse produto, ainda que representasse menos de 5% do custo total de materiais em cada scanner. Como consequência, esse cliente normalmente procurava outro lugar para garantir a competitividade de custo de seus produtos, o que dava à Linear um forte poder de precificação. Além disso, com uma base de clientes muito diversificada, se esse ou qualquer outro cliente se tornasse especialmente sensível ao preço, a Linear tinha menos propensão a ceder às pressões de precificação do que, digamos, a Micropac, a qual tinha uma base de clientes muito mais concentrada. De forma generalizada em seu portfólio de mais de 15 mil clientes, a Linear estava continuamente em uma posição de alcançar uma proporção maior de valor que criava por meio de preços mais altos do que a maioria dos outros concorrentes do setor.

Podemos ver o impacto financeiro dessas escolhas na estrutura de vantagem de desempenho da Linear em relação à Micropac nos dois períodos de desempenho relativo. O período de menor desempenho relativo da Linear foi de 1986 a 1991. A Linear esteve, em média. 5,8% à frente da Micropac em relação ao ROA, uma vantagem totalmente impulsionada por sua vantagem no retorno sobre vendas (ROS). Isso, por sua vez, foi impulsionado por uma liderança na margem bruta de mais de 18% ao ano, o que foi corroído por uma desvantagem em custo geral, de vendas e administrativo (SG&A), impostos mais altos (consequência de ser mais lucrativa) e desvantagens no giro dos ativos.

O período subsequente de alto desempenho da Linear, de 1992 a 2010, tem um aspecto parecido, mas gerou diferenças de desempenho muito maiores e rendeu à empresa seu *status* de *Miracle Worker*. A empresa conseguiu uma vantagem na margem bruta de mais de 25% ao ano em relação à Micropac, contrabalanceada por desvantagens em P&D, depreciação, impostos e giro dos ativos. Essa mudança no desempenho coincide totalmente com o fato de a Linear ter estabelecido sua estratégia não-preço.

Vale a pena destacar que até 2010 a Linear tinha uma receita mais de 50 vezes maior do que a da Micropac, embora sofresse desvantagem no giro dos ativos – o contrário do que se poderia esperar, já que graças às economias de escala, o giro dos ativos normalmente aumenta com o crescimento da receita. O fato de as despesas de P&D da Linear serem um entrave relativo à lucratividade em comparação à Micropac talvez também seja surpreendente, de vez que as economias de escala poderiam ter causado um impacto aí também: com mais de US$1 bilhão em receita, por que a Linear precisaria gastar um percentual maior da receita em P&D quando seu gasto absoluto seria muito mais alto, até em níveis relativos mais baixos?

A resposta parece ser que a Linear e a Micropac estavam realizando exatamente os *trade-offs* necessários por suas posições competitivas muito diferentes. Com

TABELA 8 Elementos da vantagem da Linear em comparação com a Micropac

Elementos do ROA	Contribuição para vantagem no ROA em pontos percentuais por ano	
	Período de menor desempenho: 1986–1991	Período de maior desempenho: 1992–2010
Margem bruta	20,2	25,7
SG&A	−9,0	2,8
P&D	0,0	−5,2
Outros (inclusive impostos)	−2,5	−7,1
ROS	8,7	16,2
CAT	−2,3	−4,2
FAT	−0,5	−0,9
Outros	−0,0	−0,2
TAT	−2,9	−5,3
ROA	**5,8**	**11,0**

Fonte: Compustat; análise da Deloitte. O total pode não bater devido aos arredondamentos.

uma base enxuta de ativos e muito focada em P&D, a Micropac manteve seus custos baixos e um giro alto dos ativos, apesar de uma receita relativamente baixa. A Linear investiu de forma agressiva em ativos reais e intelectuais porque era assim que criava os produtos com o valor não-preço necessário para controlar os preços diferenciados que se transformavam em uma lucratividade maior e sustentada.

A lição que aprendemos com essa análise é que existem limites até onde uma grande execução pode levá-lo. A Micropac raramente dava um passo errado, lidando com os altos e baixos dos orçamentos dos programas de defesa e espacial, os desafios dos contratos de preço fixo, e as exigências de qualidade e segurança de um pequeno número de clientes do qual era altamente dependente. Seu sucesso é um testemunho de sua capacidade de executar bem e de forma consistente um conjunto complexo de atividades.

Porém, não importa o quão eficaz a Micropac possa ter sido ao superar os desafios que enfrentava, o desempenho da empresa estava limitado por sua posição competitiva. Obrigada a concorrer muito mais com base no preço do que a Linear, a Micropac não tinha muita escolha a não ser impulsionar a lucratividade através de uma contenção de custos inteligente e um investimento sensato. O fato de seu desempenho não ter alcançado o status de *Miracle*

Worker não é nenhuma acusação à Micropac como empresa, mas é uma limitação inerente de sua posição.

Voltando à nossa metáfora da montanha-russa, a Micropac foi a que realizou os passeios mais suaves, aproveitando sua subida ao máximo. Porém, a Linear encontrou uma maneira de subir ainda mais alto. Durante seus primeiros dias como segunda fornecedora, a Linear dependia de um pequeno número de clientes e, portanto, tinha que confiar na execução para impulsionar a lucratividade. Com o passar do tempo, a Linear alcançou uma estratégia não-preço que tinha muito mais energia potencial, e quando chegou ao topo da subida conseguiu transformar essa energia potencial em energia cinética através de uma execução firme e consistente. O resultado foi 17 em 19 anos no 9º decil e um histórico de 26 anos de desempenho excepcional.

A International Rectifier, o *Average Joe* do trio, lançou uma luz adicional no relacionamento entre posição e execução e mostrou os perigos de responder às forças do setor à custa de ambos.

Fundada em 1947 e desde 1958 uma empresa de capital aberto, a IR é a que mais tempo viveu do trio, e essa longevidade merece sua própria forma de respeito. O setor de semicondutores pode mudar de forma rápida e drástica, e sobreviver durante mais de 60 anos é uma conquista notável.[12] Assim como muitas empresas norte-americanas da época, durante os anos 1970 a IR formou um portfólio diversificado de negócios operacionais, incluindo não só semicondutores, mas também produtos farmacêuticos, tecnologia metalúrgica e equipamentos médicos. Até a metade dos anos 1980, a empresa havia focado completamente nos semicondutores, graças principalmente à tecnologia MOSFET de sua propriedade, de um transistor que funciona tanto em circuitos analógicos quanto digitais.

Vale a pena destacar que embora seja o *Average Joe* do trio, ela não era necessariamente uma concorrente baseada no preço, que seguia a líder. Além da tecnologia de ponta, a IR acompanhou de forma inteligente a diversificação do setor, indo além das aplicações governamentais nos programas militares e espaciais até uma ampla variedade de aplicações industriais e para o consumidor. Isso também merece atenção: quantas empresas que alcançam o sucesso cedo em um setor em expansão não conseguem mudar com o passar do tempo e deixam tudo para trás? Em outras palavras, a IR era claramente capaz de inovar em um setor que exigia inovação, e de mudar drasticamente em um setor que exigia mudanças drásticas.

Então, como podemos explicar o pífio desempenho da IR? Encontraremos outros *Average Joes* na nossa amostra que foram frustrados pela má sorte ou por escolhas ruins que poderiam ter sido evitadas. A IR, pelo contrário, é um exemplo convincente de prestar atenção a todas as questões certas, de uma maneira correta, entretanto sem ter conseguido se destacar.

Peguemos, por exemplo, P&D. A IR mal tinha conhecimento da importância de P&D em semicondutores, mas buscou uma maneira de reduzir os investimentos sem sacrificar sua competitividade. Com essa postura, ela financiou seus investimentos em P&D através de seus clientes. Isso permitiu que a empresa continuasse sendo um concorrente viável com um gasto em P&D que era menos da metade do gasto relativo da Linear: 4% das vendas em comparação a 9%. No entanto, ao atuar com seus clientes dessa forma, a IR não podia controlar o tipo de preço diferenciado que a Linear podia por um valor não-preço extremo ou que a Micropac podia por meio de um foco totalmente voltado para o cliente.

O tratamento do licenciamento da International Rectifier parecia bem razoável, mas no fim das contas, contraprodutivo. O MOSFET, avanço revolucionário da empresa, foi comercializado sob a marca comercial HEXFET. O projeto mostrou-se tão popular que a IR não tinha a capacidade necessária para atender a demanda e, assim, licenciou a tecnologia para outros fabricantes. Isso pode ter sido uma boa medida emergencial, mas a IR – talvez atraída pelo aparente aumento no ROA associado à receita do licenciamento – tornou o licenciamento a parte central de sua estratégia. Até a metade dos anos 1990, 75% do mercado usava suas patentes. Isso pode ter parecido bom em uma base restrita de clientes, mas ao licenciar de forma tão ampla a principal tecnologia que a diferenciava, a IR mostrou-se incapaz de gerar os lucros (em dólares absolutos) necessários para reinvestir em sua própria capacidade produtiva. Isso finalmente levou a IR a concorrer em mercados de produtos contra sua própria tecnologia, o que deixou pouco espaço para uma diferenciação não-preço.

Reconhecendo os benefícios de concorrer em termos de valor não-preço, a IR tentou passar dos semicondutores analógicos para os digitais, onde talvez fosse possível encontrar um nicho mais produtivo. As diferenças nas capacidades necessárias de projeto e fabricação significavam que a IR tinha que abrir mão de muitos de seus ativos legados e ao mesmo tempo adquirir outros novos. O resultado foi uma série de oito grandes aquisições entre 2000 e 2004 que geraram um aumento de 70% na sua base de ativos e resultaram em mais de US$400 milhões em despesas de reestruturação.

O histórico da International Rectifier sugere que ela permaneceu bem afinada ao contexto industrial e econômico. A empresa abriu mão de seu negócio de semicondutores nos anos 1970, acompanhando uma forte tendência da economia para diminuir a diversificação. Depois, pressionada pela questão do preço em seu segmento legado e por um setor em consolidação, a IR buscou segmentos com oportunidades para diferenciação não-preço e cresceu para criar capacidade e obter economia de escala.

Então por que não deu certo? É tentador atribuir os desempenhos superiores da Linear e da Micropac ao velho ditado sobre o foco e o crescimento orgânico. Afinal de contas, há uma longa tradição de pesquisa que foi transformada em sabedoria popular: as grandes empresas ficam presas às suas raízes e evitam criar novos negócios. Com certeza, os históricos das empresas nesse trio poderiam ser interpretados dessa forma: a Linear não fez uma única aquisição, e o foco da Micropac fez um feixe de raios laser parecer uma lanterna.

Mas, como explicamos no Capítulo 1, alguns *Miracle Workers* fizeram aquisições de forma ativa e tinham portfólios de produtos relativamente diversificados, enquanto alguns *Average Joes* estavam relativamente focados. Até no caso da IR, o impacto econômico direto de suas várias mudanças não foi tão drástico quanto você possa imaginar. Por exemplo, as despesas de reestruturação da IR representavam menos de 5% da vantagem de desempenho da Linear em relação à IR, e as aquisições, embora consideráveis, não deram origem a nenhuma história de terror sobre um excesso de investimentos.

Ainda mais importante, na nossa visão, foi que os movimentos da IR pareciam afinados com os padrões da estrutura do setor e com a necessidade de "não ficar para trás". O sucesso, no entanto, é relativo e mantê-lo não é uma receita para seguir adiante. Em outras palavras, a chave para o sucesso não está no foco *versus* diversificação ou no crescimento orgânico *versus* crescimento através de aquisições. Pelo contrário, a chave é criar uma posição baseada em não-preço por meio do que quer que seja necessário.

> A Linear sempre havia sido uma empresa bem administrada, mas tornou-se um *Miracle Worker* apenas entrando em segmentos nos quais podia diferenciar-se com base no valor não-preço. O gerenciamento de custos eficaz da Micropac não lhe rendeu nada melhor do que o status de *Long Runner* por causa das limitações inerentes à sua posição competitiva.

Observe que tanto a Linear quanto a Micropac tinham o ROS e o TAT superiores em comparação com a IR, mas a composição dessas vantagens tem uma diferença drástica. Onde a Linear aproveita uma vantagem em vários vetores de ROS e TAT, a Micropac tem uma desvantagem na margem bruta, depois compensada por outras vantagens. Isso indica as maneiras muito diferentes com as quais a Linear e a Micropac percebiam o valor de suas respectivas posições. A Linear aproveitava os preços mais altos e os custos mais baixos em volumes relativos maiores do que a IR, resultando em uma vantagem geral. Em resumo, a Linear rompeu os *trade-offs* que restringiam a IR, capaz de proporcionar níveis mais altos de valor não-preço e obter valor por meio de preços mais altos e maior eficiência dos ativos por meio de volumes relativos maiores.

A Micropac, por outro lado, enquanto ainda concorria com base em uma estratégia não-preço relativa à IR, não obteve valor por meio de preços mais altos. Em vez disso, dependia do seu foco em um único segmento e em um número limitado de clientes dentro desse segmento para manter os custos indiretos (como SG&A e P&D) e em uma base de ativos menor.

Vale a pena repetir: o desempenho mediano não é tão ruim.

TABELA 9 **Elementos da vantagem da Linear e da Micropac em comparação com a IR**

	Contribuição para vantagem no ROA em pontos percentuais por ano	
	Linear *vs.* IR	Micropac *vs.* IR
Elementos do ROA	**Período de melhor desempenho: 1992–2010**	**Período de melhor desempenho: 1975–2010**
Margem bruta	19,9	−6,2
SG&A	3,8	5,1
P&D	−2,6	1,6
Outros (inclusive impostos)	−3,3	2,5
ROS	17,7	3,0
CAT	−1,2	0 7
FAT	0,8	1,8
Outros	0,9	0,9
TAT	0,5	3 4
ROA	**18,3**	**6,3**

Fonte: Compustat; análise da Deloitte. O total pode não bater devido aos arredondamentos.

A International Rectifier não deve ser vista como uma "empresa fraca". Pelo contrário, ela conseguiu se desviar dos obstáculos e seguir em frente em resposta a um setor exigente e em transformação, continuando lucrativa e em crescimento... mas de forma pífia. Em outras palavras, sua subida não foi algo especial e assim havia pouca energia potencial. Atribuímos isso ao fato de ter deixado escapar os benefícios dos projetos patenteados pelo licenciamento amplo e de P&D conjuntos, que tornaram a posição do *melhor antes do mais barato* muito difícil (a IR tem uma posição baseada no preço em comparação à Micropac e a Linear). Além do mais, grande parte da energia cinética da IR foi dissipada à medida que o atrito era gerado pelos segmentos em mudança do setor e uma extensa atividade de M&A, o que tornou a vantagem da receita ilusória (a IR tinha preços mais baixos do que a Micropac e um volume menor do que a Linear). O resultado foi um desempenho mediano.

Execução: energia cinética

A Linear mostra a necessidade de se ter uma posição sólida a fim de perceber os benefícios de uma execução forte. Nosso próximo trio, obtido do setor de equipamentos médicos, mostra como uma execução forte também é indispensável para perceber os benefícios de uma posição forte.

Fundada em 1949 por Earl Bakken e seu cunhado Palmer Hermundslie, e ainda sediada em Minneapolis, a Medtronic sempre foi uma pioneira no campo dos equipamentos médicos.[13] Começando como uma assistência técnica, a empresa começou ganhar sua forma moderna em 1960 com a introdução de um marca-passo externo. Embora ainda seja líder nesse campo, a empresa diversificou-se de forma significativa, mas sempre dentro da área de equipamentos médicos e cuidados com a saúde, e sempre mantendo sua ênfase na pesquisa básica e produtos altamente diferenciados: entre 1969 e 1998, a Medtronic recebeu a concessão de mais patentes em equipamentos médicos do que qualquer outra empresa no mundo. Desde o final dos anos 1960, a Medtronic reconhece a importância de um relacionamento próximo entre seus engenheiros e as principais faculdades de Medicina, e tem investido em treinamento e educação de médicos, não só nos produtos da Medtronic, mas também nas principais técnicas cirúrgicas. A Medtronic, que se revelou como *Miracle Worker*, mantém uma posição como concorrente baseado em não--preço que é tão inequívoca quanto parece.

O *Long Runner* nesse trio é a Stryker, chamada assim pelo seu fundador, Dr. Homer Stryker, que, em 1941, entrou no negócio de equipamentos médicos para atender de uma forma mais eficaz as necessidades não satisfeitas que experimentou como médico. Com sede em Kalamazoo, Michigan, a Stryker tem uma ênfase em inovação comparável à da Medtronic. Entre 1960 e 1999, por exemplo, havia cerca de 19 grandes lançamentos de novos produtos feitos pela Medtronic e 23 pela Stryker.[14] O que separa as duas é o nível de sofisticação e diferenciação de seus respectivos produtos. Enquanto a Medtronic foi pioneira em marca-passos – produtos de uma complexidade quase única e extraordinária – a Stryker concentrou-se em produtos de menor tecnologia como camas hospitalares móveis e cortadores de gesso, onde um projeto inteligente e muita atenção às minúcias do uso diário faziam a diferença.

Concorrendo em algumas dimensões de valor não-preço, mas obrigada a estar mais ciente do preço do que a Medtronic, a Stryker tem uma posição no meio quando comparada ao *Average Joe* do trio, a Invacare. Com sede em Elyria, Ohio, a Invacare entrou em nosso banco de dados em 1983. Embora seu portfólio de produtos tenha crescido consideravelmente ao longo dos anos, sempre focou em produtos para cuidados não agudos como cadeira de rodas, andadores e scooters elétricas para deficientes.

Lembre-se de que nos semicondutores, a Linear superou o nível de desempenho de *Miracle Worker* por ter estabelecido uma estratégia não-preço diferente o bastante. Assim como a Linear, a Medtronic nem sempre apresentou o tipo de lucratividade que leva ao status de *Miracle Worker*. Temos dados sobre a empresa desde o início do nosso período de observação em 1966, mas foi só em 1986 que a Medtronic entrou pela primeira vez no 9º decil, um nível de relativa lucratividade que manteve durante 7 dos 24 anos subsequentes até 2010.[15]

No entanto, ao contrário da Linear, não foi uma mudança de posição que melhorou o desempenho relativo. A Medtronic havia estabelecido de maneira muito clara uma estratégia não-preço no seu histórico e nunca perdeu esse foco. A Stryker era apenas uma concorrente com uma posição mais baseada no preço, especialmente durante os anos 1980, antes de a Medtronic passar para o 9º decil. Contudo, quando comparamos a Medtronic e a Stryker durante esse período inicial de sobreposição, de 1978 a 1985, é a Stryker que tem um desempenho superior, com uma classificação de decil média de 7,9 contra 5,1, e um ROA médio melhor de 1,4% ao ano. Em outras palavras, nosso concorrente "do meio" estava se saindo melhor do que aquele baseado em não-preço.

TABELA 10 **Estatística descritiva do trio de equipamentos médicos**

Empresa	Categoria (Trajetória)	Ano de fundação	Período de observação	Crescimento da receita	ROA anual médio	TSR anual composto	Crescimento anual composto da receita
Medtronic	*Miracle Worker* (revelada)	1949	1966 a 2010	5 mi a 16 bi	12,6%	14,4%	20,1%
Stryker	*Long Runner* (mantida)	1941	1978 a 2010	26 mi a 7,3 bi	12,0%	23,0%	19,3%
Invacare	*Average Joe* (N/A)	1971	1983 a 2010	70 mi a 1,7 bi	3,2%	13,9%	12,6%

Fonte: Documentos da empresa; Compustat; análise da Deloitte.

Poderemos ver mais claramente as causas da promessa não cumprida da Medtronic se procurarmos por mudanças de comportamento nos dois períodos de desempenho relativo da empresa, de 1978 a 1985 (desempenho relativo inferior) e de 1986 e 2010 (desempenho relativo superior). Comparada com a Stryker, a Medtronic melhorou seu desempenho em 3,4 pp/ano, passando de um déficit anual a uma vantagem de 2,0 pp/ano.

Vale a pena explicar a estrutura da diferença de desempenho da Medtronic. Durante seu período de desempenho relativo mais baixo, a Medtronic tinha um déficit de 16,5% ao ano por causa dos custos indiretos relativos maiores em geral (SG&A, P&D e outros) e uma base de ativos relativamente maior (circulante, fixo e outros). Durante o período de desempenho relativo mais alto, esse déficit foi de 10,7% ao ano. Como consequência, embora a liderança na margem bruta da Medtronic tenha caído de 15,1% ao ano para 11,8% ao ano, ela puxou o ROA porque seus custos e ativos estavam caindo mais rapidamente.

O que a Medtronic fez de diferente? Nada mudou em relação a sua posição relativa; pelo contrário, ela se tornou muito melhor em obter os benefícios de sua

TABELA 11 **Elementos da vantagem da Medtronic em comparação com a Stryker**

	Contribuição da vantagem no ROA em pontos percentuais por ano	
Elementos do ROA	**Período de menor desempenho: 1978–1985**	**Período de maior desempenho: 1986–2010**
Margem bruta	15,1	11,8
SG&A	−5,8	0,5
P&D	−4,7	−3,1
Outros (inclusie Impostos)	−0,4	−4,2
ROS	4,2	4,9
CAT	−3,1	0,2
FAT	−1,6	−0,4
Outros	−0,8	−2,7
TAT	−5,5	−2,9
ROA	**−1,4**	**2,0**

Fonte: Compustat; análise da Deloitte. O total pode não bater devido aos arredondamentos.

posição. Para os iniciantes, a empresa melhorou a qualidade dos produtos, evitando recalls caros e que manchavam a reputação da empresa, como o do marca-passo Xytron em 1975 e os 6.972 marca-passos em 1984. Este último evento contribuiu muito para a perda de 3% da fatia de mercado em um único ano. Além disso, a redução nas vendas e o aumento nas despesas atribuídos a esse recall reduziram o ROA em cerca de 6,4% só naquele ano, o que era 59% de todo o déficit de desempenho da Medtronic durante seu período de menor desempenho relativo.

Mudanças nos processos de P&D da empresa melhoraram de forma impressionante a produtividade. Os novos ciclos no desenvolvimento de produtos caíram de quatro anos para aproximadamente 18 meses, e a empresa recebeu 1.388 patentes entre 1991 e 2000, comparadas às 371 entre 1979 e 1990. Durante esse período, o gasto relativo em P&D da Medtronic comparado ao da Stryker permaneceu basicamente inalterado.

Equipes multifuncionais tiveram ideias inovadoras. O Activitrex, lançado em 1986, estimulava o coração em resposta ao nível de atividade do paciente. Um dispositivo de câmara única em um mundo de câmara dupla, o Activitrex era mais confiável e mais barato de fabricar. Como resultado, podia ser vendido a preços mais baixos do que os dispositivos da concorrência (sem ter que competir com o preço) e ainda gerava margens superiores. Esse produto sozinho aumentou a fatia de mercado global da Medtronic no setor de marca-passos de 30% para 40% até 1988.

A criação de plataformas de produtos comuns reduziu os custos e permitiu que a Medtronic encontrasse o crescimento lucrativo em mercados adjacentes. As linhas de marca-passos Thera e Thera-i, lançadas em 1995, geraram mais de 40 linhas de produtos derivados, aumentando a fatia de mercado para 50% até a metade dos anos de 1990. Cada produto novo visava a segmentos específicos de forma cada vez mais precisa – um atributo essencial para concorrer com base no valor não-preço. Ainda assim, os custos de desenvolvimento e fabricação eram menores do que teriam sido necessários se a empresa tivesse desenvolvido seus produtos sob medida do zero a cada vez.

Nada disso deve ser confundido como contraprova à nossa afirmação de que o que importa é *o melhor antes do mais barato*. A Medtronic ainda mantinha uma estratégia geral não-preço em relação à Stryker. Na verdade, essa melhora na eficiência aumentou, em vez de diminuir, a capacidade da Medtronic de desenvolver novos produtos de alta tecnologia como as séries Kappa 400 e Kappa 700, lançadas em 1996 e 1999 respectivamente, que controlaram preços diferenciados de US$300/unidade no mercado. Em termos da nossa analogia com a montanha-russa, a Medtronic continuou subindo bem alto, mas parou de perder muita energia cinética com o atrito.

Em relação à importância das mudanças na Medtronic, há um segundo ato na história da Stryker que ilustra também a importância da posição. Embora o desempenho relativo da Stryker seja estatisticamente constante nas classificações do 6º ao 8º decil – mantendo, portanto, sua trajetória –, há dois períodos diferentes no desempenho absoluto: de 1978 a 1997 e de 1998 a 2010. O ponto de equilíbrio está marcado pela aquisição feita pela empresa da Howmedica em 1998 por US$1,6 bilhão, um negócio que quase dobrou a receita da Stryker e completou a transição da empresa ao longo dos anos, de um fabricante de produtos diferenciados com menos tecnologia para uma empresa de produtos médicos implantáveis de alta tecnologia.

Nossa análise estatística indica direções específicas que sugerem e dão credibilidade a interpretações sensatas da narrativa em relação aos números. Há uma hipótese defensável, por si só, de que uma queda no ROA em 1998 foi a consequência de curto prazo de uma aquisição, um arranhão na imagem no curto prazo, mas nossos algoritmos são resistentes a essas aberrações.

Em vez disso, observe o início de uma mudança, mas bastante sugestiva, no desempenho relativo da Stryker que acompanha suas aquisições: sete classificações no 9º decil nos 38 anos, de 1998 a 2010, comparadas a nenhuma entre 1978 e 1997. Essa corrida recente não foi suficiente para elevar o nível de desempenho na existência da empresa acima dos limiares estabelecidos para os *Long Runners*, mas ignorar esses resultados seria uma cegueira intencional. A Stryker parece ter melhorado seu jogo durante esse período.

O registro qualitativo sustenta essa hipótese. Antes de 1990, a empresa tinha 48 patentes em seu nome, às quais adicionou mais 278 até 2000. Até 1996, os implantes ortopédicos representavam 38% da receita da Stryker, graças a uma dezena de pequenas aquisições, com nenhuma excedendo 3% da receita de pré-aquisição da Stryker, incluindo a Osteonics (1978), a Advanced Biomedical (1981) e a Hexcel Medical (1987). Cada uma delas permitiu que a Stryker testasse o caminho e determinasse se tinha os recursos para executar de forma bem-sucedida o que iria se tornar uma mudança profunda na posição competitiva. O negócio com a Howmedica demonstrou o compromisso da Stryker com a transformação, e até 2000, os produtos implantáveis representavam 58% da receita da empresa. Até 2006, a empresa havia realizado mais seis aquisições de empresas de equipamentos de alta tecnologia, cada uma delas maior do que os negócios anteriores a 1998.

O impacto dessa mudança de posição em relação ao desempenho da Stryker pode ser visto na estrutura da vantagem de desempenho da Medtronic. Durante o período de menor desempenho relativo da Medtronic (1978–1985), ela aproveitou uma vantagem na margem bruta sobre a Stryker de 15,1% ao ano no ROA, mas perdeu tudo devido a uma execução ruim. Durante esse período de melhor desempenho relativo (1986–2010), a contribuição da vantagem na margem bruta do ROA da Medtronic em relação à Stryker caiu para 11,8% ao ano, embora a margem bruta da Medtronic tivesse melhorado de forma constante de menos de 70% para mais de 80%. A razão? A margem bruta da Stryker estava melhorando *mais,* passando de 55% para mais de 70%.

No entanto, a Medtronic obteve uma vantagem no desempenho geral, apesar de uma vantagem menor na margem bruta, porque aprimorou outros elementos da sua fórmula de lucratividade.

A desvantagem no TAT da Medtronic, em especial, caiu quase pela metade durante o período de melhor desempenho relativo, de -5,5% ao ano para -2,9% ao ano. Isso pode parecer surpreendente porque o giro dos ativos de Medtronic só *piorou*, caindo de cerca de 1 para cerca de 0,6 vez ao ano. O fator crítico é que o giro dos ativos da Stryker deteriorou-se ainda mais, de 1,6 para cerca de 0,8, embora o desempenho da Stryker tenha melhorado tanto em termos relativos quanto absolutos!

A Stryker também perdeu sua capacidade de executar? Não há qualquer evidência sobre isso. A explicação mais plausível é que foi necessário um conjunto diferente de *trade-offs* para concorrer no projeto e fabricação de equipamentos médicos mais complexos e altamente diferenciados. A Medtronic continuou impulsionando sua estratégia não-preço. Com todos os seus esforços para ser mais econômica e eficiente, ela ainda escolhia constantemente *o melhor antes do mais barato*. Talvez não seja nenhuma surpresa, então, que o giro dos ativos tenha caído mesmo quando sua execução melhorou. Nesse setor, pelo menos, o giro mais baixo, como questão empírica, parece ser uma consequência inevitável de concorrer com eficácia em valor não-preço.

A Medtronic (*Miracle Worker*) alcançou uma forte estratégia não-preço, mas não conseguiu colher os benefícios até melhorar suas operações. A Stryker (*Long Runner*) sempre foi uma forte operadora, ainda que tenha visto sinais de grandeza apenas depois de uma mudança para uma estratégia não-preço.

A mudança no portfólio de produtos da Stryker – basicamente de camas hospitalares a quadris artificiais – exigiu que ela aceitasse *trade-offs* semelhantes para concorrer de forma eficaz. A erosão gradual do giro dos ativos da Stryker acompanha bem de perto sua transformação em um concorrente baseado em não-preço. O período de maior vantagem da Medtronic no ROA absoluto vai de 1991 a 2001, quando a Medtronic melhorou sua execução, mas antes de a Stryker começar a aproveitar os benefícios da mudança de posição.

Uma análise do desempenho relativo e absoluto das duas empresas de 2001 até 2010 sugere uma convergência. Ambas apresentavam classificações no 9º decil, enquanto a Stryker, na verdade, superava a Medtronic no ROA absoluto em 1% ou 2% ao ano. Embora seja cedo demais para dizer, a Stryker pode estar a caminho de estabelecer um perfil de desempenho de *Miracle Worker* – e por razões que podem ser amplamente atribuídas à adoção de uma estratégia não-preço. A Medtronic e a Stryker parecem ter chegado ao mesmo destino, mas por caminhos diferentes: a Medtronic encontrou sua posição, depois melhorou sua execução; a Stryker estabeleceu uma execução sólida, depois encontrou o caminho para sua posição correspondente.

O pano de fundo que nos permite visualizar de uma forma ainda mais nítida os contornos dessa dinâmica é a Invacare, nossa *Average Joe*. Com um terço da receita da Stryker e um décimo da Medtronic, o giro dos ativos da Invacare é melhor do que o da Medtronic e na média um pouco melhor do que o da Stryker, mostrando capacidade de operar seus ativos de forma mais eficiente. No entanto, durante muito tempo operou com uma desvantagem significativa na margem bruta. Com certeza, o mercado no qual concorre (cadeiras de roda, andadores e camas para *home care*) tende a não lhes dar de forma tão óbvia o tipo de valor não-preço que distingue a Medtronic e em menor grau à Stryker, mas de uma maneira que esse é o ponto. Quando as empresas não conseguem encontrar valor não-preço relevante, também parecem sistematicamente não conseguir encontrar eficiências compensatórias que levam à lucratividade excepcional.

Isso não quer dizer que a Invacare era incompetente ou ociosa frente às mudanças no setor. Pelo contrário, grande parte de seu comportamento durante esse período são respostas verossímeis às mudanças importantes na estrutura do setor de saúde. Por exemplo, a pressão cada vez maior para reduzir os custos na saúde, que começou no final dos anos 1980 e continua até hoje, deu origem à consolidação dos grupos hospitalares e impulsionou a redução no número de fornecedores com os quais lidavam. Empresas de equipamentos médicos de todos os tipos com frequência respondiam pela expansão da gama de produtos que forneciam para não serem espremidas para fora.

Outras respostas às tendências do setor incluíram a entrada em novos segmentos de clientes ou novos mercados geográficos, normalmente fora dos Estados Unidos, porque estavam menos sujeitos às crescentes pressões do custo ou porque ofereciam oportunidades de aumentar a receita para obter economia de escala, e obter maior eficiência dos ativos.

A Invacare entrou em poucas categorias de produtos e poucos segmentos de mercado, mas teve um aumento semelhante na diversidade geográfica e fez uma série considerável de aquisições. É difícil medir a importância dessas supostas diferenças e semelhanças, dada a natureza bruta das medidas. Níveis maiores de detalhes não agregam muita coisa à discussão, no entanto, já que não fica claro que há ligações causais diretas entre essas respostas às pressões do setor e diferenças no desempenho entre as três empresas. Terá sido o grande número de novas categorias de produtos da Medtronic um vetor do desempenho superior, ou será que isso se tornou um entrave à lucratividade uma vez que a complexidade destruiu o poder de negociação com os clientes? Terão as aquisições da Invacare, menores em termos relativo e absoluto do que as da Stryker e da Medtronic, sido demasiado pequenas para fazer a diferença necessária?

TABELA 12 Respostas às pressões do setor, 1980–2010

	Novas categorias de produtos	Novos segmentos de mercado	Aumento nas vendas fora dos EUA	Número de aquisições
Medtronic (MW)	8	6	37% → 44%	32
Stryker (LR)	6	5	25% → 45%	20
Invacare (AJ)	7	4	26% → 55%	39

Fonte: Documentos da empresa; análise dos autores.

Uma forma na qual essas ações diferem e que realmente parece fazer a diferença no desempenho é a ligação para criar ou obter valor não-preço. A Medtronic continuou comprometida em – e a Stryker comprometeu-se a – diferenciar-se no valor não-preço, às vezes por meio do crescimento orgânico, às vezes por intermédio de aquisições; às vezes nos mercados internos, às vezes nos mercados externos. Por outro lado, a Invacare parece ter se adaptado às mudanças no setor, mas apenas na medida necessária para manter uma posição viável baseada no preço. À medida que expandia seu portfólio de produtos, o giro dos ativos caía, assim como aconteceu com a Medtronic e a Stryker quando seu portfólio e complexidade aumentaram. Como o retorno sobre vendas da empresa permaneceu estável, o ROA geral da empresa obrigatoriamente caiu, assim como seu desempenho relativo.

Setor: Quadro de referência

Os casos da IR e da Invacare reforçam o que foi observado de forma detalhada e repetida por outros: realmente há um "efeito Rainha Vermelha".*[16] Fazer apenas o que faz sentido desde a perspectiva das forças do setor equivale apenas a ficar parado. Para ir mais além, é preciso correr pelo menos duas vezes mais rápido.

Até agora, nos dois trios analisados neste capítulo, os *Average Joes* conseguiram o status "não ficar para trás" e foram recompensados com um desempenho médio consistente. O terceiro trio deste capítulo, do setor de material elétrico, apresenta uma implicação ainda mais nefasta; ou seja, a de que mover-se no que parece ser a direção correta pode, na verdade, afetar drasticamente o desempenho excepcional quando compromete uma posição já bem-sucedida.

Falamos brevemente sobre a Thomas & Betts (T&B) no Capítulo 1. Fundada em 1898, tendo capital aberto desde 1962, e com sede em Memphis, a T&B é o único *Miracle Worker* em seu setor. A Hubbell é um dos três *Long Runners* e a Emrise é um dos dez *Average Joes*.

O que torna esse trio tão instrutivo é que ambas as empresas com desempenho excepcional perderam esse status, mas o declínio do nosso *Miracle Worker* aconteceu bem antes (1985 *versus* 2001), é ainda mais drástico (a T&B teve um ROA menor do que a Hubbell de 1982 a 2009) e é ainda mais destruidor da lucratividade geral (uma queda no ROA de 20% para -5% *versus* uma queda de 12% para 8%), devido principalmente à incapacidade da T&B de

---

* *Nota da Editora*: Teoria evolutiva proposta em 1973 por Leigh Van Valen para explicar situações na natureza onde duas espécies em competição evoluem de maneira que a competição se mantém estável. O nome da teoria vem da frase do livro *Alice através do espelho* de Lewis Carrol: "... aqui neste país, Alice, você precisa correr o máximo que puder para permanecer no lugar...".

TABELA 13 Estatística descritiva do trio de material elétrico

Empresa	Categoria (Trajetória)	Ano de fundação	Período de observação	Crescimento da receita (US$)	ROA anual médio	TSR anual composto	Crescimento da receita anual composto
Thomas & Betts	*Miracle Worker* (perdida)	1898	1966 a 2010	49 mi para 2 bi	9,8%	8,9%	8,8%
Hubbell	*Long Runner* (perdida)	1888	1966 a 2010	41 mi para 2,5 bi	11,0%	13,3%	9,8%
Emrise	*Average Joe* (N/A)	1983	1986 a 2010	11 mi para 31 mi	−8,9%	−19,9%	7,7%

Fonte: Documentos da empresa; Compustat; análise da Deloitte.

manter sua estratégia não-preço altamente lucrativa frente às mudanças no setor. Embora a posição intermediária da Hubbell negasse seu *status* de *Miracle Worker*, ela conseguiu manter um desempenho relativo e absoluto superior em comparação com a T&B de 1985 em diante, evitando o grande escorregão da T&B na concorrência baseada no preço.

No início do nosso período de observação em 1966, a T&B tinha uma lucratividade impressionante. O mercado de suprimentos para fiação elétrica havia crescido rapidamente graças aos aumentos na intensidade e na extensão da rede elétrica nos Estados Unidos. Não só novos domicílios estavam se formando rapidamente, como também cada domicílio novo passou em média de 6 para 12 novos aparelhos eletrodomésticos no final da década de 1960. Em resposta, os serviços de energia elétrica estavam em um frenesi de construção, com um aumento na geração de eletricidade de 6% a 8% ao ano de 1960 a 1971, quando caiu para quase 0% graças ao embargo do petróleo da OPEC. (Hoje, os aumentos são de cerca de 2% ao ano.) Como grande fornecedor para construção civil comercial e residencial e serviços públicos, a T&B estava bem posicionada para lucrar e crescer junto com o setor.

No entanto, como ficou claro a partir da série de desempenhos no 9º decil, a T&B fez muito mais do que apenas aproveitar a maré alta. De 1966 a 1969, a Hubbell também havia apresentado desempenhos no 9º decil, mas a T&B teve um ROA absoluto cerca de 50% maior e, a partir de 1984, acumulou 17 anos no 9º decil, enquanto a Hubbell nunca passou do 8º decil de 1970 a 1984.

Essa vantagem pode ser atribuída principalmente à estratégia não-preço da T&B. Consistente com seu longo histórico de inovação, durante os anos de 1960 e 1970 a empresa lançou uma grande quantidade de produtos novos com base nos avanços tanto grandes quanto pequenos que serviram para tornar a instalação, serviço e operação de infraestrutura elétrica muito mais fácil e melhor.

No entanto, a inovação superior não acontece por acaso. A Thomas & Betts gastou em média 5% da receita anual em P&D contra 3% ou menos da Hubbell. Esse compromisso com os novos produtos manifestou-se em parte por meio de quase 300 patentes ativas até 1984, um portfólio quase 60% maior do que o da Hubbell.

Além do sucesso relativo da empresa, havia sua cuidadosa expansão nos mercados externos, onde sua posição de valor não-preço saiu-se muito bem. A receita dos mercados fora dos Estados Unidos estava limitada ao Canadá, à

Europa, à Austrália e ao Japão, e gerou pouco mais de um quarto do total das vendas até a metade dos anos 1970 e um ROA que flertava na casa dos 25%, em comparação às vendas internas que ficavam na casa dos 15%. Por outro lado, a lucratividade das operações da Hubbell no exterior durante os anos 1970 mostrou-se muito mais frágil, e acabou num entrave à lucratividade média devido às perdas cambiais em razão da desvalorização da moeda no Reino Unido e no Brasil.

A estrutura da vantagem de desempenho da T&B reflete essas diferenças de comportamento. Uma vantagem de ROA anual média de 3,5% em relação à Hubbell foi impulsionada por uma vantagem na margem bruta anual média de 11,4%, possível graças aos produtos inovadores que permitiam cobrar preços mais altos. O *trade-off* foi um menor giro dos ativos, o que contribuiu para um ROA médio de -1% ao ano. Isso foi principalmente consequência de níveis mais altos de estoque (ativo circulante) necessários para oferecer um serviço melhor ao cliente.

O declínio no ROA absoluto da T&B de 1966 a 1984 é semelhante ao que vimos acontecer com a Heartland no setor de transportes (veja o Capítulo 1), e parece ter tido muitos casos de alto nível semelhantes. As duas empresas aproveitaram um ROA absoluto muito alto graças, em parte, aos cenários favoráveis do setor, os quais foram explorados de maneira mais eficaz do que a concorrência, por um posicionamento consciente não-preço. Assim como a Heartland, a erosão subsequente do ROA da T&B não foi, por si só, um sinal de que havia algo muito errado. Enquanto a Heartland deparava-se com um setor de transportes cada vez mais eficiente, a T&B lutava com o lento crescimento no setor de produtos elétricos.

Lembre-se de que a Heartland começou explorando modelos de prestação de serviços alternativos criando uma pequena quantidade de centros de distribuição, aumentando gradualmente sua dependência dos motoristas-funcionários em relação aos donos/operadores terceirizados, e expandindo lentamente sua cobertura geográfica. Essas jogadas experimentais, porém intencionais, buscavam encontrar uma forma de sustentar e, se possível, aumentar a estratégia não-preço da Heartland no setor de transportes, ainda que isso significasse uma mudança profunda nas características originais da empresa.

A Thomas & Betts também tentou explorar de forma experimental e intencional os caminhos do crescimento e renovar a lucratividade, mas em vez de buscar um novo terreno no setor de material elétrico, começou a ir em direções completamente novas, especialmente na área de infraestrutura eletrônica.

Começando com as aquisições da Arthur Ansley Manufacturing Co. em 1966 e da Cable Scan em 1970 – cuja fusão foi feita para criar a divisão Ansley da T&B –, até 1977 os componentes eletrônicos representavam 5% da receita total. Os relatórios anuais desse período relatam o investimento desproporcional em P&D da empresa em eletrônicos, sugerindo que o alvo da T&B era uma estratégia não-preço em eletrônicos, assim como havia aproveitado no segmento elétrico.

Nesse ponto, os caminhos das duas empresas divergiram. A Heartland foi bem-sucedida na transição para um novo modelo e preservou sua superioridade relativa, ainda que seu ROA estivesse estabilizado em um nível inferior ao que tivera no passado. A Thomas & Betts, no entanto, continuou a sofrer declínios no ROA absoluto – ficando abaixo da Hubbell em 1982 – e, ainda mais interessante, seu ROA relativo também caiu, ficando abaixo do 9º decil e abaixo da Hubbell em 1985, pondo fim ao seu período de alto desempenho relativo em 1985. A lucratividade caiu para a casa de um só dígito até 1992 e resultou em três anos seguidos no vermelho, de 2000 a 2002.

A causa dessa deterioração de quase 20 anos pode ser resumida em uma única frase: o fracasso em aproveitar a dica. O empurrão inicial da Thomas & Betts no setor de eletrônicos era discutivelmente consistente com sua estratégia não-preço durante muito tempo, e evitando compromissos importantes no início a empresa demonstrou uma prudência louvável, consistente com o que se tornou a sabedoria convencional quando se trata de tentar algo novo.

No entanto, o desempenho da T&B revela que essa mudança de componentes elétricos para eletrônicos não estava funcionando. O retorno sobre os ativos caía, à medida que a ênfase da empresa em eletrônicos aumentava, alcançando 50% da receita total até 1992. Incapaz de encontrar uma estratégia não-preço que a isolasse da intensa pressão de preços dos concorrentes externos de baixo custo, a T&B dobrou a área de eletrônicos com uma série de aquisições a partir de 1997: Vitramon (1987), Holmberg Electronics (1990), Eaton Corporation e Leviton Manufacturing (1994), Catamount Manufacturing (1995), Amerace (1996), WJ Furse e LE Mason (1997). A maior de suas aquisições foi a da Augat em 1996, que dobrou o negócio de eletrônicos da empresa.

A intenção explícita, declarada nos pronunciamentos da administração naquela época, era aumentar a escala e o escopo para reduzir o custo e ser mais competitiva, em termos de preço, no acirrado mercado global de componentes eletrônicos. Em uma tentativa de alcançar a escala que poderia permitir uma concorrência bem-sucedida baseada no preço, a expansão da T&B nos mercados externos – agora dominada por Cingapura, Malásia, Taiwan, Hong Kong, e Coreia do Sul – alcançou 50% da receita total, mas tinha um ROA que era indistinguível do atual ROA baixo das operações internas da empresa.

A situação não era melhor no negócio de material elétrico. Uma série de negócios manteve a presença da empresa nesse setor, mas a aquisição da American Electric, em 1992, que praticamente dobrou o tamanho da empresa, acabou sendo um completo desastre. A nova gestão deu início a uma mudança para uma posição de maior volume e menor margem, o que afetou a imagem histórica da empresa não-preço. Com um negócio de material elétrico em declínio e um negócio de componentes eletrônicos que realmente nunca decolou, o ROA médio continuou caindo, alcançando seu ponto mais baixo em 2001.

À medida que o ROA despencava, os acionistas entravam com ações legais gerando um conjunto de mudanças na alta administração. A nova liderança se desfez da Augat em 2000, que naquela época representava cerca de 30% da receita total da empresa, e até 2001 a empresa já havia saído completamente do setor de componentes eletrônicos.

Até o final dos anos 2000, a T&B e a Hubbell tinham um ROA relativo e absoluto parecido, além de igualmente não extraordinários. Durante as décadas de 1980 e 1990, a Hubbell realizou uma série de pequenas aquisições, normalmente de empresas privadas que concorriam nos segmentos de material elétrico e iluminação, deixando as duas empresas até 2010 basicamente com o mesmo tamanho. O investimento da Thomas & Betts em P&D havia caído para menos de 3% das vendas contra 1% a 2% da Hubbell, enquanto a Hubbell tinha agora o maior portfólio de patentes ativas, com mais de 600 patentes, em comparação com menos de 500 da T&B.

Os elementos de vantagem da Thomas & Betts durante o período de menor desempenho relativo (de 1986 em diante) deve ser interpretado com cuidado. O principal é lembrar-se de que os resultados da T&B são uma amálgama de uma estratégia não-preço que se corroía lentamente com uma estratégia preço no segmento de componentes eletrônicos.

A vantagem da margem bruta anual da empresa em relação à Hubbell caiu drasticamente entre os dois períodos. Isso é notável, já que o ROA absoluto da Hubbell caiu durante grande parte desse período, principalmente de 1992 em diante. Permaneceu com uma vantagem na margem bruta muito provavelmente porque metade ou mais da receita da T&B ainda era gerada pelo negócio de material elétrico, o que manteve uma posição mais próxima a não-preço em relação à Hubbell.

A Thomas & Betts acabou tendo uma desvantagem geral no ROS durante o período de menor desempenho relativo por causa de seus outros custos: SG&A, P&D, depreciação e receita não operacional. (O outro elemento de custo não é tanto uma desvantagem graças a impostos relativos mais baixos, que caíram devido a uma lucratividade menor antes do imposto.) Essas desvantagens de custo parecem ter sido consequência da incapacidade da empresa de executar sua posição voltada para o preço no segmento de componentes eletrônicos. Embora ainda sofresse uma desvantagem no TAT em relação à Hubbell, os elementos dessa diferença tinham um equilíbrio diferente. Uma desvantagem no giro dos estoques, consequência da diferenciação voltada para serviços da T&B quando ela era apenas uma empresa de materiais elétricos, diminuiu, mesmo quando o déficit no giro dos ativos aumentou. Isso faz sentido, por causa de todos os ativos novos que a T&B estava contabilizando como parte de sua aposta na escala no setor de componentes eletrônicos, enquanto os giros maiores nos estoques eram consistentes com o desejo de concorrer com

TABELA 14 **Elementos da vantagem da T&B em comparação com a Hubbell**

	Contribuição para vantagem no ROA em pontos percentuais ao ano	
Elementos do ROA	**Período de maior desempenho: 1966–1985**	**Período de menor desempenho: 1986–2010**
Margem bruta	18,1	4,6
SG&A	−9,8	−5,0
P&D	0,3	−0,4
Outros (inclusive impostos)	−3,8	−2,4
ROS	4,2	−3,2
CAT	−1,5	−0,6
FAT	−0,5	−0,7
Outros	0,9	−0,1
TAT	−1,1	−1,5
ROA	**3,1**	**−4,7**

Fonte: Compustat; análise da Deloitte. O total pode não bater devido aos arredondamentos.

base no preço em vez de serviços, e aumentar o lucro por meio da eficiência em vez da diferenciação.

Em resumo, embora a Hubbell não tivesse deliberadamente abandonado os elementos não-preço de valor que definiam sua posição intermediária, eles foram corroídos ao longo do tempo e a empresa perdeu seu nível de desempenho de *Long Runner*. O movimento da T&B para longe de uma diferenciação não-preço foi deliberado. Enfrentando resultados insatisfatórios, a T&B reverteu o rumo, tentando voltar às suas origens no negócio de material elétrico, e parece que sua lucratividade ricocheteou quando a empresa foi adquirida em 2012 pela ABB Ltd.

> Quando a recessão no setor reduziu o ROA absoluto da T&B, a empresa começou a buscar pastagens mais verdes, embora seu desempenho relativo permanecesse forte. A escolha de concorrer com base no preço no implacável negócio de componentes eletrônicos resultou em uma piora contínua do desempenho e no final do seu período de maior desempenho relativo, tornando-a um *Miracle Worker* que perdeu esse status.

O *Average Joe* desse triste trio é a Emrise, fabricante de componentes eletrônicos com sede em Rancho Cucamonga, Califórnia. Em sua estreia como empresa de capital aberto em 1986, atuava no segmento de equipamentos de telecomunicação com foco em tecnologia analógica, e cresceu rapidamente, passando de US$5 milhões para US$30 milhões em receita em apenas cinco anos. O declínio no ROA durante esse período poderia ser facilmente atribuído às exigências de crescimento, exceto pelo fato de o segundo ato da empresa ter sido muito melancólico. Uma mudança para tecnologias digitais exigia o lançamento de uma série de novos produtos, o que acabou sendo tarde para comercializar, enquanto o aumento no gasto com P&D que pretendia, talvez, compensar esses imprevistos não conseguiu apresentar resultado: a Emrise recebeu sua primeira patente em 2006.

Completamente ciente de que estava concorrendo com base no preço, durante os anos 1990 a Emrise terceirizou grande parte de sua produção, atribuindo a melhora na sua margem bruta de 34% para 67% a um corte de custos agressivo desse tipo. Mais tarde, a empresa diversificou para o setor aeroespacial e de defesa, mas aí – como a Micropac com os semicondutores – viu-se limitada pelas rígidas especificações dos produtos e pelos contratos de preço fixo, o que tornou mais difícil estabelecer estratégias não-preço.

A Emrise permaneceu como um concorrente pequeno em um mercado global, incapaz de criar uma estrutura apropriada para um concorrente baseado no preço. Isso é demonstrado nos Elementos de Vantagem da Hubbell em relação à Emrise.[17] A desvantagem na margem bruta reflete o foco da Emrise no corte de custos, mas a desvantagem que tinha em quase todos os outros elementos resultou em um menor ROS e menor TAT. Quando se é líder de preços mas não de custos, o resultado é um desempenho, no máximo, de um *Average Joe*.

As quedas da T&B e da Hubbell mostram os perigos, até mesmo para as empresas excepcionais, de tentar capitalizar ou apenas reagir às tendências do setor sem criar estratégias não-preço que impulsionem o desempenho superior. Assim como a International Rectifier com os semicondutores e a Invacare com os equipamentos médicos, a T&B e a Hubbell se expandiram e diversificaram para acompanhar o que era razoavelmente visto como tendências características do setor: a mudança para componentes eletrônicos, globalização e pressões cada vez maiores sobre o custo. Mas em resposta a essas pressões, elas abandonaram – a T&B mais do que a Hubbell – as estratégias não-preço que lhes haviam rendido uma lucratividade excepcional durante décadas.

TABELA 15 **Elementos da vantagem da Hubbell em comparação com a Emrise**

	Contribuição para vantagem no ROA em pontos percentuais ao ano	
Elementos do ROA	**Período de maior desempenho: 1986–2004**	**Período de menor desempenho: 2005–2010**
Margem bruta	−9,4	−8,0
SG&A	20,7	18,9
P&D	1,7	1,2
Outros (inclusive impostos)	−0,4	1,2
ROS	15,6	13,3
CAT	0 3	1,1
FAT	1,4	−0,3
Outros	3,2	0,9
TAT	4,8	1,7
ROA	**20,4**	**15,0**

Fonte: Compustat; análise da Deloitte. O total pode não bater devido aos arredondamentos.

A Linear conseguiu criar a posição – a energia potencial – que suas operações fortes – energia cinética – conseguiram captar, e a Medtronic conseguiu melhorar sua execução para obter os lucros que sua posição havia tornado possível. Por outro lado, a T&B e a Hubbell perderam muito das duas coisas. Mudanças na posição que foram alinhadas aos ditados das forças do setor à custa das exigências de uma estratégia não-preço, junto com os desafios na execução, deixaram ambas as empresas lutando para reconquistar a glória.

Os atributos mais gerais das posições lucrativas podem ser demonstrados somente em truísmos não informativos, como criar valor para os clientes, ser difícil de ser imitada pelos concorrentes e ser prática para sua organização. Os fatores específicos das posições lucrativas não podem, de maneira alguma, ser generalizados. Eles serão uma função do seu setor, das tecnologias do momento, da capacidade de sua organização, da capacidade de seus concorrentes, dos clientes que quer atender, das circunstâncias nas quais opera, entre outros. Não pode haver qualquer receita específica e geralmente aplicável sobre como pode precisamente criar uma estratégia não-preço para sua organização nos dias de hoje.

Entre esses dois extremos, esperamos que haja espaço para um insight útil. Este capítulo forneceu evidências de que as estratégias não-preço são sistematicamente mais lucrativas e mais sustentáveis do que as posições baseadas no preço ou intermediárias. Isso está longe de ser um projeto completo para o sucesso, mas esperamos que realmente forneça uma orientação valiosa quando você tiver que fazer escolhas difíceis entre alternativas igualmente viáveis.

Por exemplo, quando seus clientes estiverem exigindo reduções no preço aos berros, você pode baixar os preços e depois espremer alguma outra coisa na empresa para tentar preservar a lucratividade, ou pode enxergar por meio das reclamações sobre o preço a verdade mais difícil, de que talvez você tenha se tornado preguiçoso ou tenha perdido o foco, ou que a concorrência está jogando melhor e você já não fornece mais o valor superior que algum dia forneceu. Abordar esse problema significa assumir o desafio de aumentar e talvez até mudar o valor que você fornece; isso poderia significar mudar alguma ou todas as suas tecnologias, processos, mercados ou clientes. Ambos os cursos de ação – cortar o preço ou aumentar o valor – podem ser difíceis de alcançar de uma maneira bem-sucedida, e cada uma delas pode fazer sentido.

É somente nessas circunstâncias que *o melhor antes do mais barato* vale a pena. Ao enfrentar a escolha entre duas soluções difíceis, plausíveis da mesma forma, mas mutuamente excludentes no que pode ser um desafio existencial, o melhor a fazer é jogar com as probabilidades. Nossa pesquisa sugere fortemente que o curso de ação mais lucrativo é dedicar seus recursos a enfrentar o problema difícil de criar um novo valor não-preço que seus clientes pagarão, e não o problema difícil de como continuar sendo lucrativo com preços menores.

A Linear entendeu isso, pelo menos de forma implícita, abrindo mão de uma posição lucrativa, mas relativamente não diferenciada por uma estratégia não-preço finalmente mais recompensadora em uma ampla gama de mercados. A Medtronic continuou se dedicando à diferenciação líder no setor, mesmo enquanto investia em operações mais eficientes para que pudesse obter mais do valor que estava criando. A Stryker estabeleceu-se para alcançar o *status* de *Miracle Worker* graças a uma mudança na posição. E a T&B saiu do alto escalão do desempenho não porque não conseguia renovar sua estratégia não-preço, mas porque abandonou a questão mesmo quando tinha os recursos necessários para continuar.

A posição vem em primeiro lugar. É a altura que sua montanha-russa alcança, e assim define o limite superior da lucratividade ao qual você pode aspirar. A execução vem em segundo, já que define a emoção do passeio que essa subida promete, ou quanto desse potencial você obtém como energia cinética. A execução ruim desperdiça a energia potencial na forma de barulho e calor. Portanto, a execução é importante, mas nenhum nível de grandeza na execução pode compensar um posicionamento ruim, não mais do que um passeio suave pode compensar uma pequena subida.

O setor, logicamente, é crítico: é difícil imaginar como qualquer empresa poderia ter a esperança de ser bem-sucedida seguindo claramente contra o que esse contexto dita. Todas as nossas empresas excepcionais, em seu apogeu, sofreram com as oscilações do setor. Mas a chave da vitória é destacar-se do barulho de fundo, e não misturar-se a ele. Nossos *Average Joes* e nossas empresas excepcionais caíram em desgraça e muitas vezes o fizeram não por interpretar mal as forças do setor ou por não lhes responder; esse tipo de comportamento normalmente resulta em falência ou em ser adquirida. O que as afligia era a incapacidade de fazer o necessário para seguir em frente, normalmente como consequência de gastar muito tempo tentando não ficar para trás.

| CAPÍTULO 4 |

Receita antes do custo

Pode ser útil encarar a questão de qual a melhor forma de criar valor para os clientes como uma escolha entre posições competitivas definidas por uma ênfase no valor preço (ou seja, preço baixo) ou no valor não-preço. Pode ser pouco incomum, mas ver a questão nesses termos tão contrastantes não é uma simplificação perigosa. Ao contrário, é uma forma precisa de chegar à estrutura subjacente, muitas vezes oculta sob uma complexidade desnecessária. Às vezes, o mundo é sutil e complexo, colorido com tons de cinza. Mas às vezes temos escolhas claras e apenas não queremos aceitá-las. *O melhor antes do mais barato* é uma resposta inequívoca a uma pergunta simples, porém, muitas vezes ignorada.

A criação de valor para os clientes é uma condição necessária para um desempenho excepcional, mas não é suficiente. O valor que você cria é apenas o "tamanho do bolo". O fato de uma empresa apresentar um desempenho excepcional também é consequência do "tamanho da fatia deles", ou de como o valor é dividido entre os clientes e a corporação.[1] Ou seja, as empresas excepcionais não devem apenas criar valor, mas também captá-lo na forma de lucros.[2]

Uma organização pode aumentar seu retorno sobre o ativo (ROA) aumentando o preço, o volume ou ambos, ou diminuindo a soma do custo total dos produtos vendidos (COGS) e de outros custos, ou reduzindo os ativos (consulte o Apêndice I e veja uma discussão sobre a aritmética do ROA). Assim como existem os *trade-offs* entre as dimensões de desempenho que definem a posição, normalmente há *trade-offs* entre as variáveis que determinam a lucratividade de uma empresa. Por exemplo, aumentos no preço e no volume elevam o faturamento, o que aumenta a receita e, portanto, o ROA. No entanto, o preço e o volume podem estar correlacionados de forma negativa, o que dificulta aumentar esses dois fatores ao mesmo tempo.

Por outro lado, mesmo considerando que o custo mais elevado (que reduz o ROA) seja uma consequência da ineficiência, também pode ser resultado da utilização de materiais de qualidade superior ou de mão de obra mais qualificada, e cada um desses fatores pode contribuir para o valor não-preço, o que justificaria um preço mais elevado (com consequente aumento do ROA). Desse modo, o preço e o custo podem caminhar na mesma direção. Muitas vezes, volume e ativos também se movem juntos, mas exercem pressões contraditórias sobre o ROA: um volume maior pode aumentar o giro dos ativos, o que aumenta o ROA, mas apenas se esse volume maior não exigir um aumento desproporcional nos ativos.

Então, o segredo da lucratividade maior não é a forma como a empresa gera qualquer uma das variáveis na equação do ROA, mas como administra as interdependências entre elas, tendo em conta os quase sempre inevitáveis *trade-offs*. Chamamos isso de fórmula da lucratividade de uma empresa.

Descobrimos que as empresas excepcionais, por uma margem esmagadora, têm uma fórmula de lucratividade comum, que resumimos em nossa segunda regra, *receita antes do custo*. Isso significa que quando enfrentam um *trade-off* entre o aumento da lucratividade aumentando a receita ou diminuindo os custos, as empresas excepcionais sistematicamente preferem aumentar a receita *mesmo que isso signifique incorrer em custos mais elevados*. Nunca vimos uma empresa excepcional gastar por impulso. Na verdade, concluímos que a lucratividade sustentada raramente é impulsionada por custo ou bases de ativos desproporcionalmente menores em comparação com a concorrência; ela quase sempre é impulsionada por receitas desproporcionalmente mais altas.

Grande parte da importância desse achado reside no fato de que nossos dados poderiam ter revelado o oposto, ou seja, que a lucratividade superior geralmente é impulsionada pelo custo relativamente mais baixo. Mas não é. A lucratividade impulsionada pelo aumento da receita, mesmo quando a empresa incorre em custos mais elevados, demonstra ser mais valiosa do que as vantagens impulsionadas por um custo menor.

A estrutura das diferenças de lucratividade

A análise da decomposição do ROA nas empresas que estudamos sugere fortemente que os *Miracle Workers* (fazedores de milagres) dependem mais pesadamente de uma vantagem em termos de margem bruta para sua liderança global em termos de ROA. Desvantagens em outras despesas – custo geral, de vendas e administrativo (SG&A), P&D (pesquisa e desenvolvimento) e assim por diante – giro dos ativos ou ambos, muitas vezes são apenas consequências inevitáveis de *trade-offs*, o custo de produtos ou serviços diferenciados que ganham as margens brutas mais elevadas.

Queríamos saber se este padrão se refletiu de forma significativa em toda a nossa população de 174 *Miracle Workers*, 170 *Long Runners* (fundistas) e 1.208 *Average Joes* (medianos). Então, para cada ano em que cada empresa está em nosso banco de dados, foi calculada a diferença na margem bruta, outros custos e giro dos ativos entre essa empresa e a média do setor. Em seguida, avaliamos cada uma dessas diferenças em relação à diferença de ROA de cada empresa em comparação com a média do setor no ano em questão (veja o Apêndice I). Isso nos permitiu ver como as mudanças nas vantagens nesses três determinantes do ROA se converteram em vantagem em termos de ROA. Em outras palavras, conseguimos ver qual o peso de um ponto percentual de margem bruta com relação à média do setor em termos de liderança de ROA para os *Miracle Workers*, *Long Runners* e *Average Joes*. Os resultados foram reveladores e totalmente consistentes com os padrões revelados em nossa análise do estudo de caso. Para cada ponto percentual adicionado à margem bruta, os *Miracle Workers* perfizeram 0,51 pp (pontos percentuais) em vantagem de ROA adicional. No entanto, o mesmo aumento da vantagem de um *Milagre Worker* em outros custos rendeu apenas 0,47 pp em vantagem de ROA adicional. A implicação é que os *Miracle Workers* tendem a ter uma fórmula de lucratividade mais eficiente para converter uma melhoria relativa da margem bruta, através do aumento de receita, em uma vantagem relativa de ROA do que para converter uma redução relativa de outros custos em uma vantagem relativa de ROA. Em termos mais práticos, isso significa que os *Miracle Workers* têm posições e fórmulas de lucratividade que favorecem a receita antes de custo.

Empresas classificadas como *Long Runners* necessariamente terão uma vantagem menor em termos de ROA do que a média do setor, se comparadas aos *Miracle Workers,* uma vez que essas categorias são definidas por seus diferentes níveis de lucratividade. No entanto, isso não quer dizer nada sobre a eficiência com a qual transformam as vantagens em margem bruta ou outros benefícios de custo em aumento do ROA. Os *Long Runners* até poderiam ser mais eficientes em transformar vantagem em um ou mais dos fatores determinantes do ROA, mas apenas não conseguem gerar vantagens em uma magnitude semelhante. A diferença na magnitude da vantagem em termos de ROA também não diz nada sobre as diferenças de eficiência nos diversos fatores determinantes. Portanto, podemos dizer que os *Long Runners* são menos eficientes do que os *Miracle Workers* e não mostram nenhuma diferença real na eficácia com a qual convertem as modificações das vantagens na margem bruta ou outros custos em aumento da vantagem de ROA: para um ponto percentual acrescentado à vantagem em qualquer um dos fatores determinantes, os *Long Runners* perfazem cerca de 0,40 pp de vantagem no ROA.

Como era de se esperar (mas não necessariamente, claro), os *Average Joes* são os menos eficientes das três categorias de desempenho, mas, como os *Miracle Workers*, são mais eficientes em relação à margem bruta do que em outros custos.

Por fim, existem diferenças reveladoras na relação entre as modificações das vantagens no giro dos ativos e aumento no ROA. Todos os três tipos de desempenho mostram uma relação negativa estatisticamente importante, ou seja, para um aumento no giro dos ativos, os três tipos de empresa veriam uma queda em sua vantagem no ROA. Em termos práticos, o tamanho do efeito é pequeno: no período de um ano, os *Miracle Workers* sofreriam uma queda de 0,023 pp em sua vantagem de ROA para um aumento no giro dos ativos – uma conquista significativa em praticamente qualquer setor, e em alguns, quase impossível. Os *Long Runners* e os *Average Joes* sofreriam uma queda de 0,016 pp em sua vantagem de ROA em relação à média do setor para um aumento igualmente heroico na vantagem em termos de giro dos ativos. Como as diferenças nos giros dos ativos entre empresas do mesmo setor raramente se deslocam de modo expressivo, as diferenças nos giros dos ativos não explicam muita coisa sobre as diferenças no ROA.

Uma análise das distribuições das faixas para os três fatores determinantes revela que os *Miracle Workers* têm mais tendência a uma vantagem de margem bruta do que os *Long Runners*, mas também são mais propensos do que eles a ter uma *desvantagem* em outros custos.[3] Como os *Miracle Workers*, por definição, têm maior ROA, não é de se espantar que sua vantagem em termos de margem bruta supere sua desvantagem de custo. Isso significa que a estrutura da vantagem de ROA para nossa população de *Miracle Workers* é consistente com o dispendioso tipo de diferenciação não-preço que aumenta a receita por meio de preço mais elevado, em vez de recorrer ao aumento de volume que impulsiona a eficiência dos ativos. Em suma, a regra aqui é *receita antes de custo*, e quando se trata de receita, o preço antes do volume.

TABELA 16 Os fatores determinantes das diferenças de lucratividade

Vantagem em	Percentual da margem bruta		Percentual de outros custos		Vantagem em giro dos ativos	
	Índice de eficiência	Média/Faixa	Índice de eficiência	Média/Faixa	Índice de eficiência	Média/Faixa
Miracle Workers	0,51	0,09/0,18	0,47	0,02/0,15	−0,023	0/0,34
Long Runners	0,41	0,03/0,16	0,40	0/0,15	−0,014	−0,04/0,43
Average Joes	0,32	0/0,10	0,27	0/0,09	−0,016	0/0,31

Fonte: Análise dos autores.

Os números identificados como média e faixa referentes ao percentual da margem bruta e ao percentual de outros custos estão expressos em pp (pontos percentuais). Os números identificados como média e faixa para o giro dos ativos são anuais. As faixas são intervalos interquartis referentes a cada variável.

Naturalmente, nossa análise em nível da população é orientada apenas pela demonstração do resultado e pelo balanço patrimonial. Para obter um entendimento mais refinado do que move esses resultados, devemos nos voltar aos nossos trios. Primeiramente, vamos tomar como base a decomposição do ROA e, depois, aprofundaremos nossa análise dos comportamentos de cada empresa para identificar os fatores determinantes da vantagem em termos de margem bruta.

As relações de receita-*versus*-COGS para as comparações dos *Miracle Workers* são altamente significativas (uma mudança de 98% de uma relação). Para os *Long Runners*, há uma chance de 25% de alcançar uma relação de 6:3 em uma distribuição subjacente uniforme, o que é consistente com nossa descoberta de que os *Long Runners* são bastante propensos a ter posições medianas baseadas no preço, que são suscetíveis a precisar de vantagens de lucratividade impulsionadas pelo COGS.

TABELA 17 **Os fatores determinantes da vantagem em termos de margem bruta nas empresas do trio por tipo de comparação de pares**

	Receita		
	Preço	**Volume**	**COGS**
Miracle Worker vs. *Average Joe*	7	1	1
Miracle Worker vs. *Long Runner*	5	3	1
Long Runner vs. *Average Joe*	5	1	3

Fonte: Análise dos autores.

Dentro das fórmulas de lucratividade impulsionada pela receita, o preço é o principal fator determinante da vantagem de receita em comparação com os *Average Joes*: para os *Miracle Workers*, uma relação de 7:01 tem 96,5% de chances de não ser uniforme enquanto para os *Long Runners*, as chances são de 89%. No entanto, na comparação entre *Miracle Workers* e *Long Runners*, há uma chance de apenas 64% de chegarmos a uma relação não uniforme.

Nossa amostra foi escolhida aleatoriamente com relação à posição competitiva e às estruturas de diferenças na lucratividade.[4] Portanto, podemos concluir, com boa margem de acerto, que a estrutura mais refinada das diferenças de lucratividade na amostra fornece, pelo menos, uma ideia do que encontraríamos se realizássemos uma análise detalhada da população total.

Concluímos, portanto, que a *receita antes de custo* tem maior probabilidade de ser a fórmula de lucratividade para a maioria das empresas excepcionais, e não apenas o resultado mais frequente em nossa amostra. A estrutura observada das vantagens de lucratividade também fornece indícios para corroborar nossas afirmações sobre a importância e a natureza da posição competitiva. Afinal, seriam necessárias algumas explicações se os *Miracle Workers* que vemos competindo com base no valor não-preço (*o melhor antes do mais barato*) apresentassem tendências a ter fórmulas de lucratividade impulsionadas pela redução de custos que compensassem a menor margem bruta; isso implicaria que essas empresas oferecem produtos e serviços melhores, mas não estão ganhando por isso, *e* são mais baratas. Isso certamente não é impossível, mas muito mais gratificante é uma estratégia não-preço que incorra em custos mais elevados e, ainda assim, consiga se traduzir em uma vantagem de receita e, em última análise, uma lucratividade superior.

Por fim, haveria algo de profundamente errado com nosso método se as empresas às quais atribuímos uma posição baseada no preço estivessem impulsionando a lucratividade por intermédio de preços mais elevados. Competir com uma empresa praticando preços mais baixos e, ao mesmo tempo, desfrutar de maior lucratividade por meio de preços mais elevados é algo impossível do ponto de vista lógico.

Se a sua vantagem for impulsionada por:	Então, é mais provável que sua empresa tenha aumentos de:	E reduções de:
Margem bruta Giro dos ativos	Preço Volume	Custo Ativos

Resultado: *receita antes do custo*

Em vez disso, vemos duas variáveis autônomas, as fórmulas de posição e de lucratividade, que podemos medir independentemente do desempenho de cada fator, mas que têm relações fortes e consistentes com o desempenho e os demais fatores. A estratégia não-preço é sistematicamente associada a um desempenho excepcional; uma fórmula de lucratividade impulsionada pela receita é sistematicamente associada ao desempenho excepcional; e uma estratégia não-preço e uma fórmula de lucratividade impulsionada pela receita normalmente andam juntas.

Para vencer as probabilidades, é melhor se concentrar na criação de valor usando a regra *o melhor antes do mais barato* e em captar valor colocando a *receita antes do custo*.

Para entender melhor como isso pode ser feito, vamos analisar o caso da Abercrombie & Fitch (A&F), apresentado no Capítulo 1. Em nossa amostra, observamos duas *Miracle Workers* que dependem mais do volume que do preço, mas em ambos os casos o volume é impulsionado pelo valor não-preço superior, não pelo preço mais baixo. No Capítulo 1, falamos brevemente sobre um deles, a Merck, empresa sobre a qual voltaremos a falar no próximo capítulo. Aqui vamos nos concentrar na Wrigley, uma empresa de balas e gomas de mascar.

Por fim, embora as chances apontem fortemente para a lucratividade impulsionada pela receita, algumas *Miracle Workers* realmente contam com vantagens de custo. Uma delas, como a Weis Markets (Weis), foi incluída em nossa amostra. Nossa investigação de como a Weis alcançou esse feito e das armadilhas decorrentes da dependência da redução dos custos revela muito sobre as limitações da fórmula de aumento da lucratividade impulsionada pelo custo.[5]

Lucratividade continuada: Receita através de preços diferenciados

Posição e fórmula de lucratividade são fatores intimamente ligados. É por isso que o capítulo anterior, embora focado na questão da posição, também explorou como a Linear, a Medtronic e a T&B converteram suas estratégias não-preço em maior lucratividade e como cada uma conseguiu isso por meio de preços mais elevados. Neste capítulo, vamos nos concentrar nos trios em que as *Miracle Workers* utilizaram diferentes fórmulas de lucratividade. No setor de confecção, a A&F explorou sua estratégia não-preço para ganhar preços mais elevados; em confeitaria, a Wrigley também se baseou em uma estratégia não-preço, mas extraiu lucratividade superior através do maior volume. No setor de alimentos, a Weis competiu no preço e impulsiona a lucratividade pelo custo mais baixo.

Além da A&F, o nosso trio de confecções inclui a Finish Line, *Long Runner* e varejista que comercializa principalmente roupas esportivas de marcas famosas como Nike e Adidas, e a Syms, nossa *Average Joe,* varejista de descontos no segmento de roupas da moda.

Das três, a mais popular nos Estados Unidos é a A&F, pois é a única que dependia mais pesadamente da própria marca para agregar valor aos clientes. Suas campanhas publicitárias ganharam notoriedade, nem sempre positiva, mostrando sempre muito mais pele do que tecido.[6] A ideia de que "sexo vende" não foi invenção deles, mas por mais de uma década a A&F alavancou, com maestria, esta característica fundamental da psique humana.

No entanto, é fácil supervalorizar essa particularidade destacada da imagem pública da empresa. Se, para alcançar lucratividade excepcional, bastasse publicar fotos de pessoas bonitas usando o produto de sua marca, todas as confecções seriam *Miracle Workers*.[7] O que diferencia a A&F é uma trama coesa de várias escolhas cruciais, que se reforçam mutuamente, com um fio condutor comum que vai desde o projeto até a fabricação, distribuição e a experiência do cliente dentro da loja. Essas atividades cuidadosamente coordenadas serviram para estabelecer uma forte estratégia não-preço, que permitiu à empresa praticar preços diferenciados.

Miracle Worker que manteve a posição, a A&F passou duas eras no desempenho absoluto, mostrando tanto o ciclo de expansão quanto o de retração, o que muitas vezes caracteriza o setor de varejo quanto a sua capacidade de desafiar essa força gravitacional, superior à da maioria. De 1995 a 1999, o ROA da empresa dobrou, indo de cerca de 15% para mais de 30%, e a receita, também, mais do que duplicou. Os investidores, encantados com o crescimento rápido e cada vez mais rentável, fizeram o valor das ações da empresa mais do que triplicar.

A A&F não só enfrentou, mas também explorou a interdependência entre posição, execução e setor, como vimos no capítulo anterior. No nível do setor, dois fatores aparecem com destaque. Primeiro, o segmento voltado a jovens de 15 a 24 anos apresentava crescimento duas vezes mais rápido que o da população geral dos Estados Unidos, e o vestuário era a maior categoria de gastos dessa faixa etária, cujo rendimento disponível crescia a passos largos.[8,9] Como resultado, a A&F poderia estreitar ainda mais seu foco, para a faixa de 18 a 22 anos de idade, por exemplo, continuando, porém, a ter em vista uma clientela grande, crescente e relativamente afluente.

TABELA 18 **Estatística descritiva para o trio de confecções**

Empresa	Categoria (trajetória)	Ano de fundação	Período de observação	Crescimento da receita (US$)	ROA anual médio	TSR anual composto	Crescimento da receita anual composto
Abercrombie & Fitch	*Miracle Worker* (mantida)	1982	1995 a 2010	236 mi a 3,5 bi	18,8%	15,7%	19,6%
Finish Line	*Long Runner* (mantida)	1976	1995 a 1991	98 mi a 1,2 bi	7,9%	7,0%	14,2%
Syms	*Average Joe* (N/A)	1959	1995 a 1982	147 mi a 445 mi	5,5%	−2,4%	4,0%

Fonte: Documentos da empresa; Compustat; análise da Deloitte.

TABELA 19 Eras da Abercrombie & Fitch em desempenho absoluto

	Anos	ROA anual médio	TSR anual composto	Crescimento da receita anual composto
Era 1	1995 a 1999	26%	48%	45%
Era 2	2000 a 2010	15%	12%	11%

Fonte: Compustat; análise da Deloitte.

Em segundo lugar, a A&F vendia apenas roupas de sua própria marca, em vez de vender marcas de terceiros, como Calvin Klein, Hugo Boss e assim por diante. Ao estabelecer a notoriedade de sua marca, a A&F foi um exemplo particularmente bem-sucedido de mudança secular no fenômeno "marca própria". Historicamente, os fabricantes de vestuário eram os detentores das marcas de valor, enquanto as marcas dos varejistas eram muito menos valorizadas. As marcas próprias das redes varejistas, normalmente, eram uma alternativa de baixo custo às marcas de "nome", oscilando na proporção inversa da força da economia geral.[10]

Pode ser até um pouco irônico, mas enquanto a história mostrava que as marcas próprias atraíam os clientes por seus preços mais baixos, os varejistas captavam margens de atacado e varejo, sem gastar com publicidade para estabelecer suas marcas, geralmente ganhando, em termos de margem bruta, quase o dobro do que ganhavam comercializando marcas nacionais.[11] Como é difícil ignorar esses ganhos financeiros, as marcas próprias tornaram-se uma característica central das estratégias dos grandes varejistas em cada nível de preço.[12]

Naturalmente, a Abercrombie & Fitch não foi a única varejista de confecções que procurou surfar nas ondas do setor. American Eagle, Banana Republic, Pacific Sunwear, entre outros, perseguiram posições competitivas que parecem bastante semelhantes às da A&F.

Mesmo assim, a A&F conseguiu diferenciar-se. Graças ao seu extremo foco, a empresa pôde fazer concessões que a maioria dos outros varejistas relutava em fazer. Por exemplo, as campanhas publicitárias que construíram a imagem picante da A&F foram um "tiro certeiro" no alvo demográfico da empresa e qualquer possível ofensa por parte dos consumidores fora da estreita faixa escolhida tinha pouca importância. Melhor ainda, com uma mensagem tão focada, a empresa acabou gastando relativamente pouco em publicidade nacional e consagrou-se como pioneira em abordagens mais específicas, como a sua "magalog" (misto de revista [*magazine*] e catálogo [*catalog*]), o "boca a boca" cuidadosamente administrado, as campanhas virais e as mídias sociais.[13,14]

(As iniciativas de marketing e publicidade da A&F chegaram a ser definidas como competitivamente diferenciadas pelo Tribunal de Apelação do Sexto Circuito dos Estados Unidos. A empresa processou a American Eagle Outfitters por "cópia intencional e sistemática" de sua magalog. O tribunal decidiu que, ao contrário da A&F, a publicidade da American Eagle "apresenta uma imagem decididamente saudável, com pessoas de várias idades, muitas vezes em situações familiares, não sugestivas, sem cenas de nudez".)

Da mesma forma, ficou estabelecido que as lojas com pouca luz, música alta voltada ao público jovem e perfumes fortes tornavam suas filiais basicamente intoleráveis para qualquer pessoa com mais de 30 anos, o que, no mínimo, era um efeito colateral desejado para a A&F. Os responsáveis pela seleção de pessoal procuravam contratar modelos para a equipe de vendas, sempre observando a atratividade física dos contratados. Os balconistas tinham de usar roupas da A&F, segundo a política da empresa, e eram cuidadosamente escolhidos para servir como um exemplo da aspiração estética desse varejista.[15] Assim como os vendedores das butiques chiques de Manhattan, os balconistas da A&F não estavam ali apenas para atender os clientes, mas também para mostrar-lhes como deveriam – e poderiam – ser, pagando apenas US$30 por uma camiseta.[16] Essa experiência única nas lojas foi fixada com mais frequência nas filiais localizadas em áreas de maior renda, que eram decoradas com móveis e enfeites tipicamente encontrados em casas noturnas.[17]

Como era de se esperar, a criação desse tipo de vanguardismo de forma consistente e em larga escala não foi nenhum acidente. Mesmo com o número de lojas da A&F aumentando de 127 em 1996 para mais de 350 em 2001, a empresa manteve-se firme com o desempenho no 9º decil, a despeito dos fracassos que tão tipicamente seguem o boom inicial no varejo da moda. O centro corporativo manteve firme controle sobre todos os aspectos da marca, fornecendo aos gerentes das lojas especificações detalhadas e fotografias das lojas-modelo para manutenção da identidade visual, além de orientação sobre os níveis de volume adequados para a música "ambiente".[18] A localização também era um quesito imprescindível. Embora as lojas normalmente ficassem localizadas em bairros de alta renda *per capita* e shopping centers, locais emblemáticos também foram importantes pelo efeito auréola que criaram para as lojas A&F nos Estados Unidos e ao redor do mundo, incluindo uma loja da Quinta Avenida, na cidade de Nova York.[19]

Essas escolhas de posicionamento manifestaram-se em um forte diferencial de preço em relação a vários concorrentes próximos. A Abercrombie & Fitch conseguia praticar preços entre 30% e 100% mais caros por mercadorias bastante semelhantes.[20]

TABELA 20 **Percentual do preço de varejo da A&F observado por varejistas semelhantes em mercadorias comparáveis**

	O desnível	American Eagle	Aeropostale
Vestuário masculino	63%	60%	62%
Vestuário feminino	58%	52%	60%
Outros	74%	78%	53%
Total da cesta de produtos	66%	63%	59%

Fonte: William Blair & Company, LLC; análise da Deloitte.

Por fim, a execução da A&F tinha pelo menos um elemento determinante. Um componente-chave da estratégia de loja de marca consiste em um custo dos produtos vendidos menor do que o computado na venda de produtos de marca em âmbito nacional. Em sintonia com as tendências de longo prazo no setor têxtil em geral, isso normalmente significa focar a aquisição de produtos em diferentes fabricantes espalhados pela América do Sul e Ásia, tendo sempre em mente considerações de custo.[21]

Por outro lado, a A&F seguiu uma abordagem combinada e mais equilibrada, adquirindo 29% de suas mercadorias por intermédio da Mast Industries, uma subsidiária integral da The Limited que, por sua vez, era uma das principais acionistas da A&F.[22] O restante do seu mix de produtos era obtido mais de acordo com a prática comum do setor: 270 fornecedores, nenhum dos quais fornecia mais do que 6% do volume total da A&F.[23]

Mantendo sua própria capacidade interna de criação, juntamente com uma parte substancial de sua capacidade de produção, a A&F conseguia lançar produtos em menos tempo que seus principais concorrentes, reagindo de forma mais eficaz às rápidas mudanças nas tendências de moda.[24] Essa vantagem tanto comporta os preços diferenciados – com produtos em maior sintonia com as últimas tendências – quanto reduz a frequência e o volume de remarcações potencialmente prejudiciais, mantendo os estoques mais baixos.[25]

A Finish Line é um *Long Runner* perdido, com desempenho na faixa do 6º ao 8º decil, chegando a um inconfundível fim em 2006, tendo desfrutado de uma única época de desempenho absoluto, caracterizada por um declive e uma variação elevada. Como ocorre com a maioria dos varejistas de sucesso, durante o período de seu melhor desempenho relativo, de 1991 a 2005, a empresa teve forte lucratividade, porém em declínio em virtude do desenfreado crescimento da rede, que aumentou seu número de lojas de 251 para 789. Infelizmente, na época, o ROA da Finish Line caiu de mais de 10% para cerca de 1%, com desempenho abaixo do 1º decil.

Como varejista de marcas nacionais, a Finish Line tinha uma flexibilidade de preços relativamente pequena. Seu custo de mercadorias vendidas era determinado, em grande parte, pelos fabricantes das marcas que a varejista comercializava – Nike, Adidas, Reebok, Saucony, entre outras. Esses fabricantes investiam pesadamente em suas próprias marcas por meio de publicidade, uso por atletas de renome e toda sorte de outras promoções. Quando você compra uma camiseta da A&F, todo mundo sabe que você está usando uma camiseta da A&F – ponto. Mas quando alguém compra calçados esportivos de marca, o local de compra é basicamente irrelevante.

Isso não significa, porém, que a Finish Line não tenha prestado atenção às dimensões não-preço do valor que deveria agregar aos clientes. A empresa criou o "The Lab" em sua sede para testar a nova decoração, vitrines e projetos arquitetônicos, e encomendou manequins feitos sob medida, moldados em poses que simulavam a prática de musculação ou ioga.[26] Com produtos âncora com preços e características semelhantes aos dos concorrentes mais próximos, como a Foot Locker, a Finish Line não conseguia estabelecer uma estratégia não-preço que fosse ao menos parecida com a da A&F. E, apesar da importância de manter preços competitivos e a posição de varejista mais barato sempre que possível, a Finish Line procurou estabelecer alguns diferenciais não-preço. Consequentemente, a Finish Line obteve uma posição competitiva mediana.

De acordo com essa posição, a Finish Line definiu como alvo um segmento de mercado relativamente amplo, identificado como "toda a família", com subsegmentos como "homens de 12 a 24 anos" e "mulheres". As atividades destinadas a atrair esses subsegmentos normalmente eram limitadas a modificações no conteúdo publicitário difundido pelos meios de comunicação, e não em uma mudança fundamental e substancial no mix de produtos, no layout das lojas etc.[27] Assim, por exemplo, grande parte de sua publicidade foi concentrada em redes nacionais de TV a cabo, com iniciativas específicas vinculadas ao torneio de basquete da NCAA ou veiculadas em revistas como *Sports Illustrated*, *Teen People* ou *Seventeen*.

A excepcional lucratividade da Finish Line parece ter chegado ao fim, em grande parte, como resultado da incapacidade de se adaptar às mudanças no contexto do setor. Um dos golpes mais duros foi a mudança no gosto do consumidor, que deixou de preferir roupas e sapatos esportivos (o estilo *preppy* [arrumadinho]) e passou a adotar o visual *grunge* (desgrenhado), usando camisas largas de flanela, calças jeans rasgadas e sandálias, ou a pegada futurista (*fashionforward*) da A&F. Essa tendência é vista como um fator importante para a queda de 25% nas vendas da Nike entre 1998 e 2000.[28]

Em 2003, a Finish Line tentou entrar na onda das marcas próprias, mas sua principal categoria de produtos – roupas e calçados esportivos – tinha se mostrado excepcionalmente resistente a essa tendência. Consequentemente, os produtos de marca própria só puderam ser, na melhor das hipóteses, uma escora para a lucratividade, não um propulsor.

Talvez reconhecendo as limitações de sua marca e mix de produtos, em 2006 a Finish Line adquiriu a Man Alive, uma rede mais orientada às tendências da moda, focada em roupas, sapatos e acessórios inspirados no hip-hop e no rap. Isso colocou a Finish Line no segmento de vestuário casual, mas somente uma década após o início da tendência.

Até 2006, a história da A&F e da Finish Line era mais um estudo dos benefícios da forte estratégia não-preço. Mas ao longo dos quatro anos seguintes, até 2010 (o fim do nosso período de observação), começamos a ver os méritos de seguir uma fórmula de lucro impulsionado pela receita com base em um preço mais elevado, mesmo diante da potencialmente grave pressão da concorrência e das constantes mudanças no setor.

Observe que durante sua primeira era em desempenho absoluto, a A&F teve vantagens tanto em ROS quanto em TAT em relação à Finish Line. A estratégia não-preço da Abercrombie & Fitch propiciou preços mais elevados que levaram a uma margem bruta superior. Sua publicidade direcionada permitiu-lhe manter um SG&A relativamente mais baixo e sua integração vertical permitiu eficiências na execução que impulsionaram o giro de estoque, que aparece no maior giro dos ativos apurado atualmente. O menor giro dos ativos é consistente com os níveis mais elevados de investimento que a A&F fez em suas lojas.

O declínio na lucratividade absoluta da empresa não era inevitável, mas previsível e esperado. No varejo da moda, a novidade absoluta é um poderoso

110 AS TRÊS REGRAS

TABELA 21 Elementos da vantagem da A&F em relação à Finish Line

Elementos do ROA	Contribuição para a vantagem em termos de ROA em pontos percentuais ao ano (pp/ano)	
	Era 1: 1995–1999	Era 2: 2000–2010
Margem bruta	24,9	42,0
SG&A	−0,1	−20,7
P&D	0,0	0,0
Outros (inclusive impostos)	−12,3	−9,6
ROS	12,6	11,6
CAT	5,0	−0,3
FAT	−0,3	−1,1
Outros	0,8	0,0
TAT	5,5	−1,4
ROA	**18,1**	**10,2**

Fonte: Compustat; Os números da análise da Deloitte talvez não confiram com o total em virtude de arredondamentos.

diferencial que a passagem do tempo, inevitavelmente, acaba por corroer. A resposta da Abercrombie & Fitch, no entanto, não foi uma tentativa desesperada de "dar nó em pingo d'água". Na verdade, esse varejista parece ter preservado sua lucratividade relativa ao admitir os *trade-offs* que aparentemente havia eliminado. De 2000 a 2010, a dependência da A&F na margem bruta aumentou, assim como os valores reais do ROA de 2003 a 2008 não só se estabilizaram, mas também aumentaram. Ao mesmo tempo, a vantagem de SG&A da A&F desapareceu, tornando-se um obstáculo significativo para a lucratividade, assim como o giro dos ativos circulantes e dos demais ativos no total.

Essas mudanças na estrutura da lucratividade da A&F refletem a diversificação de formatos e segmentos de clientes brevemente analisados no Capítulo 1. Ao admitir a possibilidade de que a marca A&F sofra altos e baixos com as imprevisíveis tendências da moda, a empresa começou a lançar novos conceitos de varejo muito antes de seu carro-chefe começar a passar por um desgaste real. Primeiro veio a "abercrombie", em 1997, tendo como alvo estudantes do ensino fundamental (na faixa entre 7 e 14 anos), depois foi a vez da Hollister Co., em 2000, destinada aos jovens de 14 a 18 anos. A Ruehl No.925 nasceu em 2004, cortejando o grande público de adultos jovens (de 22 a 34 anos) e, finalmente, a Gilly Hicks chegou em 2008, com produtos de lingerie e acessórios femininos.

Como tal diversidade acabou aumentando a complexidade das operações globais da A&F, a consequente elevação do SG&A relativo não é necessariamente um sinal de ineficiência. Ao contrário, essa é a consequência mais provável, em virtude da necessidade de financiar várias campanhas publicitárias, expandir os recursos de design e do aumento inevitável de custos corporativos indiretos de todos os tipos que acompanham a ampliação do escopo operacional. O menor giro dos ativos pode, certamente, ser atribuído ao mesmo fenômeno.

Dos novos empreendimentos, a marca Abercrombie teve um sucesso modesto, a Ruehl foi encerrada em 2010 e talvez seja ainda muito cedo para falar sobre a Gilly Hicks. No entanto, a Hollister teve um sucesso significativo e, em 2006, foi responsável por 41% das vendas totais da empresa, gerando 90% da receita por metro quadrado do que as principais lojas da A&F produziam. Embora seus preços fossem mais baixos que os da A&F,[29] não estavam necessariamente abaixo dos *preços da concorrência nesses segmentos.*

A A&F não se ateve à questão dos preços por acidente; essa era uma prioridade explícita e constante. A Abercrombie & Fitch tem evitado remarcações e promoções e normalmente vende itens de vestuário a cerca de 70% do preço total, que costuma ser maior do que o praticado em outros varejistas do mesmo porte.[30] Mesmo durante a recessão de 2001, a A&F manteve seu preço diferenciado, com um índice de desconto 17% acima do praticado em 2000, enquanto seus principais concorrentes aumentaram seus índices de desconto em 26%.[31]

Com o início da recessão de 2008, a A&F novamente entrou na guerra dos preços. A lucratividade da empresa caiu tanto em termos absolutos quanto relativos e, de 2008 a 2010, a A&F teve desempenho no 6º, 2º e 4º decis. Tanto a imprensa especializada quanto a comum divulgavam que a A&F não conseguia perceber a necessidade de conceder maiores descontos, e tampouco se dava conta de que a sua marca andava desgastada e *démodé*.[32,33] No entanto, no final de 2012 a A&F se recuperava de modo inteligente, graças à lucrativa expansão internacional e a uma revitalização de suas operações nos Estados Unidos.[34] Pessoas sensatas e bem informadas (comentaristas e concorrentes da A&F) chegaram a conclusões drasticamente diferentes sobre o que fazer com o início da recessão. Como já se verificou, neste caso, como em tantos outros que já analisamos, a aplicação firme da regra *receita antes do custo* parece ter valido a pena, apesar do que recomenda o senso comum.

A Finish Line também poderia estar bem alinhada para começar uma nova sequência de desempenho excepcional. De 2007 a 2009, a percentual das vendas totais de calçados subiu de 79% para 86%, pois a empresa tirou o foco dos produtos de vestuário e equipamentos. Em 2009, a Finish Line se desfez da rede Man Alive que nunca representou mais do que 6% do total das vendas, com um prejuízo de US$18 milhões.

Em uma tentativa de aumentar sua diferenciação não-preço, a Finish Line tem explorado lojas de marcas específicas que vendem, por exemplo, apenas os produtos mais recentes da Nike. Com forte apoio publicitário, esses estabelecimentos geralmente têm preços mais elevados do que outras lojas de desconto (outlets), mas como o poder de aumentar preços está quase todo nas mãos do fabricante (neste caso, a Nike), grande parte da lucratividade desta receita provavelmente se transforma em controle de custos – uma estratégia coerente com a fórmula de lucratividade de muitos *Long Runners*.

O exemplo insignificante desse tipo de negócio é a Syms e não falamos muito sobre o assunto porque há muito pouco a dizer. À primeira vista, a empresa parece um estudo de caso sobre foco estratégico, o tipo de estratégia preço purista e consistente, que faz brilhar os olhos dos teóricos da estratégia. A Syms vendia roupas de marca fora de moda a preços baixos nas lojas sem frescuras em locais de baixo custo. Essa rede varejista nunca criou marcas próprias e sua mensagem publicitária era consistente e simples. Se você quisesse itens fora de moda a preços baixos, a Syms seria a sua resposta. Atuando nesse nicho de mercado por quase 30 anos quando abriu seu capital em 1982, a Syms buscava claramente oferecer algo de valor e sabia como chegar lá.

Apesar de todos esses pontos a seu favor, o desempenho da empresa não era nada excepcional. Uma trajetória de queda ininterrupta e constante no ROA absoluto é refletida em apenas seis anos acima do 6º decil de desempenho relativo. Com resultado líquido negativo em seis dos últimos 12 anos de operações, apesar de fechar um quinto de suas lojas, a empresa entrou com pedido de concordata preventiva em 2011. O então CEO, Marcy Syms, justificou a situação com base no aumento da concorrência de outros varejistas de descontos e das lojas de departamentos com marcas próprias comercializadas a preços baixos. Talvez mais debilitante ainda tenha sido o fato de que as marcas nacionais gerenciavam seus estoques de modo mais adequado, deixando o excedente relativamente baixo para a Syms abastecer suas prateleiras.[35] Em suma, a posição de preços baixos e a fórmula de lucratividade baseada em baixo custo permitiram que a empresa sobrevivesse, mas nunca prosperasse.[36]

> A Abercrombie & Fitch (*Miracle Worker*) demarcou uma valiosa estratégia não-preço e valor por meio de preços mais elevados. A recessão de 2008 testou os méritos dessa combinação, mas os resultados recentes sugerem que a empresa fez a escolha certa ao seguir a regra da *receita antes de custo*.

Naturalmente, não há qualquer razão para que uma posição baseada no preço e uma fórmula de lucratividade impulsionada pelo custo não funcione. Não estamos dizendo isso. Nossa conclusão é que, em geral, essas combinações não levam a um desempenho excepcional. A Syms nos mostrou que o comerciante que depende de preços e custos baixos fica muito mais vulnerável às imitações da concorrência (neste caso, os varejistas de descontos) e a forças que estão totalmente fora de seu controle (melhor gestão de estoques realizada pelas marcas da moda). Sem dúvida, esta é apenas uma das inúmeras maneiras pelas quais é possível desfazer uma combinação de preços e custos.

Da mesma forma, é perfeitamente possível criar um negócio em torno de uma marca de terceiros que seja um caminho para os mais elevados níveis de lucratividade. No entanto, o exemplo da Finish Line ilustra como isso pode ser difícil, revelando como é pouca a liberdade que se tem diante das mudanças no setor, como o fim do estilo *preppy* e a ascensão da moda casual e *grunge*.

O comportamento da A&F também não pode servir de modelo muito específico para sua própria busca de uma estratégia não-preço e uma fórmula de lucratividade impulsionada por preços altos. A Abercrombie & Fitch revela a possibilidade de quebrar conflitos financeiros fazendo concessões no posicionamento e a eventual necessidade de permitir que os ditames de sua posição conduzam o desempenho financeiro. A experiência da Abercrombie & Fitch durante a recessão de 2008 é uma prova da dificuldade de aderir às regras, enquanto a robustez da recuperação da empresa é a prova de sua validade.

Aumento da lucratividade: Receita por meio de maior volume

A Wrigley acabou se tornando uma *Miracle Worker* atuando no setor de confeitaria desde 1891. Fundada em 1896, a Tootsie Roll, o *Long Runner* desse trio, tem uma trajetória constante e abriu seu capital em 1922. Com 41 e 46 anos de observações em nosso banco de dados, respectivamente, a Wrigley e

TABELA 22 Estatística descritiva para o trio do setor de confeitaria

Empresa	Categoria (trajetória)	Ano de fundação	Período de observação	Crescimento da receita (US$)	ROA anual médio	TSR anual composto	Crescimento da receita anual composto
Wm. Wrigley Jr. Company	*Miracle Worker* (que se revelou)	1891	1966 a 2007	140 mi a 5,4 bi	15,2%	15,7%	9,3%
Tootsie Roll Industries	*Long Runner* (mantida)	1896	1966 a 2010	28 mi a 521 mi	10,5%	13,1%	6,9%
Rocky Mountain Chocolate Factory	*Average Joe* (N/A)	1981	1984 a 2010	4 mi a 31 mi	7,6%	7,6%	8,6%

Fonte: Documentos da empresa; Compustat; análise da Deloitte.

a Tootsie são as organizações que chegariam mais perto de um par de *Miracle Worker/Long Runner*. A terceira empresa desse trio é a Rocky Mountain Chocolate Factory (RMCF), fabricante e varejista de chocolates mais sofisticados, uma organização muito menos célebre, como convém a um *Average Joe*.

A Wrigley e a Tootsie Roll foram incluídas em nosso banco de dados desde nossa primeira observação, em 1966. Por quase 20 anos, apresentaram um desempenho comparável, com aumento gradual do ROA e desempenho na faixa do 6º ao 8º decil. Somente na década de 1980 começaram a surgir diferenças na lucratividade dessas organizações. A Tootsie flertou com o status de *Miracle Worker*, com alguns anos de desempenho no 9º decil, mas em meados dos anos 1980 experimentou seu apogeu. Desde então, seu desempenho absoluto deteriorou-se a tal ponto que o seu status de *Long Runner* ficou cada vez mais instável. Por outro lado, em 1986, a Wrigley começou uma era ininterrupta de 18 anos de desempenho no 9º decil, que lhe rendeu uma trajetória que se revelou como a de um *Miracle Worker*. Em 2008, foi adquirida por outra grande empresa de confeitos, de capital fechado, justamente quando essa trajetória começava a dar sinais de cansaço.

Como o nosso trio de produtores de gêneros alimentícios na próxima seção deste capítulo, nosso trio de confeitarias tem um *Average Joe* com uma estratégia competitiva não-preço. A Rocky Mountain Chocolate Factory foi fundada por um ex-agente da CIA em busca de uma vida mais calma (imagina-se que quase tudo teria correspondido a esse critério). Até o final do nosso período de observação, em 2010, quase 50% de todos os produtos eram fabricados internamente, em seus próprios locais de varejo. Há muito tempo a empresa mantém-se focada em fornecer um produto fresco e único, vendido em um ambiente de varejo sugestivo e atraente. Criar e manter essa combinação mostrou-se uma meta claramente desafiadora, como revelou seu desempenho inteiramente mediano, mas seu posicionamento desejado no mercado de doces é claro.

Em comparação, a Wrigley e a Tootsie Roll são confeitarias muito mais tradicionais e de produção em massa. Seus produtos dependem da marca, pelo menos no que diz respeito às características intrínsecas que lhes conferem destaque, e a distribuição tem sido quase que exclusivamente através de canais de varejo convencionais, controlados por terceiros, como *vending machines* (máquinas de venda automática), lojas de conveniência e supermercados. A Wrigley normalmente lidava com esses canais diretamente, enquanto a Tootsie Roll muitas vezes trabalhava por intermédio de distribuidores. Onde a RMCF vende suas maravilhas de chocolate por alguns dólares por unidade, a Wrigley e a Tootsie Roll vendem seus pequenos doces a menos de um dólar o pacote.

Dentro desse estreito segmento de confeitaria, a Wrigley e a Tootsie Roll ocupam diferentes posições competitivas devido a uma ênfase relativa diferente em publicidade e gestão da distribuição, uma bifurcação dos caminhos estratégicos que remonta aos primeiros dias de ambas as empresas.

Por exemplo, diante de depressão econômica em 1907, o fundador, William Wrigley Jr., contraiu um empréstimo de US$250 mil (equivalente a algo acima de US$6 milhões hoje) para lançar uma campanha publicitária. O filho de William, Philip, assumiu a empresa em 1932, e aumentou ainda mais as apostas em publicidade, chegando a afixar 117 outdoors ao longo de um trecho de 120 km de extensão da ferrovia entre Trenton e Atlantic City, Nova Jersey – cerca de um outdoor a cada mil metros.[37]

Tanto a Wrigley quanto a Tootsie Roll Candies saíram do mercado consumidor durante a Segunda Guerra Mundial e passaram a fornecer produtos incluídos nos kits de rações para os combatentes, criando para ambas as marcas uma conexão poderosa com os mercados que atendiam os soldados norte-americanos e os civis na Europa. No entanto, apenas a Wrigley lançou uma grande iniciativa de publicidade, construindo a campanha baseada no slogan "Lembre-se desta embalagem". A Wrigley não investiu muito para alavancar as vendas futuras – embora os americanos não estivessem em condições de comprar seus produtos.

Essa dedicação à construção da marca continuou quase sem esmorecer. A Wrigley costumava investir cerca de 15% das receitas em publicidade e apenas 2% em promoções comerciais e "slotting fees", taxas pagas pelos fabricantes aos varejistas por um posicionamento seguro e favorável de suas mercadorias nas prateleiras, entre outras coisas.[38] Isso contribuiu para tornar a Wrigley, por vezes, uma das marcas mais valiosas do mundo.[39]

Por meio de seus esforços de *branding* (construção de marca), a Wrigley conseguiu controlar seus processos de embalagem e definição de preços de um jeito que outras empresas não conseguiriam. Por exemplo, na década de 1980, muitos distribuidores cobravam cerca de US$0,50 por unidade de balas e gomas de mascar. Em resposta, a Wrigley reduziu o tamanho das embalagens que estampavam o preço sugerido de US$0,25, camuflando os preços diferenciados que a Wrigley estava cobrando de verdade. Muitos varejistas resistiram a essa mudança, e a rede 7-Eleven parou de comercializar os produtos Wrigley por quase uma década.[40] Mais recentemente, um analista estimou que os produtos da Wrigley são entre 7% e 15% mais caros que os dos concorrentes da mesma categoria.[41]

No entanto, essas ações devem ser vistas apenas como um compromisso com o controle de preços, não como uma falta de preocupação com seus distribuidores. Produtos de confeitaria são vendidos por centenas de milhares de pequenos varejistas e a Wrigley trabalhou com muitos deles, fornecendo orientações e consultoria sobre a melhor forma de organizar e apresentar os produtos que, geralmente, seguem o estereótipo das compras por impulso. A Wrigley não trabalhava apenas em causa própria e, muitas vezes, sugeria maneiras como os varejistas poderiam beneficiar-se aumentando suas vendas de produtos da concorrência. A empresa foi pioneira no esforço para transformar as filas de caixa em uma importante "zona de lucro" e subsidiou o custo das prateleiras, mesmo que essas fossem usadas para dispor outros produtos além dos confeitos da Wrigley. Ela podia arcar com esse tipo de generosidade porque, graças a seus preços mais elevados, a Wrigley acabou sendo a confeitaria mais rentável para o varejista, gerando margens de 50% ou mais no varejo.[42]

A Tootsie Roll, por outro lado, costumava investir apenas 2% da receita em publicidade, dedicando o restante de seu reduzido orçamento de marketing aos cupons e promoções comerciais, esforçando-se para estimular a adoção do consumidor por meio de preços mais baixos. Onde a Wrigley criou o equivalente a materiais educativos sobre a ciência do impulso no varejo, a Tootsie Roll economizou, proporcionando pouca coisa além de catálogos utilitários com fotografias dos produtos e UPC (código de barras) fornecidos sob encomenda. Até hoje, a empresa tem uma preocupação tão grande com o custo, que as amostras grátis dos doces oferecidas na sede da Tootsie Roll consistem apenas nos produtos com erros de impressão nas embalagens, inadequados para venda no varejo.[43]

Até meados da década de 1980, a Wrigley beneficiou-se de uma substancial vantagem de desempenho em relação à Tootsie Roll, pouco acima de dois pontos percentuais do ROA por ano. Mas em termos relativos, a Wrigley e a Tootsie Roll não foram estatisticamente diferentes. A Wrigley tinha uma classificação média em decis de 6,7 para o período, na faixa de 2 a 8, enquanto a Tootsie Roll teve uma classificação média de 6,2, ficando entre 2 e 9. Se tivesse continuado nessa trajetória, a Wrigley teria sido um *Long Runner* praticamente igual à Tootsie Roll.

Até o momento, a Wrigley e a Tootsie Roll foram exemplos de diferentes formas de manter a lucratividade. A Wrigley tinha uma vantagem de margem bruta possibilitada, em grande parte, pelos maiores gastos com marketing, evidenciados por uma desvantagem em termos de SG&A. A maior ênfase da Tootsie Roll em economizar é traduzida em uma vantagem de giro dos ativos, graças à eficiência operacional e à redução de custos com instalações, equipamentos, sede corporativa e assim por diante. Os resultados líquidos foram muito semelhantes. Em suma, a Wrigley "gastou dinheiro para ganhar dinheiro", enquanto a Tootsie considerou que "um tostão poupado é um centavo ganho". Ambas estavam certas.

Foi a partir de 1986 que a Wrigley se distanciou da Tootsie Roll, triplicando sua vantagem média no ROA anual e gerando uma vantagem significativa no desempenho relativo. A mudança na estrutura da vantagem da Wrigley nos ajuda a identificar as diferenças comportamentais específicas que impulsionaram o melhor desempenho absoluto e relativo da Wrigley.

Primeiro, observe que a vantagem da margem bruta da Wrigley persiste, mas diminui e, na verdade, é mais do que compensada pelo aumento relativo no SG&A. Muito provavelmente, um fator que contribuiu foi o esforço para desenvolver novos produtos e marcas. O lançamento do Freedent em 1975

TABELA 23 **Elementos da vantagem da Wrigley em relação à Tootsie Roll**

	Contribuição para a vantagem em termos de ROA em pontos percentuais ao ano (pp/ano)	
Elementos do ROA	**Período de pior desempenho: 1966–1985**	**Período de melhor desempenho: 1986–2007**
Margem bruta	15,1	8,2
SG&A	−9,2	−10,8
P&D	0,0	0,0
Outros (inclusive impostos)	−2,6	1,1
ROS	3,4	−1,5
CAT	−0,4	2,1
FAT	−0,7	0,5
Outros	−0,1	5,3
TAT	−1,2	7,9
ROA	**2,1**	**6,4**

Fonte: Compustat; Os números da análise da Deloitte talvez não confiram com o total em virtude de arredondamentos.

– uma goma com a promessa de não grudar em próteses, obturações e outros elementos resultantes de tratamentos dentários – foi a primeira nova marca para a Wrigley em mais de 60 anos, sua primeira tentativa de ir além de suas tradicionais gomas de mascar Spearmint, Doublemint e Juicy Fruit.

Em um setor caracterizado por produtos que passam de geração a geração, esse lançamento marcou o início de uma relativa explosão de criatividade. A Wrigley lançou o Big Red, o Hubba Bubba, o Extra, o Winterfresh, o Eclipse e o Orbit até 2001. Além disso, a empresa experimentou produzir goma de mascar como forma de administração de medicamentos, como antiácidos, com o fracassado Surpass. Os custos de desenvolvimento, lançamento e sustentação de um número crescente de novos produtos altamente dependentes da mesma estratégia de publicidade pesada acabaram deixando a Wrigley com uma desvantagem no ROS líquido comparado com o da Tootsie Roll. E assim, apesar de nossa torcida por ver o compromisso sustentado da Wrigley com o desenvolvimento de produtos e inovação ser um propulsor de lucratividade superior – como foi para a Linear, a Medtronic e a A&F – não podemos fazer essa conexão.

Em vez disso, para a Wrigley uma estratégia não-preço e de preços mais elevados era uma condição necessária, mas não suficiente, para manter seu status de *Miracle Worker*.[44] Temos de encontrar o restante de sua receita em um comportamento que transformou uma desvantagem de TAT de 1,2 pp/ano em uma vantagem de quase 8 pp/ano. Identificamos três fatores que, em última análise, contribuem para a vantagem de volume da Wrigley que, por sua vez, foi possível graças à sua forte estratégia não-preço.

Em primeiro lugar, a correspondência entre a expansão internacional das duas empresas e as marcas de desempenho relativamente menor e maior da Wrigley tornou-se saliente. Faltam-nos dados confiáveis referentes ao período anterior a 1978, ano em que a Wrigley obteve 44% de sua receita nos mercados internacionais. Até 1985, o fim do período de menor desempenho da Wrigley, esse número caiu para 32%, enquanto a Tootsie Roll manteve-se firme em 15%. Durante esse período, a taxa de crescimento global da Tootsie Roll foi quase o dobro do índice da Wrigley.

A partir de 1986, o início do maior período de alto desempenho da Wrigley, suas vendas fora dos Estados Unidos aumentaram de forma constante e, em 2006, os mercados internacionais foram responsáveis por 63% do total das receitas em comparação com apenas 9% para a Tootsie Roll. De sua base muito maior, a Wrigley cresceu em mais de 10% ao ano, enquanto a taxa de crescimento da Tootsie Roll caiu para 7,6% ao ano.

A Wrigley refletiu sua expansão internacional em suas operações nacionais. Por exemplo, a entrada da empresa na China foi precedida por campanhas publicitárias significativas no rádio, televisão e outdoors. Além disso, uma grande força de vendas foi implantada para garantir uma extensa distribuição no varejo.[45] Evitando *joint-ventures* e aquisições, a Wrigley foi particularmente bem-sucedida em seus empreendimentos no exterior. As operações na China começaram em 1989 e, em 1999, essa nação ocupava o segundo lugar em vendas, atrás apenas dos Estados Unidos. Talvez o mais notável de tudo seja que, até 2005, a Wrigley tinha 60% de participação de mercado e acabou levando a maior empresa chinesa de doces, a Guangdong Fanyu Candy Co., a encerrar suas operações.[46]

Em segundo lugar, as diferenças na atividade de fusões e aquisições (M&A) vêm à tona. Nenhuma dessas empresas concluiu qualquer processo de aquisição entre 1966 e 1985. No entanto, de 1986 em diante, a Tootsie Roll passou a fazer aquisições em série, comprando a Charms, linha de doces da Warner-Lambert, a Andes/OTEC e a Concord Confections, entre 1987 e 2004. As vendas totais dessas empresas, no ano em que a Tootsie Roll as adquiriu, responderam por 48% do faturamento da Tootsie Roll em 2006.

Por outro lado, a Wrigley concluiu apenas duas aquisições dignas de nota: em 2004, adquiriu a Joyco, que respondeu por 8% de sua receita na época e, em 2005, comprou a divisão de confeitos da Kraft, que respondeu por 14% de sua receita total. Combinados, esses dois negócios foram responsáveis por 20% da receita total da Wrigley em 2006. Dito de outra forma, o crescimento orgânico da receita anual da Wrigley aumentou de 4,8% para 8,7% nos dois períodos, enquanto o da Tootsie Roll caiu de 8,2% para 4,3%.[47] A diferença nas aquisições levou a distinções significativas nos ativos de patrimônio da marca (*goodwill*) realizados no balancete de cada empresa, representadas por um aumento de giro dos ativos da categoria "Outros" para a Wrigley.

A Wrigley fez menos aquisições, em grande parte por causa de suas margens brutas líderes de mercado: quando se vê cada aquisição como um fator diluidor, a empresa acaba fechando poucos negócios nesse sentido. No entanto, o impulso para o crescimento pode ser poderoso e esse fator poderia muito bem ser ignorado em virtude da capacidade da Wrigley de impulsionar o crescimento em mercados internacionais, graças às suas poderosas marcas – consequência de seu investimento de longo prazo em construção da marca e logística de distribuição. Não só a Wrigley obtém mais de sua receita fora dos Estados Unidos, como também é dominante em muitos dos principais

TABELA 24 **Crescimento das vendas da Wrigley e da Tootsie Roll nos mercados interno e externo**

		Período de pior desempenho da Wrigley: 1978–1985*		Período de melhor desempenho da Wrigley: 1986–2007	
		Wrigley	Tootsie Roll	Wrigley	Tootsie Roll
	EUA	7,6%	8,3%	6,2%	7,4%
Crescimento das vendas	Fora dos EUA	0,1%	9,5%	14,0%	6,19%
	Total	4,8%	8,5%	10,2%	7,3%
Fim das vendas no período		US$620 milhões	US$107 milhões	US$5,4 bilhões	US$493 milhões

Fonte: Compustat; documentos da empresa; análise da Deloitte.
* Período em relação ao qual conseguimos obter dados referentes às vendas fora dos EUA.

mercados internacionais nos quais compete, sendo a número 2 no Canadá e a número 1 na Europa.[48]

Em outras palavras, a Wrigley acabou evitando aquisições e expandindo fora dos Estados Unidos porque essas foram as escolhas mais coerentes com sua melhor posição de *o melhor antes do mais barato* e com sua fórmula de lucratividade de *receita antes do custo*. Seu pico de crescimento foi impulsionado por volumes unitários movidos por uma estratégia não-preço. Isso pode parecer estar em desacordo com o que talvez você tenha aprendido nas aulas de Economia, ou seja, que o segredo para volumes mais elevados são os preços mais baixos. No entanto, esse princípio se aplica a mercados altamente eficientes de bens substituíveis. Empresas excepcionais evitam esse tipo de batalha e, desse modo, conseguem crescer mantendo um preço diferenciado.

A Tootsie Roll, por outro lado, estava focada na lucratividade pela redução de custos e contou com o legado de sua marca para gerar receita. Conseguiu manter os próprios custos tão baixos, que acabou encontrando "diamantes brutos": empresas menores, com marcas sólidas, mas com custos relativamente elevados. Negociando com base na natureza do lento desgaste do valor de marca nas frestas do mercado norte-americano de doces, a Tootsie Roll conseguiu melhorar a lucratividade dessas empresas pela redução de custos, evitando quaisquer investimentos substanciais. Afinal, a empresa é um *Long Runner*.

No entanto, essa estratégia acabou sendo vítima de seu próprio sucesso. Os preços diferenciados pagos pelas aquisições aumentaram gradualmente o patrimônio da marca (*goodwill*) no balancete, enquanto a complexidade da diversificação de produtos colocou uma pressão constante e ascendente nos custos. De modo coerente com nossa tese geral, as posições baseadas nos preços e as fórmulas de lucratividade impulsionadas pelo custo podem funcionar, só que não funcionam tão bem quanto as estratégias não-preço e as fórmulas de lucratividade impulsionadas pela receita.

Em terceiro e último lugar, a Tootsie Roll teve saldos de caixa muito maiores que os da Wrigley. Saldos de caixa elevados não estão sistematicamente associados ao desempenho relativo inferior. A Heartland, nossa *Miracle Worker* no setor de caminhões, consistentemente realizou saldos de caixa superiores aos da Werner, o *Long Runner*, e acreditamos que isso contribuiu para a vantagem da Heartland, como vamos analisar no próximo capítulo.[49] Nesse caso, no entanto, acreditamos que os saldos de caixa da Tootsie Roll foram uma consequência da incapacidade da empresa em implementar esses ativos de forma lucrativa. Guardar dinheiro é melhor do que desperdiçá-lo, mas colocá-lo para trabalhar é melhor ainda. E é isso que a Wrigley conseguiu fazer e foi assim que seus lucros alimentaram o crescimento rentável em vez de se acumularem no balancete.

De tudo isso surge a explicação que procurávamos. A Wrigley cresceu muito mais rapidamente, partindo de uma base maior, principalmente por meio da expansão internacional orgânica. Essa estratégia custou caro, pois exigia gastos com a construção da marca em âmbito global. Mas o crescimento da Wrigley, possibilitado por sua forte estratégia não-preço (e não por preços baixos), valeu a pena: o ROA geral subiu, aumentando a receita, compensado, e muito, pelo aumento da base de produtos.

A Tootsie Roll, por outro lado, não conseguiu colocar seu dinheiro para trabalhar de forma eficaz e impulsionar o crescimento, usando como estratégia fusões e aquisições relativamente caras, e acabou se vendo com um balancete atolado em ativos correntes e patrimônio da marca (*goodwill*), e uma base de custo sujeita ao aumento impulsionado por um portfólio de produtos amplo e complexo. O resultado foi um dramático declínio relativo no giro dos ativos em relação à Wrigley e uma desvantagem na margem bruta cada vez mais grave.

Será que isso significa que as aquisições são sempre uma má ideia? Ou que a expansão internacional é sempre uma boa ideia? Nada disso. O que podemos aprender com essa detalhada exegese é como as ações específicas que, neste caso, levaram a diferenças na lucratividade são, em última análise, consequência da adesão – intencional ou não – às três regras.

> A Wrigley alcançou o status de *Miracle Worker* apenas quando usou sua estratégia não-preço no seu segmento, construída com base em marcas valiosas, para impulsionar o volume por meio da expansão internacional. A estratégia de "aquisições frugais" da Tootsie Roll foi inerentemente limitada, resultando na perda de sua posição de *Long Runner* graças ao aumento constante dos ativos e dos custos associados ao portfólio cada vez mais complexo da empresa.

Não nos esquecemos do nosso *Average Joe*, a RMCF. Como tem sido típico nas empresas dessa categoria, esta história não é reveladora nem repleta de nuances. A Rocky Mountain Chocolate Factory começou focada em aumentar seus pontos de venda com um pequeno número de franqueados. O fraco crescimento da receita e a baixa lucratividade da empresa desafiaram o tipo de explicação que surgiu a partir de nossa análise da Wrigley e da Tootsie Roll. Quando uma estratégia não-preço e uma fórmula de lucratividade baseada em preço falham no nível mais geral, somos forçados a observar apenas que não havia valor não-preço suficiente para justificar os níveis de preços necessários para o sucesso.

Na RMCF, vemos uma ilustração clara dos desafios que surgem ao buscar uma posição de *o melhor antes do mais barato* e de tentar alcançar a lucratividade com uma fórmula de *receita antes do custo*. De 1984 a 1988, a RMCF perdeu dinheiro em quatro dos cinco anos anteriores à sua transição para um método baseado, em grande parte, no modelo de franquia. Parece que dois anos de forte lucratividade aceleraram a rápida multiplicação de lojas próprias e franqueadas, e a lucratividade caiu. Em seguida, houve uma diversificação para novos formatos e canais de distribuição, que acabaram revertidos quando o desempenho continuou a se deteriorar. A empresa, então, voltou a um modelo de expansão baseado apenas em franquia, mas se manteve comprometida com a posição subjacente de produção de chocolates artesanais de alta qualidade no local.

Essa dedicação para resolver o difícil problema de como ser melhor – em vez de sair em busca de uma solução de baixo preço, baixo custo – poderia até ter valido a pena. Apesar de seu início difícil, a RMCF desfrutou de um desempenho absoluto cada vez melhor, que culminou no recente e altamente sugestivo período de desempenho no 9º decil e a transformou na única *Average Joe* com um vislumbre do tipo de desempenho que define uma empresa como excepcional. Mais intrigante ainda, a Whole Foods, que começaremos a analisar agora, é a única outra *Average Joe* com uma estratégia não-preço e fórmula de lucratividade impulsionada pela receita, e a única outra *Average Joe* com aumento sistemático do ROA.

Comprometer-se a resolver o problema de seguir o princípio de *o melhor antes do mais barato* não garante o sucesso pela simples razão de que buscar uma resposta para um problema difícil não significa que irá encontrá-la. Mas essa parece ser uma condição *sine qua non* para tanto.

Diminuição da lucratividade: Os limites do baixo custo

Por mais convincente que possa considerar nossa observação de que a receita supera o custo como propulsor de uma lucratividade excepcional, é difícil acreditar que um custo mais baixo *nunca* impulsione um desempenho superior. É um pouco reconfortante, então, que nossa amostra tenha, pelo menos, um *Miracle Worker* que prosperou, alcançando destaque por sua lucratividade com um modelo *o mais barato antes do melhor* e *custo antes da receita*.

Nosso exemplo corporativo de "morte na praia" é a Weis Markets (Weis). Sua série de 30 anos de desempenho relativamente melhor e 28 anos consecutivos de performance no 9º decil é a mais longa e mais consistente em nossa amostra. No entanto, para os 15 anos que antecederam 2010, a empresa sofreu constante declínio no desempenho absoluto e relativo, perdendo sua longevidade, mas o seu notável apogeu dá fortes indícios de que, ainda que raramente, usar uma regra baseada em custos pode gerar resultados invejáveis.

A Publix Super Markets (Publix), hoje uma rede muito maior do que a Weis, é a única que se revelou como *Long Runner* em nossa amostra, enquanto a Whole Foods Market (Whole Foods), rede de supermercados com produtos orgânicos e de alta qualidade, é o *Average Joe*.

Das três, a Whole Foods talvez tenha a posição competitiva relativa mais óbvia, competindo claramente em dimensões de desempenho não-preço por meio do foco em itens especiais, produtos hortifruti orgânicos, carnes e produtos de higiene pessoal, concentrando-se no abastecimento local em consonância com a filosofia de sua marca. A Whole Foods tornou-se uma rede nacional e internacional, com a maioria das filiais em áreas urbanas, fornecendo itens exclusivos de qualidade superior, com preços compatíveis: a empresa é amplamente conhecida como "Whole Paycheck".*[50] Como não seria de espantar, os executivos da corporação consideram o apelido censurável, mas não negam que, muitas vezes, seus preços são mais elevados do que os de outras lojas e redes de supermercados do mesmo segmento.[51]

Apesar de sua estratégia não-preço, a Whole Foods não se transformou em uma organização de lucratividade notável, não obstante sua tendência de crescimento gradual e lampejos ocasionais de esplendor. Apesar da chance de a estratégia de investir para alcançar o crescimento atrapalhar o ROA, a Whole Foods está em operação há mais de 30 anos, mais de 20 dos quais como uma empresa de capital aberto, mantendo-se com desempenho sempre em torno do 5º decil. Essa mediocridade constante contraria as fortes oscilações nas expectativas dos investidores. O valor das ações acompanhou o ritmo do

---

* *Nota da Tradutora*: Trocadilho com o nome da rede, Whole Foods, que, em tradução livre, significa "todo o cheque de salário".

TABELA 25 **Estatística descritiva para o trio de gêneros alimentícios**

Empresa	Categoria (trajetória)	Ano de fundação	Período de observação	Crescimento da receita (US$)	ROA anual médio	TSR anual composto	Crescimento da receita anual composto
Weis Markets	*Miracle Worker* (perdida)	1912	1966 a 2010	126 mi a 2,6 bi	11,7%	11,6%	7,1%
Publix Super Markets	*Long Runner* (revelou-se como)	1930	1974 a 2010	1 bi a 2,5 bi	10,8%	9,7%	9,4%
Whole Foods Market	*Average Joe* (N/A)	1980	1991 a 2010	93 mi a 9 bi	5,7%	16,3%	27,2%

Fonte: Compustat; documentos da empresa; análise da Deloitte.

mercado mais amplo até 2000 e, por cinco anos, superou-o, despencando depois e alcançando uma duradoura paridade até 2008. Em seguida, apresentou um estupendo aumento sete vezes acima do constatado no mercado de ações até 2012. Em algum momento, a teoria financeira nos diz que a Whole Foods terá de mostrar o dinheiro aos investidores.

A Weis é a concorrente baseada no preço deste trio. Com cerca de 80% de suas lojas na Pensilvânia, a maior parte em locais mais rurais, o período de desempenho relativamente melhor da Weis foi impulsionado por sua liderança no setor, em tendências como produtos de marca própria vendidos a preços mais baixos que os das marcas anunciadas em todos os Estados Unidos. Seu mix de produtos era totalmente comum, composto por uma seleção-padrão de alimentos básicos, carne, produtos hortifruti e de delicatessen. Diferentemente de sua liderança em marcas próprias, seguiu as tendências do setor, como a inclusão de uma farmácia nas lojas, e nunca se envolveu em segmentos alternativos de supermercados, como os alimentos orgânicos ou étnicos.

No meio está a Publix, que se revelou uma verdadeira *Long Runner*. Por meio da expansão de sua base na Flórida, a Publix tem aumentado seu ROA, tanto em termos absolutos quanto relativos. Desde os anos 1970, seu ROA tem aumentado firmemente, da faixa de 7% a 9% para a de 12% a 14% e, entre 1999 e 2010, a empresa manteve o desempenho no 9º decil. Como a Stryker, analisada no capítulo anterior, sua lucratividade melhorou tanto e de maneira tão consistente, que não se pode deixar de acreditar que a empresa esteja no caminho certo para o status de *Miracle Worker*.

Essa aparente melhoria no desempenho acompanha as mudanças em sua posição competitiva ao longo das décadas. Talvez nos primeiros 15 anos de nosso período de observação, a Publix tenha sido um concorrente mais tradicional, com base no preço e foco em lucratividade impulsionada pela redução de custos e eficiência – a empresa foi uma das primeiras a adotar agressivamente o controle de estoque baseado em UPC (código de barras). Até meados dos anos 1990 seu desempenho foi sólido, porém com a mesma constância com que se manteve à sombra da Weis, por motivos que vamos analisar a seguir.

No entanto, já faz algum tempo que tem procurado maneiras de competir em um número crescente de dimensões não-preço, com resultados cada vez mais positivos. Por exemplo, a empresa inicialmente passou para produtos de marca própria, adotando a estratégia mais tradicional de preço mais baixo, menor custo e maior margem. Mais recentemente, contudo, lançou sua marca própria de produtos orgânicos, a GreenWise, visando a preencher as lacunas existentes entre os produtos tradicionais de baixo custo de marcas próprias, as marcas anunciadas nacionalmente e os produtos orgânicos de marca própria a preços diferenciados disponíveis em lojas como a Whole Foods. A Publix também tem investido em formatos étnicos, conhecidos como lojas dentro das lojas, como a Publix Sabor (voltada ao público hispânico), cujo alvo são grupos demográficos específicos, com preferências alimentares identificáveis.

Essas posições competitivas relativas sugerem que o menor custo foi a raiz de lucratividade superior da Weis. Afinal, seria incongruente dizer que uma empresa concorrente com base em preços mais baixos conseguiria impulsionar a lucratividade com preços simultaneamente *mais altos*. Além disso, enquanto a Weis cresceu a um respeitável índice de 7,3% ao ano no período, a Publix cresceu 11,3% ao ano, o que torna uma explicação de propulsão pelo volume (como a estratégia escolhida pela Wrigley) altamente improvável.

À luz de sua posição competitiva, a estrutura da vantagem da Weis sobre a Publix também é sugestiva. Sem indícios de que a Weis possa comandar um nicho de preços diferenciados, sua vantagem de margem bruta e SG&A relativo menores é inteiramente consistente com COGS menor, um modelo de custos mais baixos.

A essa prova circunstancial podemos acrescentar duas diferenças específicas entre a Weis e a Publix que corroboram essa hipótese. A primeira, e talvez mais convincente explicação, é a maior dependência da Weis de produtos de marca própria, identificados no início dos anos 1940 como uma fonte de maior lucratividade para os supermercados.[52] Historicamente, esse tipo de produto tem apresentado qualidade inferior e menor preço do que as grandes marcas anunciadas em âmbito nacional, mas também um custo desproporcionalmente menor e, portanto, margem maior.[53]

Apesar dessas vantagens aparentes, poucas redes de supermercados adotaram a estratégia de marcas próprias com muito vigor antes dos anos 1990. A Weis foi uma exceção notável, apresentando sua marca própria de batatas fritas e sorvetes no início dos anos 1960. Dada a relativa escassez de fornecedores de produtos de marca própria, a Weis escolheu o caminho inverso, montando fábricas para a produção de suas marcas próprias.

A estratégia de marca própria da Weis foi tão importante que a rede varejista criou um departamento exclusivo para isso e, até 1965, tinha 433 itens com a marca Weis, muitos dos quais produzidos em fábricas próprias, um número que quase dobrou, chegando a 809 em 1969.

TABELA 26 **Elementos da vantagem da Weis em relação à Publix**

Elementos do ROA	Contribuição para a vantagem em termos de ROA em pontos percentuais ao ano (pp/ano)	
	Período de melhor desempenho: 1974–1995	Período de pior desempenho: 1996–2010
Margem bruta	12,1	−0,7
SG&A	0,4	−4,4
P&D	0,0	0,0
Outros (inclusive impostos)	−4,3	1,9
ROS	8,2	−3,2
CAT	−4,5	−2,0
FAT	−0,1	−1,0
Outros	0,1	0,9
TAT	−4,5	−2,1
ROA	**3,7**	**−5,4**

Fonte: Compustat; Os números da análise da Deloitte talvez não confiram com o total em virtude de arredondamentos.

A Publix só lançou marcas próprias em 1979. Apesar de ter iniciado sua aposta nessa estratégia mais de 15 anos após a Weis, a Publix não acelerou a implementação da iniciativa. As marcas próprias só se tornariam um marco das estratégias dos supermercados no final dos anos 1980 e, assim, permaneceu o desafio no fornecimento de produtos e uma relativa resistência por parte dos consumidores. Consequentemente, a exemplo do que aconteceu com a Weis e com os primeiros a adotar estratégias de marcas próprias, a Publix começou com laticínios, uma categoria que costuma ter um número relativamente menor de marcas fortes nacionais. O sucesso nesse segmento de suporte daria ao varejista a capacidade de expandir lentamente sua gama de produtos de marcas próprias. Apesar da atratividade das marcas próprias, o resultado não passou de uma convergência lenta, em que os produtos de marcas próprias, com baixo custo e maior margem, geravam receitas correspondentes a apenas uma fração das vendas de alimentos em geral.[54]

Em segundo lugar, para a década que terminou em 1983, a Weis e a Publix tiveram vendas basicamente idênticas por metro quadrado, ambas subindo de US$135 a cerca de US$285. No entanto, a Weis goza de uma significativa

130 AS TRÊS REGRAS

TABELA 27 **Percentual das vendas dos produtos de marcas próprias no total de vendas**

	Weis	Publix
1975	14%	—
1980	14%	2%
1985	15%	6%
1990	15%	10%
1995	17%	14%
2000	17%	16%

Fonte: Documentos da empresa; análise da Deloitte.

TABELA 28 **Vendas e receita por metro quadrado**

	Vendas por metro quadrado (US$)		Receita líquida por metro quadrado (US$)	
	Weis	Publix	Weis	Publix
1974	149	144	6	2
1980	254	246	12	4
1990	310	394	21	10
1997	293	443	13	14
2006	307	534	8	27

Fonte: Compustat; documentos da empresa; análise da Deloitte.

vantagem em termos de lucratividade, com uma receita US$4 superior por metro quadrado em 1974, chegando a US$12 em 1990, mesmo com a Publix assumindo a liderança em vendas por metro quadrado no período de 1983 a 1990. Em tais categorias de produtos semelhantes, é difícil analisar como a Weis conseguiu aumentar sua lucratividade relativa mesmo quando sua produtividade relativa diminuía, sem chegar à conclusão de que a Weis teve uma vantagem de custo significativa.

Embora nenhum desses argumentos seja conclusivo isoladamente, encontramos o peso cumulativo das evidências convincentes. O maior foco da Weis em marcas próprias de maior margem e menores preços; vendas similares ou inferiores por metro quadrado, mas receita líquida maior por metro quadrado; menor crescimento; e falta de qualquer diferenciação clara não-preço que lhe permitisse praticar preços diferenciados, sem contar o SG&A relativamente menor, aponta para uma fórmula de lucratividade impulsionada pelo custo durante seu período de alto desempenho relativo.

O período de alto desempenho relativo da Weis, nada menos que 30 anos, é, em termos absolutos, um dos mais longos em todo o nosso banco de dados. *O melhor antes do mais barato* e *receita antes do custo* podem ser as regras. Por certo, essas máximas estão longe de ser leis invioláveis. Essa sequência da Weis terminou e a empresa agora perdeu seu status de *Miracle Worker* o que, de maneira nenhuma, tira os méritos de sua realização.

Mesmo assim, vale a pena entender por que o período de glória da Weis terminou e talvez, mais importante ainda, como a Publix conseguiu estabelecer vantagem absoluta e relativa de desempenho em relação à Weis. Pelo que vemos nos perfis de desempenho das duas empresas, não se trata apenas do inevitável desgaste da posição dominante, mas da queda dramática e constante de um grande líder do setor, coincidente com a ascensão igualmente dramática e constante de seu concorrente.

De 1985 a 1995, os supermercados desfrutavam de crescimento estrutural, aumentando sua participação coletiva no total das despesas domésticas com alimentação, em grande parte dominado por pontos de vendas da categoria "outros", composta basicamente de pequenos estabelecimentos comerciais *mom-and-pop* (pequeno negócio familiar). Graças à redução de custos, impulsionada por maiores economias de escala e níveis mais elevados de investimento em tecnologia, os supermercados conseguiram oferecer uma maior variedade a preços mais baixos e, ainda assim, revelaram-se mais rentáveis do que esses canais de varejo menores, que não produzem o lucro esperado.

No fim da década de 1980, as superlojas de desconto entraram no segmento de supermercados. O Walmart, a maior rede que entrava em campo, abriu suas primeiras megalojas oferecendo carnes, produtos hortifruti, laticínios e assados em 1988. Em 2000, a rede tinha quase 800 lojas, número que mais do que duplicou em 2005.[55] Em 2010, as megalojas haviam aumentado coletivamente sua participação no ramo de supermercados para pouco mais de 16% e quase todo o crescimento se deu à custa de tradicionais mercearias varejistas.[56]

Esses novos concorrentes tendem a aumentar sua fatia de mercado pela competição baseada no preço. Geralmente conseguem reduzir custos, graças à sua maior escala, muitas vezes viabilizada por investimentos em tecnologia e distribuição mais eficiente. Muitas vezes, as redes veem nos supermercados uma forma de aumentar o tráfego para suas lojas, impulsionando as vendas de outros tipos de mercadoria.[57] As redes de supermercados costumam combater fogo com fogo, alcançando volume por meio de aquisições em busca de economias de escala e da ampliação da variedade de produtos oferecidos, a fim de criar um mix de produtos mais lucrativo.[58]

Mas, mesmo antes da ascensão das megalojas, começou um aumento da pressão sobre os supermercados em todo o setor e a lucratividade da Weis começou a diminuir. Entre 1988 e 1992, o ROA da empresa caiu de mais de 15% para menos de 10%, ficando quase igual ao da Publix, queda essa prenunciada por um colapso no ROS da Weis, decorrente de uma redução da vantagem de COGS e aumento do SG&A. É mais provável que essas mudanças tenham sido consequência da adoção generalizada de marcas próprias por seus concorrentes, dos preços geralmente mais baixos no segmento de supermercados devido ao aumento da concorrência, e da necessidade de aumentar outros custos, como publicidade.[59] O declínio da Weis refletiu um sintoma do setor como um todo, cujo ROA médio vinha se corroendo ao longo de décadas: de cerca de 8% em 1960, no final da década de 2000 esse índice pairava em torno de 4%.[60]

A resposta da Weis a essa diminuição em sua lucratividade tem sido comprovadamente ineficaz e, possivelmente, tanto tímida quanto desfocada. Em 1993, a rede adquiriu a Superpetz, empresa de produtos para animais. Não

TABELA 29 **Percentual de vendas de comida caseira por ponto de venda**

	Supermercados	Outras mercearias	Megalojas	Todos os demais tipos de mercearia
1985	66,0%	18,6%	0,2%	15,3%
1990	63,4%	13,7%	1,4%	21,4%
1995	75,4%	1,5%	3,2%	19,8%
2000	70,9%	1,4%	7,2%	20,5%
2005	65,8%	0,7%	14,1%	19,5%
2010	64,4%	0,9%	16,1%	18,5%

Fonte: USDA (U.S. Department of Agriculture – Departamento de Agricultura dos Estados Unidos), Serviço de pesquisas econômicas, análise dos autores.
Os valores podem não bater devido a arredondamentos.

alterando a administração existente no negócio adquirido, a Weis financiou a expansão das operações de duas para 43 lojas em 1996. Com um faturamento de US$73 milhões, a divisão representava pouco mais de 4% da receita total daquele ano, mas seu prejuízo de US$3,5 milhões depois dos impostos mais do que eliminou o que teria sido um aumento de US$3 milhões nos ganhos com as vendas de US$1,75 bilhão computadas nos supermercados.

Em uma tentativa de melhorar o desempenho, a administração da Weis assumiu um papel mais ativo na divisão de suprimentos para animais, centralizando as funções de contabilidade e finanças. O número de locais foi reduzido de 43 para 36 até 1998. Em 2009, o número de locais foi reduzido para 25 e, em 2011, os pontos restantes foram vendidos ou fechados.

O impacto financeiro direto dessa fracassada tentativa de diversificação foi secundário, mas muitos comentaristas notaram que a diversificação, apesar de seu escopo limitado, pode ter absorvido perigosamente o tempo da administração, um dos recursos mais valiosos de qualquer corporação.[61] Uma possível distração da administração pela contínua necessidade de estabilizar um empreendimento, em tese destinado a impulsionar o crescimento e compensar o declínio no negócio de supermercados, pode ter acelerado o ritmo do envelhecimento do negócio principal. Como prova disso, consideremos que, em um setor cujo impulso principal é a escala, a Weis cresceu a uma taxa nominal de 3,2% ao ano, pouco mais do que o índice de inflação.

Essa aparente incapacidade ou falta de vontade de crescer não era novidade para a Weis. Até 2007, a empresa tinha 125 lojas em seu estado natal, a Pensilvânia. Entrou em Maryland em 1967, onde somava 24 lojas 40 anos mais tarde, o que foi nitidamente melhor do que sua taxa de crescimento, em Nova York: quatro décadas depois da inauguração da única loja que a Weis abriu no ano em que começou a operar em Maryland, a rede continuava com seu único estabelecimento na megalópole, localizado no Empire State. Em 1982, com sua entrada em West Virginia, a Weis inaugurou duas lojas e, em 1993, a expansão em Nova Jersey foi um pouco maior, totalizando três pontos de venda.

Analisando a questão do ângulo dos períodos de alto desempenho relativo, o fato de a Weis ter expandido num raio não muito longe da sede pode ser facilmente visto como prudência. Não podemos saber se o apetite pela expansão teria deixado a Weis em melhor posição para lidar com as forças do setor na década de 1990, ou apenas acabar com seu período de lucratividade excepcional durante o governo Carter. Se tivermos de escolher, ficaremos com o último argumento. De qualquer maneira, a Weis se mostrou incapaz de lidar com as crescentes pressões de custo e preço de 20 anos atrás.

Durante esse mesmo período, a Publix distanciou-se de sua rival. Apesar do início tardio – sua primeira loja fora de sua base na Flórida só foi aberta quando a rede entrou na Georgia, em 1991 – em 2006, a empresa tinha 892 locais (filiais), 615 na Flórida e o restante distribuído nos estados do Tennessee (14), Alabama (26), Geórgia (107) e Carolina do Sul (38). Essa escala crescente é, a nosso ver, parte relevante da explicação da sustentada competitividade em termos de custo da Publix.

Foi também durante esse período que a Publix começou a explorar os diferenciais não-preço que lhe valeram a posição competitiva mediana: no formato de minilojas de delicatessen, farmácia, produtos orgânicos e focados em etnias específicas. Essas ações parecem ter mantido a Publix com custo competitivo e com um diferencial suficiente para não ter de depender de uma estratégia de custo e preço a fim de impulsionar sua lucratividade.

O que podemos dizer da Whole Foods? Com seu foco consistente em uma clara estratégia não-preço e uma forte fórmula do lucro impulsionado pela receita, essa empresa parece ter aderido às três regras apresentadas neste livro. Faltou o quê?

Talvez nada. A estrutura da Weis e a vantagem de lucratividade da Publix sobre a Whole Foods durante seus respectivos períodos de desempenho inferior e superior fornecem um quadro contextual para compreender o possível desenrolar do futuro da Whole Foods.

A consistente vantagem em margem bruta que a Whole Foods tem mantido sobre seus companheiros de trio de alto desempenho sugere que ela tem sido mais do que recompensada por seu COGS mais alto decorrente do abastecimento de produtos orgânicos e outras especialidades. No entanto, seu SG&A muito maior mais do que compensa essa vantagem. Contudo, é improvável que esses custos mais elevados sejam decorrentes de ineficiências. Por exemplo, a Whole Foods normalmente opera em locais de maior renda. A rede tem de 6 a 8 funcionários a cada 93 metros quadrados de espaço no varejo contra 4,5 da Publix e menos de 3 da Weis. Esse número de pessoas superior provavelmente se deve às várias características do modelo da Whole Foods, incluindo os desafios de abastecer suas lojas com itens exclusivos ou bastante específicos e os elevados níveis de atendimento ao cliente necessários para ajudá-los a explorar a relativamente rápida e constante mudança nas marcas locais comercializadas nas lojas Whole Foods. Níveis mais elevados de depreciação (um elemento de

TABELA 30 Elementos da vantagem da Weis e da Publix sobre a Whole Foods

Elementos do ROA	Contribuição para a vantagem em termos de ROA em pontos percentuais ao ano (pp/ano)		
	Weis *versus* Whole Foods		Publix *versus* Whole Foods
	Período de melhor desempenho: 1991–1995	Período de pior desempenho: 1996–2010	Período de melhor desempenho: 1991–2010
Margem bruta	−10,2	−20,6	−26,3
SG&A	14,0	16,1	25,1
P&D	0,0	0,0	0,0
Outros (inclusive impostos)	2,3	5,8	5,5
ROS	6,1	1,4	4,3
CAT	−2,8	−0,7	0,0
FAT	0,0	0,3	1,4
Outros	0,6	0,7	0,5
TAT	−2,3	0,2	1,9
ROA	**3,8**	**1,6**	**6,2**

Fonte: Compustat; Os números da análise da Deloitte talvez não confiram com o total em virtude de arredondamentos.

outros custos) são condizentes com instalações de alto custo. Curiosamente, embora a Whole Foods tenha se expandido rapidamente e, em grande parte, por meio de aquisições que correspondem a mais da metade de seu crescimento, não há um déficit significativo do ROA devido ao giro dos ativos, justamente onde o impacto do patrimônio da marca (*goodwill*) seria sentido. Ao que tudo indica, a empresa tem sido astuta em seus negócios, desmentindo qualquer insinuação de que as aquisições são um mal necessário para a lucratividade.

A Whole Foods ainda não alcançou o desempenho necessário para ser excepcional, mesmo para os padrões de *Long Runner*, apesar de décadas explorando e desenvolvendo seu modelo. A questão é se a maré está prestes a virar para a Whole Foods, e sua estratégia não-preço está prestes a recompensar ou, ao contrário, sua experiência de 30 anos pode estar em risco.

> A posição baseada em preço da Weis e sua fórmula de lucratividade baseada em custo lhe renderam um sólido status de *Miracle Worker*, mas a rede acabou sendo prejudicada pela concorrência de setores adjacentes, com vantagens de custos estruturais. Contrastando com a trajetória perdida da Weis, a Publix (*Long Runner*) acabou mudando sua trajetória, assumindo uma estratégia não-preço.

Com a melhoria na rede de fornecimento de produtos orgânicos e outros itens especiais, os custos da Whole Foods cairão. No entanto, é bem provável que a complexidade e os desafios dessa rede de fornecimento tenham mantido outros grandes atores em dificuldades, permitindo que a Whole Foods gozasse de uma estratégia não-preço quase única no setor. Ironicamente, então, é possível que justamente as eficiências que a Whole Foods precisa para alcançar o desempenho excepcional também tenham permitido que seus concorrentes conseguissem imitar sua posição no mercado, como evidencia a entrada relativamente recente de nomes como Publix, Walmart e outras grandes redes de supermercados no segmento.

Parece-nos que a experiência da Whole Foods, como a da RMCF, revela o perigo, mas também a promessa, associados à busca de uma lucratividade excepcional impulsionada pela receita e por uma estratégia não-preço. A Weis, com sua concorrência baseada no preço e lucratividade impulsionada pelo custo, mostrou-se incapaz de lidar com as drásticas diferenças nas estruturas de custos de concorrentes não tradicionais e a consolidação do setor. Por outro lado, a pergunta para a Whole Foods é se ela poderá continuar a encontrar formas valiosas de se diferenciar a fim de preservar suas invejáveis margens brutas, mesmo diante das ameaçadoras mudanças no setor que acabam criando uma série de novos concorrentes.

Esses três trios, como os três no capítulo anterior, ilustram a diversidade de receitas específicas para a lucratividade das empresas excepcionais. Por exemplo, o crescimento foi um fator-chave da ascensão da Wrigley ao status de *Miracle Worker*, enquanto sua falta foi um fator que contribui para o declínio da Weis. O crescimento da Abercrombie & Fitch foi notável, mas veio como consequência do sucesso da empresa, a exemplo do ocorrido com a Publix. A erosão da posição da Finish Line limita suas opções de crescimento, enquanto esse parece ser tanto a causa quanto o efeito das brilhantes perspectivas da Whole Foods. A estrutura societária é radicalmente diferente entre as empresas. A A&F, uma das *Miracle Workers,* tinha um acionista dominante na forma de outra corporação, a The Limited. Os fundadores da Weis, *Miracle Worker*; da Finish Line, *Long Runner*, e da Syms, *Average Joe,* detinham participação majoritária em suas empresas, enquanto a Wrigley, *Miracle Worker,* e a Whole Foods, *Average Joe,* embora fortemente influenciadas por seus fundadores, tinham participações bastante distribuídas.

Como a Weis deixa claro, a liderança em preço e custos pode gerar uma lucratividade tão notável e duradoura quanto as abordagens não-preço impulsionadas pela receita. No entanto, essa é a única empresa com uma combinação tão particular de características.

Como nossa amostra foi escolhida independentemente de qualquer conhecimento do que impulsionava o desempenho das empresas, tomamos como evidência que essa combinação especial é, no mínimo, menos comum do que a lucratividade excepcional impulsionada pela receita, e talvez o seja de maneira drástica.

A prevalência da lucratividade impulsionada pela receita entre as empresas excepcionais pode ser mais significativa pelo que nos diz sobre a melhor forma de usar o ROA como guia para a ação estratégica.

Conforme rapidamente explorado no Capítulo 1, como o ROA é um índice, não há qualquer diferença matemática quando o ROA é aumentado por meio do ajuste de qualquer um de seus elementos constituintes. Aumentar o preço ou o volume, reduzir custos ou ativos... a aritmética não sabe qual a diferença.

Mas, na prática, parece haver uma diferença muito real. *Miracle Workers* não são perdulários, mas não contam com a liderança de custo para impulsionar seu desempenho. Tanto em nossa população de empresas excepcionais quanto em nossa amostra, o status de *Miracle Worker* é uma consequência da vantagem em margem bruta impulsionada por volume ou preços mais elevados – assim como não é consequência de custos mais elevados ou dos ativos. Em outras palavras, o preço para se alcançar uma lucratividade verdadeiramente excepcional consiste em fazer concessões e aceitar custos mais elevados. Transformar uma lucratividade boa em realmente grande pela redução dos custos ou ativos não é algo que vemos como uma questão inteiramente empírica, como o caminho mais provável para um desempenho de *Miracle Worker*.

Long Runners, por outro lado, são muito mais propensos a depender de menores custos. De um modo geral, contam com a vantagem do baixo custo como uma proporção muito maior de sua vantagem de desempenho e, em nossa amostra, em quatro dos nove casos, os custos reduzidos são os verdadeiros propulsores de sua liderança em termos de lucratividade.

Com base nesses resultados, chegamos à regra da *receita antes do custo*.

CAPÍTULO 5

Não existem outras regras

Pode parecer um pouco de exagero propor a máxima "não existem outras regras" como a nossa terceira regra, mas sentimos que essa afirmação serve a dois propósitos importantes. Em primeiro lugar, admitimos que não fomos capazes de encontrar outros padrões significativos nos comportamentos de nossas empresas de estudo de caso que pudessem ser associados às diferenças no desempenho. Não conseguimos provar uma negativa, mas no que se segue, vamos explorar mais detalhadamente por que rejeitamos os preceitos do senso comum, como M&As ou diversificação como fatores determinantes e sistemáticos do desempenho. A natureza idiossincrática e irremediavelmente contingente de como esses e muitos outros comportamentos contribuem para o desempenho nos levou a concluir que todas as empresas excepcionais seguem a mesma fórmula (*o melhor antes do mais barato, receita antes do custo*), mas usam ingredientes diferentes.

Em segundo lugar, além de criar níveis superiores de desempenho, as empresas excepcionais o fazem por muito mais tempo do que qualquer expectativa razoável. Então, parece que vale a pena analisar se e como as empresas excepcionais se adaptam. Para chegar ao desempenho excepcional é preciso passar por profundos fossos e muralhas espessas ou ter agilidade e flexibilidade para lidar com as tentativas dos concorrentes de imitar uma fórmula vencedora; ou será que você precisa acompanhar os avanços tecnológicos, regulamentares ou outras mudanças ambientais que talvez transformem o que era vantagem em algo inútil ou até em desvantagem?

Descobrimos que não só não havia qualquer padrão *entre* empresas de diferentes categorias de desempenho, como também não havia padrões ao longo do tempo *dentro* de cada empresa. Assim, além dos *Miracle Workers* e dos *Average Joes* não apresentarem diferenças em seus apetites por M&As, cada

Miracle Worker tinha a mesma propensão tanto para perseguir oportunidades de M&As como forma de expansão quanto para descartá-las com o tempo. Em suma, quando se avalia como um comportamento afeta o desempenho, o importante não é o comportamento ou até mesmo a sua implementação, mas a influência para que a empresa siga ou fuja das duas primeiras regras. Nos aspectos em que os *Miracle Workers* que perderam seu status em geral violaram as regras, percebemos que as organizações que se revelaram *Miracle Workers* tornaram-se mais alinhadas com as regras. Um fato mais revelador ainda é que os *Miracle Workers* que mantiveram esse status muitas vezes mostraram evidências de maior grau de mudança em seus comportamentos específicos, mas sempre mantendo seu alinhamento com as regras. Concluímos, então, que o desempenho excepcional exige uma capacidade de mudar para permanecer igual.

Mesma receita, ingredientes diferentes

No Capítulo 1, compartilhamos com você algumas das frustrações nascidas de nossa busca por padrões de comportamento no nível de atividades relativamente específicas, muitas das quais objeto de investigação contínua e extensa e, frequentemente, em lugar de destaque nas agendas executivas. Tome-se, por exemplo, as transações de M&As. A sabedoria convencional se cristalizou no *caveat emptor** que, por certo, não é um mau conselho, mas também não é particularmente útil. (Afinal, é sempre bom recomendar que as pessoas tenham cuidado.) Em grande parte, as pesquisas sobre o tema concordam com esse ponto de vista, observando-se que os adquirentes, em média, ganham o retorno padrão sobre seus investimentos, mas sempre correndo riscos de uma grande variação, às vezes indo muito bem, às vezes espetacularmente mal.[1]

Infelizmente, o grau de risco comprovado nas aquisições não é motivo suficiente para evitá-los. As fusões e aquisições são fundamentais para muitas iniciativas que podem ser essenciais ao sucesso de uma empresa e até mesmo à sua sobrevivência – as vantagens vão desde ter acesso às novas e diferentes tecnologias, passando por expansão internacional, antecipação em relação à concorrência, até a criação de novas opções estratégicas. Consequentemente,

---

* *Nota da Tradutora*: Expressão latina que significa "o risco é do comprador" e corresponde à regra, nas leis de contrato, que determina que o vendedor não garante a qualidade de sua mercadoria sem um compromisso especificado.

a questão não é "As transações de M&As ajudam?", mas sim "Dada a minha situação e diante dos detalhes deste negócio, esta aquisição específica é o melhor mecanismo para alcançar meus objetivos como eu os entendo agora?" "E qual a forma mais eficaz de utilizá-la?". Como as circunstâncias e os objetivos variam muito de uma empresa para a outra e dentro de uma organização ao longo do tempo, não é surpresa alguma que a evidência de uma relação de primeira ordem entre M&A e desempenho seja fraca e ilusória.

Em nossa amostra, vimos *Miracle Workers* e *Long Runners* que não fizeram nenhum tipo de aquisição (Linear e Micropac no setor de semicondutores), vimos as que usaram M&As para se transformar (Medtronic e Stryker no setor de equipamentos médicos); também vimos as que quase chegaram à ruína (T&B no setor de material elétrico) e as que tentaram reverter um declínio de longo prazo (Finish Line e Weis). As transações de M&A que funcionaram estavam de acordo com as regras. As que deram errado não estavam.

A relação entre a diversificação de linha de negócios e o desempenho é apenas um pouco menos ambígua, apesar da constatação recorrente de que as empresas com maior número de unidades de negócios apresentam desempenho pior do que aquelas com menos.[2] Assim como acontece com tantos outros aspectos da administração, quando se trata de uma transação de M&A, dizer que alguém ficou "na média" esconde tanto quanto revela. Por exemplo, considere uma empresa que encontrou um nicho altamente lucrativo, mas de crescimento lento. Essa empresa pode ver oportunidades menos lucrativas em um mercado adjacente do que seu negócio atual, mas essa diversificação ainda poderá fazer sentido se essas novas oportunidades forem lucrativas o suficiente. Portanto, a diversificação pode reduzir o desempenho da empresa e, mesmo assim, ainda fazer sentido sob o ponto de vista econômico.[3]

Este possivelmente foi o dilema que a A&F enfrentou: seu negócio principal foi rapidamente preenchendo seu nicho no cenário do varejo, mas as novas oportunidades não eram tão lucrativas. Parte do que torna nossa pesquisa útil é que ela diferencia os declínios na lucratividade absoluta e relativa. Onde as abordagens de pesquisa mais convencionais veriam apenas uma relação negativa entre diversificação e lucratividade no caminho escolhido pela A&F, vemos essa diversificação como uma contribuição fundamental para um desempenho excepcional, estendendo a série de resultados no 9º decil, mesmo quando a lucratividade absoluta diminuiu.

Também contrariando as expectativas, vimos uma associação entre foco e desempenho medíocre: a International Rectifier (IR) abandonou os segmentos de equipamentos médicos e produtos farmacêuticos para concentrar seus esforços em semicondutores, mas seu desempenho só se deteriorou. Concluímos, portanto, que o foco não é o que importa. Fundamental mesmo é seguir as regras *o melhor antes do mais barato* e *receita antes do custo* e foi justamente nestes aspectos que a IR não conseguiu se destacar.

A integração vertical é outro tipo de diversificação que tem vários fatores determinantes e grande variação nos resultados. Por exemplo, na América do século XIX, várias grandes empresas de manufatura expandiram suas atividades para a distribuição a fim de compensar os recursos insuficientes dos canais baseados no "intermediário".[4] Mais recentemente, o surgimento de grupos empresariais altamente diversificados em economias emergentes como China e Índia tem sido visto como uma resposta a todo o tipo de "faltas no mercado" – insumos que vão de capital a mão de obra.[5] Modelos teóricos mostram que a integração vertical pode servir tanto às posições competitivas baseadas em custos quanto àquelas baseadas em fatores não-preço.[6] Investigações empíricas têm mostrado, em uma variedade de contextos, que a integração vertical é lucrativa, não proveitosa e que as mudanças no grau de integração vertical em qualquer direção pode melhorar o desempenho.[7] Na tentativa de conciliar esses achados, inúmeros esforços foram repetidos para definir contingências relevantes que possam nortear-nos a determinar quando a integração vertical faz sentido ou não.[8] Mas aqui, também, há pontos de vista conflitantes, porém confiáveis. Por exemplo, alguns alegam que a integração vertical é uma forma eficaz de lidar com a incerteza, enquanto outros sustentam que a incerteza prejudica sua eficácia.[9]

Em nossa amostra, a integração vertical da A&F foi uma maneira de criar uma rede de fornecimento mais ágil, que foi fundamental para a sua estratégia competitiva não-preço. A Weis, em contrapartida, realizou sua integração vertical em prol de sua estratégia de menores custos, menores preços e marcas próprias. Ambas as empresas tiveram sucesso notável, mas parece que a A&F conseguiu renovar seu desempenho através do compromisso contínuo com as duas primeiras regras, enquanto parece menos provável que a Weis recupere seu passado de glória.

Além disso, a diversificação de linhas de negócios às vezes pode não ser a causa do mau desempenho, mas sim uma consequência.[10] A Weis só expandiu sua atuação para o segmento de produtos para animais quando percebeu que o desempenho de seu negócio principal (gêneros alimentícios) havia se deteriorado significativamente. O mesmo pode se dizer da malfadada expansão da

Finish Line para o nicho de moda ao estilo hip-hop com sua franquia da marca Man Alive.

Uma forma de diversificação que parece ter uma relação menos ambígua com o desempenho é a expansão internacional. Vários estudos descobriram relações consistentes e positivas, indicando que a expansão internacional é uma boa ideia, especialmente para empresas com portfólios de produtos diversificados.[11] Nossa amostra parece bastante consistente com esses resultados, pois, embora tenha sido um empecilho para a lucratividade da Hubbell, a internacionalização parece ter ajudado Thomas & Betts e foi fundamental para o sucesso da Wrigley e Merck, enquanto a falta de uma presença global parece ter contribuído em parte para o declínio da Maytag.

À luz dessas observações contraditórias, ou pelo menos altamente diferenciadas, sobre essas e outras dimensões do comportamento, achamos que fazia sentido analisar se os dados de nossos estudos de caso mostravam indícios de quaisquer padrões consistentes. O Apêndice J mostra as diferenças de todas as 27 comparações de pares em cinco comportamentos. Às vezes os *Miracle Workers* priorizam mais transações de M&A, às vezes menos, e, na média, não há diferença real. Às vezes os *Miracle Workers* são mais diversificados, às vezes menos, e, na média, não há diferença real. Chegamos a conclusões semelhantes com relação às comparações entre *Miracle Workers* e *Average Joes* e *Long Runners* e *Average Joes*. A ausência de quaisquer padrões convincentes para esses ou outros comportamentos que conseguimos analisar nos levou a acreditar que vale tudo. Não encontramos nenhum outro comportamento em que as contingências não acabavam acima das prescrições e, assim, a terceira regra é que *não existem outras regras*.

Mudar para permanecer igual

A ausência de regras, além das duas primeiras, tem implicações importantes na forma como as empresas excepcionais se adaptam. Tal como acontece com as questões de posicionamento (*o melhor antes do mais barato*) e lucratividade (*receita antes do custo*), o fato de as empresas excepcionais mudarem ou não com o passar do tempo é uma questão empírica. Talvez esse desempenho excepcional normalmente seja alcançado por meio de uma intransigência relativa: encontre uma fórmula vencedora e a respeite à risca. No fim das contas, ela será ultrapassada pelos acontecimentos ou pela concorrência, mas pouco importa, nada

144 AS TRÊS REGRAS

dura para sempre. Por outro lado, o desempenho superior pode ser caracterizado pela mudança. Nesse caso, gostaríamos de saber se existem princípios capazes de ajudar a determinar quando e o que mudar.

> Nenhum comportamento que estudamos sugeriu qualquer associação significativa com o desempenho. A única coisa que parecia importar era saber se determinado comportamento contribuiu para seguir as máximas *o melhor antes do mais barato* ou *receita antes do custo.*
>
> **Resultado: Não existem outras regras**

Descobrimos que, assim como cada *Miracle Worker* seguia uma receita específica para o desempenho excepcional, a natureza das mudanças que cada um empreendeu a fim de criar ou manter seu desempenho excepcional desafiou qualquer tipo de generalização. Não houve nem um pequeno subconjunto consistente de atividades que respondesse às mudanças competitivas e ambientais, assim como nem "tudo" teve de ser reinventado. Parece que o mais importante mesmo se resumia às duas primeiras regras. Considere este breve resumo dos trios que temos analisado até agora.

Semicondutores. Quando a Linear procurou diferenciar-se pelo valor não-preço, seu desempenho melhorou, enquanto o foco do Micropac na contenção de custos limitou suas vantagens. A International Rectifier nunca encontrou o rumo certo, adotando uma estratégia de escopo muito semelhante à do setor, sem nunca se destacar na esfera dos produtos.

Equipamentos médicos. A Medtronic e a Stryker viram seu desempenho melhorar, uma ao readaptar sua capacidade de oferecer um valor não-preço e a outra por se transformar em um concorrente baseado em uma estratégia não-preço. A Invacare ficou presa a um segmento que impedia a valoração não-preço associada ao desempenho excepcional.

Material elétrico. A Thomas & Betts quase perdeu o controle da situação, abandonando sua estratégia não-preço no setor enquanto a Hubbell sofreu uma versão "light" do mesmo destino. A Emrise lutou para aumentar a lucratividade em mercados muito competitivos.

Vestuário. A Abercrombie & Fitch manteve o foco na diferenciação não-preço e aumentou seu valor com preços mais elevados, passando por altos e baixos. Como resultado, sua lucratividade foi afetada, mas seu compromisso com as regras valeu a pena: A A&F é praticamente a única entre os varejistas de moda que não encontrou dificuldades para curar os clientes de um verdadeiro "vício em descontos". A silenciosa e tímida tentativa da Finish Line de diferenciar-se provou-se ineficaz, enquanto a Syms, das três a empresa mais claramente baseada na estratégia preço, declarou falência.

Confeitaria. A Wrigley começou a perceber o valor integral da sua posição competitiva somente quando expandiu suas atividades internacionalmente, sem perder o foco no fortalecimento da marca. A Tootsie, com seu foco no custo, limitou tanto sua lucratividade quanto seu crescimento, enquanto, depois de várias tentativas frustradas, a RMCF parece ter encontrado sua própria estratégia não-preço e lucratividade impulsionada pelo preço.

Gêneros alimentícios. A Weis, nosso único concorrente baseado em preço e custo, desfrutou um período admirável, mas, ao contrário da Stryker no setor de equipamentos médicos ou de sua contraparte no varejo de supermercados, a Publix, não conseguiu adotar uma estratégia não-preço quando as circunstâncias assim determinaram. A Whole Foods, assim como a RMCF, talvez tenha conseguido aparar as arestas e alcançado uma nítida estratégia não-preço, seguindo uma fórmula de lucratividade impulsionada pelo preço.

Restam três trios para analisar em detalhes, cada qual analisado rapidamente no Capítulo 1. A Merck e a Heartland nos mostram o quanto e quão drasticamente as empresas podem mudar e, ainda assim, prosperar, desde que sigam as duas primeiras regras. A Maytag destacará o quanto reações estrategicamente sólidas em praticamente todos os níveis podem prejudicar o sucesso, se essas duas regras não forem seguidas.

Mudança proativa: Assumindo a liderança

Tanto a Merck quanto a Eli Lilly têm uma longa história e abriram seu capital mais de uma década antes do início do nosso período de observação, em 1966. Suas diferenças de receita naquele ano não ultrapassaram 15%, uma em relação a outra, e para os 45 anos subsequentes ambas se estabeleceram como as principais indústrias farmacêuticas baseadas em pesquisa, com foco em drogas patenteadas, os chamados produtos farmacêuticos éticos (ou seja, vendidos exclusivamente mediante prescrição de um profissional médico qualificado). Ambas contavam com a eficácia e a singularidade de seus medicamentos para conduzir o sucesso e, assim, as duas mantiveram constantemente estratégias competitivas não-preço.

A *Average Joe* do trio, a KV Pharmaceutical (KVP), entrou em nosso banco de dados basicamente como fabricante de medicamentos genéricos. Ou seja, os compostos químicos sintetizados que haviam sido descobertos e inicialmente comercializados por outras organizações e que tiveram sua patente vencida. As tecnologias próprias da KVP para liberação de medicamentos no organismo, por exemplo, os revestimentos usados nos comprimidos para controlar a liberação da droga no trato digestivo (revestimentos "entéricos"), acrescentaram um módico valor não-preço a alguns de seus produtos. Além disso, a empresa licenciou essas tecnologias para outras indústrias farmacêuticas. Mesmo assim, sua posição competitiva em comparação com a Merck e a Eli Lilly foi claramente baseada no valor preço.[12] Em meados da década de 1990, a KVP mudou sua ênfase para pesquisas originais e desenvolvimento de medicamentos, na tentativa de lançar suas próprias fórmulas patenteadas. Isso mudou sua posição, que acabou no extremo não-preço do espectro e lhe rendeu um lugar mediano na concorrência até o final de nosso período de observação, em 2010.

Até 1970, a indústria farmacêutica descobriu drogas quase exclusivamente por meio de um processo conhecido como "rastreio aleatório". Novas entidades químicas (NCEs – new chemical entities) foram descobertas ou sintetizadas e depois testadas *in vitro* ou *in vivo* para determinar se eram quimicamente ativas de maneiras potencialmente úteis. As que apresentavam ao menos um lampejo de promessa entravam em um longo, e geralmente infrutífero, processo de isolar compostos específicos com efeitos terapêuticos relativamente previsíveis. Como os cientistas não entendiam muito bem os mecanismos de ação subjacentes, a descoberta de drogas eficazes e confiáveis era basicamente um jogo de tentativa e erro: quem identificasse e analisasse mais compostos, provavelmente acabaria com mais drogas para lançar no mercado.

Antes dos anos 1960, o rastreio aleatório era um processo de descoberta de drogas viável para muitas empresas relativamente pequenas e pouco sofisticadas do ponto de vista científico. Em comparação com o regime atual, a regulamentação governamental da época era pouco exigente, não havia protocolos para estudos pré-clínicos e em humanos, tampouco requisitos de eficácia demonstrada. Os poucos requisitos consistiam em demonstrações bastante rudimentares de que uma suposta medicação "não fazia mal".[13]

A "tragédia da talidomida" mudou tudo isso, pois a regulamentação governamental passou a impedir a venda generalizada da droga nos Estados Unidos,[14] fato que deu origem às Emendas Kefauver-Harris (K-H) de 1962, que ampliaram significativamente a autoridade do FDA (Food and Drug

TABELA 31 **Estatística descritiva para o trio de indústrias farmacêuticas**

Empresa	Categoria (trajetória)	Ano de fundação	Período de observação	Crescimento da receita (US$)	ROA anual médio	TSR anual composto	Crescimento da receita anual composto
Merck & Co.	*Miracle Worker* (Outra)	1891	1966 a 2010	418 mi a 46 bi	15,2%	11,4%	11,3%
Eli Lilly & Co.	*Long Runner* (mantida)	1876	1966 a 2010	367 mi a 23,1 bi	12,7%	10,7%	9,9%
KVP Pharmaceutical	*Average Joe* (N/A)	1942	1971 a 2010	5 mi a 27 mi	−0,3%	3,8%	4,6%

Fonte: Compustat; documentos da empresa; análise da Deloitte.

Administration – órgão de controle de medicamentos e alimentos dos Estados Unidos). Os elementos mais marcantes foram os novos padrões de evidência com relação a segurança, prova da eficácia e demonstração de boas práticas de fabricação, além da exigência de testes de pré-comercialização. Além disso, o estudo da eficácia das drogas (DES – Drug Efficacy Study), lançado em 1966, submeteu 3.443 medicamentos já existentes no mercado às novas exigências de segurança e eficácia, o que resultou na retirada de 30% de todas as drogas avaliadas do mercado e uma revisão drástica das alegações terapêuticas de muitos outros medicamentos.[15]

Empresas como Merck e Eli Lilly não só responderam bem a essas mudanças, como também se posicionaram corretamente para se beneficiar com elas. Já nos anos 1930, as duas empresas começavam a se transformar nas grandes corporações com base científica que reconhecemos hoje. Ambas eram altamente ativas nas áreas de antibióticos e vacinas, e ostentavam avanços revolucionários.

As Emendas K-H aumentaram em 240% o tempo de desenvolvimento de novos compostos entre 1960 e 1970, enquanto os custos de desenvolvimento aumentaram sete vezes.[16] Esse aumento nos custos eliminou muitas operações menores do setor, fazendo as receitas se concentrarem nas mãos de empresas muito maiores e mais bem capitalizadas.[17]

Para as empresas que continuaram no negócio e conseguiram recuperar o investimento necessário para manter a conformidade, essas mudanças na estrutura do mercado foram uma verdadeira benção. No entanto, foram incluídas provisões na legislação K-H para a eliminação de medicamentos de marca e o licenciamento obrigatório de compostos antes da expiração da patente. Temendo que tal medida pudesse prejudicar a lucratividade de suas operações farmacêuticas, muitas empresas procuraram setores menos regulamentados onde poderiam explorar seus recursos científicos.[18] As escolhas mais comuns foram os segmentos de cosméticos, produtos químicos agrícolas, produtos de saúde animal e aparelhos médicos.[19] A Merck e a Eli Lilly não foram exceção, cada qual adquirindo várias empresas fora do setor farmacêutico. A Eli Lilly, no entanto, fez aquisições maiores, que cresceram fortemente e, em pouco tempo, tornou-se mais diversificada do que a Merck: de 1966 a 1980, a participação da receita total das linhas de negócios não farmacêuticos da Merck variaram entre 11% e 28%, enquanto a da Eli Lilly subiu de 17% para quase 52%.[20]

Há pelo menos duas razões pelas quais a Eli Lilly, nossa *Long Runner*, diversificou muito mais do que a Merck, nossa *Miracle Worker*. Em primeiro lugar, os negócios não farmacêuticos da Eli Lilly desfrutaram de um retorno sobre o ativo (ROA) entre 13% e 15% e ficaram consistentemente entre um e dois pontos percentuais do ROA da divisão farmacêutica, o negócio principal da Eli Lilly. Em contrapartida, os negócios não farmacêuticos da Merck correspondiam a cerca de 5% do faturamento e quase sempre apresentaram desempenho inferior ao da divisão farmacêutica em dez pontos percentuais ou mais.[21] Como resultado, nos aspectos em que a Eli Lilly poderia considerar a diversificação para fora do setor farmacêutico uma estratégia lucrativa, a Merck provavelmente as veria apenas como opções a considerar, na melhor das hipóteses – investimentos que poderiam ser reforçados, caso os produtos farmacêuticos realmente perdessem sua atratividade latente como resultado de mudanças regulamentares.

Em segundo lugar, a Merck estava na vanguarda da diversificação geográfica, explorando um caminho lucrativo de crescimento mais cedo e de forma mais agressiva do que a Eli Lilly. De 1966 a 1975, a Merck gerou quase 50% de suas vendas totais em mercados internacionais, enquanto a participação da Eli Lilly subiu lentamente de seus iniciais 25%. As duas empresas convergiram em pouco mais de 60% das vendas nos mercados fora dos Estados Unidos em 1980.[22] A relativa demora na expansão internacional da Eli Lilly talvez seja surpreendente, uma vez que ambas as empresas pareciam ganhar entre 5% e 10% a mais do ROA nas vendas internacionais do que no faturamento doméstico.

A Merck é a única *Miracle Worker* em nossa amostra com uma trajetória na categoria "Outros": ela goza de um período de alto desempenho relativo, de 1966 a 1977, assim como seu ROA absoluto caiu continuamente de algo em torno de 22% para cerca de 16%. Enquanto isso, a Eli Lilly apresentou um ROA bastante estável, em torno de 16%, e uma série de desempenhos relativos nos $7^{\underline{o}}$ e $8^{\underline{o}}$ decis. No final dos anos 1970, o desempenho das duas empresas era praticamente idêntico.

O sucesso da Merck, digamos, de 1966 a 1970, é inteiramente consistente com a regra *o melhor antes do mais barato* porque, embora não tenha desfrutado de qualquer superioridade demonstrável em relação à Eli Lilly em produtos farmacêuticos, a Merck pouco diversificou suas operações para segmentos fora da indústria farmacêutica, ficando com uma posição menos clara em relação à regra *o melhor antes do mais barato*. A Eli Lilly, por sua vez, teve forte diversificação para negócios em que era relativamente mais difícil definir uma estratégia de valor não-preço tão sólido quanto nos produtos farmacêuticos:

no segmento de cosméticos, a Elizabeth Arden não deteve tão claramente uma estratégia não-preço quanto a Eli Lilly no segmento de antibióticos.

Quanto à fórmula de lucratividade, a receita total da Merck em 1976 foi de pouco mais de 20% que a da Eli Lilly (US$1,66 bilhão contra US$1,34 bilhão), mas na indústria farmacêutica a Merck impulsionou claramente seu crescimento de modo muito mais agressivo: seu negócio global de produtos farmacêuticos era 75% maior que o da Eli Lilly (US$1,40 bilhão contra US$803 milhões). Permanecendo focada nos produtos farmacêuticos e diversificando mais cedo e de forma mais agressiva em mercados mais lucrativos fora dos Estados Unidos, o ROA superior da Merck durante este período pode, em grande parte, ser atribuído à regra *receita antes do custo*.

O desempenho das duas empresas convergiu em meados da década de 1970, graças ao declínio do ROA na indústria farmacêutica americana, ao aumento da exposição da Eli Lilly em mercados farmacêuticos mais lucrativos mundo afora e à eficácia da Eli Lilly na condução de seus interesses nos segmentos não farmacêuticos. Consequentemente, o ROA corporativo da Eli Lilly manteve-se basicamente estável, enquanto o da Merck caiu drasticamente: 1978 marcou o início de uma sequência significativa de anos fora do 9º decil.

Agora começa a nossa história de reinvenção corporativa. Para a Merck, o período de 1978 a 1985 viria a ser um intervalo no desempenho caracterizado por uma transformação dos processos fundamentais da empresa na descoberta de medicamentos, mudanças que acabariam sendo imitadas em toda a indústria. Em face da diminuição da lucratividade em seu negócio de produtos farmacêuticos, tanto nos Estados Unidos quanto no exterior, a Merck passaria a investir pesadamente em sua função de P&D, adotando uma abordagem totalmente nova que, começando em 1986, renderia 17 dos 18 anos em que o desempenho da empresa permaneceu no 9º decil.

Ao reconstruir os acontecimentos de tanto tempo atrás em uma organização tão complexa quanto a Merck, é tentador fazer os resultados reais parecerem inevitáveis. A explicação mais plausível que podemos ver é que a alta administração da Merck observou a diminuição da lucratividade da empresa juntamente com sua incapacidade de encontrar oportunidades lucrativas fora dos negócios de produtos farmacêuticos. Portanto, não seria muito provável que tivesse interesse em explorar formas de revigorar suas iniciativas de P&D.

Não era incomum ver empresas farmacêuticas utilizando-se de pesquisadores acadêmicos como consultores. Durante o início da década de 1970, os pesquisadores da Merck trabalharam com Roy Vagelos, então presidente do

Departamento de Bioquímica e diretor da Divisão de Biologia e Ciências Bio-médicas da Universidade de Washington em St. Louis. As opiniões de Vage-los eram valorizadas, pois ele havia criado e transformado seu departamento em um dos mais produtivos e respeitados em seu campo no mundo todo.[23] Por meio deste trabalho, ele produziu algumas observações sobre as técnicas de descoberta de drogas da Merck, observando que uma compreensão mais profunda dos mecanismos biológicos de ação subjacentes poderia embasar o processo de descoberta de novas substâncias.

Depois de chamar a atenção do então CEO Henry Gadsden, Vagelos tornou-se o chefe da Merck Research Laboratories (MLR) em 1974. A in-tenção explícita de Vagelos era reformular os laboratórios de P&D da Merck segundo o modelo acadêmico, mudando o processo de descoberta de drogas de "rastreio aleatório", baseado em química, para "descoberta dirigida", um modelo com base na biologia. Isso foi uma revolução na época, um dramáti-co adeus a séculos de tradição na descoberta de medicamentos. A Merck foi a primeira grande indústria farmacêutica a fazer uma aposta pesada nessa nova abordagem, conduzida por uma pessoa que, apesar de todas as credenciais e realizações que detinha na época, nunca havia descoberto uma única droga sequer.

Pior ainda, os colegas da comunidade científica não consideraram um avanço a mudança promovida por Vagelos. A decisão de construir um labo-ratório de pesquisa respeitado em todo o mundo só para deixá-lo para o uni-verso relativamente inculto de uma empresa farmacêutica comercial foi vista, mesmo pelos amigos de Vagelos, não apenas como um erro, mas quase como uma traição. Mas Gadsden, e seu sucessor, John Horan, que assumiu a posição de CEO em 1976, asseguraram com tanta firmeza que Vagelos teria liberdade para gerir a função de pesquisa como bem entendesse, que ele aceitou o cargo.

Dado o tempo necessário para transformar qualquer grande organização, juntamente com os prazos na indústria farmacêutica – pode demorar déca-das para ver uma descoberta transformada em medicamento – o impacto co-mercial dessa mudança na estratégia de P&D não foi imediato. No entanto, outros indicadores importantes começaram a mudar muito rapidamente. Por exemplo, até meados da década de 1970, a Merck e a Eli Lilly publicaram aproximadamente o mesmo número de trabalhos acadêmicos e tiveram apro-ximadamente o mesmo número de patentes concedidas. Na década de 1980, as duas empresas haviam divergido substancialmente e, até os anos 1990, as diferenças foram drásticas: a Merck publicava quatro vezes mais o número de artigos científicos da Eli Lilly, assegurava um número de patentes três vezes maior e lançava três vezes mais produtos que a principal rival.[24,25]

A produção de pesquisa da Merck também mudou as relações da empresa com os Institutos Nacionais de Saúde e pesquisadores acadêmicos dos Estados Unidos. O desenvolvimento do Mevacor, um inibidor de colesterol, é um dos primeiros exemplos dos benefícios da melhoria nesses relacionamentos. Em 1956, a Merck conseguiu isolar o ácido mevalônico, um elo químico na cadeia do colesterol. Em 1974, Michael Brown e Joseph Goldstein, da Universidade do Texas, identificaram as principais etapas na produção do colesterol, achado pelo qual receberam o Prêmio Nobel em 1985. Essa descoberta estava disponível para todos, mas foi a Merck que conseguiu isolar a lovastatina em 1978, substância aprovada para venda como Mevacor em 1987.

Seguir as observações basicamente aleatórias da eficácia terapêutica tornou a descoberta de medicamentos um empreendimento demorado, caro e que, muitas vezes, exigia foco nos efeitos dos diferentes compostos. Assim, por exemplo, as empresas farmacêuticas acabaram desenvolvendo especialidades em vacinas ou antibióticos. No entanto, acontece que, apesar das inúmeras patologias às quais o corpo humano está sujeito, os mecanismos biológicos de ação são relativamente limitados e bastante versáteis, por assim dizer. Em outras palavras, os diferentes mecanismos podem resultar em patologias semelhantes, enquanto os mesmos mecanismos podem revelar-se de maneiras muito diferentes. A febre, por exemplo, pode ser um sintoma de gripe ou linfoma. Consequentemente, quando a Merck identificava um alvo, por exemplo, uma proteína que pretendia inibir, conseguia acompanhar o impacto da inibição dessa proteína em várias áreas terapêuticas, impulsionando, assim, o crescimento.

Embora a Eli Lilly tivesse feito a transição para a descoberta dirigida, foi restringida por seu legado de experiência nos chamados medicamentos de grandes moléculas (base biológica) e produtos de biotecnologia, como a insulina. Diferentemente da síntese de "pequenas moléculas", que caracteriza os tradicionais pontos fortes da Merck, esses produtos não se prestam ao tipo de adjacências que a Merck conseguiu explorar.

Pior ainda, os tratamentos de grandes moléculas, à base de proteínas, têm custos iniciais relativamente altos em comparação aos de pequenas moléculas, o que reduz as possibilidades de escolha. Consequentemente, a Merck poderia explorar uma série de alternativas de baixo custo, abandonando o que não funcionou e investindo mais no que se mostrou mais promissor. Na verdade, a

Merck foi líder em compreender e explorar o valor da variedade de escolha no desenvolvimento de medicamentos. A Eli Lilly, por outro lado, foi obrigada a tratar cada iniciativa de pesquisa basicamente como um compromisso.

Vemos os efeitos desses dois fatores na diversidade dos portfólios de áreas terapêuticas da Merck e da Eli Lilly. Os dados mais antigos que temos são de 1977 que, no entanto, são recentes demais para avaliar qualquer efeito real do deslocamento da Merck para a descoberta dirigida. Contudo, em 1985, vimos que não só a Merck passou a atuar em mais de três vezes o número de áreas terapêuticas – tendo expandido para os segmentos de produtos oftalmológicos, antibióticos e antiulcerativos, entre outros – como também a propagação de suas vendas através dessas categorias foi relativamente uniforme, com nenhuma área terapêutica responsável por mais de 25% das vendas totais. Em contrapartida, em 1985, a linha de antibióticos da Eli Lilly foi responsável por 75% da receita total com produtos farmacêuticos. Essas diferenças de equilíbrio são compreendidas quando analisamos a entropia da diversificação, com valores mais altos indicando um portfólio mais variado e equilibrado. (Nenhuma dessas duas empresas envolveu-se em qualquer atividade de M&A que tivesse impacto considerável em suas linhas farmacêuticas durante o período.)

TABELA 32 **Diversidade do portfólio de áreas terapêuticas**

	Número de áreas terapêuticas		Entropia da diversidade do portfólio	
	Merck	**Eli Lilly**	**Merck**	**Eli Lilly**
1977	4	2	1,3	0,7
1980	4	2	1,3	0,6
1985	7	2	1,8	0,6
1990	8	4	1,8	1,3
1995	8	6	1,5	1,5
2000	11	6	1,7	1,5
2005	9	6	1,7	1,4

Fonte: Documentos da empresa; análise da Deloitte.

Ao mudar para um foco em mecanismos biológicos de ação, a Merck assegurou que seu portfólio de medicamentos seria tanto mais amplo quanto mais profundo. A compreensão de como os compostos afetam os mecanismos permitiu que os cientistas da Merck desenvolvessem variações com base nos compostos estabelecidos, a fim de atenuar alguns efeitos colaterais em determinadas circunstâncias, ou mitigar os diferentes efeitos de interação medicamentosa, disponibilizando os efeitos terapêuticos básicos de um composto para uma população maior de pacientes. Por exemplo, Mevacor foi seguido pelo Zocor, Vasotec, Prinivil, Cozaar, Hyzaar, Vytorin, entre outros, que, juntos, criaram uma poderosa franquia na área terapêutica cardiovascular.[26]

A capacidade da Merck de criar uma linha de produtos a partir do Mevacor contrasta com a falta de lançamentos na esteira do Tagamet da SmithKline. Lançado em 1976, esse medicamento contra azia e úlcera péptica tornou-se uma das drogas mais amplamente prescritas no mundo todo. Em 1983, a Glaxo lançou um concorrente, o Zantac, que causava menos efeitos colaterais e exigia a administração de um número menor de doses. A SmithKline não conseguiu reagir à altura. É impossível dizer com certeza o porquê – talvez tenha sido pela mesma incapacidade de adotar uma estratégia "expansão das linhas de medicamentos" que a Merck executava tão bem. Mas o fato é que James Black e William Duncan, os descobridores de cimetidina – o ingrediente ativo do Tagamet – saíram da SmithKline assim que a pesquisa terminou e a empresa não conseguiu substituí-los por cientistas do mesmo calibre. Na verdade, a SmithKline parece ter investido grande parte dos lucros gerados pelo Tagamet na aquisição da Beckman Instruments, em 1982, basicamente lançando mão do sucesso em produtos farmacêuticos para diversificar suas atividades para outros segmentos.

Essa ênfase na ciência reforçou a capacidade de descoberta da Merck de modo indireto e automático. Por exemplo, a Merck talvez tenha sido única no campo da pesquisa sobre permeabilidade das membranas entre outros laboratórios de P&D e instituições acadêmicas. Em uma entrevista, um ganhador do Prêmio Nobel de bioquímica e chefe de departamento de uma universidade de primeira linha nos disse que durante décadas a Merck foi, facilmente, a empresa farmacêutica mais atraente para se trabalhar. Muitas vezes, essa escola incentivava seus melhores alunos a trabalhar por um tempo nos laboratórios da Merck. Confiante de que os estudantes continuariam realizando pesquisas de ponta e publicando seus trabalhos nos mais respeitados veículos científicos, a instituição prometia manter suas portas abertas, caso os novatos cientistas resolvessem retornar.

Até o final da década de 1980 e início dos anos 1990, o custo de desenvolvimento de novas drogas disparou e ficou cada vez mais claro que nenhuma empresa do setor poderia contar apenas com seus próprios recursos de P&D.[27] Uma resposta comum foi "comprar processos de produção" (*pipeline*) através de grandes aquisições. Até o fim dos anos 2000, a Merck e a Eli Lilly eram praticamente as únicas grandes empresas farmacêuticas que não fecharam negócios vultosos durante as ondas de fusões que resultaram, por exemplo, na fusão entre SmithKline e Beecham, e Bristol-Myers e Squibb (na década de 1980) e em uniões como Pfizer e Warner-Lambert, e Glaxo e SmithKline (no final dos anos 1990).

Essas megafusões conferiram tamanho e conseguiram evitar o chamado precipício de patentes, mas pouco serviram para melhorar a produtividade dos departamentos de P&D das empresas. De modo geral, os acordos de *joint-venture* (JV) e alianças foram mais eficazes.[28] A princípio, esses acordos eram vistos como "*in-licensing*" (licenciamento doméstico), no qual uma empresa com uma droga celebraria um acordo de distribuição com outra organização que tivesse acesso ao mercado e uma força de vendas. Por exemplo, a Eli Lilly negociou os direitos do Kefzol com a Fujisawa Pharmaceutical, e a Merck fez algo semelhante com a Neo Pharmaceuticals da Holanda.

A Merck estava entre as empresas mais bem-sucedidas na transformação de acordos de JV em esforços verdadeiramente colaborativos que ampliaram os ativos de P&D de ambas as partes. Por exemplo, a Merck trabalhou em parceria com uma empresa italiana em tratamentos de câncer ósseo. Quando pensavam que haviam chegado a um beco sem saída, os cientistas da Merck perceberam que tinham chegado a um mecanismo para a reconstrução óssea, útil no tratamento da osteoporose. Mas como a capacidade para prevenir uma doença é difícil de avaliar, a Merck, sempre em colaboração com parceiros, desenvolveu um diagnóstico que permitia aos médicos determinar se a droga estava funcionando em cada paciente. O resultado foi o Fosamax, que gerou US$25 bilhões em receita na década depois de seu lançamento, ocorrido em 1995.[29]

De modo mais geral, a profunda expertise científica interna da Merck – que sob a administração de Vagelos percorreu todo o caminho até o topo, onde permanece até hoje, como comprovam as credenciais de classe mundial de seus executivos de alto escalão – foi um fator importante que manteve a empresa como parceiro preferencial aos olhos de muitos dos mais profundos conhecedores do setor. Em diversas entrevistas, pessoas que trabalharam em várias empresas farmacêuticas, incluindo Merck e Eli Lilly, e continuam atuando como pesquisadores acadêmicos, explicaram que a evolução do esforço de colaboração é uma tarefa demorada que requer boa fé na alocação de recursos escassos, especialmente por parte dos acadêmicos ou da menor das duas empresas envolvidas. Como em um verdadeiro caso de amor, esse esforço não transcorre de modo tranquilo, mas é fundamental para o sucesso de longo prazo de tais colaborações, assim como também é imprescindível ter a capacidade de manter o equilíbrio, mesmo diante de más notícias. A decisão de prosseguir ou abandonar qualquer projeto em face de resultados adversos raramente é direcionada de forma inequívoca pelos dados.

Consequentemente, quando a alta administração de uma grande multinacional farmacêutica, ou "big pharma", decide desfazer uma parceria, é fundamental que os parceiros de pesquisa envolvidos sintam que essa foi uma decisão racional, mesmo que não concordem com ela. Quando os responsáveis por tais decisões não têm as competências necessárias e se enxergam como aqueles que trazem a dose exata de objetividade para equilibrar o "entusiasmo" dos cientistas, os parceiros de pesquisa podem sentir que não foram tratados corretamente. Em um mundo pequeno e conectado, demora-se décadas para construir uma boa reputação e mais tempo ainda para repará-la.

Graças à sua disposição em apostar de modo abundante e sistemático em uma nova abordagem para a descoberta de medicamentos, a Merck conseguiu estabelecer um segundo período de alto desempenho no início de 1986 que durou até 2010, último ano do nosso período de observação. Na década de 1980 e início dos anos 1990, tal sucesso foi impulsionado, em grande parte, por seu extenso e sofisticado portfólio de produtos.

No entanto, de meados da década de 1990 até hoje, a história fica cada vez mais ambígua. De 1966 a 1977, a Merck teve uma vantagem de margem bruta e SG&A, mas devia dois terços de sua vantagem em ROA a um maior giro dos ativos. Atribuímos isso ao maior enfoque da Merck em produtos farmacêuticos e à sua maior diversificação geográfica.

Durante os nove anos em que o desempenho médio da Merck foi inferior ao da Eli Lilly, a Merck considerou os elementos de cada fator de sua vantagem anterior em termos de ROS drasticamente reduzidos ou completamente invertidos, algo que atribuímos à reestruturação da função de P&D da Merck.

Estatisticamente falando, podemos apontar a liderança em ROA como o fator determinante do segundo período de melhor desempenho da Merck, de 1986 a 2010, mas, em sã consciência, não podemos fazer essa mesma afirmação do ponto de vista qualitativo por causa de uma aquisição: a Medco.

No início dos anos 1990, houve uma crescente pressão sobre os custos dos cuidados com a saúde nos Estados Unidos e várias empresas farmacêuticas passaram a integrar-se verticalmente no sistema de gerenciamento de benefícios farmacêuticos (PBM – pharmaceutical benefits management) através da aquisição de distribuidores atacadistas de medicamentos vendidos sob prescrição. A Merck foi a primeira a adotar o estratagema, comprando a maior distribuidora da época, a Medco, em 1993. Em 1994, outras multinacionais do setor realizaram três grandes transições: a SmithKline Beecham comprou a Diversified Pharmaceutical Services, a Pfizer formou uma *joint-venture* com a Value Health, Inc. e a Eli Lilly adquiriu a PCS Health Systems (PCS).

O sistema PBM é fundamentalmente diferente dos negócios de produtos farmacêuticos: tem margens muito mais baixas e giro dos ativos muito mais elevado. Felizmente para o nosso projeto de pesquisa de comparação de pares, a Merck e a Eli Lilly fizeram basicamente o mesmo tipo de diversificação quase que ao mesmo tempo. Com um desfecho menos frutífero, em 1997, a Eli Lilly vendeu sua divisão de PBM (de porte consideravelmente menor) por US$1,5 bilhão – US$2,5 bilhões a menos do que havia pago por ela três anos antes. A Eli Lilly não estava sozinha em uma perda dessa magnitude, visto que a SmithKline Beecham vendeu sua divisão de PBM para a Express Scripts em 1999, por US$700 milhões, US$1,6 bilhão a menos do que tinha pago.

Mas a Merck continuaria com a Medco até 2003, apesar das mudanças que ocorreram na legislação logo após a compra dessa organização, que a reduziram praticamente a uma divisão da linha farmacêutica, prejudicando quase toda a lógica estratégica que embasara o negócio.[30] No entanto, ao contrário de seus pares no setor, a Merck totalizou um desinvestimento de US$8,6 bilhoes, composto por US$2 bilhões em dividendos e um preço de venda de US$6,8 bilhões, cifras que formam uma comparação favorável com os US$6,2 bilhões que a multinacional havia pago.

De 1993 a 2003, a Medco subiu de 3% para 58% da receita total da Merck. Os fatores econômicos tão diferentes da Medco significam que devemos dividir o segundo período de melhor desempenho da Merck em três subperíodos: pré-Medco, Medco e pós-Medco.

Antes da aquisição da Medco, vemos que a transformação do departamento de P&D da Merck resultou em um sólido período de desempenho superior – a maior liderança de todos os tempos em relação à Eli Lilly, com valores absolutos de ROA entre 17% e 19%, e 20% a 25%. Juntos, o registro de literatura científica, a produção de patentes, os lançamentos de novos produtos e a

TABELA 33 Elementos da vantagem da Merck em relação à Eli Lilly

Elementos do ROA	Contribuição para a vantagem em termos de ROA em pontos percentuais ao ano (pp/ano)				
	Período de melhor desempenho: 1966–1977	Período de pior desempenho: 1978–1985	Período de melhor desempenho		
			Pré-Medco: 1986–1992	Medco: 1993–2003	Pós-Medco: 2004–2010
Margem bruta	2,0	0,1	4,0	−16,1	0,3
SG&A	2,2	1,3	−2,7	6,2	0,7
P&D	0,5	−0,6	1,6	6,1	0,7
Outros (inclusive impostos)	−3,4	−0,8	−1,1	3,0	1,7
ROS	1,3	0,0	1,8	−0,9	3,4
CAT	1,6	0,4	0,3	2,5	−0,1
FAT	0,9	−1,4	1,9	1,5	−0,3
Outros	−0,3	−0,1	1,5	−0,2	−2,1
TAT	2,2	−1,1	3,7	3,8	−2,6
ROA	**3,5**	**−1,1**	**5,5**	**2,9**	**0,9**

Fonte: Compustat; Os números da análise da Deloitte talvez não confiram com o total em virtude de arredondamentos.

diversidade das linhas terapêuticas da Merck sustentam firmemente a hipótese de que pesquisas de melhor qualidade levaram às vantagens na margem bruta e ao crescimento que impulsionaram a superioridade em termos de ROA.

Não conseguimos isolar o ROA da Medco dentro da Merck. Embora classificar com precisão o impacto do negócio de PBM de cada empresa no ROA seja um problema quase teológico, estimamos que os respectivos ganhos e prejuízos das empresas relacionados ao PBM corresponda a cerca de dois terços da vantagem de ROA da Merck durante o período.[31] Em outras palavras, se nenhuma empresa tivesse aderido ao sistema de PBM, a vantagem anual de ROA da Merck teria sido de cerca de 1 pp ao ano. Essa liderança seria menor como consequência do ROA até 5 pp maior da Eli Lilly nos anos em que seu desempenho ficou no 6º, 7º, 9º, 8º e 5º decis. É completamente possível que, sem essas perdas, a Eli Lilly ficasse com performance no 9º decil por tempo suficiente para ser classificada como *Miracle Worker* – e teríamos de comparar a Merck com outra empresa! Isso significa que a Merck poderia ter mantido sua vantagem sobre a Eli Lilly, não por ter feito algo particularmente bom, mas em virtude de ter evitado um dispendioso passo em falso.

Com a Medco fora do páreo desde 2004, a vantagem de ROA da Merck caiu para quase o que estimamos como a vantagem que ela teria obtido sem a Medco durante a década anterior. Em termos de ROA absoluto e relativo, a Eli Lilly e a Merck convergiram, o que não é nenhuma grande surpresa. Nos 10 anos anteriores, com exceção dos negócios de PBM, as duas empresas buscaram estratégias similares com resultados comportamentais semelhantes: foco nos produtos farmacêuticos, portfólio de produtos diversificado, liderança no campo da ciência e uma sólida base de vendas internacionais. Como partimos da hipótese de que foram as diferenças nesses comportamentos que impulsionaram as vantagens da Merck de 1966 a 1977 e de 1986 a 1992, é reconfortante observar que, quando as empresas se comportam de forma semelhante nessas dimensões, acabam convergindo também em termos de desempenho.

> A Merck (*Miracle Worker*) superou a Eli Lilly (*Long Runner*) primeiro por manter o foco nos produtos farmacêuticos e na expansão internacional e, em segundo lugar, reinventando sua função de P&D em caminhos que lhe permitiram diversificar seu portfólio de produtos e, finalmente, evitar uma desvantagem por impulsionar agressivamente o crescimento da sua aquisição de PBM, a Medco. É preciso muita flexibilidade para se adequar às regras.

Sendo assim, a Merck nos mostra que quase sempre há muitas rotas diferentes para o *melhor* e a *receita*, e todas as opções devem estar sobre a mesa o tempo todo. Diversificação geográfica, de linhas de negócios e produtos; M&As, *joint-ventures*; até mesmo diversificações não relacionadas – nada disso importa. Essas iniciativas nem sempre funcionam, mas parece que têm a melhor chance de dar resultado quando servem às duas primeiras regras. E, na variação aparentemente interminável de formas como essas regras podem ser seguidas, encontramos a terceira regra: *não existem outras regras*.

O que dizer da nossa *Average Joe*, a KV Pharmaceutical (KVP)? Seu perfil de desempenho sugere um padrão "revelado e perdido", pois o ROA da empresa deteriorou-se de 1971 a 1994, dando lugar a um declínio drasticamente maior e mais rápido em seu desempenho até 2005, seguido por um terceiro período definido por três anos de prejuízos dramáticos.

Esses padrões de desempenho da KVP podem ser compreendidos no contexto da estrutura, e as mudanças na estrutura são mais bem entendidas no cenário da indústria farmacêutica em geral. Quando entrou em nossa janela de observação, a KVP fabricava produtos e realizava pesquisas por contrato. Seus clientes normalmente eram as grandes multinacionais farmacêuticas. A experiência da empresa concentrava-se em tecnologias, como formulações de liberação sustentada, comprimidos de dosagem sólida e produtos efervescentes. As Emendas K-H e DES, que deram origem à moderna indústria farmacêutica, aumentaram a importância dessas tecnologias, e a KVP respondeu aumentando seus investimentos em P&D com um percentual das vendas – acompanhando, ainda que na lanterna, os comportamentos da Merck e da Eli Lilly.

Em meados da década de 1980, a KVP firmou uma série de acordos de licenciamento que garantiram a distribuição de seus produtos no Japão, no Canadá, no México e na Índia. A estratégia serviu para diversificar a empresa internacionalmente, porém mais tarde do que a Merck e a Eli Lilly e, apesar da falta de dados, aparentemente em medida muito menor.

A lei Waxman-Hatch de 1984 viabilizou a indústria de medicamentos genéricos e, em 1990, a KVP entrou nesse segmento com sua divisão ETHEX. Por fim, aproveitando a tendência das grandes multinacionais farmacêuticas pós-fusão de racionalizar seus portfólios de produtos e descontinuar drogas direcionadas a pequenos nichos, a empresa completou sua jornada até a cadeia de valores do setor, estabelecendo a Ther-Rx, sua própria divisão de produtos farmacêuticos com marcas patenteadas, em 1999.

Essas iniciativas serviram para aumentar as vendas da KVP e, talvez mais importante ainda, suas margens brutas ao longo do tempo: de uma média de 22% entre 1972 e 1985 para 30% de 1986 a 1990, saltando para 48% em 1999 e para 70% até 2006. No entanto, apenas por um breve período, no fim dos anos 1990, a empresa conseguiu colher os frutos desses esforços com algo perto de um desempenho excepcional, rompendo as barreiras e marcando desempenho no 8º e 9º decis. O que impediu a KVP de manter um desempenho mais consistente e forte?

Uma diferença estratégica possivelmente relevante entre a KVP e nossas duas indústrias de melhor desempenho foi o tempo e a eficácia de seus vários esforços. Por exemplo, a Merck e a Eli Lilly anteciparam com sucesso a crescente importância de P&D: foram aumentando os gastos quase uma década antes das mudanças sistêmicas provocadas pelo DES e as Emendas K-H. Até o início de nossa janela de observação, a Merck e a Eli Lilly gastavam entre 8% e 10% das receitas totais em P&D, cerca do dobro da média do setor. A KVP basicamente reagiu a essas mudanças aumentando seus investimento em P&D só depois que ficou claro que deveria implementar alguma mudança para se manter viável.

O mesmo ocorreu com relação à mudança para a internacionalização: em nossa janela de observação, a Merck nunca teve menos de um terço de suas vendas fora dos Estados Unidos e, em comparação com a Merck, a Eli Lilly sofreu durante os anos 1980, em grande parte, por não conseguir manter uma presença significativa nos mercados globais. Contudo, a KVP só começou a se expandir internacionalmente em meados dos anos 1980. A empresa se destacou em sua habilidade de explorar a ascensão do mercado de genéricos e sua mudança para produtos farmacêuticos de marcas protegidas por patentes parece ter sido uma tentativa de aproveitar as "migalhas" deixadas pela concorrência.

Por fim, a KVP foi vítima de dois reveses significativos. O primeiro foi sua decisão de vender seus próprios medicamentos no final dos anos 1980, o que exigiu a implantação de uma estrutura de marketing. Para tanto, a KVP entrou em um acordo de co-marketing com a Bolar Pharmaceutical em 1987. No entanto, em 1990, a KVP rescindiu o contrato após relatos de que a Bolar estava distribuindo medicamentos adulterados.[32] Esse acontecimento não só reduziu a receita – afinal, os medicamentos que a Bolar comercializava deixaram de ser vendidos – como também aumentou os custos, pois a KVP se viu obrigada a desenvolver sua própria capacidade de marketing e distribuição.

O segundo foi quando a KVP estabeleceu sua divisão de genéricos, a ETHEX, empresa citada pelo FDA por descumprimento das Boas Práticas de Fabricação (cGMPs – current good manufacturing practices), o que levou à apreensão da maioria dos produtos da KVP em 1993.[33] A revalidação dos requisitos dos produtos afetados só foi concluída em 1995. Nesse ínterim, a empresa perdeu a receita de fabricação por contrato e enfrentou atrasos significativos nos Pedidos Abreviados de Registro de Medicamento Novo (ANDAs – Abbreviated New Drug Applications) pendentes. Foi durante esse período que o desempenho da KVP caiu para o segundo decil.

Não queremos supervalorizar tais acontecimentos: tanto a Merck quanto a Eli Lilly tiveram suas próprias dificuldades que poderiam ter causado verdadeiros desastres.[34] No entanto, incidentes como o recall do Vioxx da Merck e os litígios contra a Eli Lilly sobre o Zyprexa parecem ter sido "acidentes normais" – o inevitável rastro de um sistema inevitavelmente imperfeito.[35] Apesar desses infortúnios, e em seus pormenores talvez evitáveis, uma empresa grande e complexa operando em um ambiente altamente regulamentado e desafiador durante décadas, é praticamente certo que se enfrentará algum tipo de crise.

Em contrapartida, os desafios de conformidade da Bolar e do FDA parecem ser um indicativo de uma vulnerabilidade mais profunda e mais sistêmica. Cada um diz respeito a uma falha estrutural com relação a um fator-chave do sucesso: marketing (Bolar) e fabricação (não conformidade com as cGMPs do FDA), respectivamente. Em outras palavras, parece que a KVP não estava bem preparada para executar, de forma eficaz, sua estratégia escolhida.

No geral, a KVP mudou sua estratégia – de fabricante por contrato a fornecedor com base em pesquisa de longo prazo para o segmento de medicamentos genéricos avançando, em seguida, para a posição de fornecedor de produtos protegidos por patentes. O desempenho da empresa permaneceu relativamente medíocre durante todo o tempo. A observação relevante aqui parece ser que a KVP procurou apenas acompanhar as mudanças na estrutura do setor e adaptar-se a elas – não liderar – de modo suficiente para manter sua existência na indústria.

Apesar de todos esses altos e baixos, devemos dar à KVP os devidos créditos. Assim como em nossas comparações entre Merck e Eli Lilly, é importante lembrar que a Eli Lilly é uma multinacional de desempenho excepcional por méritos próprios e a KVP é mediana apenas à luz de padrões bastante rigorosos. A KVP conseguiu o que muitas organizações – na verdade, quase todas

– jamais conseguiram: décadas de sobrevivência. Mas o desempenho excepcional lhe escapou por entre os dedos.

Mudança reativa: somente se necessário

Onde a Merck liderou uma mudança no setor, a Heartland reagiu de forma lenta e gradual, começando com um modelo contrário, que violava o senso comum de seus pares na indústria farmacêutica. Na época, a empresa insistiu em manter a posição, mesmo diante do declínio de sua lucratividade. Com o tempo, reformulou quase todos os aspectos de seus negócios de uma forma que, talvez surpreendentemente, aproximava suas práticas para o padrão do setor. Notavelmente, a Heartland obteve um diferencial importante, fazendo essa aparente convergência de comportamento não prejudicar sua vantagem de lucratividade relativa. Nossa oportunidade aqui é observar como a mudança gradual e cuidadosa pode, ao longo do tempo, realizar uma transformação expressiva em prol da manutenção de uma lucratividade superior.

Vamos recordar as três empresas do trio que apresentamos no Capítulo 1: a Heartland, que manteve sua posição de *Miracle Worker*; a Werner, que perdeu seu lugar como *Long Runner*, e a PAM, nossa *Average Joe*. A Heartland entrou no banco de dados, juntamente com a Werner e a PAM, em 1986. Seu desempenho foi nada menos do que surpreendente, com um ROA médio, até 1994, de 17% enquanto o da Werner era de 7%. No entanto, esse período de desempenho da Heartland é caracterizado por um acentuado declínio, de cerca de 25% para a faixa de 13% a 15%. Na segunda era da Heartland, de 1995 a 2010, seu desempenho permanece consistentemente no 9º decil, mas é caracterizado por uma estabilidade relativamente contra a natureza, com uma média de 13% em uma faixa de mais ou menos dois pontos percentuais.

O perfil de perda de status por desempenho da Werner é bem diferente: um único período de desempenho absoluto caracterizado por uma faixa estreita e um declínio gradual. Essa erosão no ROA absoluto leva ao término do período de desempenho do 6º ao 8º decil em 2001, passando para a faixa que começa abaixo do 1º e vai apenas até o 4º decil.

As diferenças de comportamento entre Heartland e Werner, que parecem explicar melhor as diferenças em ROA observadas durante a primeira era da Heartland de desempenho absoluto, são inteiramente consistentes com as duas primeiras regras. A Heartland, como você deve se lembrar do que foi dito no

Capítulo 1, manteve-se focada em um número menor de clientes dentro de uma área geográfica relativamente compacta. Isso permitiu uma estrutura de rotas ponto a ponto, o que requeria baixo investimento em logística, evitando a necessidade de centros de distribuição caros, embora a empresa tivesse feito investimentos pesados em bases distribuídas (trailers) para manter os níveis de serviço elevados. Por meio de uma combinação de melhores salários e gratificações atraentes, como bolsas universitárias para os filhos dos motoristas, a Heartland contava com o suporte de vários motoristas que atuavam no modelo terceirizado, que forneciam serviços de muito melhor qualidade, mantendo, ao mesmo tempo, a empresa enxuta do ponto de vista dos custos fixos.

A Werner, que manteve consistentemente o dobro da receita da Heartland até 1994, tinha uma base de clientes muito mais diversificada, uma grande variedade de serviços (com vários tipos de veículos – de caminhões refrigerados para transporte de perecíveis a carretas de plataforma) e um alcance geográfico mais amplo. A Werner praticamente não usava motoristas terceirizados até meados da década de 1990, mas manteve o compromisso de adotar novas tecnologias de redução de custos, como GPS, antes de muitos outros concorrentes do setor. Ela ocupava uma posição baseada no preço, ao passo que a Heartland preferia a estratégia não-preço.

O efeito líquido dessas escolhas muito diferentes se refletiu nos três grandes propulsores da vantagem de ROA da Heartland. Graças aos preços que praticava, a Heartland gozava de uma vantagem de margem bruta na ordem de 10% ou mais, mesmo tendo despesas mais elevadas com terceiros. Sua base de ativos menor resultou em menos despesas de depreciação e maior giro dos ativos. A Heartland, de modo incomum entre os *Miracle Workers* e, em parte, devido à sua vantagem notavelmente alta em termos de ROA, era mais dependente do giro dos ativos e outros custos do que da margem bruta para a sua lucratividade superior.[36]

Conforme o setor se consolidava e amadurecia nas décadas após a desregulamentação, a Heartland escolheu crescer por meio de aquisições, aumentando o alcance geográfico e seu número de clientes, o que resultou em uma necessidade de fornecer uma variedade maior de serviços. Isso a levou a construir vários centros de distribuição entre 1993 e 2004. O aumento da concorrência na indústria como um todo dificultou o equilíbrio entre qualidade do serviço e uso de motoristas terceirizados, provocando uma mudança para o modelo de motoristas-funcionários e a consequente necessidade de investir pesadamente em sua própria frota. O compromisso da Heartland com os bons serviços implicava ter equipamentos confiáveis, mas para manter os custos de compras baixos a empresa tinha de comprar em quantidade ou de maneira contracíclica. Para alcançar esse tipo de flexibilidade, a Heartland optou por manter saldos de caixa altos, com um aumento de 30% nesta conta, em relação ao total de ativos no início da Era 1 para 50% durante a Era 2. Em contrapartida, a conta de caixa da Werner normalmente respondia por 5% a 10% do total de ativos.[37]

Quando o setor de transporte passou a ser estruturalmente competitivo, o poder de definição de preços da Heartland caiu. Contudo, a empresa optou por manter o máximo possível da estratégia não-preço através da adoção de um modelo com uso intensivo de ativos. Esse novo conjunto de *trade-offs* reduziu a vantagem geral em termos de ROA, com uma estrutura drasticamente diferente da existente na Era 1. As vantagens da Heartland em termos de ativos fixos e de despesas de depreciação caíram em cerca de 75%, enquanto sua desvantagem em termos de giro dos ativos circulantes mais do que dobrou. Sua vantagem na margem bruta, tanto em termos absolutos quanto relativos, foi significativamente maior, passando de 2,2 pp/ano para 5,6 pp/ano e representando 89% da vantagem total de ROA da Heartland, acima dos 23% contabilizados na Era 1.

TABELA 34 **Elementos da vantagem da Heartland em relação à Werner**

	Contribuição para a vantagem em termos de ROA em pontos percentuais ao ano (pp/ano)	
Elementos do ROA	Era 1: 1985–1994	Era 2: 1995–2010
Margem bruta	2,3	7,4
SG&A	0,0	0,0
P&D	0,0	0,0
Outros (inclusive impostos)	4,2	0,3
ROS	6,5	7,7
CAT	−1,0	−2,5
FAT	4,1	1,4
Outros	0,0	−0,3
TAT	3,1	−1,4
ROA	**9,6**	**6,2**

Fonte: Compustat; Os números da análise da Deloitte talvez não confiram com o total em virtude de arredondamentos.

Você pode estar se perguntando como um setor mais competitivo resulta em maior dependência de margens brutas superiores para alcançar uma lucratividade superior. O segredo é ter em mente que todo o sucesso é relativo. De 1995 a 2010, a lucratividade da Werner caiu em termos absolutos: sua posição relativa caiu da faixa do 6º ao 8º decil e, depois de 2003, nunca ultrapassou o 5º decil, muitas vezes ficando abaixo do 1º e não passando do 2º. Em outras palavras, na Era 2, a Heartland teve pior desempenho do que na Era 1, mas ainda se saiu melhor do que a Werner. E, apesar de sua liderança de ROA absoluto não ter sido um terço menor do que durante a Era 1, a empresa contou bem mais com a vantagem de margem bruta do que o fez na Era 1. Na Era 2, a Heartland investiu muito mais fortemente em um tipo de base de ativos, a fim de alcançar os preços diferenciados que impulsionaram sua vantagem de margem bruta.

Conseguimos ver quais foram as mudanças operacionais mais importantes e os tipos de concessões que a Heartland passou a aceitar, analisando as diferenças relativas nos comportamentos fundamentais da Heartland e da Werner durante as duas eras.

Vamos começar com o modelo de motoristas terceirizados. Em 1985-86, no início da Era 1, a Heartland gerou 56% de sua receita com esse modelo de DOs. Na Werner, esse mesmo número era igual a 0%. Como uma representação da dependência relativa do setor nesse modelo, observe que 32% do total de quilômetros das transportadoras eram rodados pelo modelo DO. Em 2000, esses números foram de 40% para a Heartland, 16% para a Werner, 13% para o setor e apenas quatro anos depois os números foram de 12%, 11% e 13%, respectivamente.[38] De uma posição de notável divergência – entre si e em relação às médias do setor – durante a Era 1, as duas empresas acabaram praticamente no mesmo lugar que a outra e os demais concorrentes. O uso do modelo de motoristas terceirizados passou de uma diferença com uma conexão plausível com as implicações de desempenho para uma influência homogênea, coincidente com a redução das diferenças de desempenho entre as empresas.

Também atribuímos grande parte da estratégia não-preço da Heartland ao seu relativo foco no cliente e ao impacto disso em sua capacidade de fornecer níveis de serviços superiores, com consequente reflexo nos preços mais elevados. Em 1986, os cinco principais clientes da Heartland representaram 62% de sua receita. Em 1994, esse número havia caído para 43%, chegando a 35% em 2006. Durante esse mesmo período, o nível de foco no cliente da Werner aumentou, mas apenas ligeiramente. Em 1994, os 5% de seus maiores clientes (mais de cinco) responderam por 9% da receita, enquanto 50% dos maiores clientes responderam por 47% da receita. Em 2006, esses números subiram para 11% e 54%, respectivamente. Ou seja, a magnitude da diferença de foco no cliente entre as duas empresas foi acentuadamente mais baixa, mas a Heartland manteve-se consideravelmente mais focada do que a Werner. Isso é consistente com a vantagem absoluta mais baixa em ROA da Heartland em relação à Werner.

Em contraposição com o foco no cliente e no alcance geográfico, onde a Heartland começou a se parecer mais com a Werner (mesmo mantendo suas importantes diferenças), a diversificação das unidades de negócios tornou-se um fundamental fator comportamental. Em 1993, a Werner começou a se expandir para além dos serviços de transporte rodoviário por contrato para os de frota dedicada – assumindo os ativos e as responsabilidades das operações de transporte rodoviário que antes seus clientes realizavam internamente – e para os chamados "serviços não baseados em ativos", como os de corretagem: naquele ano, cada uma dessas novas linhas de negócios representou 1% da receita total. Em 2006, a frota dedicada representava 43% da receita da Werner e os serviços não baseados em ativos totalizavam 13% de seu faturamento. Entrevistas com executivos da Werner sugeriam que essas novas linhas de negócios eram mais lucrativas do que os serviços de transporte rodoviário por contrato, e não temos qualquer prova em contrário.

No entanto, seja qual for a lucratividade relativa desses serviços para a Werner, a Heartland permaneceu focada no transporte rodoviário por contrato. De acordo com nossa hipótese de que o transporte rodoviário por contrato foi objeto de uma crescente pressão sobre os preços à medida que o setor se consolidava, o ROA absoluto médio da Heartland foi muito menor na Era 2. Entretanto, ao manter o compromisso de oferecer um valor não-preço superior, a empresa conseguiu resistir ao achatamento nos preços de modo mais eficaz que seus concorrentes, investindo em recursos e capacidades que preservaram sua estratégia não-preço. Consequentemente, a Heartland manteve uma vantagem em termos de ROA absoluto em relação à Werner e seus registros de desempenho no 9º decil que, como você deve se lembrar, eram a base do desempenho da Heartland comparado com o de todas as outras empresas de capital aberto.

Devemos ficar impressionados com a Heartland por pelo menos duas razões durante a Era 1. Primeiro, porque ela conseguiu desfrutar de um alto nível de desempenho por muito tempo: suportar as pressões competitivas por uma década por sua dedicação a uma posição aparentemente única de não-preço

168 AS TRÊS REGRAS

é um feito verdadeiramente notável. Em segundo lugar, a Heartland parece ter reconhecido que o drástico declínio em seu desempenho absoluto – uma taxa de quase 1,5 pp/ano – não era prova de qualquer falha de sua parte. Suas quedas no ROA não eram um problema a ser corrigido, já que o retorno desse índice a seus níveis históricos, apesar de desejável, não seria possível. Manter ROAs em torno de 20% a 25% e entre 17% e 19% quando concorrentes claramente bem administrados, como a Werner, não chegavam a ROAs acima um dígito, não seria possível.

Diante da queda de seu desempenho absoluto, a Heartland não se descontrolou em uma tentativa cega e desesperada de recuperar a glória do passado. Em vez disso, explorou gradualmente um modelo alternativo: permitindo que seu percentual de motoristas terceirizados flutuasse de acordo com os aspectos da economia, acrescentando centros de distribuição aos poucos, conforme necessário, chegando a algumas atitudes ousadas com aquisições transformadoras. No entanto, mesmo com todas essas medidas, nunca abriu mão de seu compromisso com uma posição baseada no valor não-preço e, como consequência, conseguiu preservar sua fórmula de lucratividade impulsionada pela receita e baseada no preço mais alto.

> A Heartland mudou quase todos os aspectos de seu modelo: de rotas ponto a ponto para uma rede de centros de distribuição, de motoristas terceirizados para motoristas-funcionários. Além disso, expandiu sua presença geográfica e ampliou sua base de clientes. No processo, a estrutura de sua vantagem em termos de lucratividade passou de uma superioridade em ROS e em TAT para uma forte liderança em ROS, mas com uma substancial desvantagem em TAT. A única coisa que não mudou foi o cumprimento das regras *o melhor antes do mais barato* e *receita antes do custo.*

Finalmente, a PAM, nossa *Average Joe* das três, passou os primeiros cinco anos de sua existência como uma empresa de capital aberto que se recuperava de perdas decorrentes do fracasso de sua estratégia de crescimento. A PAM encontrou um caminho para a lucratividade por meio de operações de frota dedicada. Com volumes e rotas altamente previsíveis, é de se imaginar que uma transportadora administrada com eficiência conseguiria, pelo menos, garantir sua sobrevivência através da exploração efetiva desse nicho. Mais uma vez, no entanto, a PAM colocou-se do lado errado, apostando alto na indústria automobilística: a General Motors estava entre seus maiores clientes até o início dos anos 1990. Isso funcionou muito bem enquanto o setor automotivo nos Estados Unidos estava relativamente estável até o final dos anos 1990. No entanto, quando as fortunas das montadoras diminuíram, a PAM mostrou-se incapaz de encontrar novos clientes ou reduzir os custos o suficiente para preservar seu período de 10 anos de lucratividade sólida. A partir de 2007, os resultados mais uma vez indicavam circunstâncias bastante perigosas, com um ROA pairando em ou abaixo de 0%.

Comparada com a PAM, a Werner é um exemplo salutar de transportadora administrada de maneira disciplinada. Diferenciais não-preço não são suficientes para explicar a diferença de desempenho entre as duas empresas, mas a Werner obteve resultados financeiros muito mais favoráveis. A consistência da Werner em termos de eficiência e de não cometer erros significativos pode não ter o apelo da diferenciação não-preço da Heartland, mas serviu para gerar mais de uma década de lucratividade superior. É bom lembrar que, como um *Long Runner*, o desempenho da Werner merece nossa admiração. Equilibrar as conflitantes demandas de atingir os níveis necessários de atendimento ao cliente mantendo o preço competitivo e, ao mesmo tempo, controlar os custos, certamente não era menos desafiador do que a incomum receita da Heartland. Era difícil mesmo – afinal, a Werner tinha um desempenho excepcional por seus próprios méritos.

No entanto, é interessante notar que o desempenho da Werner também teve uma queda livre, quase convergindo com o da PAM. Talvez não seja surpresa que os comportamentos de ambas apresentem tantas semelhanças. Nessa época, a PAM havia conseguido diversificar sua base de clientes na frota dedicada longe do setor automotivo dos Estados Unidos e acrescentar serviços de transporte rodoviário por contrato que, historicamente, eram menos sensíveis ao preço. Também tinha diversificado suas atividades para os serviços de logística, que faziam uso menos intensivo de ativos e prometiam um ROA mais alto. Durante esse mesmo período, a Werner passou a trabalhar com frota dedicada, que prometia uma utilização mais previsível e intensa dos ativos e, ao mesmo tempo, adicionou serviços de logística ao seu portfólio.

Pelo menos nesse caso, parece claro que a estratégia não-preço da Heartland foi um fator determinante tanto da magnitude de seu desempenho excepcional (no 9º decil) quanto de sua estabilidade (sua série ininterrupta de anos no 9º decil). A Werner, com sua posição bem executada, voltada aos preços (em comparação com a Heartland), alcançou um desempenho excepcional, ou quase isso, mas mostrou-se mais suscetível às pressões competitivas: sua posição relativa parece não ter se deteriorado devido a eventuais falhas profundas, mas apenas porque os concorrentes (como a PAM) a alcançaram.

Essa narrativa qualitativa se reflete em mudanças na estrutura das vantagens de lucratividade desfrutadas pela Heartland e pela Werner em relação à PAM durante suas respectivas mudanças importantes no modelo de administração. Durante sua Era 1, a Heartland alcançou vantagem em termos de ROS e de TAT; no entanto, durante a Era 2, sofreu uma desvantagem de TAT em relação à PAM, atribuindo sua liderança de margem bruta totalmente à sua vantagem geral de ROA. Tal como aconteceu com a liderança da Heartland sobre a Werner, essas são as impressões digitais financeiras da dedicação da Heartland a uma estratégia não-preço e uma fórmula de lucratividade impulsionada pelo preço mais alto.

Contudo, a superioridade da lucratividade da Werner em relação à PAM não mostra mudanças qualitativas entre os períodos de melhor e pior desempenho relativo da Werner. Com a queda no desempenho da Werner, sua liderança em margem bruta encolheu e a empresa passou a contar mais pesadamente com a necessidade de redução de custos e maior giro dos ativos. Isso reflete a convergência das posições das duas empresas. Em suma, enquanto a Werner sofria com sua desastrosa campanha de crescimento nas décadas de 1980 e 1990, a PAM "continuou a mesma, porém pior do que a" Werner. De 2002 a 2010, a PAM endireitou um pouco o rumo, mas, graças à sua administração superior, a Werner "continuou a mesma, porém melhor do que a" PAM.

Mais uma vez, as características que distinguem nosso *Miracle Worker* são *o melhor antes do mais barato* e *receita antes do custo*. Nossa *Long Runner* mostra que uma posição mais impulsionada pelo preço pode dar certo, e que pode valer a pena ter uma lucratividade dependente do custo, mas que tais estratégias não têm nem a magnitude nem a duração de um desempenho excepcional.

Mudança ineficaz: cavar um buraco para depois preenchê-lo

O último dos nossos nove trios é o setor de eletrodomésticos. A Maytag, que perdeu seu status de *Miracle Worker*, ainda é conhecida nos Estados Unidos por seu personagem "o solitário técnico da Maytag", que permanece longos e numerosos dias sem serviço graças à confiabilidade das máquinas de lavar Maytag.

A sorte da empresa começou a se deteriorar em meados dos anos 1980 e seu período de desempenho relativo superior terminou em 1989. Apesar de suas tentativas agressivas e aparentemente razoáveis para lidar com a drástica mudança no nível do setor, os resultados financeiros continuaram a decepcionar e as perspectivas não melhoraram. Em 2006, a Maytag foi adquirida pela Whirlpool, a *Average Joe* do trio, que alcançou resultados financeiros comuns, mas provou ser um sobrevivente notável em um mercado cada vez mais competitivo e global.

Nossa *Long Runner*, a HMI Industries (HMI), talvez seja mais conhecida pela FilterQueen, sua linha de aspiradores de pó, vendida por muito tempo de porta em porta. Como a Maytag, a HMI perdeu seu status no setor: de 1996 a 2004 sofreu quedas de desempenho tão graves, que acabou fechando seu capital na tentativa de retomar o fôlego necessário para uma reviravolta.

Como a Maytag e a Whirlpool são concorrentes muito próximos, diferentemente do que fizemos até aqui, começaremos a análise desse trio com uma comparação entre o *Miracle Worker* e o *Average Joe*. Apesar dos dois períodos de desempenho relativo da Maytag – um de desempenho relativo superior (1966 a 1989), outro de desempenho relativo inferior (1990 a 2004) – sua performance absoluta consiste em uma única era de declínio contínuo, com ROA caindo de quase 20% para praticamente 0%.

Até 2010, nosso banco de dados armazenava uma história de 45 anos da Whirlpool, a *Average Joe,* que não mostra um padrão reconhecível de desempenho relativo. Suas duas eras em ROA absoluto apresentam inclinações graduais e positivas, mas níveis médios sugestivamente diferentes: de 1966 a 1987, seu ROA médio ficou perto de 9%, enquanto de 1988 a 2010, esse índice ficou em cerca de 3%.

A análise desses perfis de desempenho começa com os elementos de vantagem nos respectivos períodos. Durante o período de desempenho relativo superior da Maytag, vemos um conjunto sugestivo de *trade-offs* entre os diferentes elementos. Observe primeiro o *trade-off* entre ROS e TAT e, dentro do ROS, uma margem bruta muito forte para compensar o SG&A relativamente maior.

Durante o período de desempenho relativo inferior, temos uma imagem totalmente diferente: é a Whirlpool que tem a vantagem de margem bruta e a minúscula liderança no ROA da Maytag é impulsionada por elementos de baixo custo, especialmente SG&A, e maior giro dos ativos.

Desde o início do nosso período de observação, em 1966, a Maytag e a Whirlpool tiveram posições competitivas distintas e fórmulas de lucratividade diferentes.[39] A Maytag gerou dois terços ou mais de sua receita com lavadoras e secadoras, diferenciadas por sua confiabilidade e sempre ganhadoras da

TABELA 35 **Estatística descritiva para o trio de eletrodomésticos**

Empresa	Categoria (trajetória)	Ano de fundação	Período de observação	Crescimento da receita (US$)	ROA anual médio	TSR anual composto	Crescimento da receita anual composto
Maytag	*Miracle Worker* (perdida)	1893	1966 a 2005	131 mi a 4,9 bi	12,3%	9,0%	9,7%
HMI Industries	*Long Runner* (perdida)	1928	1967 a 2004	9 mi a 32 mi	3,1%	−1,4%	4,1%
Whirlpool	*Average Joe* (N/A)	1911	1966 a 2010	705 mi a 18,4 bi	6,0%	10,1%	7,7%

Fonte: Compustat; documentos da empresa; análise da Deloitte.

mais alta classificação de qualidade na *Consumer Reports*. A empresa construiu e sustentou sua imagem de qualidade distribuindo seus produtos através de uma extensa rede de revendedores independentes e investindo em torno de duas a quatro vezes mais em publicidade do que a Whirlpool, em termos de percentual de vendas. Esse compromisso com a publicidade foi feito durante um período em que a Whirlpool teve receita total de duas a quatro vezes a da Maytag, o que indica um investimento publicitário absoluto igual ou maior.

TABELA 36 **Elementos de vantagem da Maytag em relação à Whirlpool**

	Contribuição para a vantagem em termos de ROA em pontos percentuais ao ano (pp/ano)	
Elementos do ROA	**Período de melhor desempenho: 1966–1991**	**Período de pior desempenho: 1992–2005**
Margem bruta	24,3	−1,4
SG&A	−7,4	2,6
P&D	0,0	0,6
Outros (inclusive impostos)	−7,2	−1,2
ROS	9,7	0,5
CAT	−0,7	0,3
FAT	−0,9	0,0
Outros	0,7	−0,1
TAT	−0,9	0,3
ROA	**8,8**	**0,8**

Fonte: Compustat; Os números da análise da Deloitte talvez não confiram com o total em virtude de arredondamentos.

Em contrapartida, a Whirlpool tinha um portfólio de produtos mais amplo e equilibrado. Até 1979, metade de suas receitas provinha de vendas para a Sears, que revendia os produtos no varejo com a marca Kenmore, cujos preços de varejo eram inferiores aos dos eletrodomésticos da marca Maytag. Essa situação gerava menos receita por unidade e reduzia a margem para a Whirlpool. Na época, a Sears era a maior varejista de eletrodomésticos nos Estados Unidos e, portanto, desfrutava de grande poder de barganha na negociação de contratos de compras com seus fornecedores para revenda como suas marcas próprias.

A natureza e a magnitude dessas diferenças comportamentais explicam a natureza e a magnitude das diferenças na lucratividade. Para a Maytag, o foco mais forte em uma menor gama de produtos foi um ingrediente-chave na concepção e fabricação de produtos de maior qualidade, o que, em conjunto com seus dedicados distribuidores independentes e sua ênfase na construção da marca através da publicidade, proporcionou à Maytag a prática de preços diferenciados na faixa de 10% a 15%. Isso se reflete em sua vantagem de margem bruta de 13 pontos percentuais por ano. Os gastos incrementais da Maytag em publicidade (3 pp das vendas) mostram-se em uma desvantagem de SG&A de mais de 5 pp por ano, com o saldo provavelmente explicado por um maior nível de apoio da Maytag ao seu canal de distribuição, para o qual ela pagava inclusive as despesas de envio. O menor giro dos ativos da Maytag provavelmente não é indício de ineficiência, mas sim uma consequência da maior complexidade de sua rede de distribuição no varejo. Esse talvez seja o exemplo mais claro das regras o *melhor antes do mais barato* e *receita antes do custo* que temos em nossa amostra.

Apesar dos pontos fortes de sua posição e fórmula de lucratividade, a lucratividade absoluta da Maytag estava em declínio havia um bom tempo. Embora a empresa tenha se recuperado melhor da recessão de 1973 a 1975 do que da ocorrida entre 1980 e 1982, a lucratividade absoluta da Whirlpool se manteve em crescimento até meados dos anos 1980. Embora um fenômeno de tamanha complexidade dificilmente possa ter uma única causa, um fator-chave parece ter sido a consolidação do canal de varejo.

A habilidade de a Maytag cobrar preços diferenciados dependia da capacidade e disposição de um exército de varejistas menores, independentes, muitas vezes com uma única loja de eletrodomésticos, para explicar e promover as vantagens dos produtos Maytag.

Ter produtos de alta qualidade e promover a marca através da publicidade foram ingredientes indispensáveis, mas "a conversão de oportunidade em venda" ativava a experiência do cliente criada com base em atenção e serviços personalizados. Por mais importantes que tenham sido para a Sears, os eletrodomésticos e a marca Kenmore não passaram de um departamento em suas lojas, e a Whirlpool foi sempre apenas mais um entre muitos fornecedores.

A cada recessão, esse canal de distribuição diferenciado sofria pressão crescente. A rede de 10.000 revendedores Maytag, em 1985, caiu para 650 em 1996. Além disso, uma série de superlojas (*big box*) que iniciaram a vida em outros setores de varejo começou a ver os eletrodomésticos como uma oportunidade de crescimento. Circuit City, Best Buy, The Home Depot e Sam's Club – todos entraram na briga, cada um deles competindo com os revendedores independentes e mesmo com as lojas de departamento tradicionais, como a Sears, praticando preços mais baixos. Esses varejistas ofereciam menos assistência no varejo e tendiam a negociar maiores volumes com linhas completas de diferentes marcas.

Nessas mudanças, a Maytag viu um elemento-chave da sua lucratividade ruir. Como reação, ampliou a linha de produtos e os segmentos de clientes atendidos. Duas importantes aquisições basicamente triplicaram o tamanho da empresa. A Maytag estava acostumada com aquisições: tinha expandido suas atividades para o segmento de eletrodomésticos de cozinha, em 1981, com a compra da Hardwick Stove Company e da Jenn-Air Corporation, mas essas eram empresas relativamente pequenas, e os dois acordos representaram 16% e 27%, respectivamente, da receita da Maytag antes das aquisições. Além disso, ambas eram marcas de produtos com preços diferenciados e reputação de qualidade.[40]

O acordo com a Magic Chef, em 1986, foi uma partida dramática dessa estratégia. Representando uma vez e meia a receita da Maytag antes do acordo, essa foi mais uma fusão do que uma aquisição, aumentando consideravelmente a dívida de longo prazo da Maytag e trazendo na bagagem uma base de ativos da obsoleta fábrica que precisava de renovação. Os produtos da Magic Chef tradicionalmente eram incluídos nos rankings de baixa qualidade.

Apesar desses inconvenientes, o acordo foi visto pela alta administração como crucial para as perspectivas de longo prazo da Maytag. O então CEO, Daniel Krumm, explicou: "Por meio da consolidação, os concorrentes no setor de eletrodomésticos tornaram-se menos numerosos e maiores em tamanho. Consequentemente, havia uma preocupação crescente sobre o futuro de longo prazo da Maytag no setor."[41] A necessidade de uma linha de produtos que cobrisse todas as principais categorias de eletrodomésticos e segmentos de mercado, juntamente com a diminuição do número de concorrentes, deixou a liderança da empresa acuada.

Na esteira da aquisição, o retorno da Maytag sobre as vendas diminuiu, enquanto a margem bruta caiu mais do que o SG&A, sugerindo que quaisquer economias de escala seriam mais do que compensadas pelas reduções de preços. Aumentos no giro dos ativos não foram capazes de fazer a diferença, e o ROA médio geral caiu de 19% nos três anos antes da aquisição para 15% nos dois anos seguintes.

Em 1988, a Maytag realizou sua segunda maior aquisição relativa, a Chicago Pacific Corporation, fabricante da linha de aspiradores Hoover. Esse acordo parecia rumar na direção oposta, saindo um pouco dos eletrodomésticos (no recém-consolidado canal, os aspiradores de pó eram considerados uma categoria de produto diferente), mas atraiu um segmento de clientes mais sofisticados. Assim, a empresa diversificou geograficamente, mas expandindo praticamente apenas para o Reino Unido, pois a Hoover não desfrutava de grande presença na Europa continental.

Pior ainda, o acordo foi prejudicado por erros táticos. Os ativos imobilizados da Hoover, como a Magic Chef, exigiam significativo investimento de capital para aumentar a qualidade e reduzir os custos, e a promoção "passagem aérea gratuita" da Maytag, que oferecia um voo gratuito de Londres para os Estados Unidos na compra de um aspirador Hoover, resultou em uma perda de US$60 milhões. Até 1995, a Maytag havia vendido seus ativos da Hoover na Europa e na Austrália, com um prejuízo adicional combinado, antes de impostos, de US$154 milhões. Em 1997, a aquisição da G.S. Blodgett, uma empresa de fornos comerciais, apresentou resultados um pouco melhores, mas a Maytag acabou se desfazendo da Blodgett em 2001, com um prejuízo de US$60 milhões, antes de impostos.

Como a Maytag sofreu seguidos revezes, um mais forte que o outro, a Whirlpool acabou se provando um sobrevivente digno de nota. A tendência de alta de longo prazo no ROA da Whirlpool de 1966 reflete a diminuição de sua dependência da Sears como canal de distribuição. Até o início da década de 1970, 60% da receita da Whirlpool vinha dessa varejista com sede em Chicago. Isso começou a diminuir, a princípio gradualmente, a pouco mais de 40% até 1980. Tal queda reduziu o poder de barganha de seus parceiros de canal e permitiu à Whirlpool reforçar sua imagem de marca própria. O consequente preço mais elevado, juntamente com a arraigada preocupação com os custos da Whirlpool (o legado de ter ficado nas mãos da Sears por tanto tempo), resultou no aumento do ROA. Embora não fosse um concorrente de valor não-preço em comparação com a Maytag, a mudança da Whirlpool para o outro lado do espectro – o não-preço – é a explicação mais plausível para o aumento da margem bruta da empresa, que passou de menos de 20% para pouco menos de 25% até o início dos anos 1980.

Acostumada a lidar com uma ampla linha de produtos e vendo no surgimento de grandes varejistas uma diversificação relativa de seus canais de distribuição, a Whirlpool parecia a caminho de ofuscar a Maytag e alcançar destaque em termos de lucratividade.

Entra em campo a globalização. A princípio, as empresas coreanas (LG, Daewoo e Samsung), seguidas pelas chinesas (como a Haier) entraram no mercado americano de eletrodomésticos pelos canais de distribuição recém-consolidados. De forma um pouco atípica, juntas, as asiáticas cobriram toda a gama de segmentos de produtos e atendimento ao cliente, entrando com produtos de alta qualidade, com muitos recursos, vendidos a preços competitivos. Construindo o sucesso em seus mercados domésticos e aproveitando suas capacidades em produtos eletrônicos de consumo, os fabricantes coreanos, em particular, estavam bem posicionados para explorar o promissor segmento de eletrodomésticos high-end (sofisticados) que, entre 1985 e 2001, praticamente quadruplicou sua participação de mercado, subindo de 8% a 23%. A participação de mercado dos eletrodomésticos mid-range (medianos) caiu de 54% para 41%, enquanto a faixa low-end (popular) permaneceu constante, caindo de 38% para 36% no mesmo período.[42]

Combatendo globalização com globalização, a Whirlpool diversificou internacionalmente tanto sua produção quanto seus mercados. De 0% em 1984, em 1989, 35% das vendas vinham de fora dos mercados americanos, um número que tem se mantido relativamente estável desde então. Além das nove unidades de produção da empresa nos Estados Unidos, em meados da década de 2000, a empresa tinha fábricas na Itália (4), França (1), Alemanha (2) e Suécia (1), como parte de sua estratégia europeia; além de México (4), Brasil (3), Índia (3), China (2), Polônia (1) e Eslováquia (1), cada qual com o objetivo de atender os mercados locais e globais com produção de baixo custo. Através de uma série de participações parciais e acordos de *joint-venture*, a empresa aprendeu sobre cada novo mercado e melhorou sua posição conforme as circunstâncias permitiam. A gestão eficaz da estratégia global da Whirlpool se deve à manutenção de margens brutas e ao aumento do giro dos ativos, mesmo em um cenário cada vez mais competitivo.[43]

Enquanto isso, o esforço de globalização da Maytag naufragava. Fora dos Estados Unidos, as vendas dispararam e, em seguida, afundaram, como resultado do fiasco da linha Hoover – uma escalada de menos de 5% em 1996 para talvez 10% das vendas em 2004. Do lado do fornecimento, sete fábricas da empresa nos Estados Unidos foram incrementadas por quatro no México.

Os últimos suspiros da Maytag ocorreram no fim da década de 1990, com uma tentativa de voltar às raízes como uma concorrente de preços diferenciados e uma estratégia não-preço. Ironicamente, a Sears havia se tornado o canal de distribuição relativamente high-end (de alta qualidade) em um mundo dominado por superlojas e, em 1997, a Maytag e a Sears assinaram um acordo de distribuição. Rejeitando a expansão internacional, a Maytag evitou os custos da diversificação geográfica.

Em 1997, as perspectivas melhoraram ainda mais com o lançamento da lavadora e secadora Neptune, um inovador aparelho de carregamento frontal, vendido no varejo por US$1.100, mais que o dobro do maior preço de venda da época. A novidade foi um tremendo sucesso, gerando US$2,5 bilhões em vendas ao longo dos quatro anos seguintes. Em 1999, a Maytag lançou suas próprias lojas de varejo, com 30 em operação em 2003, em uma tentativa de recuperar o compromisso com o cliente, que tinha sido o pivô de seu sucesso histórico.

Foi um falso despontar, no entanto. Problemas de qualidade eram uma verdadeira praga para a Neptune e, em 2004, a empresa perdeu mais de US$33 milhões como parte de uma ação coletiva associada a defeitos do produto. Ao que parecia, o antigo ocioso técnico da campanha publicitária da marca tinha muito mais a fazer do que em tempos passados. A estratégia de canais da Maytag acabou fracassando, em grande parte, por canalizar o conflito com a Sears, combinado com os próprios desafios dessa grande rede no mercado de varejo e a confusão entre os clientes, pois os mesmos produtos Maytag continuavam disponíveis nas superlojas, geralmente a preços mais baixos.[44]

A Whirlpool, por mais insignificante que fosse sua lucratividade, estava crescendo fortemente em sua expansão internacional e melhorando gradativamente seus resultados através de margens brutas estáveis graças a produtos com preços competitivos, reduções consistentes nos custos e excelente giro dos ativos – realizações que se devem ao crescimento impulsionado pela expansão internacional. Em 2005, a Maytag era menos de um terço o tamanho da Whirlpool, mas apresentava um valioso conjunto de marcas e então a Whirlpool resolveu adquiri-la. Jeff Fettig, CEO da Whirlpool desde 2004, disse mais tarde que a estratégia de reviravolta para a divisão era basicamente restaurar tudo o que tinha tornado a Maytag um excelente negócio: produtos diferenciados e de alta qualidade que proporcionavam uma experiência única ao cliente para justificar os preços elevados e a fidelidade do cliente.[45]

> A única falha nas respostas aos desafios que a Maytag enfrentou foi que elas não funcionaram. É fácil culpar a "execução", porém a Whirlpool adotou praticamente as mesmas respostas, executadas de forma brilhante, e acabou como *Average Joe* em virtude de seus problemas. O que a Maytag não deveria ter mudado? *Melhor antes do mais barato* e *receita antes do custo.*

O *Long Runner* do trio, a HMI, resolveu adotar como nome da empresa a sigla de sua razão social registrada em 1930, "Health-Mor Sanitation Systems". Há muito focada em aspiradores de pó, a marca FilterQueen foi a base dos negócios até o fim dos anos 1980. Até então, a estratégia da HMI parecia, em muitas maneiras, uma versão turbinada da adotada pela Maytag: produtos de alta qualidade vendidos através da distribuição high-end, a preços diferenciados. A HMI, no entanto, levou a distribuição high-end o mais alto possível, usando uma rede de vendedores de porta em porta. Como resultado, durante o período de desempenho relativo superior da Maytag, as margens brutas da HMI eram comparáveis às da Maytag, mas cada dólar de vendas era relativamente caro e, portanto, o SG&A da HMI era relativamente maior. Com ativos de produção mais complexos e extensos, o giro dos ativos da Maytag era muito menor, mas a HMI utilizava um capital de giro maior, resultando em uma vantagem de giro dos ativos totais para a Maytag.

Vemos uma estrutura semelhante na vantagem da HMI sobre a Whirlpool. Durante sua sequência de desempenho relativo superior, a HMI desfrutou de uma forte vantagem de margem bruta, reflexo de sua estratégia competitiva não-preço, mas com uma expressiva desvantagem em SG&A, coerente com o modelo de distribuição com mão de obra mais intensiva. Com maior volume e eficiência do que a Maytag, a Whirlpool conseguiu igualar seu giro dos ativos ao da HMI, apesar de seu modelo com uso intensivo de ativos; ao mesmo tempo, administrou o ativo circulante de forma mais eficiente do que a HMI, deixando a empresa de aspirador de pó em desvantagem no total de giro dos ativos.

O ROA da HMI caiu até o início da década de 1970, e a empresa expandiu-se para a distribuição de varejo tradicional: até 1978, as vendas das lojas de varejo eram responsáveis por 50% da receita e pareciam contribuir para a melhoria na lucratividade, aumentando a margem bruta e reduzindo o SG&A. No entanto, o crescimento alcançado não foi suficiente e o canal de varejo praticamente canibalizou as vendas de porta em porta. Além disso, no canal de varejo, o caro FilterQueen provou-se um produto especialmente vulnerável às pressões da recessão no início dos anos 1980. Em resposta, a HMI introduziu a linha Princess para venda no varejo e retornou o FilterQueen à linha de produtos vendidos por encomenda aos vendedores de porta em porta.

Isso talvez indique que a HMI, com sua estratégia não-preço, tinha uma relativa vantagem em termos de gastos com P&D sobre a Maytag e a Whirlpool, apesar de seu tamanho muito menor. Portanto, gastava consideravelmente menos em dólares absolutos no desenvolvimento de produtos. O motivo talvez

TABELA 37 **Elementos da vantagem da Maytag em relação à HMI e da HMI em relação à Whirlpool**

Elementos do ROA	Contribuição para a vantagem em termos de ROA em pontos percentuais ao ano (pp/ano)			
	Maytag *vs.* HMI		HMI *vs.* Whirlpool	
	HP: 1967–1991	LP: 1992–2004	HP: 1968–1995	LP: 1996–2004
Margem bruta	−1,4	−14,1	17,7	15,7
SG&A	7,0	34,7	−11,8	−38,5
P&D	0,0	−1,1	1,1	1,7
Outros (inclusive impostos)	−3,2	−6,2	−1,5	3,7
ROS	2,5	13,4	5,4	−17,4
CAT	3,4	0,7	−2,0	−1,8
FAT	−2,2	2,1	0,3	−4,4
Outros	1,6	1,4	−0,3	−1,8
TAT	2,7	4,2	−2,0	−8,0
ROA	**5,2**	**17,5**	**3,4**	**−25,4**

hp = alto desempenho
lp = baixo desempenho

Fonte: Compustat; análise da Deloitte
Os valores podem não bater devido a arredondamentos.

fosse a incapacidade da empresa em reverter, ou mesmo parar, seu declínio de longo prazo em termos de ROA absoluto.

Em 1987, um novo CEO, Kirk Foley, foi nomeado. Consistente com a visão de que a diversificação das linhas de negócios é tanto uma resposta como uma causa do mau desempenho, Foley começou uma agressiva expansão para novos mercados de produtos. Na década que terminou em 1995, as receitas da HMI cresceram de US$25 milhões para quase US$125 milhões e a situação mudou completamente. A linha de aspiradores de pó tornou-se apenas uma divisão de produtos de consumo. A linha de tubos de metal cresceu para um quarto do total de receitas, mas acabou descontinuada em 1989, sendo substituída por uma divisão mais diversificada, de produtos para assoalhos, com operações na Europa, e uma linha de aluguel de máquinas para lavagem de carpetes, a Household Rental Systems (HRS).

Nenhuma dessas operações teve uma posição competitiva de destaque e o ROA da HMI continuou a cair, embora sua posição relativa tivesse se mantido entre o 6º e o 8º decil, conforme exige o status de *Long Runner*. Mesmo assim, a tendência de longo prazo era clara, e quando um novo CEO, James Malone, assumiu o cargo em 1997, sua aposta foi retornar os negócios aos seus primórdios. Malone descontinuou seis importantes linhas de produtos e reconstituiu a linha de aspiradores FilterQueen a partir do que restou dela dentro da divisão de modelos de consumo. Como resultado dessas mudanças, as vendas despencaram para apenas US$39 milhões.

Como o perfil de desempenho da empresa revela, o ROA continuou a diminuir, tornando-se bastante irregular. Os prejuízos foram suficientemente dramáticos e a pressão sobre o preço das ações foi tão forte que a empresa fechou seu capital em 2005.

Jogando com as probabilidades

A Merck e a Heartland devem seu excepcional desempenho sustentado a seus acertos. A Merck sempre foi pioneira – nos mercados internacionais, na descoberta dirigida, na diversificação do portfólio de produtos, nas *joint-ventures*, nos investimentos em PBM – e melhor, fosse alcançando os resultados desejados ou evitando retrocessos não lucrativos. A Heartland esperava, adotando o que havia se tornado prática comum no setor anos depois de seus concorrentes, e desfrutou os benefícios de sua posição e modelo operacional único por quase uma década. Quando finalmente teve de se adaptar, acabou procedendo de uma forma que desorganizou quase todos os aspectos de seus negócios. Mas em ambos os casos, *o melhor antes do mais barato* e *receita antes do custo* parecem ser as únicas constantes.

Eli Lilly, Werner e Whirlpool desfrutaram um desempenho relativamente consistente. A magnitude as iludiu, não por causa de quaisquer falhas graves por parte delas, mas principalmente pelo que deixaram de fazer. A Eli Lilly não usou agressividade e rapidez suficientes ao adotar os novos paradigmas de pesquisa nem ao ingressar em novos mercados internacionais. Ela tinha a capacidade, mas era – em comparação com a Merck – menos comprometida com as regras. Da mesma forma e ironicamente, a Werner buscou a lucratividade com uma frota dedicada e serviços não baseados em ativos. Como o tempo de gestão e atenção são recursos limitados, e essas iniciativas não se prestam a uma estratégia não-preço, a lucratividade excepcional permaneceu uma incógnita. A Whirlpool viu-se presa em uma indústria cada vez mais globalizada e sob extrema pressão de concorrentes estrangeiros de baixo custo. O preço foi alto – a empresa apostou tudo o que tinha para tentar manter o equilíbrio.

Maytag, HMI, KVP e PAM devem suas quedas ou lucratividade média ao que fizeram de errado. A Maytag e a HMI não eram arrogantes; na verdade, eram exatamente o oposto: abriram mão do que as tornara especial, aparentemente em resposta às esmagadoras pressões do setor. A KVP e a PAM tentaram ficar com a medalha de bronze em seus respectivos setores, mas nenhuma delas conseguiu. Enquanto a KVP carecia de excelência operacional para levar a cabo sua transformação, a PAM fez apostas estratégicas que só deram errado.

O mais fascinante é que nossas empresas de sucesso não manifestaram comportamentos opostos aos que vimos em nossos atores menos proeminentes. A Merck fez grandes apostas que deram certo (planejamento de descoberta dirigida) e grandes apostas que naufragaram (Medco). A Heartland cedeu às pressões do setor, assim como a Maytag, mas conseguiu manter seu status de *Miracle Worker*. A expansão internacional da Werner serviu-lhe de quase nada, enquanto para a Merck esse foi um dos principais fatores para seu sucesso. A HMI mudou seu modelo de distribuição subjacente, mas isso serviu apenas para enterrá-la mais rapidamente em um buraco mais profundo, ao passo que para a Heartland uma mudança semelhante foi essencial. Em suma, acabamos onde começamos: com a observação de que, além de *o melhor antes do mais barato* e *receita antes do custo*, realmente não há outras considerações interessantes a serem feitas.

Esperamos que nossas regras possam ajudá-lo na tomada de decisões difíceis e ambíguas. Afinal, raramente os dados são determinantes em quaisquer questões de momento. Em tais circunstâncias, o executivo tem uma escolha a fazer: seguir seus instintos ou seguir as regras.

E muitos não seguem as regras. Em vez disso, apostamos em nossas intuições. Isso é um erro, pois nossas intuições parecem programadas para ver padrões na aleatoriedade, levando-nos sistematicamente a tomar decisões muito piores do que poderíamos.

Por exemplo, em uma experiência de laboratório, disseram aos participantes que o próximo cartão apresentado seria vermelho ou azul[46] e pediram que adivinhassem a cor do próximo cartão. A princípio, os indivíduos não tinham nenhuma informação para embasar seu palpite, então adivinhavam. À medida que a experiência continuou, cartões vermelhos e azuis apareciam com uma frequência constante de 75% para os vermelhos e 25% para os azuis. Algumas pessoas não perceberam isso e continuaram adivinhando com base na intuição, na tentativa de provar algum talento especial, de receber sinais do além ou qualquer outra coisa do gênero, e acabaram errando feio. Alguns se concentraram no que viam e descobriram a frequência relativa de cada cor. Agora, essas pessoas mais inteligentes tinham uma escolha a fazer: optariam pela cor mais frequente o tempo todo, apostando no vermelho a cada rodada? Ou será que tentariam combinar a frequência de seus palpites com a frequência com que as cores apareciam?

Curiosamente, roedores quase sempre se saem muito bem nesse tipo de experimento. Eles descobrem a frequência com bastante rapidez e acabam arriscando no vermelho o tempo todo. Isso limita tanto sua vantagem quanto sua desvantagem: em experimentos curtos, podem apresentar resultados acima ou abaixo dos exatos 75%, mas sua média de longo prazo fica garantida.

Quando se trata de pessoas, o perigo é que nosso desejo inato e muitas vezes irresistível de ver padrões em todos os lugares nos supera. Nossa derrocada não está no não reconhecimento dos padrões subjacentes, mas em vermos padrões muito rapidamente, ou pior, em vermos padrões que não existem. Quando entendemos as probabilidades incondicionais – ou seja, a frequência relativa do vermelho e do azul – começamos a analisar as probabilidades condicionais: a probabilidade de que o próximo cartão seja azul, visto que o último foi vermelho, ou azul, ou que a última sequência foi *vermelho, vermelho, vermelho, azul, vermelho, vermelho*.

Se não há um padrão, essa estratégia de "estabelecer correspondência" tem uma precisão de longo prazo de 62,5%, significativamente pior do que a estratégia que os ratos normalmente adotariam. Se a ordem em que as cores aparecem é aleatória, a melhor estratégia é apenas seguir as probabilidades e apostar no vermelho em todas as rodadas. Só quando você puder discernir corretamente um verdadeiro padrão subjacente a alguma aproximação razoável, poderá usá-lo como base para uma estratégia de correspondência a fim de melhorar sua precisão de longo prazo.

As relações entre muitas variáveis de interesse – por exemplo, intensidade de transações de M&A, preço das ações, diversificação e lucratividade – são estatisticamente significativas e muitas vezes importantes do ponto de vista econômico. Como no caso da frequência de cartões vermelhos e azuis, você pode argumentar que, na média, M&A e diversificação não são boas ideias. Com base nisso, podemos fazer melhor do que apenas seguir nosso instinto – afinal, jogar com as probabilidades com base nas associações de alto nível observadas é melhor do que adivinhar aleatoriamente.

No entanto, seria tolice parar por aí e só seguir essas probabilidades, evitando buscar oportunidades de M&A ou nunca diversificar. De modo plausível e confiável, podemos especificar as contingências que incidem nessas relações de maneira a melhorar os resultados para além da correlação de primeira ordem que observamos no nível da população. Em outras palavras, podemos ter descoberto uma aproximação razoável do padrão subjacente e, assim, estamos bem preparados para ir além da estratégia ingênua e explorar esse conhecimento adicional.

As relações que observamos entre cada uma das duas regras – *melhor antes do mais barato* e *receita antes do custo* – e o desempenho excepcional são significativas tanto do ponto de visa estatístico quanto do econômico. Isto significa que, como antes, agora podemos fazer melhor do que adivinhar, seguir nossa intuição ou contar apenas com nossa própria experiência pessoal. Se você busca um desempenho excepcional para a sua empresa, a melhor aposta é *o melhor antes do mais barato* e *receita antes do custo*.

No entanto, há exceções: alguns *Miracle Workers* têm uma posição baseada no preço e uma fórmula de lucratividade impulsionada pelo baixo custo. É por isso que caracterizamos essas premissas como *regras*, não como *leis*. São princípios aplicados à "média" e, assim, em essência, são totalmente contingentes. Em algumas circunstâncias, você deve seguir nossas regras e em outras circunstâncias talvez não.

Nesse caso, você vai querer saber como determinar que tipo de circunstância se apresenta. A má notícia é que não podemos especificar as contingências, ou seja, o padrão subjacente, que nos permitiria prever com precisão suficiente que caminho é a melhor rota para um desempenho excepcional. Em vez disso, nossa amostra de estudos de caso deliberadamente abrange uma ampla gama de setores, com muitas e variadas características que podem estar relacionadas aos resultados. As regras parecem aplicar-se tão fortemente aos setores de equipamentos médicos e semicondutores quanto às empresas de material elétrico e transporte de longa distância. Com tão poucas exceções, é muito difícil, até mesmo insinuar, como seria esse padrão. Por enquanto, devemos concluir que não há um padrão subjacente.

Essa, como todas as declarações empíricas, é uma afirmação provisória e sujeita a revisão. Caso seja determinada a existência de um padrão subjacente que possa ser especificado com precisão suficiente, a terceira regra cairá. Nesse ponto, *o melhor antes do mais barato* e *receita antes do custo* não serão mais as regras a seguir, mas apenas alternativas, e o importante será avaliar se a empresa está operando em condições que exigem a aplicação do *melhor antes do mais barato* ou de uma possível regra *o mais barato antes do melhor*. Quando conhecemos os padrões, a palavra "depende" não é mais uma sentença de rendição, mas uma transição para nossa compreensão mais profunda.

Ao mesmo tempo, não devemos lançar mão do raciocínio circular: jamais conseguiremos atingir o nível de compreensão que desejamos. A concorrência nos mercados razoavelmente eficientes é um sistema altamente caótico e, ainda que pudéssemos especificar todas as relações causais existentes, por uma questão prática, a dependência das condições iniciais imensuráveis tornaria os resultados finais efetivamente aleatórios. Sem um padrão subjacente discernível, podemos ficar empacados para sempre, observando apenas as frequências de longo prazo e, nesse caso, o projeto de pesquisa seria especificar as probabilidades relevantes com precisão cada vez maior.

Mesmo que esse padrão exista, por enquanto não conseguimos identificá-lo. Não podemos especificar as condições em que o *melhor antes do mais barato* e *receita antes do custo* devem ser preferidos sobre as demais alternativas e, por isso, nossa melhor aposta consiste em seguir as probabilidades.

Em outras palavras, *não existem outras regras.*

CAPÍTULO 6

Por que seguir as três regras

Um mercado eficiente depende da capacidade do comprador avaliar os méritos de uma compra, antes ou depois de fechar o negócio e testá-lo. Quanto mais completas e com menor custo essas avaliações forem realizadas, mais eficiente será o mercado.

Com base nesses critérios, o mercado do café instantâneo, por exemplo, tem probabilidade de ser relativamente eficiente. Diante do desafio de decidir se deve ou não experimentar uma nova marca, você pode explorar o design e acompanhar as discussões em grupo e pesquisas que a empresa de café realizou antes do lançamento de seu produto, mas provavelmente não fará isso. Em vez disso, como há relativamente pouco em jogo na realização de qualquer teste e poucos efeitos colaterais de longa duração caso a experiência não dê certo, o mais provável é que ouça seus amigos, ou as pessoas que normalmente gostam das mesmas coisas que você, e teste o produto ou não. Afinal, a única discussão em grupo que realmente importa é aquela realizada consigo mesmo, e para chegar às suas próprias conclusões é necessário que você experimente o produto. Se você for vítima de um falso positivo – tentando experimentar algo que não deveria – nenhum dano real ocorre: na pior das hipóteses, algum dinheiro jogado fora. Se for vítima de um falso negativo, e você erroneamente deixar de experimentar algo de que teria gostado, nenhum dano real é sofrido: você não sente falta do que nunca conheceu.

O mercado de produtos farmacêuticos que tratam de doenças crônicas com risco de morte é muito diferente. Quando se trata de descobrir se você deve tomar um medicamento para pressão alta e, em caso afirmativo, qual deverá tomar, ouvir apenas seus amigos é uma péssima ideia. O custo de um falso negativo – não tomar um medicamento que você deveria – poderia efetivamente encurtar sua vida; mas isso também poderia ocorrer com um falso positivo (tomar um medicamento que você não deveria). Pior ainda, muitas vezes pode não ser possível saber, posteriormente, se tomar o medicamento foi bom ou ruim para você, pois sua condição e o medicamento são apenas dois dos muitos fatores que afetam sua saúde, e não é possível refazer o teste *em você*. Consequentemente, os mecanismos de eficiência do mercado são muito mais inclinados para a compreensão do que é mais provável funcionar antes de você experimentá-lo. Isso significa que o projeto experimental, a coleta de dados e a análise são absolutamente essenciais para tomar uma decisão consciente.

Nossa visão é a de que o mercado para o tipo de consultoria de gerenciamento sobre a oferta em estudos de sucesso, incluindo este, fica muito mais perto do espectro do mercado farmacêutico do que do mercado de café instantâneo. As empresas mais relevantes a serem analisadas quanto aos indicativos a respeito do que funciona, provavelmente são seus concorrentes, mas se fizer o mesmo que eles estão fazendo, sua empresa não melhorará seu desempenho relativo. Nenhuma pessoa pode esperar ter tido uma quantidade ou variedade de experiências suficiente – sem contar o desafio de evitar predisposições psicológicas conhecidas que dificultam uma interpretação objetiva dessas experiências – para ser capaz de chegar a conclusões confiáveis por conta própria. Adotar as orientações de qualquer estudo normalmente requer um compromisso ao longo do tempo, muitas vezes de muitos anos, e conectar os resultados à adoção das orientações pode ser muito difícil, pois o desempenho da empresa é uma função de muitas outras variáveis. E, finalmente, não podemos repetir o histórico de sua empresa com orientações diferentes para saber o que aconteceria.

No entanto, o comportamento tanto dos provedores quanto dos consumidores de orientações de gerenciamento populares, inclusive e talvez especialmente aqueles sobre a oferta de estudos de sucesso, sugere que estamos lidando com algo visto mais apropriadamente como um betabloqueador como se fosse uma bebida de café da manhã sem cafeína. Os executivos experientes com muita frequência endossam e adotam as descobertas ou prescrições de um trabalho, porque as orientações oferecidas confirmam o que já consideravam ser os principais fatores do sucesso empresarial. Ou seja, eles gostam do que leram justamente porque não lhes diz nada que seja realmente novo.

Daí nossa ênfase em questões de projeto de pesquisa e padrões de evidências. A apresentação de nosso método e dados tem sido tão completa e transparente quanto acreditamos que um livro permita. Temos sido, de maneira um pouco incomum entre os livros de negócios, explícitos ao comparar nossa abordagem àquelas adotadas por outros, em alguns casos oferecendo comparações lado a lado. Esperamos que estes aspectos do nosso trabalho não sejam vistos como gratuitos ou desnecessariamente provocativos, e estamos cientes das muitas limitações e falhas em nosso trabalho. Na medida em que nossos esforços ganham notoriedade, não temos dúvida de que mais deficiências serão trazidas à nossa atenção.

No entanto, o progresso tanto nas pesquisas como em qualquer mercado competitivo está em função da melhoria relativa e não da obtenção de excelência absoluta. É verdade que, ao buscar vetores de desempenho corporativo excepcionais, estamos muito mais perto das ciências sociais do que das ciências exatas, e os tipos de ensaios clínicos duplo-cegos, prospectivos, randomizados, e controlados por placebo que os testes de medicamentos requerem não são possíveis.[1] Mas isso não significa que as coisas possam ser realizadas de qualquer maneira, ou que todos os projetos sejam igualmente válidos, ou que tenham a probabilidade igual ou até mesmo suficiente de produzir resultados significativos. Há diferenças importantes quanto ao método que tornam alguns estudos melhores do que outros, e determinadas características que desqualificam completamente alguns estudos quando considerados com seriedade.

Infelizmente, não existem regras totalmente verdadeiras e rápidas que comprovadamente garantam que a verdade será alcançada como resultado de um esforço. Cabe a cada um avaliar as evidências por conta própria e chegar às próprias conclusões. Temos de aceitar que pessoas bem intencionadas podem ter opiniões diversas sobre questões importantes, e que duas pessoas razoáveis podem olhar para os mesmos fatos e chegar a conclusões diferentes ou muito diversas.

Felizmente, existem critérios que podem nos ajudar a fazer essas avaliações.

O teórico organizacional Karl E. Weick postula que as teorias devam ser avaliadas em três dimensões: simplicidade, precisão e generalidade.[2] Como uma questão empírica, parece haver um *trade-off* entre essas três características, especialmente nas ciências sociais.[3] Uma teoria simples geralmente possui poucas variáveis, e por isso muitas vezes se torna menos precisa na apresentação das especificidades de um caso particular. Melhorar a precisão muitas vezes exige a introdução de mais variáveis, o que compromete a simplicidade. Quanto mais precisamente uma teoria explicar um caso, menos aplicável será, enquanto que as teorias de aplicação mais geral precisam permitir brechas que prejudicam a precisão. Consequentemente, ao avaliar os méritos de uma teoria, deve-se não somente levar em consideração a sua posição relativa em cada dimensão, mas também os *trade-offs* entre elas. Se uma teoria geral e simples é melhor ou pior do que outra precisa e geral, ou precisa e simples, é uma questão do uso que lhe será dado.[4]

Com essas nuances em mente, agora defenderemos as três regras como uma valiosa teoria para o desempenho corporativo excepcional.

Simplicidade

O mundo é um lugar complicado. A determinação consciente do curso de ação que apresente a maior probabilidade de alcançar seus objetivos com base em todos os dados disponíveis não é algo que sejamos capazes de fazer, e não é algo que provavelmente consigamos fazer. Não somente devido à ambiguidade dos dados, mas ao volume e complexidade dos cálculos necessários. O xadrez, por exemplo, é conceitualmente diferente do jogo da velha, na medida em que é um jogo determinado. É mais interessante do que o jogo da velha devido a sua complexidade. Outros jogos são difíceis não por causa de sua complexidade, mas da incerteza, como o gamão, por exemplo. Combine as duas coisas e a carga cognitiva pode rapidamente tornar-se irresistível.

Infelizmente, diante de uma superabundância de alternativas e incapaz de fazer escolhas com racionalidade deliberativa, muitas vezes não fazemos nada, retardando a ação de uma forma que nos deixa em uma situação até mesmo pior do que uma escolha aleatória.[5] Esse fenômeno tem sido observado em circunstâncias tão triviais quanto decidir se devemos ou não comprar geleia. É muito provável que esse fenômeno de paralisia ocorra, na melhor das hipóteses, em maior grau ao lidar com opções de urgência muito maior. Não é à toa que temos a frase "a paralisia da análise".

Essa realidade da cognição humana tem levado à crescente popularidade de regras simples para a tomada de ação, heurísticas que permitem uma resposta por meio da especificação de uma "estratégia de pesquisa" e de um algoritmo de escolha. Quando você tem alternativas claramente definidas, mas é difícil determinar qual delas é a melhor, escolha a alternativa que esteja mais alinhada com suas regras. Quando a tarefa é encontrar ou abrir um caminho, as três regras fornecem um guia para algo que é, fundamentalmente, uma ação criativa. Em qualquer um dos casos, as regras tornam possível lidar com questões que seriam massacrantes.

O uso de regras é muitas vezes visto como um *trade-off* inevitável. Não temos a totalidade dos dados nem o poder computacional necessários para fazer as melhores escolhas, por isso devemos fazer o melhor que pudermos tendo em vista as limitações.[6] A suposição é a de que poderíamos obter melhores resultados com modelos mais complexos, mas esses são difíceis demais de lidar.

Além disso, as regras mais simples não são apenas mais práticas; elas muitas vezes podem garantir melhores resultados em comparação com os modelos mais complexos e aparentemente completos.[7] É necessariamente verdadeira, e, portanto, pouco informativa a posição de que um modelo totalmente correto fará um trabalho melhor do que um modelo menos correto. No entanto, na realidade, em vez de uma necessidade teórica, descobrimos que os modelos mais completos tendem a apresentar um erro adicional com o aumento de sua especificidade.[8] Em outras palavras, as regras mais simples não apenas são mais práticas, também oferecem melhores resultados que os conjuntos de regras complexas.

A simplicidade, dessa forma, parece ser uma virtude perfeita que as três regras parecem possuir. *O melhor antes do mais barato* e *receita antes do custo* não são simplificações exageradas de nossas descobertas, nem mnemônicos ligados a formulações mais elaboradas. Essas regras *são* os princípios que descobrimos em nossas pesquisas, e por isso a simplicidade delas não se dá à custa da integralidade. Além disso, existem apenas três regras – e a terceira, na verdade, é proscritiva e não prescritiva, nascida da necessidade de demonstrar que as duas primeiras regras vão até onde os dados nos permitem.

Melhor ainda, as três regras são falsificáveis de uma forma que muitas outras recomendações não são, um tema que exploramos no Capítulo 1. Ao observar sua lucratividade relativa é possível saber de forma independente e com antecedência se está competindo nas dimensões de preço ou não-preço do valor. Você pode saber se seus preços ou volumes são maiores do que os de seus concorrentes, e se está contando com custos mais baixos para impulsionar uma lucratividade superior.

Isso torna as três regras verdadeiramente práticas, de um jeito que as fórmulas mais duradouras ou mais sutis para o sucesso talvez não consigam ser. A rotina diária das pessoas em todas as organizações, com quaisquer graus de complexidade, exige inúmeras decisões. Muitas vezes, as alternativas não são claras, os *trade-offs* não são especificados, e as consequências desconhecidas, mas ainda assim é preciso agir. Com apenas três regras para recorrer e critérios relativamente inequívocos para determinar se a pessoa está agindo de acordo com elas, é possível criar uma consistência generalizada e compartilhada nas ações, algo que seria inatingível de outra maneira.

Precisão

Comparar a substância e a quantidade de nossas regras, digamos, com os oito princípios de *Feitas para vencer*, os "Sete S" de *Vencendo a crise*, ou o "4+2" de *O que realmente funciona* nos leva a concluir que nossas prescrições de ação são mais simples do que as outras. Seria fácil, no entanto, sustentar que apenas porque temos menos regras, temos um argumento mais forte para que você as aceite. Se isso fosse verdade, então seríamos superados por alguém com uma única regra. E não ter regras seria a melhor das soluções!

Para ser útil, um conjunto simples de regras práticas precisa estar correto ou, pelo menos, *suficientemente* correto. Dadas as dificuldades relacionadas aos testes dessas regras, muitas vezes é preciso confiar tanto no método e nas evidências usadas para determiná-las quanto nos testes prospectivos de sua eficácia. Por isso falamos sobre projeto de pesquisa, coleta de dados e inferência causal no Capítulo 2.

Talvez seja útil recapitular brevemente o que acreditamos que são as características distintivas de nossa abordagem.

IDENTIFICANDO O FENÔMENO. Todo estudo de sucessos começa especificando sua *variável dependente*; ou seja, o resultado que busca elucidar. Há três aspectos na forma como definimos o desempenho empresarial superior que acreditamos serem significativos.

Em primeiro lugar, não conhecemos nenhum estudo que tenha utilizado um método explicitamente conduzido por estatísticas para separar o sinal do ruído. Com base em nossas avaliações das amostras usadas por um número de esforços de alto nível e bem conceituados, nenhuma outra conseguiu selecionar uma amostra convincente contando somente com a sorte. Em contrapartida, temos usado técnicas estatísticas validadas para quantificar a probabilidade de estarmos concentrados em empresas que tenham apresentado desempenho relativo digno de ser avaliado.

Em segundo lugar, identificamos padrões de desempenho com base em testes estatísticos significativos igualmente transparentes e objetivos. Isso força nossas explicações sobre desempenho a seguir mais de perto o próprio desempenho e limita a tentação inevitável de ajustar o desempenho às nossas explicações. (Veja o Apêndice C.)

Em terceiro lugar, usamos essas duas primeiras características para definir o que esperamos elucidar – nossa *variável dependente* – de maneira mais precisa que na maioria dos estudos de sucesso: a diferença de ROA entre duas empresas cuidadosamente selecionadas ao longo de um período relevante. Agora, isso pode parecer fácil – quem compara duas empresas selecionadas aleatoriamente ao longo de um período irrelevante? No entanto, como esperamos ter mostrado no Capítulo 2, apesar do cuidado e das boas intenções dos outros, na maioria das vezes eles acabaram fazendo exatamente isso. (Veja o Apêndice B.)

CAUSA E EFEITO. O filósofo do século XVIII David Hume nos ensinou que a causalidade é sempre apenas inferida, nunca observada.[9] Essa profunda limitação quanto à validade de qualquer afirmação causal não necessariamente prejudica a noção de que algumas afirmações causais são mais plausíveis do que outras. É, portanto, válido comentar sobre a forma como temos tentado estabelecer conexões causais entre as diferenças de comportamento e as de desempenho.

A crítica mais prejudicial dirigida aos estudos de sucessos como um gênero é que grande parte dos dados usados para explicar o desempenho das empresas são retirados de contas influenciadas pelo próprio desempenho. Esse é o chamado efeito auréola, discutido no Capítulo 2.[10] Esse efeito prejudica os resultados dos estudos de sucessos porque a *variável independente* (diferenças de comportamento) – ou seja, o que explica o movimento na *variável dependente* (diferenças de desempenho) – não é realmente *independente* daquilo que se pretende explicar.

Decompondo as diferenças de ROA, queremos explicar as diferenças de ROS e TAT, e em seguida as diferenças de margem bruta, P&D, SG&A, giro dos ativos, e assim por diante, fornecendo alguma medida de isolamento das auréolas. Não há nenhuma conexão necessária entre a magnitude da vantagem de ROA de uma empresa sobre a outra, e assim os elementos da vantagem são variáveis independentes. Acontece que, como discutido no Capítulo 4, há uma relação sistemática entre a estrutura e o tipo de desempenho, mas não há nada necessário sobre essas descobertas. (Veja os Apêndices A e J.)

A estrutura financeira observada entre a vantagem de uma empresa sobre a outra nos obrigou a encontrar explicações comportamentais que poderiam esclarecer as diferenças observadas. E, felizmente para nós, os comentaristas sobre empresas de sucesso normalmente não elogiam a vantagem relativa de margem bruta. Em vez disso, concentramo-nos nas diferenças comportamentais quantificáveis que poderíamos conectar aos propulsores das diferenças de ROA que possam ser relevantes a cada caso.

É por essas razões que atribuímos a ascensão da Linear ao status de *Miracle Worker* a suas mudanças de mercados de produtos, a da Medtronic ao aumento da qualidade dos produtos e a da T&B à redução da diversificação. O sucesso da Abercrombie & Fitch é impulsionado por sua experiência com os clientes e construção de marca, o da Wrigley por sua globalização, enquanto a corrida da Weis terminou devido à atuação da concorrência para a qual ela não teve uma resposta eficaz. A Merck deve seu desempenho superior ao crescimento internacional, um portfólio de produtos mais diversificado, e ao fato de ter gerenciado melhor as consequências de um beco sem saída estratégico que a Eli Lilly também perseguiu. A Heartland quase faliu antes de aceitar os *trade-offs* do transporte rodoviário de longa distância, enquanto a Maytag foi incapaz de se manter no curso, perdendo sua diferenciação de produto e vantagens impulsionadas pela distribuição. Em cada caso, foram documentadas diferenças de comportamento que não foram influenciadas pelo desempenho que esperávamos explicar. Em outras palavras, nossas variáveis independentes eram realmente independentes.

Por fim, tentamos demonstrar a relevância e a materialidade de nossas explicações. Vale a pena observar que a vantagem de ROA da Heartland foi impulsionada por uma vantagem de margem bruta e explicada pela prática de um preço diferenciado. Além disso, exploramos em que medida esse preço diferenciado contribuiu para a magnitude da vantagem observada. Nossas estimativas da materialidade de comportamentos específicos para a vantagem de desempenho são inevitavelmente brutas, mas oferecem certa confiança de que os comportamentos que parecem importantes realmente o são. (Veja o Apêndice G.)

Probabilidades quantificadas. O mundo dos estudos de sucessos foi um pouco castigado por seus críticos. Mesmo seus defensores mais bem-sucedidos, que buscaram e afirmaram ter encontrado "a física duradoura das grandes organizações", em trabalhos posteriores recuaram, buscando "correlações e não causas".[11] A evidência necessária para sustentar uma afirmação de correlação, no entanto, não exige menos do que a evidência necessária para sustentar uma afirmação causal. Os testes estatísticos são importantes, até mesmo – e talvez, especialmente – para as amostras pequenas.

Nossas descobertas não nos permitem especificar, principalmente com precisão, suas chances de sucesso se seguir as regras. Na verdade, nossa conclusão é que as probabilidades que emergem de nossa análise são suficientemente convincentes para identificar as tendências subjacentes em toda a população de empresas excepcionais. Fizemos o possível para quantificar a probabilidade de nossas observações surgirem somente por acaso. Acreditamos que essas probabilidades são suficientemente baixas e que nossas descobertas são reais. Como sempre, cabe a você tirar suas próprias conclusões. (Veja os Apêndices H, I e K.)

Generalidade

As descobertas baseadas na análise de um estudo de caso devem ser generalizáveis em pelo menos três dimensões para que sejam úteis.

Em primeiro lugar, as empresas da amostra estudada devem representar uma população de empresas de interesse relevante. Muitas vezes, os estudos de sucessos estabelecem critérios de seleção tão exigentes que a amostra escolhida *é* a população, ou seja, há poucas empresas que satisfaçam todos os índices desejados. Isso evita a demonstração de representatividade, mas limita drasticamente a generalização das descobertas. No limite, as recomendações de ação pareceriam aplicar-se apenas às empresas que procuram replicar com precisão os parâmetros de desempenho que definiram a amostra.

Nossos critérios de seleção da amostra com certeza são exigentes, mas admitem que centenas de empresas os atendam. Não selecionamos nossas empresas com base em padrões de desempenho ao longo do tempo ou em uma magnitude específica de desempenho superior. As regras que inferimos comportam uma ampla gama de possíveis resultados de desempenho, todos eles comprovadamente excepcionais.

Partimos de uma população de empresas excepcionais para selecionarmos uma amostra. A escolha não foi feita de maneira totalmente aleatória. Selecionamos empresas de uma variedade de setores e insistimos em comparações significativas em cada trio. Portanto, não podemos contar com essa parte do nosso método para sustentar afirmações sobre generalizações. Como acontece em vários outros casos, a avaliação final a esse respeito não é categórica e, portanto, em vez disso descrevemos o grau em que nossa amostra representa a população. Você entenderá nossas descobertas como mais amplamente aplicáveis à medida que considerá-las mais convincentes.

Em segundo lugar, as descobertas devem ser aplicadas além da população utilizada para gerá-las, ou seja, elas devem ter poder preditivo. Existem métodos gerais para testar o poder preditivo de uma teoria, mas do ponto de vista da inevitável natureza qualitativa de pelo menos parte do que emerge de qualquer estudo de sucesso, os geradores da teoria são quase sempre as últimas pessoas que você gostaria que as testassem.

O problema, mais uma vez, são as tendências cognitivas inevitáveis. Graças a esta pesquisa, temos opiniões sólidas sobre o que é responsável pelo sucesso de uma empresa. Se você nos entregar um trio de um setor que não analisamos e pedir para testarmos se as regras explicam as diferenças de desempenho, estaremos irremediavelmente contaminados, porque fomos nós que geramos a teoria. Não é uma questão de honestidade individual, mas da integridade do processo. Pelo mesmo motivo que ninguém deve aprovar suas próprias despesas, as teorias qualitativas não devem ser testadas por seus criadores.

Consequentemente, assim como os autores de qualquer outro estudo de sucessos que conhecemos, não podemos afirmar qualquer precisão preditiva demonstrada. O máximo que podemos afirmar é que quanto mais quantificável for a natureza de nossa teoria, mais fácil será para os outros testarem nossas conclusões sobre novos dados e, portanto, talvez mais provável que eles façam isso. Se a estratégia usada por uma empresa for simples e clara em comparação com a estratégia usada por outra é algo mais subjetivo do que se uma empresa estiver competindo com base em preços em comparação a outra. Se uma empresa estiver abandonando o seu núcleo prematuramente nos parece muito mais um julgamento do que se a empresa for mais rentável em comparação a outra devido a vantagens de margem bruta impulsionadas por volumes unitários mais elevados.

Com essas ressalvas moderando nosso entusiasmo, podemos apontar a evidência das regras em funcionamento nas ações de empresas em uma ampla variedade de circunstâncias, à medida que enfrentam os desafios para melhorar seu desempenho. Por exemplo, a China Resources Enterprise Ltd. (CRE) opera 4.100 lojas sob dez marcas de varejo, em grande parte da China.[12] Ela tem enfrentado pressão intensa e crescente de grandes varejistas de descontos americanos e europeus, alguns dos quais vêm ganhando participação de mercado de forma contínua.

A China Resources Enterprise reagiu, mas talvez não da maneira que se poderia esperar. Seus maiores concorrentes estrangeiros – nenhum deles *Miracle Workers* – estão perseguindo estratégias de baixo custo com margens de lucro tão baixas quanto 2%. Mas a CRE, enfatizando a estratégia de produto e a marca de qualidade, está se beneficiando de margens de lucro de até 25%. Além disso, a popularidade resultante de seus produtos contribui para o aumento da participação de mercado e da capacidade de garantir espaço em shoppings recém-inaugurados. Em outras palavras, diante de uma concorrência baseada em preço, com rivais de custos baixos, a CRE respondeu, aparentemente com sucesso, de acordo com as regras *o melhor antes do mais barato* e *receita antes do custo*.

Nos Estados Unidos, a Goodyear Tire & Rubber Co. parece estar saindo da crise, mudando o curso de forma consistente com as três regras.[13] De acordo com Rick Kramer, que assumiu o cargo de CEO em 2010, a empresa mudou seu mix de produtos de alto volume e preços baixos para produtos de volume menor, mais diferenciados, com preços mais altos. Em 2007, 40% dos seus pneus foram vendidos por US$60 cada; hoje, 75% dos seus pneus são vendidos por US$130 ou mais.

Essa transição não aconteceu de forma fácil ou sem esforços. A Goodyear fechou ou vendeu 13 das 29 fábricas ao investir quase US$1 bilhão para modernizar as fábricas restantes. Também teve de enfrentar o difícil problema de determinar com precisão quais tipos de atributos seus pneus teriam de possuir para conseguir preços diferenciados – desde design inovador, redução da distância de frenagem e de ruído ao rodar, até bombas de ar integradas que mantêm a pressão do pneu para aumentar a eficiência do combustível.

As estratégias não-preço e as fórmulas de lucratividade impulsionada pela receita não são pré-requisitos para o desempenho excepcional ou uma garantia de sucesso, mesmo em nossa amostra. Mas o peso da evidência circunstancial é convincente para nós e esperamos que seja para você também. Nós o incentivamos a reavaliar sua intuição, sua biblioteca pessoal de exemplos de sucesso e de fracasso, e a determinar se as três regras funcionam tão bem, ou melhor, na consideração dos fatos conforme você os conhece.

Em terceiro lugar, uma nova teoria também deve ser consistente com as prescrições das teorias estabelecidas ou fornecer uma alternativa e, pelo menos, uma explicação igualmente convincente para as descobertas contraditórias.

As três regras são parcialmente consistentes com as teorias estabelecidas sobre vantagem competitiva, algo que exploramos em detalhes no Capítulo 3. Mas há muitas outras teorias que abordam um grande número de relações entre o comportamento e o desempenho ou outros resultados. Algumas dessas teorias têm evidências significativas que as sustentam e se nossas recomendações as contradisserem, então, como Ricky Ricardo diria, "temos de explicar algumas coisas".

Neste ponto da nossa história, uma análise, mesmo que de uma amostra representativa, vai além do nosso escopo e muito provavelmente de sua paciência. Por enquanto, vamos limitar esta discussão a uma teoria que acreditamos ser correta e que, na opinião de muitos com quem temos compartilhado as três regras, parece oferecer conselhos contraditórios: a inovação de ruptura.[14] Os grandes inovadores começam criando novos modelos de negócios que lhes permitam atender segmentos de mercado pequenos ou pouco atraentes do ponto de vista econômico de forma mais rentável do que as organizações estabelecidas. Este é o segmento de "base". Diante de uma desvantagem estrutural em um segmento relativamente indesejável, as organizações estabelecidas agem de modo racional e recuam para o mercado de alto nível de renda. Os inovadores, fortalecidos por uma tecnologia capacitadora, estendem a vantagem desenvolvida em seu segmento de base e perseguem as organizações estabelecidas nos mesmos segmentos.[15] Por fim, essas organizações não encontram uma saída ou uma maneira eficaz de reagir. A concentração em mercados nos quais elas se beneficiam de lucratividade superior faria parecer que as vítimas de uma inovação de ruptura estão seguindo a regra o *melhor antes do mais barato* em direção ao aniquilamento.

Acreditamos que esta formulação ignora o fato de que a inovação de ruptura e as nossas três regras explicam fenômenos fundamentalmente diferentes. As três regras se aplicam no nível dos mercados de produtos substituíveis relativamente próximos, enquanto a teoria da inovação de ruptura explica a colisão dos mercados de produtos relativamente insubstituíveis anteriormente.

Considere um exemplo básico de inovação de ruptura: O setor de drives (unidades de disco) da década de 1970 à década de 1990. Cada onda de inovação de ruptura – por exemplo, os drives de 14 polegadas foram suplantados pelos de 8 polegadas, que foram suplantados pelos de 5¼ polegadas, que foram suplantados pelos de 3½ polegadas – viu empresas de mercados totalmente distintos invadindo aquele que, em virtude do avanço tecnológico, se tornara um território mais lucrativo e cada vez mais adjacente. Nesse caso, sem dúvida, os fabricantes de drives de 14 polegadas sofreram o efeito da inovação de ruptura por ignorar o mercado de drives de 8 polegadas na busca do *melhor antes do mais barato* no mercado de 14 polegadas. Mas quem foi o autor da inovação de ruptura? Os fabricantes de drives de 8 polegadas, que estavam determinados a ganhar participação de mercado nos segmentos de clientes mais exigentes e rentáveis que sua tecnologia permitia seguir. Os inovadores de sucesso foram os fabricantes de drives de 8 polegadas que se concentraram na regra *o melhor antes do mais barato* no mercado de 8 polegadas.

Para não sofrer o efeito da inovação de ruptura, a ortodoxia recomenda que as organizações estabelecidas não tentem migrar para mercados de consumidores de baixa renda, mas sim que criem novas unidades de negócios independentes com foco no segmento mais seguro para, então, conseguirem aproveitar a onda de ruptura do mercado de alto nível. Em outras palavras, as três regras estabelecem como ter sucesso no mercado. A inovação de ruptura oferece uma maneira de identificar quais os mercados, e quais os modelos de negócio dentro deles são mais propensos a trajetórias de crescimento impulsionadas pela inovação. Como o sucesso em um mercado de base de outra empresa é uma condição *sine qua non* da inovação de ruptura, essa e as três regras são fatores extremamente complementares.

Cada era tem a sua comunidade empresarial preferida. Na década de 1980, você não poderia escrever sobre negócios sem citar a GE. Na década de 1990, foram a Microsoft e a Southwest, que mereceram nossa atenção. No início dos anos 2000, o Google era o exemplo incontestável do que havia de melhor. E nos últimos tempos, tem sido a Apple. Como se vê, a Apple é um excelente exemplo de adesão e desvios das três regras e de inovação de ruptura.

O perfil de desempenho da Apple reflete muito bem a narrativa popular da trajetória da empresa, à medida que se fortaleceu, decaiu e se fortaleceu novamente ao longo das décadas. Em meados dos anos 1980, o sucesso com o computador Macintosh foi emblemático. Quando a arquitetura Wintel passou a dominar o setor de computadores pessoais, a Apple se viu sem poder ou influência por um período. O lançamento do iMac sinalizou um ressurgimento e no início dos anos 2000 o sucesso do iPod colocou a Apple de volta no jogo. O iPhone e o iPad garantiram a posição da Apple na história dos negócios.

Em nossa visão, a Apple não apresenta claramente um desempenho excepcional em toda a sua existência. Tem 98% de probabilidade de ser um *Miracle Worker*, mas devido ao grande número de empresas com o mesmo número de observações, há uma alta probabilidade de ela ser um falso positivo. Mais um ou dois anos no 9º decil de lucratividade – o que certamente parece mais do que meramente possível levando em consideração o atual desempenho da empresa – e ela terá superado até mesmo esses referenciais de excelência.

Os produtos que definem a empresa até o momento são o computador pessoal Macintosh, o reprodutor de música digital iPod, o smartphone iPhone e o tablet iPad. Nenhum desses produtos ou serviços relacionados concorreu em termos de preço em seus respectivos mercados de produtos, muito pelo contrário: cada um deles era substancialmente mais caro do que seus substitutos

FIGURA 2 **Apple**

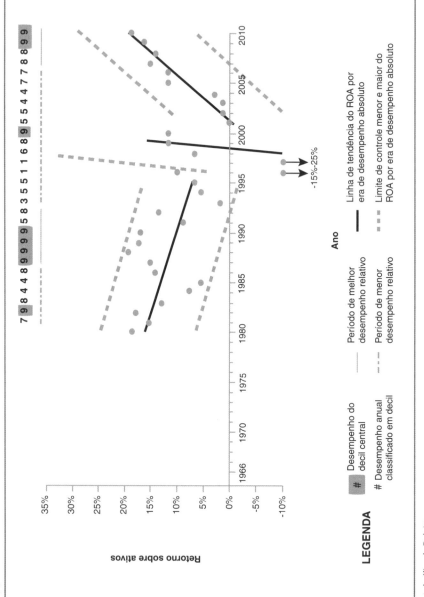

Fonte: Compustat; Análise da Deloitte
Observação: Partes de limites de controle omitidas por conveniência.

mais próximos no momento do lançamento. Seu sucesso, portanto, é mais bem atribuído à regra *o melhor antes do mais barato*.

No entanto, apenas dois desses quatro produtos foram inovações de ruptura. O Macintosh aproveitou a onda dos computadores pessoais, que estava causando o efeito de ruptura na estação de trabalho e na arquitetura cliente-servidor de computação distribuída. O iPad pegou a nova onda do tátil (*touchscreen*) e interfaces de software "baseadas em aplicativo" que prometem abalar o negócio de computadores pessoais.

O iPod e o iPhone, no entanto, embora igualmente revolucionários em seus respectivos mercados, sustentaram as inovações, pois cada um procurou derrubar organizações estabelecidas, visando os mesmos segmentos de clientes cobiçados pelas organizações da época.[16] O iPod atacou o mercado de música móvel, que há muito era dominado pela Sony, derrotando não só os aparelhos de MP3 desenvolvidos pelas rivais relativamente menores, mas também os reprodutores MiniDisc da Sony.[17] O iPhone buscou desbancar os smartphones de grande sucesso oferecidos por gigantes globais como Nokia e empresas relativamente iniciantes em franco desenvolvimento, como a Research in Motion (RIM, o atual Blackberry).[18] Os dois produtos, no entanto, foram totalmente coerentes com as regras *o melhor antes do mais barato* e da *receita antes do custo*.

Em suma, as três regras se aplicam a todos os sucessos da Apple, aos êxitos de longo prazo e às inovações de ruptura. A inovação de ruptura vale para alguns dos sucessos da Apple, mas para outros não.

Porém, durante o período de menor desempenho relativo da Apple, até onde podemos dizer, a empresa também perseguiu estratégias do mercado de produtos consistentes com as três regras. O Newton, que poderia ter causado um efeito abalador em relação ao computador pessoal, o Cube (apoiando-se no mercado de computadores pessoais) e o eWorld (apoiando-se no mercado da comunidade on-line) foram tentativas de obter preços diferenciados a partir de produtos e serviços superiores, mas essas tentativas tiveram relativamente menos sucesso. As explicações para o desempenho da empresa durante esse período são abundantes. As mais populares são a proliferação de produtos, a incapacidade de gerenciar a plataforma de sistema operacional e o ecossistema relacionado, e a execução precária.[19]

Se isso significasse apenas que, às vezes, as regras estão associadas ao sucesso e às vezes ao fracasso, não teríamos muito mais o que explorar. Mas a unidade de análise em nosso trabalho não é a frequência de sucesso ou fracasso do lançamento de um produto, é o desempenho histórico da corporação. Para a

Apple, as três regras estão associadas a um perfil de desempenho que se aproxima do excepcional. Se a empresa poderia ou conseguiria buscar uma inovação de ruptura ou sustentável dependia das tecnologias disponíveis e das circunstâncias em que a organização se encontrava em diferentes momentos. As três regras, no entanto, estiveram sempre em evidência, e no final apresentaram um desempenho histórico que a maioria das empresas invejaria.

Essa discussão sobre inovação trata da perspectiva que acreditamos que as regras *o melhor antes do mais barato* e da *receita antes do custo* fornecem sobre muitas questões importantes para o desempenho corporativo. A inovação é obviamente importante, mas de uma forma que desafie o nível de generalização disponível para as nossas regras. Em nossa amostra, a Linear, a Medtronic, a T&B e a A&F foram mais inovadoras do que seus concorrentes *Long Runners*. Mas a Wrigley, a Merck, a Heartland e a Maytag não foram. Elas não foram comprovadamente menos inovadoras, porém inovação não foi um fator determinante do sucesso delas. O que teve mais importância foi seu posicionamento competitivo e como isso possibilitou praticar um preço diferenciado ou um volume superior.

Da mesma forma, a liderança é indiscutivelmente um importante fator determinante do desempenho de qualquer empresa, assim como a estrutura organizacional, o gerenciamento de recursos humanos, a infraestrutura de TI e uma série de outras considerações. Mas, até agora, não conseguimos identificar padrões subjacentes no modo como as diferenças específicas e quantificáveis no comportamento contribuem para as diferenças de desempenho. É por essa razão que invocamos a terceira regra – *não existem outras regras*.

Pelo menos por enquanto. Esperamos que mais pesquisas elucidem de que forma esses e muitos outros fatores determinantes estão conectados ao desempenho corporativo. Acreditamos que, à medida que entendermos melhor cada um desses fatores determinantes, as duas primeiras regras continuarão a ser um contexto e um pano de fundo constante para interpretar a influência de todo o resto.

Desafiando a gravidade

No século XVIII, o filósofo Immanuel Kant (um contemporâneo de David Hume) formulou o "imperativo categórico" que, segundo ele, deve ser a base de toda ação humana: Aja apenas segundo a máxima que você gostaria de ver transformada em lei universal, sem contradição.[20] Mentir, por exemplo, é imoral porque se todos mentissem, a linguagem deixaria de ter sentido e a comunicação se tornaria impossível – tornando contar mentiras também impossível.

É preciso dizer que os estudos de sucessos, como uma classe, caem por terra de acordo com o princípio de Kant. Os estudos de sucessos buscam oferecer conselhos sobre como melhorar o seu desempenho relativo, ou seja, sobre como melhorar o seu desempenho em relação à concorrência. Eles são muito diferentes do tipo de conselho que busca ajudá-lo a melhorar em relação ao seu próprio desempenho histórico. Uma iniciativa de redução de custos bem-sucedida reduzirá seus custos em comparação ao que eram. Porém, nada dizem sobre como serão seus custos em comparação com os de seus concorrentes. Se buscarem a mesma iniciativa com igual sucesso e, dessa forma reduzirem os custos de acordo com o mesmo índice que você, é possível que você melhore em comparação a si mesmo, mas acabe exatamente onde começou em comparação a eles. É esse fenômeno que dá origem ao "efeito Rainha Vermelha", citado no Capítulo 3, de termos de correr o máximo possível, para permanecer no mesmo lugar.

Consequentemente, os conselhos sobre como ter sucesso na concorrência estão sujeitos a uma ironia que beira o paradoxo. Se estiver certo, o conselho será adotado de modo universal; se for adotado de modo universal, não melhorará seu desempenho relativo, e se não melhorar o seu desempenho relativo, ele estará errado. Em outras palavras, se o conselho estiver certo, então ele estará errado.[21]

Embora seja verdadeira, essa crítica é exagerada, pois se baseia na noção de que os estudos de sucesso buscam os segredos do domínio eterno. Com certeza não. Nosso objetivo é tornar possível a obtenção de um melhor desempenho por mais tempo do que os outros.

É nossa opinião a respeito. Pilotos de planadores, como todos os pilotos de avião, conhecem a expressão "decolagens são opcionais, pousos são obrigatórios". Isso significa que não importa o quão alto, rápido, ou longe você voe, terá de voltar para baixo. A gravidade sempre vence.

O mesmo pode ser dito sobre o desempenho corporativo. A única certeza de qualquer empresa que está indo bem é que, mais cedo ou mais tarde, ela irá piorar. Toda empresa que teve ascensão em algum momento, tornou-se ou irá se tornar uma empresa totalmente média – ou pior. Embora você não possa prever com precisão o que irá derrubar um avião nas alturas, você tem certeza de que algo irá.

Às vezes a superioridade é perdida por causa de falhas internas: a inércia advinda da complacência pode fazer você resistir às mudanças óbvias e necessárias, ou a entropia advinda da arrogância pode diluir seu foco nos clientes ou mercados estratégicos. Às vezes, as forças externas prejudicam o desempenho: concorrentes, estimulados pelo seu sucesso, imitam seus comportamentos ou até mesmo aprimoram suas ideias originais, eliminando qualquer vantagem que você tenha; mudanças nas preferências dos clientes, restrições regulamentares ou legislativas podem tornar pontos fortes históricos irrelevantes ou até mesmo transformá-los em transtornos. Seja qual for a causa próxima, assim como nenhum planador pode ficar no ar para sempre, nenhuma empresa pode permanecer no topo eternamente.

Esse fato infeliz da vida corporativa impõe um limite superior sobre a extensão das reivindicações que se pode esperar fazer sobre os fatores de lucratividade superior e de longo prazo. Nenhum conselho pode oferecer uma promessa confiável de superioridade perpétua. Pode ser teoricamente possível que uma empresa apresente lucratividade excelente de maneira infinita, mas como uma questão empírica, não há ainda uma comprovação, muito menos um tipo de amostra que possa tornar possível a inferência de princípios gerais.

No entanto, concluímos que mesmo que seja impossível vencer a gravidade, podemos ter a esperança, de maneira realista, de desafiá-la. Apesar da inevitabilidade de um retorno à terra, alguns pilotos de planadores voam muito mais alto, mais rápido e mais longe do que os outros. Usando o mesmo equipamento, nas mesmas circunstâncias, alguns pilotos – os excepcionais – permanecem no ar por muito mais tempo, atingem alturas mais elevadas e viajam distâncias muito maiores do que outros. Para esses pilotos, voar não é uma experiência passiva. Eles conhecem suas aeronaves, as condições, e a si mesmos e usam esse conhecimento para encontrar sustentação, onde outros encontram apenas o vazio, para alcançar o ângulo ideal de ataque, ou para explorar o paradoxo do mergulho em direção à terra para gerar sustentação e subir em direção ao céu novamente. Até os pilotos excepcionais terão de pousar – mas muito tempo depois dos outros.

De forma semelhante, algumas empresas são excepcionais. Elas são capazes, por um período – e, às vezes, por um longo período – de superar a inércia, resistir à entropia e adaptar-se às mudanças do ambiente e da concorrência. Geram um desempenho melhor e o sustentam por muito mais tempo do que qualquer um possa esperar. Nada dura para sempre, essa não é a meta. O objetivo é obter o melhor desempenho possível durante o maior tempo possível.

Todo planador aterrissa em algum momento. Mas quanto tempo permanece no ar, o quão longe voa, e as alturas que atinge são fatores profundamente determinados pelas escolhas do piloto. Acreditamos que a adoção consciente das três regras – *o melhor antes do mais barato, a receita antes do custo* e *não existem outras regras* – torna possível negar de forma racional a gravidade a que se está sujeito, por muito mais tempo.

$$\boxed{\text{APÊNDICES}}$$

Apêndice A: Calculando os elementos da vantagem

Por Margot Bellamy, Jeff Schulz e Ben Barclay

Uma ferramenta analítica crucial para nosso trabalho é a decomposição da diferença do ROA entre duas empresas para chegar às diferenças de cada um dos elementos de ROA. Isso fornece uma bússola que nos aponta as direções para onde olhar, identificando os comportamentos que mais contribuíram para a diferença observada no ROA. Além disso, com os comportamentos identificados, a análise da decomposição fornece a evidência quantitativa para corroborar as alegações de relações causais entre os comportamentos de administração e os resultados de desempenho.

A aritmética da lucratividade

Comecemos nossa exposição de como o ROA é decomposto em seus elementos constitutivos com uma análise da aritmética fundamental em questão.

O ROA é a receita em relação aos ativos. Como estamos interessados em diferentes momentos, o período em questão é o ano fiscal de cada empresa, que consiste em um período único de doze meses contínuos.

À primeira vista, o resultado pode parecer a equação mais básica na economia financeira:

$$\text{Renda} = \text{Receita} - \text{Custo}$$

Um aspecto central para a utilidade desse cálculo é a alocação precisa da receita e do custo ao período a ser analisado. Os princípios de reconhecimento de receitas abrangem quanto de receita deve ser atribuída a determinado ano, enquanto os princípios de alocação de custos são usados para determinar quais foram os custos incorridos para gerar essa receita.[1]

Em sua mais forma básica, receita é a multiplicação do volume unitário pelo preço unitário. Portanto, existem duas formas de aumentar a receita de um período: aumentar o número de unidades vendidas ou o preço de cada unidade vendida.

Receita = Volume unitário × Preço unitário

É interessante considerar que a renda é derivada em duas etapas. Primeiro, partindo da receita do período, deduzimos o custo dos produtos vendidos (COGS) ou os gastos diretos incorridos durante o período, que normalmente incluem mão de obra, materiais e custos indiretos alocados (despesas de aquecimento e iluminação, entre outras). Por exemplo, em uma fábrica de sacos plásticos, o custo dos produtos vendidos seria composto por, pelo menos, o salário do operador da máquina e o custo da matéria-prima para a produção dos sacos. A receita menos o COGS resultaria na margem bruta que, portanto, é calculada em dinheiro, e a margem bruta dividida pela receita é o percentual da margem bruta da empresa no período.

Receita – COGS = Margem bruta

$$\textit{Percentual da margem bruta} = \frac{\textit{Margem bruta}}{\textit{Receita}}$$

O item "Outros custos" pode ser visto como uma categoria única, mas vale a pena desmembrar alguns componentes de alto nível contidos nesse grupo. Custos gerais, de vendas e administrativo (SG&A) bem como de pesquisa e desenvolvimento (P&D) são razoavelmente intuitivos, embora um pouco amplos. A depreciação representa a despesa não monetária que reflete o nível de reinvestimento necessário para restaurar o ativo imobilizado da empresa para o potencial de serviço que havia no início do período. Muitas vezes, os resultados não operacionais têm a ver com ativos financeiros (por exemplo, saldos de caixa), enquanto os itens extraordinários incluem elementos como ganhos ou perdas na alienação de ativos.

Tudo discutido até agora está exposto na demonstração de resultados e usamos esses itens para determinar o retorno da empresa sobre as vendas (ROS), que revela a eficiência na qual a empresa transforma receita em renda.

$$\textit{Retorno sobre as vendas} = \frac{\textit{Renda}}{\textit{Receita}}$$

O balancete pega o valor dos ativos de uma empresa e, para nossos propósitos, existem dois tipos de ativos: circulante e fixo. Normalmente, os correntes são ativos financeiros ou reais, como estoque, que podem ser facilmente convertidos em dinheiro em menos de um ano. Muitas vezes, o estoque é desmembrado como uma categoria do ativo circulante. Os ativos fixos são tangíveis, por exemplo, imóveis – bens que não se espera converter em dinheiro em menos de um ano. O total do ativo é a soma do ativo circulante com o fixo. O giro total dos ativos expressa a eficiência com que a empresa gera receita a partir de seus ativos.

$$\textit{Giro total dos ativos} = \frac{\textit{Receita}}{\textit{Total dos ativos}}$$

O ROA conecta a demonstração dos resultados ao balancete:

$$\textit{Retorno sobre os ativos} = \textit{Retorno sobre as vendas} \times \textit{Giro total dos ativos}$$

... ou:

$$\textit{Retorno sobre os ativos} = \frac{\textit{Renda}}{\textit{Receita}} \times \frac{\textit{Receita}}{\textit{Total dos ativos}}$$

... ou:

$$\textit{Retorno sobre os ativos} = \frac{\textit{Receita} - \textit{custo}}{\textit{Receita}} \times \frac{\textit{Receita}}{\textit{Total dos ativos}}$$

... ou:

$$\textit{Retorno sobre os ativos} = \frac{\textit{Preço unitário} \times \textit{Volume unitário} - \textit{COGS} - \textit{Outros custos}}{\textit{Receita}}$$

$$\times \frac{\textit{Receita}}{\textit{Total dos ativos}}$$

Decomposição do ROA

Começamos pela decomposição do desempenho anual do ROA para cada ano e, em seguida, agregamos esses valores anuais em um período (ou era). Analisar a composição do desempenho ao longo do tempo reduz o leque de possíveis explicações para a diferença de desempenho e fornece um índice para avaliar a coerência entre os comportamentos e o desempenho financeiro. Desse modo, a análise da decomposição nos obriga a identificar os comportamentos que contribuem para as diferenças na estrutura do desempenho.

Há duas etapas para a nossa decomposição. Na primeira, vamos separar a vantagem geral em termos de ROA em seus elementos de ROS e TAT e chamaremos esta fase de Nível I da decomposição. No Nível II, identificaremos os elementos de vantagem dentro de ROS (margem bruta, SG&A etc.) e TAT (giro dos ativos fixos e circulantes).

Nível I da decomposição

Os mecanismos do Nível I da decomposição variam dependendo do sinal do ROS das duas empresas e do sinal das diferenças em termos de ROS e TAT entre ambas. Comece com um caso relativamente simples: as duas empresas têm ROS e TAT positivos, e a de melhor desempenho tem menor ROS, mas seu TAT é maior.

TABELA 38 **Caso 1**

Empresa	ROA	ROS	TAT
A	13,2%	6,0%	2,2
B	12,0%	12,0%	1,0
Vantagem da empresa A	1,2 pp		

Este é o cálculo para encontrar os pontos percentuais da diferença do total do ROA, impulsionada pelas diferenças de ROS e TAT:

Vantagem pura no ROS da empresa B = [Vantagem real no ROS]

$$\times \textbf{ [Valor do TAT inferior]}$$
$$= \textbf{6,0} \times \textbf{1,0} = \textbf{6,0 pp do ROA}$$

Vantagem pura no TAT da empresa A = [Vantagem real no TAT]
× [Valor do ROS inferior]
= 1,2 × 6 pp = 7,2 pp do ROA

Vantagem total no ROS da empresa A = –6 pp
Vantagem total no TAT da empresa A = 7,2 pp
Vantagem geral no ROA da empresa A = –6,0 pp + 7,2 pp = 1,2 pp

Este exemplo abrange qualquer um dos cinco casos de comparação de pares. Os casos 2 e 3 são bem parecidos com o caso 1.

TABELA 39 **Cinco tipos de decomposição do ROA**

Caso	Descrição
1	Pelo menos uma empresa tem ROS positivo, uma tem vantagem no ROS e a outra tem vantagem no TAT.
2	Uma empresa tem ROS positivo, uma tem ROS negativo; a empresa com ROS positivo tem vantagem tanto no ROS quanto no TAT.
3	Ambas as empresas têm ROS negativo; uma empresa tem vantagem tanto no ROS quanto no TAT.
4	Ambas as empresas têm ROS positivo; uma tem vantagem tanto no ROS quanto no TAT.
5	Ambas as empresas têm ROS negativo; uma tem vantagem no ROS, a outra empresa tem vantagem no TAT.

TABELA 40 **Caso 2**

Empresa	ROA	ROS	TAT
A	16,0%	8,0%	2,0
B	–3,0%	–3,0%	1,0
Vantagem da empresa A	19,0 pp		

Vantagem pura no ROS da empresa A = [Vantagem real no ROS]
× [Valor do TAT inferior]
= 11 pp × 1,0 = 11 pp do ROA

Vantagem pura no TAT da empresa A = [Vantagem real no TAT]
× [Valor do ROS superior]
= 1,0 × 8 pp = 8 pp do ROA

Vantagem total no ROS da empresa A = 11 pp
Vantagem total no TAT da empresa A = 8 pp
Vantagem total no ROA da empresa A = 11 pp + 8 pp = 19 pp

TABELA 41 **Caso 3**

Empresa	ROA	ROS	TAT
A	−12,0%	−6,0%	2,0
B	−9,0%	−9,0%	1,0
Vantagem da empresa A	−3,0 pp		

Vantagem pura no ROS da empresa A = [Vantagem real no ROS]
× [Valor do TAT inferior]
= 3 pp × 1 = 3 pp do ROA

Vantagem pura no TAT da empresa A = [Vantagem real no TAT]
× [Valor do ROS superior]
= 1 × –6 pp = –6 pp do ROA

Nota: A empresa A tem uma vantagem no TAT quando analisamos esse indicador separadamente. No entanto, uma vez que estava usando seus ativos de forma mais eficaz para vender produtos a um ROS negativo, sua vantagem em TAT resulta em uma desvantagem no ROA.

Vantagem total no ROS da empresa A = 3 pp
Vantagem total no TAT da empresa A = -6 pp
Vantagem total no ROA da empresa A = 3 pp + (–6 pp) = –3 pp

Os casos 4 e 5 são mais complexos porque exigem o cálculo e a alocação de um componente "conjunto". Essa alocação conjunta é necessária quando uma empresa tem ROS e TAT maiores, e ambas apresentam ROS positivos *ou* uma empresa tem um ROS ou um TAT maior *e* o ROS de ambas é negativo. A Tabela 42 mostra a vantagem conjunta para uma empresa que tem vantagem tanto no ROS quanto no TAT. Quando existe uma vantagem conjunta, ela é atribuída de acordo com a proporção das vantagens puras.

TABELA 42 **Caso 4**

Empresa	ROA	ROS	TAT
A	7,2%	6,0%	1,2
B	18,0%	9,0%	2,0
Vantagem da empresa B	10,8 pp		

Vantagem pura no ROS da empresa B = [Vantagem real no ROS]
× [Valor do TAT inferior]
= 3,0 pp × 1,2 = 3,6 pp do ROA

Vantagem pura no TAT da empresa B = [Vantagem real no TAT]
× [Valor do ROS inferior]
= 0,8 × 6 pp = 4,8 pp do ROA

A vantagem pura equivale a 3,6 + 4,8 = 8,4 pp da vantagem total do 10,8 pp no ROA

A vantagem conjunta equivale a 10,8 − 8,4 = 2,4 pp

Vantagem conjunta alocada de acordo com a proporção das vantagens puras:

Atribuição do ROS = (3,6/8,4) × 2,4 pp = 1,0 pp

Vantagem total do ROS: 3,6 + 1,0 = 4,6 pp

Atribuição do TAT = (4,8/8,4) × 2,4 pp = 1,4 pp

Vantagem total do TAT: 4,8 + 1,4 = 6,2 pp

Vantagem total no ROS da empresa B = 4,6 pp

Vantagem total no TAT da empresa B = 6,2 pp

Vantagem geral no ROA da empresa B = 4,6 pp + 6,2 pp − 10,8 pp

TABELA 43: **Caso 5**

Empresa	ROA	ROS	TAT
A	−6,0%	−6,0%	1,0
B	−18,0%	−9,0%	2,0
Vantagem da empresa A	12,0 pp		

Vantagem pura no ROS da empresa A = [Vantagem real no ROS]

× [Valor do TAT inferior]

= 3 pp × 1 = 3 pp do ROA

Vantagem pura no TAT da empresa B = [Vantagem real no TAT]

× [Valor do ROS superior]

= 1 × −6 pp = −6 pp do ROA

(A empresa B tem uma vantagem de TAT quando esse indicador for analisado isoladamente. Contudo, uma vez que estava usando seus ativos de forma mais eficaz para vender produtos a um ROS negativo, sua vantagem no TAT resulta em desvantagem no ROA.)

A vantagem pura de ROS + TAT é igual a 3 + 6 = 9 pp da vantagem total de 12pp no ROA.

A vantagem conjunta equivale a 12 pp − 9 pp = 3 pp

Atribuída ao ROS: (3,0/9,0) × 3,0 pp = 1,0 pp

Vantagem total do ROS: 3,0 + 1,0 = 4 pp

Atribuída ao TAT: (6,0/9,0) × 3,0 pp = 2,0 pp

Vantagem total do TAT: 6,0 + 2,0 = 8 pp

Vantagem total no ROS da empresa A = 4 pp

Vantagem total no TAT da empresa A = 8 pp

Vantagem total no ROA da empresa A = 4 pp + 8 pp = 12 pp

Nível II da decomposição

Retorno sobre as vendas

O ROS pode ser decomposto em margem bruta (GM) e uma série de categorias de despesas: SG&A, P&D, depreciação, operações descontinuadas, itens extraordinários, participação minoritária, imposto de renda – tudo expresso como um percentual das vendas. O TAT pode ser dividido em giro dos ativos circulantes menos estoque (CAT Est.), giro dos ativos de estoque (AT Est.), giro do ativo fixo (FAT) e giro de outros ativos (AT Outros). No Nível II, atribuímos as diferenças de ROS e TAT do Nível I a esses elementos.

Estes são os passos para atribuir as diferenças de ROS a seus elementos constituintes da demonstração de resultados:

1. Calcule cada despesa como um percentual das vendas (colunas A, B e C na Tabela 44).
2. Para cada categoria de despesa, calcule a vantagem em pp (coluna D) para a empresa com maior ROA.
3. Calcule a vantagem pura de ROS multiplicando a diferença em pp de cada elemento pelo valor do TAT inferior.
4. Se houver uma vantagem conjunta a ser atribuída, calcule a proporção relativa do total da vantagem pura de ROS com que cada elemento contribui. Aproveite a vantagem pura de cada elemento do ROS da coluna E e divida-a pelo total da vantagem pura do ROS, também na coluna E.
5. Calcule como cada elemento contribui para a vantagem comum, multiplicando o percentual da vantagem pura de ROS pelo total da vantagem conjunta de ROS (coluna G).
6. Some a vantagem bruta e a conjunta referente a cada elemento para obter sua contribuição total.

Giro total dos ativos

Alocar o TAT aos elementos que o compõem é uma abordagem com mais nuances. O giro dos ativos é uma proporção e para computar cada elemento que compõe esse indicador, devemos trabalhar com a reciprocidade. Ou seja, embora $CAT + FAT \neq TAT$, $1/CAT + 1/FAT = 1/TAT$.

1. Calcule a reciprocidade de cada elemento do TAT (colunas B e C).
2. Para cada componente, calcule a diferença em pp (coluna D).
3. Calcule o percentual relativo com que cada elemento contribui para a vantagem total de TAT (coluna E).
4. Para calcular a vantagem pura de TAT em pp, multiplique a proporção relativa de cada elemento pelo total da vantagem pura de TAT (coluna F).
5. Se houver uma vantagem conjunta a ser atribuída, multiplique a parte relativa da vantagem total de TAT referente a cada elemento pelo total da vantagem conjunta de TAT (coluna G).
6. Some a vantagem bruta e a conjunta referente a cada elemento para obter sua contribuição total.

Vamos ilustrar o Nível II da decomposição usando o Caso 4, que possui complexidade suficiente para destacar o poder de nosso método.

TABELA 44 Nível II da decomposição

A	B		C		D	E	F	G	H
	Empresa A		Empresa B		Δ pp	Vantagem pura do ROS	Porcentagem da vantagem pura do ROS	Vantagem conjunta*	Total da vantagem
	em US$	% da receita	em US$	% da receita	(Empresa B – Empresa A)	(Δ em pp* TAT inferior)		(F *1,0)	(E + G)
Receita	200	100%	300	100%	–	–	–	–	–
GM (1-COGS)	120	60%	195	65%	+5 pp	+6,00	167%	+1,67	+7,67
SG&A	30	15%	54	18%	–3 pp	–3,60	–100%	–1,00	–4,60
P&D	20	10%	24	8%	+2 pp	+2,40	67%	+0,67	+3,07
Depreciação	–	–	–	–	–	–	–	–	–
Imposto de renda	58	29%	90	30%	–1 pp	–1,20	–33%	–0,33	–1,53
Ops descont.	–	–	–	–	–	–	–	–	–
Itens extras	–	–	–	–	–	–	–	–	–
Partic. minoritárias	–	–	–	–	–	–	–	–	–
Receita não oper	–	–	–	–	–	–	–	–	–
ROS (Renda líquida)	**12**	**6,0%**	**27**	**9,0%**	**3,0 pp**	**3,60 pp**	**100%**	**1,0 pp**	**4,60 pp**

* A porção de ROS da vantagem conjunta (1,0) é atribuída de acordo com a proporção das vantagens puras. Para mais detalhes, veja o Caso 4.

A	B			C			D	E	F	G	H
	Empresa A			Empresa B			Δ 1/ATR (Empresa A – Empresa B)	Porção Relativa da desvantagem do TAT (D/0,33)	Vantagem pura do TAT (E* 4,8)	Vantagem conjunta* (E *1,4)	Total da vantagem (F + G)
	em US$	ATR	1/ATR	em US$	ATR	1/ATR					
Receita	120			300							
Ativos circulantes											
Menos estoque											
Estoque	20	6	0,17	100	3	0,33	−0,17	−52%	−2,47	−0,72	−3,19 pp
Ativos fixos	80	1,5	0,67	50	6	0,17	0,50	152%	7,27	2,12	9,39 pp
Outros ativos											
Total dos ativos	**100**	**1.2**	**0.84**	**150**	**2**	**0.5**	**0.33**	**100%**	**4.8**	**1.4**	**6.20 pp**

* A porção de TAT da vantagem conjunta (1,4) é atribuída de acordo com a proporção das vantagens puras. Para mais detalhes, veja o Caso 4.
Os valores podem não bater devido a arredondamentos.

Apêndice B: Bibliografia dos estudos de caso de sucesso

Classificamos um livro como pertencente ao gênero "estudo de caso de sucesso" se sua variável dependente primária for uma ou mais das três medidas do nível de desempenho corporativo: ROA, crescimento da receita ou TSR (retorno total aos acionistas). Não consideramos "estudos de casos de sucesso" os esforços para compreender comportamentos específicos – como inovação, gestão de recursos humanos ou eficiência das operações – que usaram um método comparativo de estudo de casos, pois uma empresa pode ter uma grande inovação, mas não apresentar um desempenho notável devido a outros fatores.

Atualmente, o gênero é dominado por Jim Collins. Seja em coautoria ou por conta própria, seus quatro best-sellers (*Feitas para durar* (Rocco)*, Feitas para vencer* (Ediouro)*, Como os gigantes caem* (Elsevier) e *Vencedoras por opção* (HSM Editora) comandam nossa deferência. Seríamos negligentes se tentássemos realizar um estudo semelhante por conta própria sem prestar minuciosa atenção às amostras, métodos e conclusões de Collins. As outras obras incluídas em nossa meta-análise foram escolhidas por várias razões, muitas vezes, subjetivas: quanto consideramos os autores pesquisadores confiáveis, se os livros foram bem-sucedidos comercialmente ou se suas descobertas exerceram influência no mundo dos negócios. Acreditamos que nossa lista, apesar de não exaustiva, seja abrangente.

Vale a pena repetir: no Capítulo 2, analisamos apenas as questões de método e seleção da amostra. Não alegamos que as recomendações feitas por outros autores estivessem erradas, mas sim, questionamos as bases que as sustentam. Sentimos que temos alguns pontos importantes a levantar, mas, sem dúvida alguma, entendemos que as pessoas possam divergir no que diz respeito à essência dos conceitos. Por exemplo, em seu livro *Vencendo a crise* (Harbra),

220 AS TRÊS REGRAS

Tom Peters observou que ele e o coautor, Waterman, começaram com 62 empresas escolhidas dentre os parceiros da McKinsey mais "um bocado de gente inteligente" que consistia, basicamente, em pessoas que eles consideravam "bacanas" e "naquelas que estariam fazendo um trabalho bacana". Eles então aplicaram um conjunto de medidas quantitativas para peneirar e reduzir a lista de 62 para 43 organizações. Entre aquelas que não foram cortadas estão a General Electric que, de acordo com Peters, "mostra com uma visão nua e crua o quanto pode ser 'estúpido' confiar apenas em insights e no quão 'inteligente' os indicadores frios e calculistas podem ser".[1]

Peters diz que, segundo sua própria experiência, o segredo para encontrar aqueles com quem você pode aprender mais está em confiar em seus instintos e depois validar essas intuições empiricamente. Essa é certamente uma abordagem defensável, mas baseia-se em realmente validar essas intuições. O método do estudo de casos de sucesso exige que as empresas estudadas sejam excepcionais de acordo com a medida que importa para o estudo. A promessa de *Vencendo a crise*, como acontece com todos os outros trabalhos sobre casos de sucesso que analisamos, é que o leitor pode aprender alguma coisa útil que tornará sua empresa melhor de acordo com determinada medida de desempenho corporativo. A amostra pode ser escolhida com base em qualquer aspecto, desde que seja testada. Se não for, então tudo que se pode afirmar é que tais organizações aprenderam algo sobre como melhorar o desempenho em relação aos critérios utilizados para a seleção da amostra.

Visto que as empresas em *Vencendo a crise* não são excepcionais – como as avaliadas por indicadores como ROA, crescimento da receita ou TSR – o conselho oferecido talvez se resuma à indicação de empresas com maiores chances de serem identificadas como lugares onde pessoas inteligentes podem fazer coisas legais. Esse é um objetivo que vale a pena, mas é muito diferente da meta de alcançar um desempenho excepcional. A única maneira de desenvolver argumentos sólidos sobre como alcançar um desempenho excepcional é vincular o conselho às provas colhidas de empresas que efetivamente apresentaram desempenho excepcional. No caso de *Vencendo a crise*, apenas uma empresa possuía um ROA excepcional, a probabilidade média de ter ROA excepcional para a amostra é de 29% e, em termos de crescimento mediano e TSR, o grupo analisado foi classificado com a nota 5. Peters e Waterman estavam em busca da excelência, mas só encontraram mediocridade – só que não sabiam disso.

Outros estudos na nossa lista são apenas implicitamente casos de sucesso. *Stall Points*, por exemplo, analisa o fenômeno das viradas de sorte nas trajetórias de crescimento. Eles comparam as taxas de crescimento da empresa para t menos 10 anos (t_{-10}) e t mais 10 anos (t_{+10}) para cada ano t. O maior valor de x para $t_{-10} - t_{+10}$ representa o ano em que o crescimento começa a cair. As diferenças de comportamento entre os dois períodos também são analisadas.

Uma empresa não precisa ter um crescimento excepcional para sofrer o que os autores chamam de "stall" (estol – queda). Ela poderia ir de medíocre a horrível, ou de horrível a catastrófica. O valor de x também não é especialmente significativo: só precisa ser o maior número em um conjunto. Em nossa discussão sobre a análise dos padrões de desempenho, avaliamos a noção de que, como acontece com o desempenho longevo, procurar por pontos de inflexão também requer um método razoável e estatisticamente robusto. Como todos os conjuntos de números terão um elemento maior, o método descrito em *Stall Points* não satisfaz esse critério.

Na tabela do Capítulo 2, analisamos apenas as empresas classificadas no estudo *Stall Point* como "em crescimento contínuo" – aquelas que nunca experimentaram um estol. A alegação explícita de *Stall Points* é que seus conselhos podem ajudar a empresa a evitar uma queda em seus índices de crescimento e isso é razoável dada a amostra do estudo. Ao mesmo tempo, a afirmação implícita, para nós pelo menos, é que o objetivo não é manter um crescimento constante em 0,1% ao ano para evitar uma queda, mas sim alcançar o crescimento excepcional. Consequentemente, acreditamos que vale a pena avaliar se a amostra de empresas em crescimento contínuo proporciona uma ascensão notável e duradoura; 17% da amostra alcançou a meta, com longos períodos de crescimento no 9º decil. Mas a amostra usada em *Stall Points* é constituída por 83% de empresas abaixo do 9º decil e um quarto da amostra apresenta crescimento contínuo, mas permanece abaixo da média de todas as organizações de nosso banco de dados.

Tentamos ser igualmente generosos ao avaliar as amostras dos outros estudos, incluindo apenas as empresas que se mantiveram como exemplares e examinando o grupo escolhido com base apenas nos dados que estavam disponíveis na época do estudo.

Citações dos estudos de casos de sucesso

Tom Peters e Robert Waterman, *In Search of Excellence* (HarperBusiness, 2004; publicado originalmente em 1982). (No Brasil, *Vencendo a crise: como o bom senso empresarial pode superá-la*. São Paulo: Harper & Rom do Brasil, 1983.)

Jim Collins e Jerry I. Porras, *Built to Last* (HarperBusiness, 2004; publicado originalmente em 1996). (No Brasil, *Feitas para durar: práticas bem-sucedidas de empresas visionárias*. Rio de Janeiro: Rocco, 2012.)

Mehrdad Baghai, Stephen Coley e David White, *The Alchemy of Growth* (Basic Books, 1999). (No Brasil, *Alquimia do crescimento*. Rio de Janeiro: Record, 1999.)

Jon Katzenbach, *Peak Performance* (Harvard Business Review Press, 2000). (No Brasil, *Desempenho máximo: unindo o coração e a mente de seus colaboradores*. Rio de Janeiro: Elsevier, 2002.)

Richard Foster e Sarah Kaplan, *Creative Destruction* (Crown Business, 2001). (No Brasil, *Destruição criativa – por que empresas feitas para durar não são bem-sucedidas: como transformá-las*. Rio de Janeiro: Elsevier, 2002.)

Jim Collins, *Good to Great* (HarperCollins, 2005; publicado originalmente em 2001) (No Brasil, *Empresas feitas para vencer – porque alguns brilham e a maioria não*. Rio de Janeiro: Elsevier, 2001.)

Chris Zook e James Allen, *Profit from the Core* (Harvard Business Press, 2001). (No Brasil, *Lucro a partir do core business*. Rio de Janeiro: Elsevier, 2010)

William Joyce e Nitin Nohria, *What Really Works* (HarperBusiness, 2004). (No Brasil, *O que realmente funciona*. Rio de Janeiro: Elsevier, 2003.)

Alfred Marcus, *Big Winners e Big Losers* (FT Press, 2005). (No Brasil, *Grandes vencedores e grandes perdedores: os quatros segredos do sucesso e do fracasso de longo prazo*. Porto Alegre: Bookman, 2007.)

David G. Thomson, *Blueprint to a Billion* (John Wiley & Sons, 2006)

Matthew S. Olson e Derek Van Bever, *Stall Points* (Yale University Press, 2008)

Keith R. McFarland, *The Breakthrough Company* (Crown Business, 2008). (No Brasil, *Empresa extraordinária – como empresas comuns alcançam o sucesso*. Rio de Janeiro: Elsevier, 2008.)

Patrick Viguerie, Sven Smit e Mehrdad Baghai, *The Granularity of Growth* (John Wiley & Sons, 2008). (No Brasil, *O crescimento granular: nova proposta para crescer em mercados saturados*. Rio de Janeiro: Elsevier, 2009.)

Jim Collins, *How the Mighty Fall* (HarperCollins, 2009). (No Brasil, *Como as gigantes caem – e por que algumas empresas jamais desistem*, Rio de Janeiro: Elsevier, 2010.)

Paul Leinwand e Cesare Mainardi, *Essential Advantage* (Harvard Business Review Press, 2010) (No Brasil, *A vantagem essencial – como vencer com uma estratégia orientada por capacitações*. São Paulo: Bookman, 2011)

Jim Collins e Morten T. Hansen, *Great by Choice* (HarperBusiness, 2011) (No Brasil, *Vencedoras por opção*. São Paulo: HSM Editora, 2012.)

Paul Nunes e Tim Breene, *Jumping the S-Curve* (Harvard Business Review Press, 2011)

Scott Keller e Colin Price, *Beyond Performance* (John Wiley & Sons, 2011)

Christian Stadler, *Enduring Success* (Stanford Business Books, 2011)

Apêndice C: Identificando o desempenho excepcional

Nosso principal indicador de desempenho é o ROA duradouro, mas também consideramos o crescimento da receita e o TSR. Usamos métodos estatísticos para determinar o desempenho relativo das empresas em cada indicador.

ROA

Em nossa analogia com o cara ou coroa, é fácil calcular as chances de alcançar um resultado, pois conhecemos a probabilidade de cada um dos dois resultados desse jogo: chances de 50% de obter cara e chances de 50% de tirar coroa em cada lance. Mas qual é a probabilidade de que a empresa escolhida aleatoriamente com uma classificação no 4º decil de desempenho em determinado ano alcance o 7º decil no ano seguinte? Para descobrir isso, construímos uma matriz de 10 × 10, que reúne as frequências observadas com as quais as empresas saíram de um decil qualquer para outro no ano seguinte.

Se você ler acompanhando a linha "um" da Tabela 45, verá que as empresas que estavam no decil 0 no primeiro ano acabaram no mesmo decil no ano seguinte em 52,8% das vezes. Você verá que elas conseguiram entrar no primeiro decil em 18,2% das vezes e assim por diante, até chegar ao nono decil, onde isso aconteceu 4,4% das vezes. Manter-se no mesmo decil no ano seguinte é, de longe, o resultado mais frequente, e esse fenômeno é especialmente pronunciado nas empresas com períodos no decil superior ou inferior.

Usando essas frequências, poderíamos executar simulações para determinar a probabilidade de qualquer perfil de desempenho. Quer saber a probabilidade de ficar no 5º decil em cinco anos de um período de sete, com dados começando no 7º decil no primeiro ano? Ou oito vezes no 7º decil em um período

TABELA 45 **Matriz de transição entre os diferentes decis (DTM)**

	PARA	0	1	2	3	4	5	6	7	8	9
	0	**52,8%**	18,2%	8,5%	4,9%	3,1%	2,4%	2,3%	1,9%	1,5%	4,4%
	1	20,4%	**32,4%**	17,7%	9,1%	5,9%	3,9%	2,9%	2,3%	1,9%	3,5%
	2	10,2%	19,2%	**24,8%**	17,3%	9,6%	5,9%	4,0%	3,1%	2,5%	3,2%
	3	5,9%	11,1%	17,3%	**23,4%**	16,0%	9,8%	6,5%	4,2%	2,9%	3,0%
DE	4	4,1%	6,7%	11,1%	17,0%	**22,0%**	16,6%	9,9%	5,9%	3,9%	2,9%
	5	2,9%	4,7%	7,0%	11,0%	16,7%	**22,5%**	17,3%	9,6%	5,1%	3,3%
	6	2,2%	3,4%	5,0%	7,2%	11,0%	17,1%	**23,4%**	18,0%	8,7%	4,2%
	7	1,6%	2,6%	3,5%	4,7%	7,0%	10,4%	17,7%	**26,1%**	19,3%	7,2%
	8	1,5%	1,8%	2,8%	3,3%	4,2%	6,4%	9,7%	18,8%	**33,9%**	17,7%
	9	2,3%	2,5%	3,0%	3,1%	3,4%	3,8%	5,2%	8,5%	18,5%	**49,4%**

Fonte: Compustat; análise da Deloitte.

de 10 anos, começando no 9º decil? No entanto, o uso desses cálculos é limitado. Isso seria o mesmo que perguntar quantas vezes o resultado "coroa" seria obtido em várias rodadas de cara ou coroa. Cada resultado específico é bastante improvável, mas *algum* resultado será alcançado. Um resultado específico importa apenas quando é intrinsecamente importante para nós e estatisticamente inesperado.

Pense desta forma: uma empresa pode obter um resultado de 9º decil em determinado ano por causa de um golpe de sorte. Quando ela receber esse resultado, haverá uma boa chance de chegar ao 9º decil no ano seguinte, apenas porque os resultados do 9º decil criam raízes. Consequentemente, não podemos dizer se uma empresa ficou dois anos no 9º decil apenas por causa da propagação da sorte que lhe rendeu o primeiro ano de desempenho excepcional. Mas, com o tempo, o impacto do mesmo golpe de sorte desaparece e a probabilidade de continuar apresentando resultados de 9º decil apenas em virtude do impacto residual de sorte inicial cai de modo notável. Fato é que manter-se sempre no 9º decil por um período de 11 anos torna-se algo muito improvável. Essa probabilidade é o que determina se uma empresa se qualifica como um *Miracle Worker*.

No entanto, também é importante saber quantas outras empresas permaneceram nesse mesmo decil superior durante os 11 anos de observação. Se houvesse centenas, ou mesmo milhares delas em nosso banco de dados, acabaria sendo provável que uma ou mais dessas empresas *ficassem* 11 anos seguidos no 9º decil como resultado dos repetidos golpes de sorte, aliados à fosforescência de cada golpe positivo. Por exemplo, apesar de ser altamente improvável que você obtenha "cara" jogando uma moeda honesta onze vezes consecutivas, sem truques, você só precisa de cerca de 2 mil pessoas em seu concurso de cara ou coroa para garantir que pelo menos uma delas consiga tal resultado. Eventos aparentemente improváveis tornam-se possíveis se você realizar testes suficientes, ao passo que, se atribuir uma variação de causa especial a essas circunstâncias, acabará vítima de "falsos positivos".

Usando a matriz de transição entre os diferentes decis (Tabela 45), realizamos mil simulações com todas as empresas que realmente existiram, começando de suas classificações reais no decis de desempenho, e observamos a frequência com a qual as organizações com diferentes longevidades foram classificadas no 9º decil de desempenho. Para ilustrar, em nossas mil simulações, havia apenas 4,3% de chance de que uma empresa com 11 anos de registros ficasse, por acaso, 5 anos ou mais no 9º decil. Portanto, tal resultado é improvável o suficiente para dizermos que se, em um período de 11 anos, virmos uma empresa classificada no 9° decil por 5 anos ou mais, ela terá apresentado um desempenho excepcional.

No entanto, verifica-se que existem 856 empresas em nossa população com 11 anos de vida. Mesmo assim, a probabilidade de uma empresa qualquer ficar 5 anos ou mais no 9° decil é inferior a 5% e *esperamos* ver 37 organizações classificadas no 9° decil por 5 ou mais anos, apenas em função do número de empresas com 11 anos de existência.

Em nossa população, há efetivamente 45 empresas com 11 anos de existência que ficaram 5 anos ou mais no 9° decil. Portanto, há *mais* empresas do que esperaríamos e podemos concluir, com alguma confiança, que pelo menos algumas delas (mais provavelmente oito) são de fato excepcionais. Infelizmente, não temos como saber *quais* são as oito fenomenais. O máximo que podemos fazer é escolher 45 empresas aleatoriamente nessa população e trabalhar com os 82% de chance (37 de 45 organizações) de termos escolhido alguma empresa que apenas teve sorte, ou seja, 82% de chance de um falso positivo.

Para corrigir a incidência de falsos positivos, podemos aumentar nosso índice, insistindo em mais anos no 9° decil para determinado tempo de vida até que a probabilidade de falsos positivos caia para o nível desejado. Estipulamos que, para ser uma *Miracle Worker*, a empresa tem de ficar com desempenho no 9° decil um número suficiente de anos para que as probabilidades de ter conseguido esse resultado devido apenas à sorte *e* de ser um falso positivo caiam para menos de 10%.

Como trabalhamos com períodos anuais, o desempenho de cada empresa é comparável ao de todas as outras em determinado ano. Além disso, usando a DTM para determinar a probabilidade de um número de anos no 9° decil (para *Miracle Worker*s) ou no 6°, 7° e 8° decis (para *Long Runners*), durante um tempo de vida específico, podemos comparar a probabilidade de cada empresa ser excepcional com a de todas as demais, independentemente do tamanho de sua existência e do período em que operou.

Não há nada de mágico em nenhum de nossos índices. Por que um corte de 10%? Por que não de 5%? Ou 15%? Por que definir *Miracle Workers* em termos de anos apenas no 9° decil? Poderíamos ter definido *Miracle Workers* como as empresas classificadas nos 8° ou 9° decis com frequência improvável.

Qualquer conjunto de parâmetros está sujeito praticamente a uma avaliação intuitiva de sua plausibilidade. O que importa é que nossa definição é usada no contexto de uma análise estatística rigorosa: qualquer empresa que atenda a todos os critérios apresentados com frequência suficiente para ser improvável pode afirmar que alcançou um desempenho excepcional. Para que nosso estudo seja pelo menos útil, só precisamos que os resultados de desempenho já definidos tenham uma validade aparente adequada. Você deve avaliar por si mesmo se os critérios de desempenho que escolhemos encerram sua noção subjetiva do que constitui um nível de desempenho digno de sua aspiração. Depois de certo ponto, a escolha é baseada na conveniência: adote normas rígidas demais e não haverá empresas para estudar; defina regras permissivas demais e a solidez dos resultados será prejudicada.[1] A Tabela 46 mostra o número de anos necessários em cada intervalo de decil normal ou central para diferentes anos de vida, a fim de esclarecer nossos limites de certeza de 90%.

Há alguns aspectos inesperados nesses cálculos que merecem uma explicação adicional. O número de anos necessários num decil central ou normal não aumenta de maneira monótona, como uma função do tempo de vida de uma empresa. Note, por exemplo, que com uma existência de 20 anos, uma empresa precisa ficar 12 no 9º decil para se qualificar como um *Miracle Worker*, enquanto com 30 anos de vida, esse número cai para 10, e com 45, ela só precisa manter essa marca por 16 anos. Essa é uma consequência de como corrigimos o problema de falsos positivos e serve como mais um mecanismo para lidar com o desvio.

TABELA 46 **Anos necessários nos decis centrais para atingir o status de excepcional**

	Anos no decil central	
Tempo de vida	*Miracle Workers* **(9º decil)**	*Long Runners* **(6º ao 8º decil)**
10	10	–
15	10	14
20	12	18
25	11	19
30	10	20
35	10	19
40	9	20
45	16	26

Fonte: Compustat; análise da Deloitte.

Com base na DTM, para alcançar o status de *Miracle Worker,* uma empresa de 35 anos de registros precisa ficar mais anos no 9º decil do que outra com apenas 20. No entanto, como há mais empresas com 20 do que com 35 anos de registros, devemos aumentar nossos índices para que nossa probabilidade de obtenção de falsos positivos com as empresas de 20 anos seja inferior a 10%.

Manter a marca de 45 anos de história como pico de nosso índice abrange a população relativamente grande de empresas longevas, muitas das quais já estavam em atividade antes de 1966 (ano em que começam os registros em nosso banco de dados) e ainda estavam na ativa até 2010 (quando termina nosso período de observação). Nossas regressões de quantis compreendem pelo menos um pouco do impacto da sobrevivência no ROA, mas mesmo assim, quando existe algo de especial sobre essas sobreviventes, compensando o maior número de empresas longevas com índices mais elevados, conseguimos reduzir a probabilidade de cairmos no desvio.

TSR e crescimento da receita

Para identificar o crescimento e o desempenho em termos de TSR como estatisticamente excepcionais, é preciso usar uma abordagem diferente, pois a performance da empresa ao longo de um período consiste em uma composição: a taxa de crescimento anual composta do ano 0 até o ano 2 depende dos resultados dessa empresa no primeiro e no segundo ano de vida. Consequentemente, ela pode ter um crescimento relativo superior no segundo ano (por exemplo, um crescimento de 50%), caso tenha apresentado um crescimento sofrível nos dois anos anteriores (anos 0 e 1), o que significa que seu crescimento no segundo ano é calculado em uma base pequena. Como resultado, sentimos que nossa abordagem de classificação anual nos decis era inadequada. Para dar um exemplo extremo, uma empresa que alternou anos de 50% de encolhimento seguidos por crescimento de 100%, teria 50% de seus registros com um crescimento muito elevado, embora seu índice de crescimento global para o período não passasse de 0%.

Em vez disso, criamos um modelo de regressão para o quesito crescimento e outro para o TSR. (Do ponto de vista conceitual, as duas medidas são efetivamente iguais.) Essa regressão nos permite prever o desempenho que cada empresa "deveria ter alcançado" em determinado ano, levando em conta o seu tamanho, o ano em questão, seu setor de atuação, sua longevidade e os resultados do ano anterior. A cada ano, o desempenho real de uma empresa normalmente se desvia desse valor previsto, ficando acima (um residual positivo) ou abaixo dele (um residual negativo). A soma desses resíduos totaliza o residual cumulativo da organização ou *R-score* (indicador de sobrevivência e resistência) bruto.

No entanto, não podemos apenas comparar *R-scores* brutos. Duas empresas com os mesmos *scores* anuais brutos serão classificadas de forma diferente em conjunto, se tiverem longevidades diferentes: as empresas A e B verão seus *R-scores* crescerem, digamos, 0,05x ao ano, mas se a empresa A sobreviver por 15 anos e a B por 20, a empresa B terá um *R-score* maior em virtude de sua longevidade maior e não de seu crescimento superior. A fim de corrigir isso, usamos simulações para determinar qual o *R-score* esperado para empresas com diferentes números de observações. Isso gera um *R-score* "corrigido" para cada empresa, comparável entre todas as empresas. Em seguida, ordenamos esses *R-scores* corrigidos, deixando cada empresa com sua classificação em termos de TSR e de crescimento ao longo de sua existência.

Apêndice D: Categoria, trajetória e análise da era

Quando começamos este projeto, no início de 2007, tínhamos dados até 2006. Desenvolvemos nosso método e selecionamos nossa amostra até meados de 2008. O trabalho de estudos de casos demorou mais do que o previsto, coisa que certamente nunca aconteceu com mais ninguém.

Chegamos às nossas conclusões no início de 2011, e poderíamos ter corrido para publicar o livro, mas sentimos que apresentar nossas conclusões no final de 2012, com um conjunto de dados que cobriam até o ano de 2006, poderia comprometer a relevância de nossos resultados, especialmente à luz da Grande Recessão. Queríamos saber como as empresas de nosso estudo tinham se saído e, então, assumimos o compromisso de atualizar todos os nossos cálculos com quatro anos adicionais (de 2007 a 2010 inclusive).

Todas as nossas *Miracle Workers* mantiveram seu status sob a estrita aplicação de nossas regras de 90% ou mais de probabilidade de pertencer à categoria e menos de 10% de chance de ser um falso positivo. A probabilidade de Abercrombie & Fitch, Thomas & Betts e Wrigley serem falsos positivos subiu um pouco, pois elas não ficaram no 9º decil em alguns dos anos adicionais, mas todas permaneceram bem dentro dos nossos parâmetros predefinidos.

Os *Long Runners* não se saíram tão bem, mas também não se deram mal o suficiente para que pudéssemos dizer, definitivamente, que não as incluiríamos no estudo se soubéssemos dos resultados que obteriam em 2010. Fizemos algumas exceções às nossas regras ao escolher nossa amostra, em 2006. Nossa flexibilização mais notável foi em relação ao corte de 10% na probabilidade de "falsos positivos" na hora de encontrar *Long Runners* para fazer uma comparação com os nossos *Miracle Workers*: Finish Line, Werner, HMI e Hubbell – metade da nossa amostra – ficaram de fora da linha de corte. Fizemos essa concessão por causa da importância das semelhanças qualitativas. Só não podemos dizer que a pior delas, a Finish Line, foi incluída por pura sorte, pois provou ser um positivo verdadeiro.

Com os dados adicionais, a Finish Line continuou na corda bamba. A Werner, a HMI e a Hubbell também mostraram probabilidades maiores de serem falsos positivos em termos absolutos, mas não de forma significativa em termos qualitativos. É possível que tivéssemos procurado alguns trios diferentes, pois, como um grupo, talvez fosse interessante ter mantido a probabilidade de falsos positivos um pouco mais perto de nossa linha de corte de 10%. Não acreditamos que essas mudanças prejudiquem nossas conclusões, mas fornecemos os dados aqui para que você avalie.

Também atualizamos nossa análise de períodos. Os intervalos de confiança indicam até que ponto estamos certos de que um período de desempenho relativo terminou. Portanto, ao usar um intervalo de confiança maior, teríamos maior "tolerância" quanto aos períodos fora da faixa de decis centrais antes de declararmos que um período terminou.

Em 2006, quando selecionamos nossa primeira amostra, caracterizamos as trajetórias de nossas empresas excepcionais com um intervalo de confiança de 90%. Quando atualizamos nossas empresas com os dados de 2010, algumas haviam mudado de trajetória no nível de confiança de 90%. Nenhuma empresa mudou sua trajetória geral no intervalo de confiança de 99%, embora as especificidades de alguns pontos tenham sofrido mudanças.

Por exemplo, de 2006 a 2010, as trajetórias da A&F e da Heartland passaram de "mantidas" para "perdidas" no intervalo de confiança de 90%. No entanto, no intervalo de confiança de 99%, as duas empresas mantiveram o status de *Miracle Workers*. (É uma característica curiosa desse tipo de análise estatística que o futuro possa mudar o passado: com os anos adicionais no 9º decil, ambas as empresas puderam restabelecer uma trajetória "mantida", mesmo com um intervalo de confiança de 90%.)

TABELA 47 **Análise das categorias**

Categoria	Empresa	1966 a 2006		1966 a 2010	
		Na categoria	Falso positivo	Na categoria	Falso positivo
Miracle Workers	Abercrombie & Fitch	100%	2%	100%	4%
	Heartland Express	100%	0%	100%	0%
	Linear Technology	100%	2%	100%	0%
	Maytag	100%	3%	100%	2%
	Medtronic	100%	6%	100%	5%
	Merck & Co.	100%	1%	100%	0%
	Thomas & Betts	100%	2%	100%	7%
	Weis Markets	100%	0%	100%	0%
	Wm. Wrigley Jr. Co.	100%	5%	100%	3%
	MÉDIA	**100%**	**2%**	**100%**	**2%**
Long Runners	Finish Line	96%	49%	93%	51%
	Werner Enterprises	99%	26%	97%	39%
	Micropac Industries	100%	1%	100%	0%
	HMI Industries.	99%	14%	99%	25%
	Stryker Corp.	100%	6%	100%	4%
	Eli Lilly & Co.	100%	0%	100%	1%
	Hubbell	99%	13%	98%	18%
	Publix Super Markets	99%	7%	98%	13%
	Tootsie Roll Industries	100%	0%	100%	2%
	MÉDIA	**99%**	**12%**	**99%**	**16%**

Fonte: Compustat; análise da Deloitte.

TABELA 48 Análise da trajetória

		Confiança de 90%		Confiança de 99%	
		2006	**2010**	**2006**	**2010**
Miracle Workers	Abercrombie & Fitch	Mantida	Perdida: 2008	Mantida	Mantida
	Heartland Express	Mantida	Perdida: 2009	Mantida	Mantida
	Linear Technology	Revelada: 1991	Revelada: 1992	Revelada: 1992	Revelada: 1992
	Maytag	Perdida: 1990	Perdida: 1990	Perdida: 1991	Perdida: 1992
	Medtronic	Revelada: 1986	Revelada: 1986	Revelada: 1986	Revelada: 1986
	Merck & Co.	Outros: 1976–1985	Outros: 1977–1985, 2010	Outros: 1976–1985	Outros: 1978–1985
	Thomas & Betts	Perdida: 1989	Perdida: 1985	Perdida: 1990	Perdida: 1986
	Weis Markets	Perdida: 1998	Perdida: 1996	Perdida: 1998	Perdida: 1996
	Wm. Wrigley Jr. Co.	Revelada: 1986	Outros: 1966–1985, 2007	Revelada: 1986	Revelada: 1986
Long Runners	Finish Line	Perdida: 1999	Perdida: 2006	Mantida	Mantida
	Werner Enterprises	Perdida: 2000	Perdida: 2002	Perdida: 2000	Perdida: 2002
	Micropac Industries	Mantida	Mantida	Mantida	Mantida
	HMI Industries	Perdida: 1989	Perdida: 1996	Perdida: 1991	Perdida: 1996
	Stryker	Mantida	Mantida	Mantida	Mantida
	Eli Lilly & Co.	Mantida	Mantida	Mantida	Mantida
	Hubbell	Perdida: 2001	Perdida: 2002	Perdida: 2001	Perdida: 2005
	Publix Super Markets	Mantida	Revelada: 1982	Mantida	Revelada: 1982
	Tootsie Roll Industries	Mantida	Perdida: 2009	Mantida	Mantida

Fonte: Compustat; análise da Deloitte.

Apêndice D: Categoria, trajetória e análise da era

TABELA 49 Análise das eras

	Último ano da era 1	Último ano da era 2
Miracle Workers		
Abercrombie & Fitch	1999 (63%)	–
Heartland Express	1994 (86%)	–
Linear Technology	–	–
Maytag	–	–
Medtronic	–	–
Merck & Co.	1985 (55%)	–
Thomas & Betts	1999 (86%)	–
Weis Markets	1990 (62%)	–
Wm. Wrigley Jr. Co.	–	–
Long Runners		
Eli Lilly & Co.	–	–
Finish Line	–	–
HMI Industries	1995 (61%)	–
Hubbell	1991 (58%)	–
Micropac Industries	–	–
Publix Super Markets	–	–
Stryker	1997 (95%)	–
Tootsie Roll Industries	1983 (88%)	1996 (62%)
Werner Enterprises	–	–
Average Joes		
Emrise	1999 (66%)	
International Rectifier	–	–
Invacare	2005 (84%)	
KV Pharmaceutical	1994 (77%)	2005 (79%)
P.A.M. Transportation Services	1991 (100%)	
Rocky Mountain Chocolate Factory	–	–
Syms	–	–
Whirlpool	1987 (76%)	
Whole Foods Market	–	–

Nota: As empresas que apresentam traço têm uma única era de desempenho absoluto, que consiste em todo o período de observação. Empresas com apenas uma coluna preenchida têm duas eras de desempenho absoluto.
Apenas a Tootsie Roll e a KVP têm três eras de desempenho absoluto e, por isso, apresentam duas entradas na tabela.

236 AS TRÊS REGRAS

A definição de "eras" é um método semelhante ao baseado em probabilidades, mencionado nas notas do Capítulo 2.[1] Aqui estão as probabilidades associadas aos anos em que identificamos as "eras". Como este é um método Bayesiano, declaramos que uma era começa no ano seguinte a qualquer ano com uma probabilidade acima de 50% de ser o último ano da era. Empresas que não apresentam um ano que satisfaça essa condição, são as que têm uma era de desempenho absoluto.

Segue a divisão de eras e trajetórias para toda a nossa população de empresas excepcionais.

TABELA 50 **Contagens de trajetória-era**

Miracle Workers

Eras	Trajetória				Total
	Mantida	Revelada	Perdida	Outros	
1	26	22	27	12	87
2	23	18	11	23	75
3+	1	1	2	8	12
Total	50	41	40	43	174

Long Runners

Eras	Trajetória				Total
	Mantida	Revelada	Perdida	Outros	
1	77	7	9	8	101
2	32	8	10	8	58
3+	7	1	2	1	11
Total	116	16	21	17	170

Fonte: Análise da Deloitte.

Apêndice E: Gráficos de perfil de desempenho

FIGURA 3 **Linear Technology:** *Miracle Worker* — *Semicondutores*

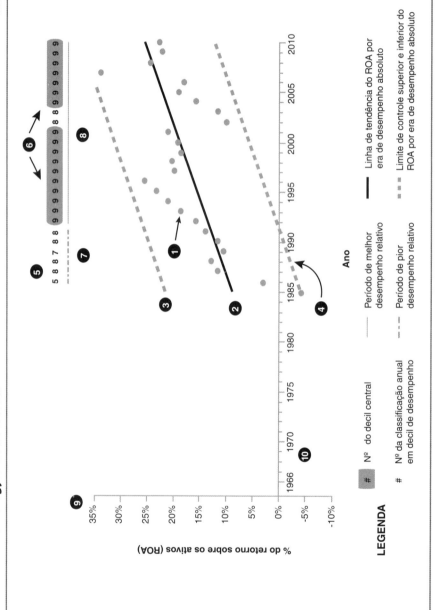

Fonte: Compustat; análise da Deloitte.

1 Os valores de ROA anual, conforme relatório da Compustat.

2 Linha de tendência do ROA para cada era de desempenho absoluto. As eras são identificadas por meio do método mencionado no Capítulo 2. As linhas de tendência são calculadas por meio de regressão de Mínimos Quadrados Ordinários (OLS – ordinary least squares).

3 O limite de controle superior (UCL – upper control limit) referente a cada era de desempenho absoluto. Os UCLs são definidos em desvios-padrão de +1,5 em torno do valor esperado para o ROA de cada ano, conforme determinado pela análise de regressão de OLS usada para determinar a linha de tendência.

4 O limite de controle inferior (LCL – lower control limit) referente a cada era de desempenho absoluto. Os LCLs são definidos em desvios-padrão de -1,5 em torno do valor esperado para o ROA de cada ano, conforme determinado pela análise de regressão de OLS usada para determinar a linha de tendência.

5 Os períodos em decis anuais compreendem o desempenho relativo. O ROA absoluto de cada ano se transforma em uma classificação em decil por meio do método mencionado no Capítulo 2. Os decis são comparáveis ao longo do tempo, de acordo com o setor e a empresa em questão.

6 Os decis centrais de cada empresa são destacados. *Miracle Workers* têm destaque em todos os desempenhos de 9º decil; os *Long Runners* recebem destaque nos desempenhos de 6º, 7º e 8º decis. Os *Average Joes* não apresentam desempenho em decis de destaque.

7 Um período de desempenho relativo que está abaixo dos decis centrais para a empresa. Os períodos de desempenho relativo são identificados por meio do método mencionado no Capítulo 2.

8 Um período de desempenho relativo que está nos decis centrais para a empresa. Os períodos de desempenho relativo são identificados por meio do método mencionado no Capítulo 2.

9 Os valores de ROA. Os eixos foram mantidos do modo mais consistente possível em todos os gráficos para facilitar as comparações. Quando o período foi deslocado para acomodar valores mais extremos, a escala foi mantida consistente, de modo que a inclinação das linhas de tendência ainda possa ser comparada facilmente.

10 Ano. O eixo foi mantido consistente em todos os gráficos para facilitar as comparações.

LEGENDA Os números deste resumo serão repetidos em todos os gráficos como um mnemônico para esta explicação mais detalhada.

FIGURA 4 **Micropac Industries: *Long Runner*** *Semicondutores*

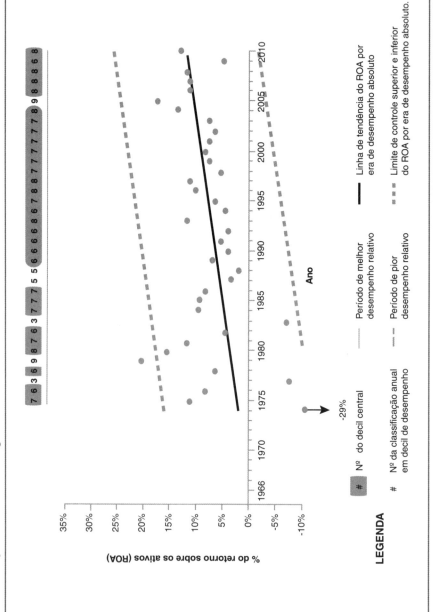

Fonte: Compustat; análise da Deloitte.

FIGURA 5 **International Rectifier: Average Joe**   Semicondutores

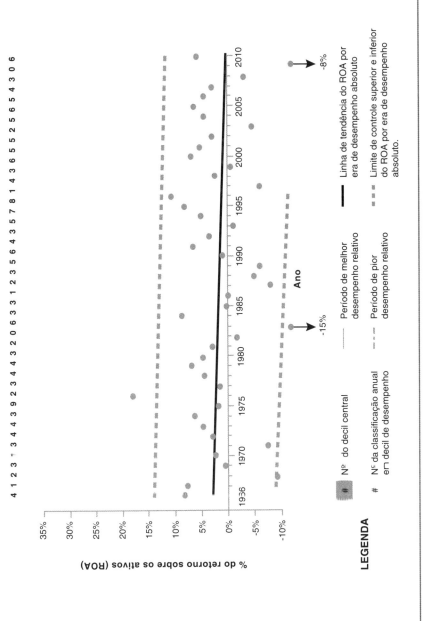

Fonte: Compustat; análise da Deloitte.

Períodos/Eras	Trios	Anos	ROA anual médio	TSR anual composto	Crescimento da receita anual composto
Período total					
Resumo	Linear Tech (MW)	1985 a 2010	16,9%	20,0%	18,4%
	Micropac (LR)	1975 a 2010	6,8%	10,2%	5,2%
	Int'l Rectifier (AJ)	1966 a 2010	1,5%	5,6%	8,1%
Desempenho relativo					
Período de desempenho inferior	Linear Tech (MW)	1986 a 1991	10,6%	31,0%	33,3%
	Micropac (LR)	–	–	–	–
	Int'l Rectifier (AJ)	–	–	–	–
Período de desempenho superior	Linear Tech (MW)	1992 a 2010	20,0%	15,5%	13,5%
	Micropac (LR)	1975 a 2010	7,8%	10,2%	4,6%
	Int'l Rectifier (AJ)	–	–	–	–
Desempenho absoluto					
Era 1	Linear Tech (MW)	1985 a 2010	16,9%	20,0%	18,4%
	Micropac (LR)	1974 a 2010	6,8%	10,2%	5,2%
	Int'l Rectifier (AJ)	1966 a 2010	1,5%	5,6%	8,1%
Era 2	Linear Tech (MW)	–	–	–	–
	Micropac (LR)	–	–	–	–
	Int'l Rectifier (AJ)	–	–	–	–

Fonte: Compustat; análise da Deloitte

FIGURA 6 **Medtronic: Miracle Worker** — *Equipamentos médicos*

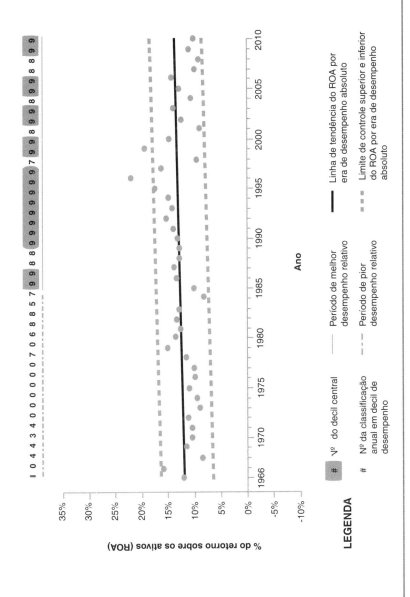

Fonte: Compustat; análise da Deloitte.

FIGURA 7 Stryker: Long Runner

Equipamentos médicos

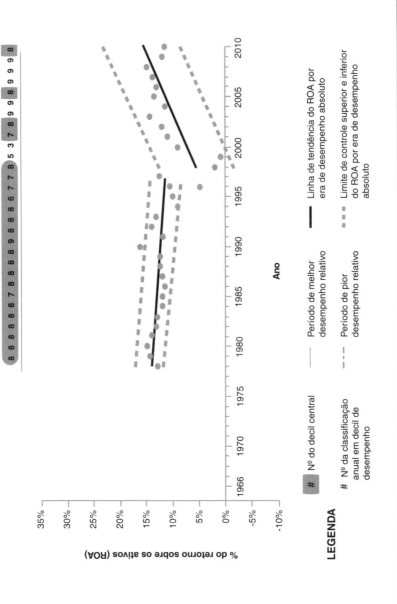

Fonte: Compustat; análise da Deloitte.

FIGURA 8 **Invacare:** *Average Joe* — *Equipamentos médicos*

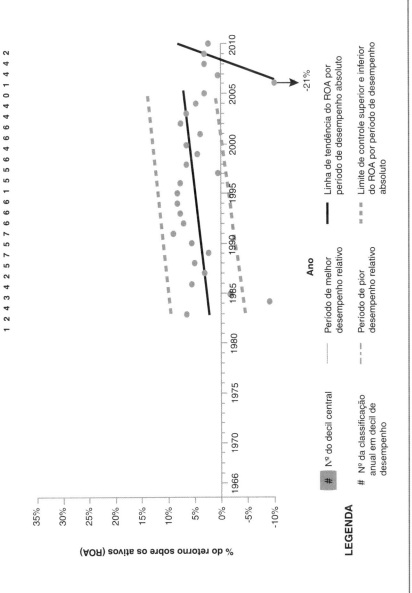

Fonte: Compustat; análise da Deloitte.
Nota: Partes dos limites de controle omitidas para maior conveniência.

Períodos/Eras	Trios	Anos	ROA anual médio	TSR anual composto	Crescimento da receita anual composto
Período total					
Resumo	Medtronic (MW)	1966 a 2010	12,6%	14,4%	20,1%
	Stryker (LR)	1978 a 2010	12,0%	23,0%	19,3%
	Invacare (AJ)	1983 a 2010	3,2%	13,9%	12,6%
Desempenho relativo					
Período de desempenho inferior	Medtronic (MW)	1966 a 1985	11,4%	8,8%	26,0%
	Stryker (LR)	–	–	–	–
	Invacare (AJ)	–	–	–	–
Período de desempenho superior	Medtronic (MW)	1986 a 2010	13,5%	16,4%	15,5%
	Stryker (LR)	1979 a 2010	12,0%	23,0%	19,5%
	Invacare (AJ)	–	–	–	–
Desempenho absoluto					
Era 1	Medtronic (MW)	1966 a 2010	12,6%	14,4%	20,1%
	Stryker (LR)	1978 a 1997	12,0%	23,0%	19,3%
	Invacare (AJ)	1983 a 2005	3,29%	13,9%	12,6%
Era 2	Medtronic (MW)	–	–	–	–
	Stryker (LR)	1998 a 2010	10,8%	12,5%	17,1%
	Invacare (AJ)	2006 a 2010	–2,7%	5,5%	3,5%

Fonte: Compustat; análise da Deloitte.

FIGURA 9 **Thomas & Betts:** *Miracle Worker*

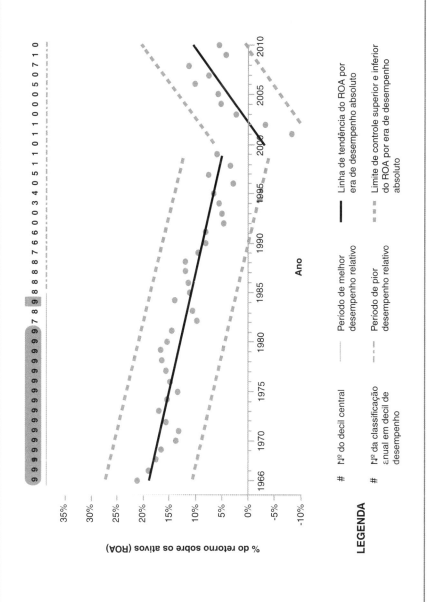

Fonte: Compustat; análise da Deloitte.

FIGURA 10 **Hubbell:** *Long Runner* — *Material elétrico*

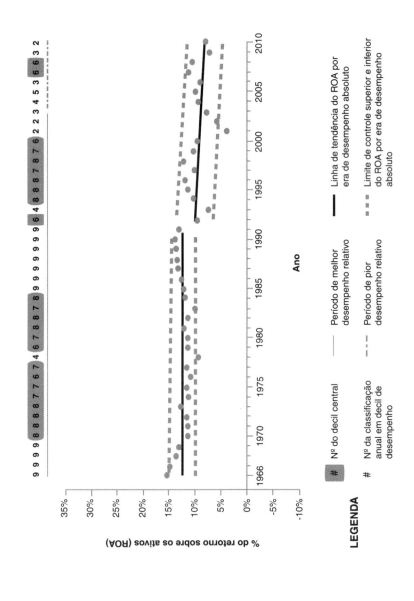

Fonte: Compustat; análise da Deloitte.

FIGURA 11 **Emrise:** *Average Joe* *Material elétrico*

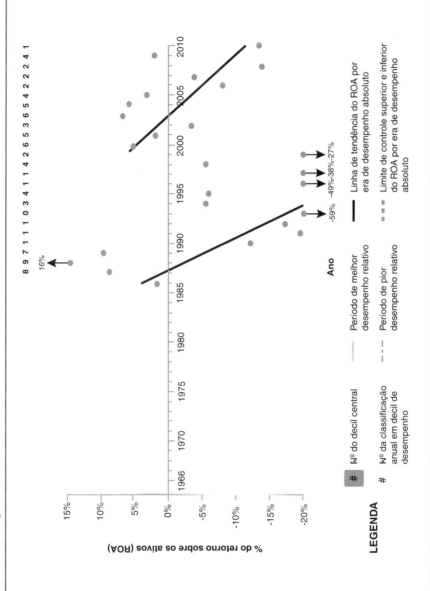

Fonte: Compustat; análise da Deloitte.
Nota: Partes dos limites de controle omitidas para maior conveniência.

Períodos/Eras	Trios	Anos	ROA anual médio	TSR anual composto	Crescimento da receita anual composto
Período total					
Resumo	T&B (MW)	1966 a 2010	9,8%	8,9%	8,8%
	Hubbell (LR)	1966 a 2010	11,0%	13,3%	9,8%
	Emrise (AJ)	1986 a 2010	-8,9%	-19,9%	7,7%
Desempenho relativo					
Período de desempenho inferior	T&B (MW)	1986 a 2010	5,6%	5,7%	7,6%
	Hubbell (LR)	2005 a 2010	9,3%	9,3%	3,8%
	Emrise (AJ)	–	–	–	–
Período de desempenho superior	T&B (MW)	1966 a 1985	15,1%	13,1%	10,3%
	Hubbell (LR)	1966 a 2004	11,3%	14,6%	10,8%
	Emrise (AJ)	–	–	–	–
Desempenho absoluto					
Era 1	T&B (MW)	1966 a 1999	11,9%	10,3%	12,7%
	Hubbell (LR)	1966 a 1991	12,3%	17,4%	12,4%
	Emrise (AJ)	1986 a 1999	-14,5%	-30,2%	14,0%
Era 2	T&B (MW)	2000 a 2010	3,4%	11,9%	1,3%
	Hubbell (LR)	1992 a 2010	9,3%	8,2%	6,7%
	Emrise (AJ)	2000 a 2010	-1,6%	-2,6%	0,9%

Fonte: Compustat; análise da Deloitte.

FIGURA 12 **Abercrombie & Fitch:** *Miracle Worker* — *Vestuário*

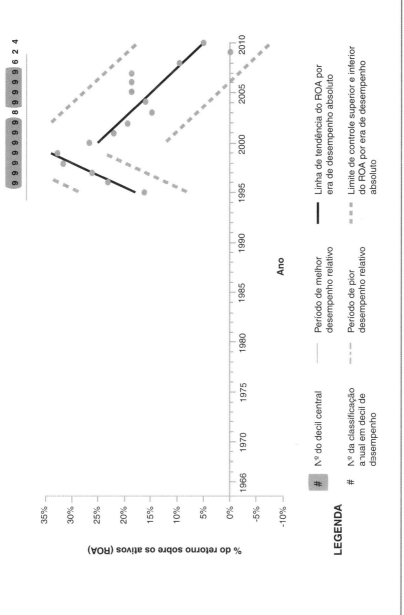

Fonte: Compustat; análise da Deloitte.

FIGURA 13 **Finish Line:** *Long Runner* — *Vestuário*

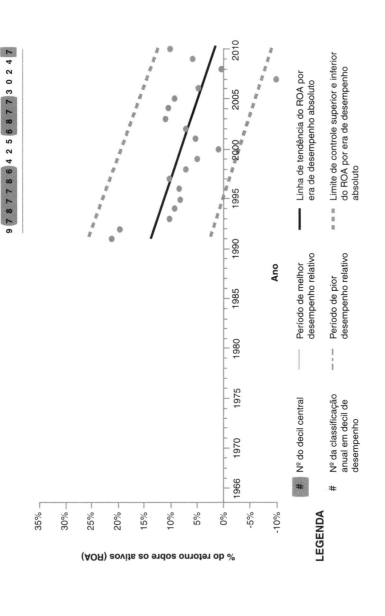

Fonte: Compustat; análise da Deloitte.

FIGURA 14 **Syms:** *Average Joe*　　　　　　　　　　　　　　　　　　　　*Vestuário*

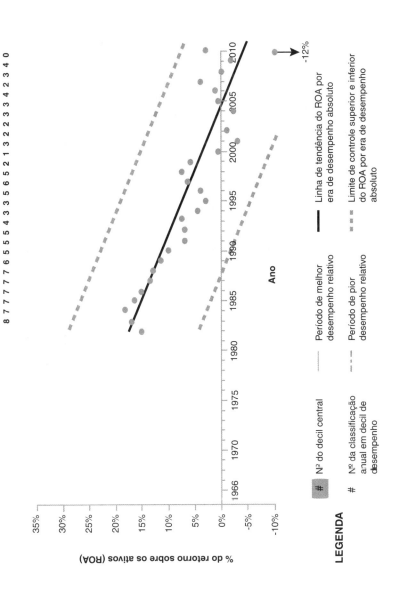

Fonte: Compustat; análise da Deloitte.
Nota: Partes dos limites de controle omitidas para maior conveniência.

Períodos/Eras	Trios	Anos	ROA anual médio	TSR anual composto	Crescimento da receita anual composto
Período total					
Resumo	A&F (MW)	1995 a 2010	18,8%	15,7%	19,6%
	Finish Line (LR)	1991 a 2010	7,9%	7,0%	14,2%
	Syms (AJ)	1982 a 2010	5,5%	-2,4%	4,0%
Desempenho relativo					
Período de desempenho inferior	A&F (MW)	–	–	–	–
	Finish Line (LR)	–	–	–	–
	Syms (AJ)	–	–	–	–
Período de desempenho superior	A&F (MW)	1996 a 2010	18,9%	15,7%	18,2%
	Finish Line (LR)	1992 a 2010	7,2%	7,0%	13,3%
	Syms (AJ)	–	–	–	–
Desempenho absoluto					
Era 1	A&F (MW)	1995 a 1999	26,1%	47,9%	45,0%
	Finish Line (LR)	1991 a 2010	7,9%	7,0%	14,2%
	Syms (AJ)	1982 a 2010	5,5%	-2,4%	4,0%
Era 2	A&F (MW)	2000 a 2010	15,4%	12,3%	10,9%
	Finish Line (LR)	–	–	–	–
	Syms (AJ)	–	–	–	–

Fonte: Compustat; análise da Deloitte.

FIGURA 15 **Wm. Wrigley Jr. Company:** *Miracle Worker*   *Confeitaria*

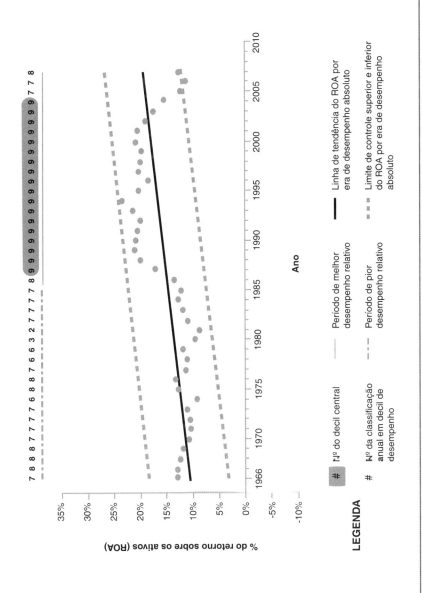

Fonte: Compustat; análise da Deloitte.

FIGURA 16 **Tootsie Roll Industries:** *Long Runner* *Confeitaria*

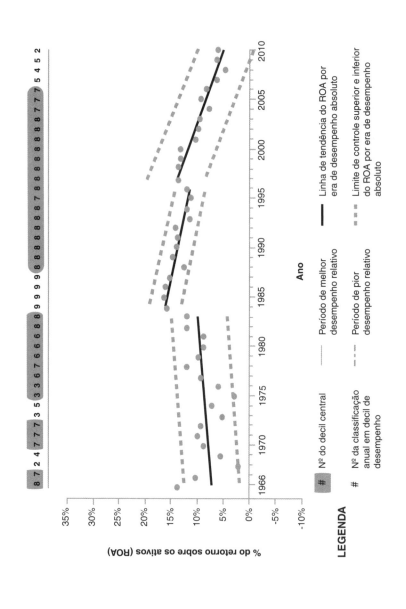

Fonte: Compustat; análise da Deloitte.

FIGURA 17 **Rocky Mountain Chocolate Factory: Average Joe** — *Confeitaria*

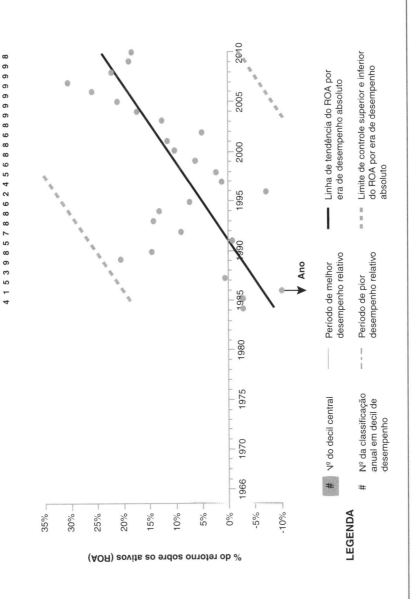

Fonte: Compustat; análise da Deloitte.

Períodos/Eras	Trios	Anos	ROA anual médio	TSR anual composto	Crescimento da receita anual composto
Período total					
Resumo	Wrigley (MW)	1966 a 2007	15,2%	15,7%	9,3%
	Tootsie Roll (LR)	1966 a 2010	10,5%	13,1%	6,9%
	RMCF (AJ)	1984 a 2010	7,6%	7,6%	8,6%
Desempenho relativo					
Período de desempenho inferior	Wrigley (MW)	1966 a 1985	11,6%	12,1%	8,1%
	Tootsie Roll (LR)	–	–	–	–
	RMCF (AJ)	–	–	–	–
Período de desempenho superior	Wrigley (MW)	1986 a 2007	18,5%	17,4%	10,2%
	Tootsie Roll (LR)	1966 a 2010	10,5%	13,1%	6,9%
	RMCF (AJ)	–	–	–	–
Desempenho absoluto					
Era 1	Wrigley (MW)	1966 a 2007	15,2%	15,7%	9,3%
	Tootsie Roll (LR)	1966 a 1983	8,7%	8,8%	6,2%
	RMCF (AJ)	1984 a 2010	7,6%	7,6%	8,6%
Era 2	Wrigley (MW)	–	–	–	–
	Tootsie Roll (LR)	1984 a 1996	14,0%	22,9%	11,4%
	RMCF (AJ)	–	–	–	–
Era 3	Tootsie Roll (LR)	1997 a 2010	9,6%	3,4%	2,6%

Fonte: Compustat; análise da Deloitte.

FIGURA 18 **Weis Markets:** *Miracle Worker* — *Gêneros alimentícios*

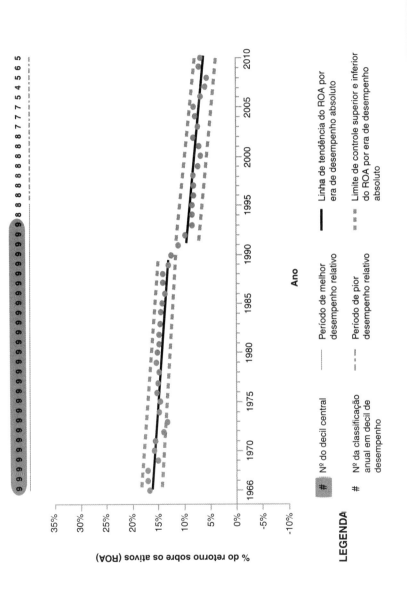

Fonte: Compustat; análise da Deloitte.

FIGURA 19 **Publix Supermarkets: Long Runner**

Gêneros alimentícios

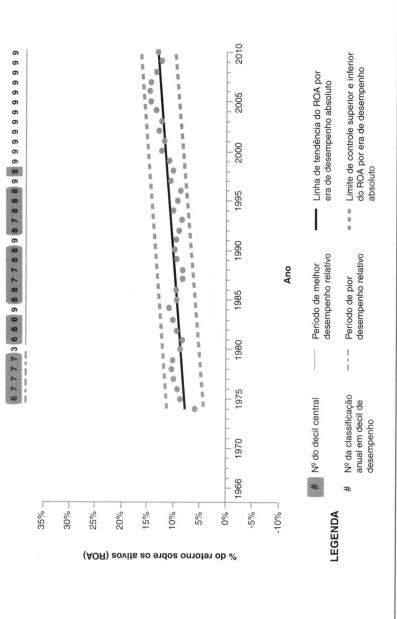

Fonte: Compustat; análise da Deloitte.

FIGURA 20 **Whole Foods Markets: *Average Joe***

Gêneros alimentícios

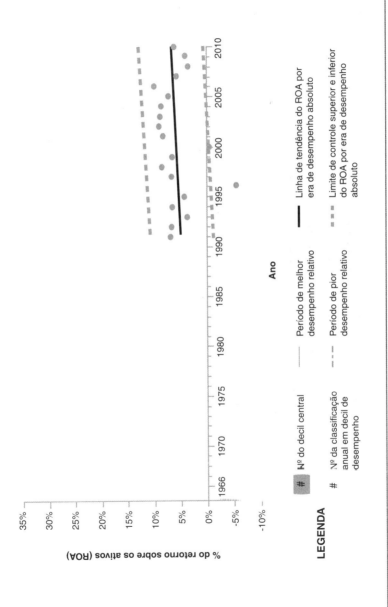

Fonte: Compustat; análise da Deloitte.

Resumo do trio de empresas de gêneros alimentícios

Períodos/Eras	Trios	Anos	ROA anual médio	TSR anual composto	Crescimento da receita anual composto
Período total					
Resumo	Weis (MW)	1966 a 2010	11,7%	11,6%	7,1%
	Publix (LR)	1974 a 2010	10,8%	9,7%	9,4%
	Whole Foods (AJ)	1991 a 2010	5,7%	16,3%	27,2%
Desempenho relativo					
Período de desempenho inferior	Weis (MW)	1996 a 2010	7,3%	5,1%	2,9%
	Publix (LR)	1975 a 1981	9,8%	–	12,7%
	Whole Foods (AJ)	–	–	–	–
Período de desempenho superior	Weis (MW)	1966 a 1995	13,9%	14,7%	9,3%
	Publix (LR)	1982 a 2010	11,2%	9,7%	8,6%
	Whole Foods (AJ)	–	–	–	–
Desempenho absoluto					
Era 1	Weis (MW)	1966 a 1990	14,8%	17,8%	10,1%
	Publix (LR)	1974 a 2010	10,8%	9,7%	9,4%
	Whole Foods (AJ)	1991 a 2010	5,7%	16,3%	27,2%
Era 2	Weis (MW)	1991 a 2010	7,8%	5,7%	3,8%
	Publix (LR)	–	–	–	–
	Whole Foods (AJ)	–	–	–	–

Fonte: Compustat; análise da Deloitte.

FIGURA 21 **Merck & Co.: Miracle Worker**

Indústria farmacêutica

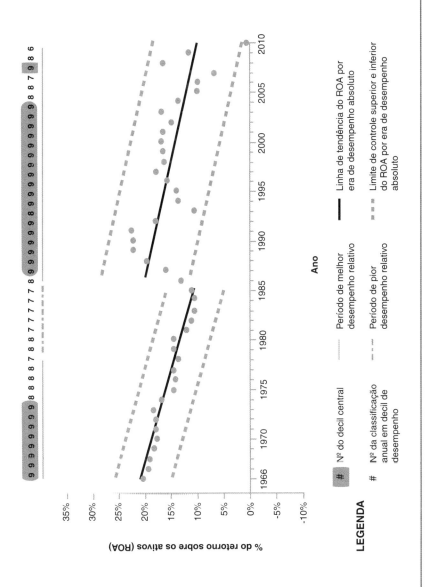

Fonte: Compustat; análise da Deloitte.

FIGURA 22 **Eli Lilly & Co.: Long Runner**

Indústria farmacêutica

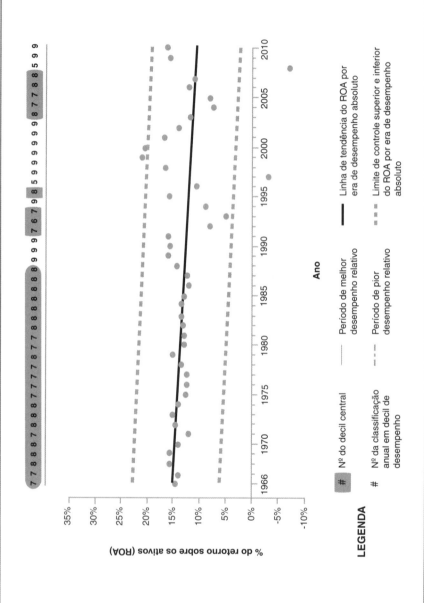

Fonte: Compustat; análise da Deloitte.

FIGURA 23 **KV Pharmaceutical:** *Average Joe*   Indústria farmacêutica

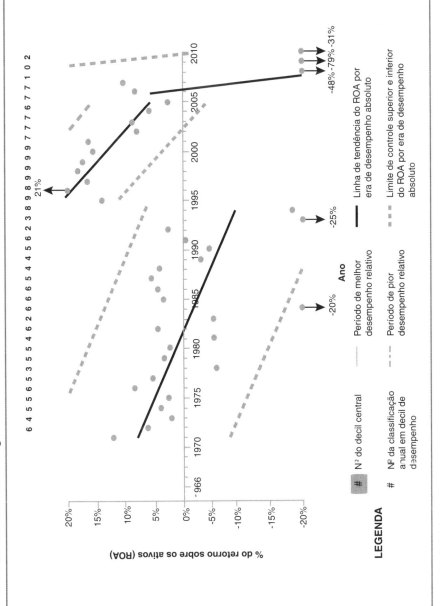

Fonte: Compustat; análise da Deloitte.
Nota: Partes dos limites de controle omitidas para maior conveniência.

Períodos/Eras	Trios	Anos	ROA anual médio	TSR anual composto	Crescimento da receita anual composto
Período total					
Resumo	Merck (MW)	1966 a 2010	15,2%	11,4%	11,3%
	Eli Lilly (LR)	1966 a 2010	12,7%	10,7%	9,9%
	KV Pharma (AJ)	1971 a 2010	-0,3%	3,8%	4,6%
Desempenho relativo					
Período de desempenho inferior	Merck (MW)	1978 a 1985	12,3%	14,2%	8,7%
	Eli Lilly (LR)	–	–	–	–
	KV Pharma (AJ)	–	–	–	–
Primeiro período de desempenho superior	Merck (MW)	1966 a 1977	17,5%	5,5%	13,7%
	Eli Lilly (LR)	1966 a 2010	12,7%	10,7%	9,9%
Segundo período de desempenho superior	Merck (MW)	1986 a 2010	15,0%	10,5%	10,6%
Desempenho absoluto					
Era 1	Merck (MW)	1966 a 1985	15,4%	9,6%	11,9%
	Eli Lilly (LR)	1966 a 2010	12,7%	10,7%	9,9%
	KV Pharma (AJ)	1971 a 1994	-0,7%	4,6%	9,7%
Era 2	Merck (MW)	1986 a 2010	15,0%	10,5%	10,6%
	Eli Lilly (LR)	–	–	–	–
	KV Pharma (AJ)	1995 a 2005	13,1%	17,9%	22,1%
Era 3	KV Pharma (AJ)	2006 a 2010	-27,8%	-42,8%	-50,2%

Fonte: Compustat; análise da Deloitte.

FIGURA 24 **Heartland Express: *Miracle Worker*** — *Transportes*

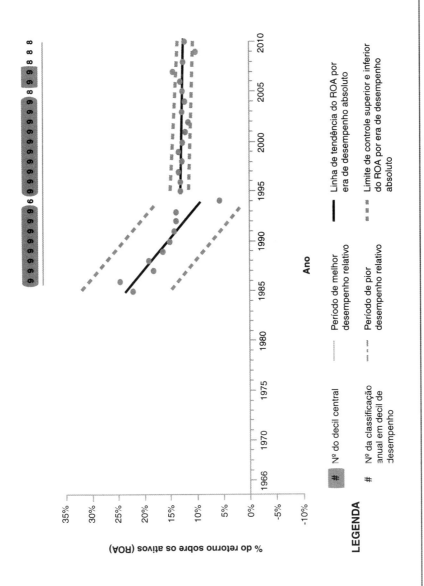

Fonte: Compustat; análise da Deloitte.

FIGURA 25 **Werner Enterprises: Long Runner** *Transportes*

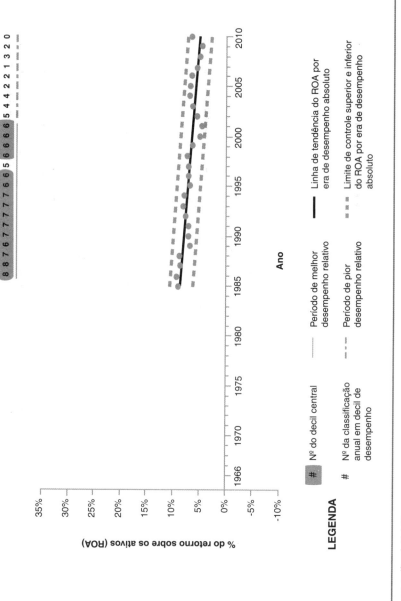

Fonte: Compustat; análise da Deloitte.

FIGURA 26 **P.A.M. Transportation Services:** *Average Joe* *Transportes*

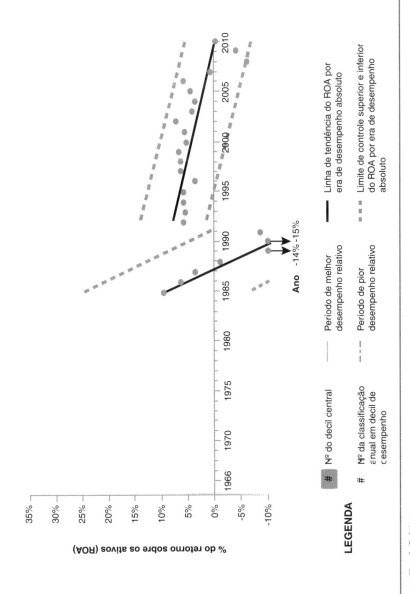

Fonte: Compustat; análise da Deloitte.
Nota: Partes dos limites de controle omitidas para maior conveniência.

Períodos/Eras	Trios	Anos	ROA anual médio	TSR anual composto	Crescimento da receita anual composto
Período total					
Resumo	Heartland (MW)	1985 a 2010	14,6%	17,3%	14,0%
	Werner (LR)	1985 a 2010	7,1%	10,6%	13,7%
	PAM (AJ)	1985 a 2010	2,0%	-1,2%	12,0%
Desempenho relativo					
Período de desempenho inferior	Heartland (MW)	–		–	–
	Werner (LR)	2002 a 2010	6,2%	7,7%	3,9%
	PAM (AJ)	–		–	–
Período de desempenho superior	Heartland (MW)	1986 a 2010	14,3%	17,3%	14,0%
	Werner (LR)	1986 a 2001	7,4%	11,7%	18,9%
	PAM (AJ)	–		–	–
Desempenho absoluto					
Era 1	Heartland (MW)	1985 a 1994	17,8%	29,0%	31,5%
	Werner (LR)	1985 a 2010	7,1%	10,6%	13,7%
	PAM (AJ)	1985 a 1991	-2,8%	-50,7%	22,4%
Era 2	Heartland (MW)	1995 a 2010	12,6%	12,6%	6,6%
	Werner (LR)	–		–	–
	PAM (AJ)	1992 a 2010	3,8%	12,4%	9,3%

Fonte: Compustat; análise da Deloitte.

FIGURA 27 **Maytag: *Miracle Worker*** — *Eletrodomésticos*

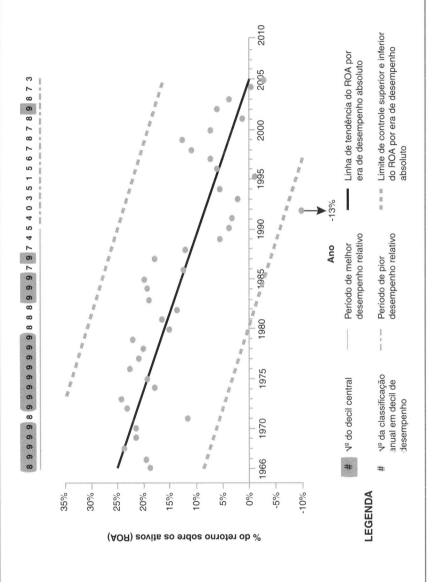

Fonte: Compustat; análise da Deloitte.
Nota: Partes dos limites de controle omitidas para maior conveniência.

FIGURA 28 **HMI Industries: Long Runner** *Eletrodomésticos*

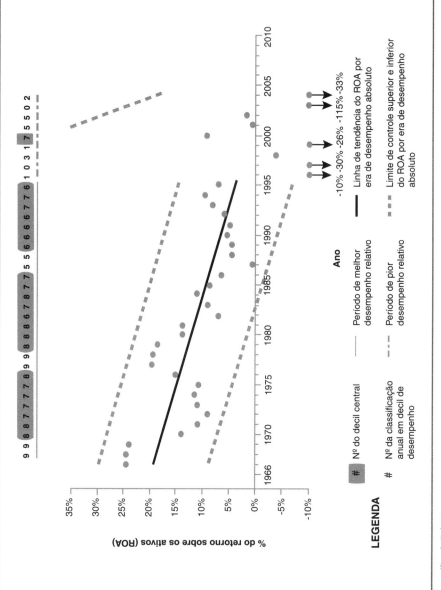

Fonte: Compustat; análise da Deloitte.
Nota: Partes dos limites de controle omitidas para maior conveniência.

FIGURA 29 **Whirlpool:** *Average Joe* — Eletrodomésticos

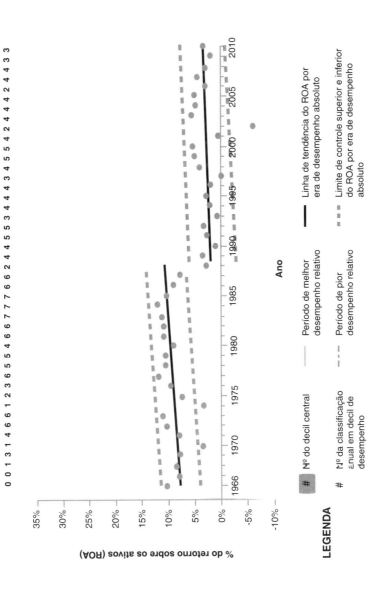

Fonte: Compustat; análise da Deloitte.

Períodos/Eras	Trios	Anos	ROA anual médio	TSR anual composto	Crescimento da receita anual composto
Período total					
Resumo	Maytag (MW)	1966 a 2005	12,3%	9,0%	9,7%
	HMI Industries (LR)	1967 a 2004	3,1%	−1,4%	4,1%
	Whirlpool (AJ)	1966 a 2010	6,0%	10,1%	7,7%
Desempenho relativo					
Período de desempenho inferior	Maytag (MW)	1992 a 2005	3,3%	4,4%	3,7%
	HMI Industries (LR)	1996 a 2004	−23,1%	−29,2%	-14,8%
	Whirlpool (AJ)	–	–	–	–
Período de desempenho superior	Maytag (MW)	1966 a 1991	17,1%	11,9%	13,3%
	HMI Industries (LR)	1968 a 1995	10,7%	13,2%	10,7%
	Whirlpool (AJ)	–	–	–	–
Desempenho absoluto					
Era 1	Maytag (MW)	1966 a 2005	12,3%	9,0%	9,7%
	HMI Industries (LR)	1967 a 1995	11,2%	13,2%	11,1%
	Whirlpool (AJ)	1966 a 1987	9,4%	11,8%	8,8%
Era 2	Maytag (MW)	–	–	–	–
	HMI Industries (LR)	1996 a 2004	−23,1%	−29,2%	-14,8%
	Whirlpool (AJ)	1988 a 2010	2,7%	8,8%	6,7%

Apêndice F: Análise da consistência

Como estamos usando o ROA anual como nosso "átomo" de desempenho, considerar qualquer período superior a um ano um único bloco não diferenciado acarreta o risco de mascararmos variações anuais importantes. Os períodos e eras que usamos como base para a identificação de diferenças comportamentais relevantes ficariam em terreno instável, especialmente se houvesse fortes oscilações em nossas variáveis independentes (os elementos ROS e TAT da vantagem de ROA ao longo do tempo), que "representamos" com diferenças comportamentais relativamente suaves ou imutáveis nos mesmos períodos.

Para evitar isso, examinamos a consistência de cada uma de nossas comparações de pares na composição de seus elementos de vantagem nos períodos aplicáveis. As tabelas que se seguem descrevem o percentual de observações totais para toda a amostra, em cada par de estudo de caso, coerentes com os valores totais para o período integral de nossa análise.

Por exemplo, se observarmos o resumo estatístico dos *Miracle Workers* em comparação aos *Long Runners* nas nove comparações, veremos que, na média, em 87% do tempo, a vantagem de margem bruta anual teve o mesmo sinal da vantagem de margem bruta para todo o período em que os *Miracle Workers* foram comparados aos *Long Runners*. Se observarmos apenas para os períodos de alto desempenho relativo, esse percentual subirá para 90%, enquanto nos períodos de baixo desempenho relativo ele cai para 81%. O valor médio geral e durante os períodos de alto desempenho relativo é de 100% e, como esse é o valor máximo que nossa medida de consistência pode usar, isso significa que durante metade do tempo ou mais, houve perfeita coerência entre o sinal dos valores anuais e o valor médio para o período.

Analisando a comparação de pares específicos, por exemplo, Linear Technology *versus* Micropac Industries, temos 25,7 pontos percentuais como a média de vantagem de ROA atribuível a uma vantagem de margem bruta, mediana de 25pp, intervalo interquartil (IQR) de 9,7pp e consistência de 100%.

A seguir estão os resumos estatísticos para os três tipos de comparações por pares e para todas as 27 comparações de pares, de modo que possa julgar por si mesmo se a variação dos elementos de vantagem nos períodos identificados por nossos métodos estatísticos é suficientemente pequena para justificar nossa busca por diferenças comportamentais consistentes durante os mesmos períodos.

Nível do resumo: Comparações por pares referentes às amostras de estudos de casos

Resumo estatístico
para a amostra

Miracle Workers versus *Long Runners*

	Consistência	Margem bruta	SG&A	P&D	Outros	ROS	CAT	FAT	Outros-AT	TAT	ROA
Geral	**Média (%)**	87	87	95	85	85	82	82	77	88	87
	Mediana (%)	100	95	100	83	89	96	88	84	96	90
	IQR (pp)	22	28	9	24	27	20	32	38	17	20
Período de alto desempenho relativo	**Média (%)**	91	82	93	87	90	93	83	76	90	89
	Mediana (%)	100	90	100	96	100	100	88	84	96	95
	IQR (pp)	0	36	16	23	18	5	28	32	17	18
Período de baixo desempenho relativo	**Média (%)**	81	93	98	82	78	83	82	79	86	84
	Mediana (%)	89	100	100	78	77	81	91	82	93	83
	IQR (pp)	37	5	0	11	19	19	27	34	20	26

Miracle Workers versus *Average Joes*

	Consistência	Margem bruta	SG&A	P&D	Outros	ROS	CAT	FAT	Outros-AT	TAT	ROA
Geral	**Média (%)**	92	89	95	83	90	74	76	76	75	89
	Mediana (%)	100	100	100	84	100	74	78	87	73	100
	IQR (pp)	6	19	0	29	12	32	21	46	34	17
Período de alto desempenho relativo	**Média (%)**	97	86	89	85	94	76	82	80	78	93
	Mediana (%)	100	100	100	88	100	74	79	91	78	100
	IQR (pp)	2	29	11	28	10	31	14	27	27	13
Período de baixo desempenho relativo	**Média (%)**	84	92	100	81	84	70	69	71	72	83
	Mediana (%)	100	100	100	72	100	73	69	68	70	87
	IQR (pp)	19	14	0	30	36	33	36	40	31	36

	Consistência	Margem bruta	SG&A	P&D	Outros	ROS	CAT	FAT	Outros-AT	TAT	ROA
Geral	**Média (%)**	92	94	100	74	88	67	73	71	75	86
	Mediana (%)	96	100	100	80	90	63	73	75	75	88
	IQR (pp)	13	0	0	25	17	31	24	24	37	20
Período de alto desempenho relativo	**Média (%)**	92	93	100	77	88	64	73	69	74	86
	Mediana (%)	98	100	100	80	91	59	76	69	74	86
	IQR (pp)	11	8	0	14	15	28	32	24	37	16
Período de baixo desempenho relativo	**Média (%)**	91	100	100	59	85	76	72	80	80	85
	Mediana (%)	89	100	100	56	89	83	67	78	83	89
	IQR (pp)	8	0	0	28	17	28	8	3	22	17

280 AS TRÊS REGRAS

Resumo estatístico para cada comparação de pares

Semicondutores

Linear Technology *versus* Micropac Industries

	Melhor desempenho relativo: 1992 a 2010									
	Margem bruta	**SG&A**	**P&D**	**Outros**	**ROS**	**CAT**	**FAT**	**Outros-AT**	**TAT**	**ROA**
Média (pp)	25,7	2,8	−5,2	−7,1	16,2	−4,2	−0,9	−0,2	−5,3	11,0
Mediana (pp)	25,0	3,2	−4,3	−7,5	16,0	−4,3	−0,7	0,0	−5,1	11,2
IQR (pp)	9,7	1,6	1,7	3,5	5,0	3,2	0,6	0,3	3,2	7,9
Consistência	100%	95%	100%	100%	100%	100%	100%	85%	100%	100%

	Pior desempenho relativo: 1986 a 1991									
	Margem bruta	**SG&A**	**P&D**	**Outros**	**ROS**	**CAT**	**FAT**	**Outros-AT**	**TAT**	**ROA**
Média (pp)	20,2	−9,0	n/a	−2,5	8,7	−2,3	−0,5	−,03	−2,8	5,8
Mediana (pp)	22,8	−8,5	n/a	−3,4	10,0	−2,1	−0,5	0,0	−2,5	8,0
IQR (pp)	3,8	3,3	n/a	2,9	3,0	1,4	0,2	0,0	1,5	3,7
Consistência	100%	100%	n/a	82%	100%	100%	100%	100%	100%	83%

Linear Technology *versus* International Rectifier

Melhor desempenho relativo: 1992 a 2010

	Margem bruta	SG&A	P&D	Outros	ROS	CAT	FAT	Outros-AT	TAT	ROA
Média (pp)	19,9	3,8	−2,6	−3,3	17,7	−1,2	0,8	0,9	0,5	18,3
Mediana (pp)	20,0	3,5	−2,4	−3,3	16,9	−1,5	0,6	0,3	−0,6	16,4
IQR (pp)	5,6	2,1	1,5	4,1	5,1	2,7	0,9	1,1	2,4	6,3
Consistência	100%	100%	100%	84%	100%	74%	79%	79%	42%	100%

Pior desempenho relativo: 1986 a 1991

	Margem bruta	SG&A	P&D	Outros	ROS	CAT	FAT	Outros-AT	TAT	ROA
Média (pp)	17,0	−0,9	−4,3	0,7	12,5	0,9	−0,8	0,0	0,0	12,5
Mediana (pp)	18,3	−0,5	−4,0	1,4	13,2	1,2	−0,9	−0,1	0,1	13,6
IQR (pp)	1,5	2,4	2,2	3,1	7,8	3,2	2,0	0,2	0,7	9,4
Consistência	100%	67%	100%	67%	100%	67%	67%	50%	67%	100%

Micropac Industries *versus* International Rectifier

Melhor desempenho relativo: 1975 a 2010

	Margem bruta	SG&A	P&D	Outros	ROS	CAT	FAT	Outros-AT	TAT	ROA
Média (pp)	−6,2	5,1	1,6	2,5	3,0	0,7	1,8	0,9	3,4	6,3
Mediana (pp)	−5,2	4,4	1,1	2,6	2,0	0,3	1,6	0,2	3,0	7,6
IQR (pp)	4,5	10,0	2,9	5,7	8,3	1,3	1,6	0,6	3,3	9,2
Consistência	92%	69%	100%	75%	67%	75%	94%	94%	94%	83%

282 AS TRÊS REGRAS

Medtronic *versus* Stryker

Melhor desempenho relativo: 1986 a 2010

	Margem bruta	SG&A	P&D	Outros	ROS	CAT	FAT	Outros-AT	TAT	ROA
Média (pp)	11,8	0,5	−3,1	−4,2	4,9	0,2	−0,4	−2,7	−2,9	2,0
Mediana (pp)	12,9	2,3	−2,8	−3,7	4,7	0,1	−0,3	−2,8	−3,7	1,1
IQR (pp)	8,4	9,2	1,6	4,4	2,2	2,9	1,0	1,5	2,8	4,5
Consistência	100%	64%	100%	96%	92%	52%	76%	88%	84%	64%

Pior desempenho relativo: 1978 a 1985

	Margem bruta	SG&A	P&D	Outros	ROS	CAT	FAT	Outros-AT	TAT	ROA
Média (pp)	15,1	−5,8	−4,7	−0,4	4,2	−3,1	−1,6	−0,8	−5,5	−1,4
Mediana (pp)	14,7	−5,4	−4,7	−0,5	4,5	−3,3	−1,6	−0,8	−5,6	−1,4
IQR (pp)	1,4	1,3	0,7	1,4	1,3	0,6	0,3	0,3	0,6	1,1
Consistência	100%	100%	100%	63%	100%	100%	100%	100%	100%	88%

Equipamentos médicos

Medtronic *versus* Invacare

Melhor desempenho relativo: 1986 a 2010									
	Margem bruta	SG&A	P&D	Outros	ROS	CAT	FAT	Outros-AT	TAT	ROA
Média (pp)	34,4	−10,9	−6,5	−6,1	10,9	−0,6	−0,2	−0,4	−1,2	9,7
Mediana (pp)	35,5	−10,1	−6,9	−6,5	9,8	−0,7	−0,2	−0,5	−1,6	8,0
IQR (pp)	8,0	4,7	2,7	3,4	2,0	0,7	0,3	1,0	1,1	3,4
Consistência	100%	100%	100%	96%	100%	96%	96%	84%	96%	100%

Pior desempenho relativo: 1983 a 1985									
	Margem bruta	SG&A	P&D	Outros	ROS	CAT	FAT	Outros-AT	TAT	ROA
Média (pp)	33,7	−11,8	−6,5	−4,1	11,3	0,6	0,2	0,1	0,9	12,2
Mediana (pp)	31,5	−13,5	−6,3	−4,0	11,0	0,6	0,2	0,2	1,1	12,0
IQR (pp)	3,4	3,1	0,5	2,3	2,2	1,7	1,4	0,3	3,4	5,7
Consistência	100%	100%	100%	100%	100%	67%	67%	67%	67%	100%

Stryker *versus* Invacare

Melhor desempenho relativo

Era 1: 1983 a 1997

	Margem bruta	SG&A	P&D	Outros	ROS	CAT	FAT	Outros-AT	TAT	ROA
Média (pp)	29,8	−12,9	−5,2	−3,0	8,7	−0,9	−0,1	0,5	−0,5	8,2
Mediana (pp)	28,7	−14,2	−5,3	−3,4	7,5	−0,6	0,1	0,1	−0,4	7,3
IQR (pp)	5,3	3,5	2,9	4,0	5,7	1,8	0,7	1,3	1,3	6,0
Consistência	100%	100%	100%	80%	100%	80%	47%	53%	73%	100%

Era 2: 1998 a 2010

	Margem bruta	SG&A	P&D	Outros	ROS	CAT	FAT	Outros-AT	TAT	ROA
Média (pp)	31,5	−16,5	−3,4	−2,5	9,1	−0,2	−0,1	−0,2	−0,5	8,6
Mediana (pp)	34,3	−16,2	−3,5	−3,5	7,8	−0,1	−0,2	0,0	−0,3	7,9
IQR (pp)	7,0	4,4	1,0	2,3	5,1	0,9	0,1	0,5	1,1	5,5
Consistência	100%	100%	100%	92%	85%	85%	92%	46%	69%	85%

Material elétrico

Thomas & Betts *versus* Hubbell

Melhor desempenho relativo: 1966 a 1985									
	Margem bruta	SG&A	P&D	Outros	ROS	CAT	FAT	Outros-AT	TAT	ROA
Média (pp)	18,1	−9,8	−0,3	−3,8	4,2	−1,5	−0,5	0,9	−1,1	3,1
Mediana (pp)	19,0	−8,0	n/a	−4,4	4,0	−1,8	−0,8	0,8	−1,6	3,9
IQR (pp)	8,8	11,6	0,1	2,0	3,1	1,1	1,0	0,5	2,2	2,4
Consistência	100%	90%	100%	100%	100%	100%	80%	100%	70%	90%

Pior desempenho relativo									
Era 1: 1986 a 1999									
	Margem bruta	SG&A	P&D	Outros	ROS	CAT	FAT	Outros-AT	TAT	ROA
Média (pp)	8,1	−7,5	−0,4	−3,6	−3,4	−0,6	−1,1	0,7	−1,0	−4,4
Mediana (pp)	5,0	−6,2	−0,2	−4,1	−3,8	−0,4	−0,7	0,4	−0,6	−4,7
IQR (pp)	12,2	7,6	0,6	2,7	2,2	1,1	1,4	1,4	1,0	2,6
Consistência	86%	100%	100%	93%	86%	86%	100%	71%	100%	100%

Era 2: 2000 a 2010									
	Margem bruta	SG&A	P&D	Outros	ROS	CAT	FAT	Outros-AT	TAT	ROA
Média (pp)	0,0	−1,7	−0,5	−0,8	−3,0	−0,7	−0,1	−1,2	−2,0	−5,0
Mediana (pp)	1,1	−0,1	−0,5	−1,0	−1,6	−0,7	−0,1	−1,1	−2,0	−4,0
IQR (pp)	2,6	3,2	0,9	2,4	5,1	0,5	0,2	0,8	1,0	4,5
Consistência	64%	55%	100%	73%	73%	91%	82%	100%	100%	82%

286 AS TRÊS REGRAS

Thomas & Betts *versus* Emrise

Pior desempenho relativo

Era 1: 1986 a 1999

	Margem bruta	SG&A	P&D	Outros	ROS	CAT	FAT	Outros-AT	TAT	ROA
Média (pp)	1,0	9,5	6,9	−2,6	14,7	0,5	3,0	3,6	7,2	21,8
Mediana (pp)	−0,5	10,4	7,5	−2,6	12,8	0,0	2,3	1,5	4,1	16,3
IQR (pp)	4,5	10,3	4,6	6,9	16,6	1,5	5,7	4,7	8,8	23,1
Consistência	29%	86%	100%	71%	100%	50%	71%	79%	79%	86%

Era 2: 2000 a 2010

	Margem bruta	SG&A	P&D	Outros	ROS	CAT	FAT	Outros-AT	TAT	ROA
Média (pp)	−9,4	12,5	3,2	−1,2	5,0	−0,5	0,0	0,4	0,0	5,0
Mediana (pp)	−7,7	12,1	3,0	−2,8	2,8	−0,2	−0,2	0,0	−0,2	2,3
IQR (pp)	6,0	2,7	1,2	5,2	13,4	0,5	1,2	1,5	2,2	16,9
Consistência	91%	100%	100%	73%	64%	82%	45%	45%	55%	64%

Hubbell *versus* Emrise

Melhor desempenho relativo

Era 1: 1986 a 1991

	Margem bruta	SG&A	P&D	Outros	ROS	CAT	FAT	Outros-AT	TAT	ROA
Média (pp)	−15,1	23,0	n/a	3,8	11,7	−0,1	0,1	0,7	0,7	12,4
Mediana (pp)	−15,4	20,3	n/a	3,7	5,3	0,0	−0,4	0,2	−0,3	7,2
IQR (pp)	5,8	12,2	n/a	3,2	17,3	2,3	2,0	2,7	3,0	17,5
Consistência	100%	100%	n/a	83%	100%	50%	50%	50%	50%	83%

Era 2: 1992 a 2004

	Margem bruta	SG&A	P&D	Outros	ROS	CAT	FAT	Outros-AT	TAT	ROA
Média (pp)	−6,8	19,6	6,9	−2,3	17,4	0,5	1,9	4,3	6,7	24,1
Mediana (pp)	−8,6	19,7	5,4	−4,2	15,4	0,2	0,9	1,5	2,3	17,4
IQR (pp)	14,1	5,3	5,8	1,7	21,3	1,3	3,1	6,4	10,7	33,7
Consistência	77%	100%	100%	85%	100%	54%	69%	77%	77%	100%

Pior desempenho relativo: 2005 a 2010

	Margem bruta	SG&A	P&D	Outros	ROS	CAT	FAT	Outros-AT	TAT	ROA
Média (pp)	−8,0	18,9	1,2	1,2	13,3	1,1	−0,3	0,9	1,7	15,0
Mediana (pp)	−9,0	18,8	0,0	−1,2	13,8	1,6	−0,6	0,7	1,9	16,1
IQR (pp)	4,6	1,6	0,0	5,3	10,3	1,5	0,6	0,6	1,0	11,6
Consistência	83%	100%	100%	33%	100%	83%	83%	83%	83%	100%

Vestuário

Abercrombie & Fitch *versus* Finish Line

Melhor desempenho relativo

Era 1: 1996 a 1999

	Margem bruta	SG&A	P&D	Outros	ROS	CAT	FAT	Outros-AT	TAT	ROA
Média (pp)	27,2	0,6	n/a	−13,4	14,4	5,1	0,1	1,0	6,2	20,6
Mediana (pp)	27,5	−0,1	n/a	−13,4	14,0	4,4	0,3	1,0	6,2	20,2
IQR (pp)	16,6	5,0	n/a	5,2	16,3	7,1	1,1	1,3	6,7	9,6
Consistência	100%	50%	n/a	100%	100%	100%	75%	75%	100%	100%

Era 2: 2000 a 2010

	Margem bruta	SG&A	P&D	Outros	ROS	CAT	FAT	Outros-AT	TAT	ROA
Média (pp)	42,0	−20,7	n/a	−9,6	11,6	−0,3	−1,1	0,0	−1,4	10,2
Mediana (pp)	48,5	−29,6	n/a	−10,1	11,4	0,0	−1,4	0,0	−1,4	9,0
IQR (pp)	32,1	35,7	n/a	2,6	7,7	0,5	2,0	0,1	2,5	10,5
Consistência	100%	64%	n/a	100%	82%	55%	91%	36%	91%	82%

Abercrombie & Fitch *versus* Syms

Melhor desempenho relativo

Era 1: 1996 a 1999

	Margem bruta	SG&A	P&D	Outros	ROS	CAT	FAT	Outros-AT	TAT	ROA
Média (pp)	9,1	13,0	n/a	−9,1	13,0	4,1	6,0	0,2	10,3	23,3
Mediana (pp)	6,4	10,0	n/a	−7,0	9,3	4,5	7,3	0,2	12,8	22,3
IQR (pp)	10,1	10,1	n/a	6,1	14,3	3,3	3,2	0,3	4,6	9,5
Consistência	100%	100%	n/a	100%	100%	100%	100%	100%	100%	100%

Era 2: 2000 a 2010

	Margem bruta	SG&A	P&D	Outros	ROS	CAT	FAT	Outros-AT	TAT	ROA
Média (pp)	27,5	−1,5	n/a	−12,5	13,4	0,7	1,9	0,6	3,2	16,6
Mediana (pp)	35,5	−14,4	n/a	−10,5	14,8	0,1	0,4	0,6	1,3	17,2
IQR (pp)	36,2	31,6	n/a	4,5	3,0	1,5	2,9	0,7	4,5	5,5
Consistência	100%	55%	n/a	100%	91%	73%	91%	91%	91%	91%

Finish Line *versus* Syms

Melhor desempenho relativo: 1992 a 2010

	Margem bruta	SG&A	P&D	Outros	ROS	CAT	FAT	Outros-AT	TAT	ROA
Média (pp)	−7,3	13,5	n/a	−2,3	3,8	−0,2	2,0	0,1	2,0	5,8
Mediana (pp)	−8,4	13,4	n/a	−0,9	3,2	0,1	2,3	0,0	2,1	4,7
IQR (pp)	4,0	11,5	n/a	5,2	5,9	1,0	2,2	0,4	1,8	6,6
Consistência	89%	100%	n/a	63%	79%	37%	95%	74%	95%	95%

Confeitaria

Wm. Wrigley Jr. Company *versus* Tootsie Roll Industries

Melhor desempenho relativo: 1986 a 2007										
	Margem bruta	SG&A	P&D	Outros	ROS	CAT	FAT	Outros-AT	TAT	ROA
Média (pp)	8,2	−10,8	n/a	1,1	−1,5	2,1	0,5	5,3	7,9	6,4
Mediana (pp)	8,5	−10,2	n/a	1,3	−1,3	2,2	0,3	6,0	8,1	6,7
IQR (pp)	2,4	3,1	n/a	1,9	1,0	1,8	1,0	3,1	1,9	2,0
Consistência	100%	100%	n/a	77%	91%	95%	59%	91%	100%	95%

Pior desempenho relativo: 1966 a 1985										
	Margem bruta	SG&A	P&D	Outros	ROS	CAT	FAT	Outros-AT	TAT	ROA
Média (pp)	15,1	−9,2	n/a	−2,6	3,4	−0,4	−0,7	−0,1	−1,2	2,1
Mediana (pp)	15,6	−7,9	n/a	−3,0	3,5	−0,7	−0,8	−0,1	−1,2	1,6
IQR (pp)	5,1	5,8	n/a	5,0	3,8	1,3	0,9	0,2	1,8	3,8
Consistência	100%	95%	n/a	75%	80%	70%	75%	100%	85%	70%

Wm. Wrigley Jr. Company *versus* Rocky Mountain Chocolate Factory

Melhor desempenho relativo: 1986 a 2007									
	Margem bruta	SG&A	P&D	Outros	ROS	CAT	FAT	Outros-AT	TAT	ROA
Média (pp)	37,8	−29,0	n/a	2,3	11,1	−0,4	1,0	−0,2	0,5	11,6
Mediana (pp)	34,8	−29,1	n/a	1,6	9,2	−0,2	0,6	0,4	1,3	10,7
IQR (pp)	19,4	10,9	n/a	6,4	14,2	1,3	1,7	2,2	4,2	12,3
Consistência	100%	100%	n/a	73%	77%	55%	73%	32%	68%	82%

Pior desempenho relativo: 1984 a 1985									
	Margem bruta	SG&A	P&D	Outros	ROS	CAT	FAT	Outros-AT	TAT	ROA
Média (pp)	60,3	−40,8	n/a	−7,5	12,1	1,4	1,0	0,9	3,3	15,4
Mediana (pp)	60,3	−40,8	n/a	−7,5	12,1	1,4	1,0	0,9	3,3	15,4
IQR (pp)	22,8	15,9	n/a	3,7	3,2	3,0	0,4	0,5	3,2	0,0
Consistência	100%	100%	n/a	100%	100%	50%	100%	100%	100%	100%

292 AS TRÊS REGRAS

Tootsie Roll Industries *versus* Rocky Mountain Chocolate Factory

Melhor desempenho relativo

Era 1: 1984 a 1996

	Margem bruta	SG&A	P&D	Outros	ROS	CAT	FAT	Outros-AT	TAT	ROA
Média (pp)	28,9	−12,3	n/a	−2,7	14,0	−0,1	0,5	−0,5	−0,1	13,9
Mediana (pp)	25,6	−15,4	n/a	−2,9	11,6	−0,2	0,4	−0,1	0,1	14,6
IQR (pp)	15,8	17,1	n/a	5,4	13,2	2,7	1,5	4,2	3,2	19,8
Consistência	100%	83%	n/a	77%	92%	54%	62%	54%	46%	69%

Era 2: 1997 a 2010

	Margem bruta	SG&A	P&D	Outros	ROS	CAT	FAT	Outros-AT	TAT	ROA
Média (pp)	7,1	−5,5	n/a	1,7	3,4	−0,9	−1,3	−6,1	−8,3	−5,0
Mediana (pp)	3,6	−4,9	n/a	1,4	2,1	−0,7	−1,1	−6,4	−8,3	−6,2
IQR (pp)	12,7	3,0	n/a	2,6	9,4	1,4	2,7	6,7	8,6	16,9
Consistência	86%	100%	n/a	93%	64%	93%	79%	100%	100%	64%

Gêneros alimentícios

Weis Markets *versus* Publix Super Markets

	Melhor desempenho relativo									
	Era 1: 1974 a 1990									
	Margem bruta	SG&A	P&D	Outros	ROS	CAT	FAT	Outros-AT	TAT	ROA
Média (pp)	13,9	0,7	n/a	−5,4	9,2	−4,4	−0,1	0,1	−4,4	4,8
Mediana (pp)	14,1	0,0	n/a	−4,5	9,3	−4,6	−0,1	0,1	−4,5	4,7
IQR (pp)	10,0	4,5	n/a	4,1	0,9	1,0	0,2	0,2	0,8	1,2
Consistência	100%	64%	n/a	100%	100%	100%	59%	53%	100%	100%

	Era 2: 1991 a 1995									
	Margem bruta	SG&A	P&D	Outros	ROS	CAT	FAT	Outros-AT	TAT	ROA
Média (pp)	5,9	−0,8	n/a	−0,4	4,8	−5,0	−0,2	0,1	−5,1	−0,3
Mediana (pp)	5,8	−1,5	n/a	−0,4	4,5	−5,0	−0,3	0,2	−5,1	−0,1
IQR (pp)	0,5	1,5	n/a	0,4	1,3	0,2	0,2	0,3	0,3	1,1
Consistência	100%	80%	n/a	80%	100%	100%	100%	60%	100%	60%

	Pior desempenho relativo: 1996 a 2010									
	Margem bruta	SG&A	P&D	Outros	ROS	CAT	FAT	Outros-AT	TAT	ROA
Média (pp)	−0,7	−4,4	n/a	1,9	−3,2	−2,0	−1,0	0,9	−2,1	−5,4
Mediana (pp)	−3,1	−5,1	n/a	2,5	−3,8	−1,2	−1,2	0,5	−1,7	−5,8
IQR (pp)	6,2	3,9	n/a	3,0	6,7	2,9	0,5	1,2	4,2	2,1
Consistência	60%	93%	n/a	80%	73%	100%	100%	93%	87%	100%

AS TRÊS REGRAS

Weis Markets *versus* Whole Foods Market

Melhor desempenho relativo: 1991 a 1995

	Margem bruta	SG&A	P&D	Outros	ROS	CAT	FAT	Outros-AT	TAT	ROA
Média (pp)	−10,2	14,0	n/a	2,3	6,1	−2,8	0,0	0,6	−2,3	3,8
Mediana (pp)	−11,1	14,0	n/a	2,4	5,6	−2,6	−0,1	0,6	−2,3	4,3
IQR (pp)	2,8	1,6	n/a	0,3	1,4	1,3	0,3	0,1	1,0	1,5
Consistência	100%	100%	n/a	100%	100%	100%	60%	100%	100%	100%

Pior desempenho relativo: 1996 a 2010

	Margem bruta	SG&A	P&D	Outros	ROS	CAT	FAT	Outros-AT	TAT	ROA
Média (pp)	−20,6	16,1	n/a	5,8	1,4	−0,7	0,3	0,7	0,2	1,6
Mediana (pp)	−21,3	15,6	n/a	5,5	−0,1	−0,5	0,3	0,6	0,3	0,7
IQR (pp)	7,1	3,0	n/a	2,5	3,6	1,2	0,4	0,6	1,0	2,6
Consistência	100%	100%	n/a	100%	47%	87%	80%	87%	73%	60%

Publix Super Markets *versus* Whole Foods Market

Melhor desempenho relativo: 1991 a 2010

	Margem bruta	SG&A	P&D	Outros	ROS	CAT	FAT	Outros-AT	TAT	ROA
Média (pp)	−26,3	25,1	n/a	5,5	4,3	0,0	1,4	0,5	1,9	6,2
Mediana (pp)	−26,0	24,0	n/a	4,7	3,1	−0,2	1,6	0,5	2,0	5,1
IQR (pp)	5,6	4,7	n/a	4,7	3,9	1,0	1,3	0,8	1,2	3,8
Consistência	100%	100%	n/a	100%	90%	45%	90%	80%	95%	100%

Indústria farmacêutica

Merck & Co. *versus* Eli Lilly & Co.

Melhor desempenho relativo									
Era 1: 1966 a 1977									
Margem bruta	**SG&A**	**P&D**	**Outros**	**ROS**	**CAT**	**FAT**	**Outros-AT**	**TAT**	**ROA**
Média (pp) 2,0	2,2	0,5	−3,4	1,3	1,6	0,9	−0,3	2,2	3,5
Mediana (pp) 1,9	1,7	0,6	−3,5	0,5	2,1	1,4	−0,1	2,5	3,3
IQR (pp) 1,1	2,1	0,7	2,2	2,1	1,5	2,6	0,4	2,1	1,6
Consistência 100%	100%	83%	100%	75%	83%	67%	92%	83%	100%

Era 2: 1986 a 2010									
Margem bruta	**SG&A**	**P&D**	**Outros**	**ROS**	**CAT**	**FAT**	**Outros-AT**	**TAT**	**ROA**
Média (pp) −5,9	2,2	3,3	1,5	1,1	1,2	1,1	−0,3	2,0	3,1
Mediana (pp) 0,6	1,0	1,9	0,1	1,1	0,6	1,4	0,1	2,6	3,7
IQR (pp) 14,6	5,2	3,1	4,4	7,9	1,6	2,3	3,2	5,8	8,0
Consistência 44%	60%	84%	52%	60%	80%	68%	48%	64%	64%

Pior desempenho relativo: 1978 a 1985									
Margem bruta	**SG&A**	**P&D**	**Outros**	**ROS**	**CAT**	**FAT**	**Outros-AT**	**TAT**	**ROA**
Média (pp) 0,1	1,3	−0,6	−0,8	0,0	0,4	−1,4	−0,1	−1,1	−1,1
Mediana (pp) 0,0	1,3	−0,6	−0,8	−0,1	0,4	−1,3	0,0	−1,3	−1,3
IQR (pp) 3,2	0,9	0,7	1,3	1,2	0,6	0,2	0,3	0,7	1,9
Consistência 50%	100%	88%	75%	50%	75%	100%	63%	100%	75%

296   AS TRÊS REGRAS

Merck & Co. *versus* KV Pharmaceutical

Melhor desempenho relativo

Era 1: 1971 a 1977

	Margem bruta	SG&A	P&D	Outros	ROS	CAT	FAT	Outros-AT	TAT	ROA
Média (pp)	45,7	−16,9	−6,9	−9,4	12,6	−1,1	−1,5	0,6	−2,0	10,5
Mediana (pp)	46,4	−17,8	−7,3	−8,7	12,6	−0,8	−1,1	0,5	−1,7	11,7
IQR (pp)	13,5	6,5	2,4	3,8	2,4	0,8	1,1	0,2	1,5	4,7
Consistência	100%	100%	100%	100%	100%	100%	100%	100%	100%	100%

Era 2: 1986 a 2010

	Margem bruta	SG&A	P&D	Outros	ROS	CAT	FAT	Outros-AT	TAT	ROA
Média (pp)	14,9	1,8	−0,9	−0,4	15,5	1,8	−0,8	0,4	1,4	16,9
Mediana (pp)	10,1	2,2	−0,1	−2,4	8,3	1,2	−0,9	−0,2	0,1	8,2
IQR (pp)	27,9	12,4	2,0	7,3	18,7	2,8	1,4	2,1	2,6	23,6
Consistência	84%	71%	54%	72%	88%	76%	76%	36%	56%	84%

Pior desempenho relativo: 1978 a 1985

	Margem bruta	SG&A	P&D	Outros	ROS	CAT	FAT	Outros-AT	TAT	ROA
Média (pp)	37,2	−12,2	−4,6	−6,4	14,0	0,4	0,7	0,1	1,1	15,1
Mediana (pp)	36,9	−11,8	−4,7	−6,2	13,3	−0,1	0,2	0,0	0,3	13,8
IQR (pp)	7,1	2,8	0,9	3,4	3,8	1,6	2,2	0,5	4,0	7,3
Consistência	100%	100%	100%	100%	100%	50%	50%	50%	50%	100%

Eli Lilly & Co. *versus* KV Pharmaceutical

	Margem bruta	**SG&A**	**P&D**	**Outros**	**ROS**	**CAT**	**FAT**	**Outros-AT**	**TAT**	**ROA**
	Melhor desempenho relativo: 1971 a 2010									
Média (pp)	26,9	−5,8	−4,7	−2,8	13,7	0,0	−0,5	0,1	−0,5	13,2
Mediana (pp)	29,5	−5,8	−4,8	−5,2	10,9	−0,2	−0,8	0,1	−1,0	8,5
IQR (pp)	18,8	13,3	4,8	5,3	9,8	1,7	1,5	0,9	3,3	14,2
Consistência	100%	74%	97%	80%	98%	55%	73%	55%	60%	93%

Transporte

Heartland Express *versus* Werner Enterprises

Melhor desempenho relativo

Era 1: 1986 a 1994

	Margem bruta	**SG&A**	**P&D**	**Outros**	**ROS**	**CAT**	**FAT**	**Outros-AT**	**TAT**	**ROA**
Média (pp)	2,6	n/a	n/a	3,6	6,2	−1,2	4,1	0,0	2,9	9,1
Mediana (pp)	3,7	n/a	n/a	3,3	7,2	−1,3	2,7	0,0	2,3	9,3
IQR (pp)	2,7	n/a	n/a	2,9	1,4	1,0	3,3	0,0	2,8	3,4
Consistência	78%	n/a	n/a	89%	89%	100%	100%	63%	100%	89%

Era 2: 1995 a 2010

	Margem bruta	**SG&A**	**P&D**	**Outros**	**ROS**	**CAT**	**FAT**	**Outros-AT**	**TAT**	**ROA**
Média (pp)	7,4	n/a	n/a	0,3	7,6	−2,5	1,4	−0,3	−1,4	6,2
Mediana (pp)	8,0	n/a	n/a	0,2	7,7	−2,5	0,9	−0,1	−1,6	6,0
IQR (pp)	5,1	n/a	n/a	3,3	1,6	0,9	2,3	0,1	1,5	1,3
Consistência	100%	n/a	n/a	56%	100%	100%	94%	100%	81%	100%

Transporte

Heartland Express *versus* P.A.M. Transportation Services

Melhor desempenho relativo										
Era 1: 1986 a 1994										
	Margem bruta	**SG&A**	**P&D**	**Outros**	**ROS**	**CAT**	**FAT**	**Outros-AT**	**TAT**	**ROA**
Média (pp)	16,1	n/a	n/a	0,5	16,6	0,1	1,7	0,1	1,9	18,5
Mediana (pp)	16,1	n/a	n/a	1,4	13,6	0,4	1,6	0,1	2,2	19,8
IQR (pp)	10,1	n/a	n/a	6,2	9,0	1,7	1,8	0,4	2,9	14,8
Consistência	89%	n/a	n/a	56%	89%	56%	78%	67%	78%	100%

Era 2: 1995 a 2010										
	Margem bruta	**SG&A**	**P&D**	**Outros**	**ROS**	**CAT**	**FAT**	**Outros-AT**	**TAT**	**ROA**
Média (pp)	8,0	n/a	n/a	1,7	9,7	−1,6	0,9	0,3	−0,4	9,2
Mediana (pp)	6,7	n/a	n/a	2,5	9,2	−1,7	0,7	0,1	−0,7	7,8
IQR (pp)	8,4	n/a	n/a	5,7	2,6	1,5	1,2	0,1	1,0	3,3
Consistência	100%	n/a	n/a	63%	100%	88%	81%	100%	69%	100%

Werner Enterprises *versus* P.A.M. Transportation Services

Melhor desempenho relativo

Era 1: 1986 a 2001

	Margem bruta	SG&A	P&D	Outros	ROS	CAT	FAT	Outros-AT	TAT	ROA
Média (pp)	5,6	n/a	n/a	−0,4	5,2	0,2	0,2	0,1	0,5	5,7
Mediana (pp)	3,0	n/a	n/a	1,1	3,2	0,2	−0,5	0,2	0,0	2,5
IQR (pp)	13,3	n/a	n/a	4,7	5,3	0,5	1,1	0,2	0,5	5,4
Consistência	63%	n/a	n/a	38%	88%	63%	38%	75%	50%	88%

Pior desempenho relativo

Era 2: 2002 a 2010

	Margem bruta	SG&A	P&D	Outros	ROS	CAT	FAT	Outros-AT	TAT	ROA
Média (pp)	3,1	n/a	n/a	0,6	3,7	0,5	0,2	0,1	0,8	4,5
Mediana (pp)	2,1	n/a	n/a	0,4	2,6	0,5	0,1	0,2	0,8	3,4
IQR (pp)	5,2	n/a	n/a	0,4	4,4	0,4	0,5	0,3	0,3	5,0
Consistência	89%	n/a	n/a	89%	89%	100%	67%	78%	100%	89%

300 AS TRÊS REGRAS

Eletrodomésticos

Maytag *versus* HMI Industries

Melhor desempenho relativo: 1967 a 1991									
	Margem bruta	**SG&A**	**P&D**	**Outros**	**ROS**	**CAT**	**FAT**	**Outros-AT**	**TAT**	**ROA**
Média (pp)	−1,4	7,0	n/a	−3,2	2,5	3,4	−2,2	1,6	2,7	5,2
Mediana (pp)	−1,1	5,6	n/a	−3,0	1,1	3,4	−1,8	1,4	1,7	6,1
IQR (pp)	5,8	6,6	n/a	4,0	4,7	4,1	3,8	1,5	4,9	7,1
Consistência	60%	100%	n/a	76%	72%	100%	88%	100%	88%	80%

Pior desempenho relativo: 1992 a 2004									
	Margem bruta	**SG&A**	**P&D**	**Outros**	**ROS**	**CAT**	**FAT**	**Outros-AT**	**TAT**	**ROA**
Média (pp)	−14,1	34,7	−1,1	−6,2	13,4	0,7	2,1	1,4	4,2	17,5
Mediana (pp)	−8,0	35,9	0,0	−5,7	4,7	0,2	−0,7	−0,2	0,0	4,5
IQR (pp)	16,7	28,9	1,2	12,1	33,8	0,7	1,3	0,6	1,3	36,3
Consistência	92%	100%	100%	77%	62%	77%	31%	38%	46%	62%

Maytag *versus* Whirlpool

Melhor desempenho relativo: 1966 a 1991

	Margem bruta	SG&A	P&D	Outros	ROS	CAT	FAT	Outros-AT	TAT	ROA
Média (pp)	24,3	−7,4	n/a	−7,2	9,7	−0,7	−0,9	0,7	−0,9	8,8
Mediana (pp)	27,1	−8,6	n/a	−8,3	10,3	−0,6	−0,8	0,7	−1,0	9,2
IQR (pp)	12,5	4,5	n/a	4,2	6,3	1,5	1,3	0,6	1,7	7,1
Consistência	96%	81%	n/a	88%	100%	69%	88%	92%	73%	100%

Pior desempenho relativo: 1992 a 2005

	Margem bruta	SG&A	P&D	Outros	ROS	CAT	FAT	Outros-AT	TAT	ROA
Média (pp)	−1,4	2,6	0,6	−1,2	0,5	0,3	0,0	−0,1	0,3	0,8
Mediana (pp)	−0,2	1,3	0,7	−0,4	1,6	0,2	0,0	0,0	0,1	1,7
IQR (pp)	7,7	3,1	0,4	3,1	8,1	0,5	0,2	0,4	0,6	9,2
Consistência	50%	86%	100%	71%	64%	79%	36%	57%	50%	64%

302 AS TRÊS REGRAS

HMI Industries *versus* Whirlpool

Melhor desempenho relativo: 1968 a 1995										
	Margem bruta	**SG&A**	**P&D**	**Outros**	**ROS**	**CAT**	**FAT**	**Outros-AT**	**TAT**	**ROA**
Média (pp)	17,7	−11,8	1,1	−1,5	5,5	−2,0	0,3	−0,3	−2,0	3,4
Mediana (pp)	17,9	−11,7	1,3	−0,5	4,3	−2,2	0,1	−0,3	−2,0	2,6
IQR (pp)	13,6	7,1	2,1	6,2	5,5	2,9	0,4	0,7	3,2	7,7
Consistência	96%	100%	100%	61%	96%	82%	86%	64%	75%	71%

Pior desempenho relativo: 1996 a 2004										
	Margem bruta	**SG&A**	**P&D**	**Outros**	**ROS**	**CAT**	**FAT**	**Outros-AT**	**TAT**	**ROA**
Média (pp)	15,7	−38,5	1,7	3,7	−17,4	−1,8	−4,4	−1,8	−8,0	−25,4
Mediana (pp)	13,5	−39,7	1,8	5,7	−10,8	0,0	−0,6	−0,4	−0,7	−12,1
IQR (pp)	16,5	8,6	3,0	17,3	24,2	3,7	7,4	1,3	7,4	31,6
Consistência	100%	100%	100%	56%	67%	44%	67%	78%	56%	67%

Apêndice G: A análise estatística de amostras pequenas

Muitos de nós aprendemos o que é carinhosamente chamado de "livro de receita" da estatística: distribuição normal, média e desvio padrão, testes-t de significância. Esses métodos foram de muito pouco uso em nossas análises. Em nosso trabalho de grande escala, utilizamos uma série de métodos não paramétricos, como as regressões locais (LOESS) e quantílicas, para mostrar as idiossincrasias do ROA e a natureza dos fenômenos que estamos tentando quantificar.

Graças a um tamanho muito menor do conjunto de dados definido pelas empresas em nosso estudo de casos, tivemos de usar métodos diferentes, o que causa implicações na força das conclusões às quais chegamos a partir dessa análise.

Para dar uma ideia de como abordamos esse problema, apresentamos a seguir uma versão resumida da Tabela 6, que mostra a probabilidade de uma relação entre a posição competitiva relativa e o desempenho relativo nas amostras de nosso estudo de caso através da comparação entre pares. (Na Tabela 6, consideramos os trios como um todo e, portanto, há uma posição competitiva "no meio". Ao olhar para as comparações entre pares, somente as estratégias preço e não-preço são possíveis.)

Ao observar a comparação entre *Miracle Worker* e *Average Joe*, vemos que sete *Miracle Workers* têm uma estratégia não-preço e dois têm uma estratégia preço. Em todos os casos houve uma diferença entre o *Miracle Worker* e o *Average Joe*.

Essa amostra de 9 comparações entre pares corresponde a 5,2% da nossa população total de 174 *Miracle Workers*, ignorando o problema dos falsos negativos. Se nossa amostra representasse perfeitamente nossa população, poderíamos concluir que os *Miracle Workers* têm estratégias não-preço em 78% das vezes em relação aos *Average Joes*. Isso corresponde a uma maioria esmagadora e indica uma forte associação entre o desempenho excepcional e as estratégias não-preço.

304   AS TRÊS REGRAS

TABELA 51 **Posição competitiva relativa pela comparação entre pares**

Posição competitiva relativa	Miracle Worker vs. Average Joe	Miracle Worker vs. Long Runner	Long Runner vs. Average Joe	TOTAL
Não-preço	7	6	6	19
Preço	2	1	2	5
Nenhuma diferença	0	2	1	3
Probabilidade de uma relação	97,5%	87,3%	87,3%	99,9%

Fonte: Análise dos autores.
Ao nos referirmos à nossa "população" de *Miracle Workers* e *Long Runners*, estamos ignorando o problema dos falsos negativos.

No entanto, nossa amostra provavelmente não é tão perfeitamente representativa, devido a seu tamanho pequeno. Amostras pequenas podem gerar resultados extremos com muito mais facilidade do que amostras grandes. Normalmente, calcularíamos o intervalo de confiança em torno da nossa estimativa de 78%, mas isso se torna inviável com amostras pequenas. Em vez disso, testamos a probabilidade de que nossa amostra poderia ter vindo a partir de uma distribuição que fosse dividida igualmente entre os três resultados possíveis. Assim, se presumirmos que um *Miracle Worker* tem a mesma probabilidade de ter uma estratégia não-preço, preço ou a mesma posição competitiva relativa que um *Average Joe*, podemos calcular a probabilidade de obter a amostra que realmente obtivemos.

Por analogia, é como calcular a probabilidade de uma moeda ser justa com base no resultado de um número específico de jogadas. Se você supõe que a moeda é justa e observa seis caras em dez jogadas, a probabilidade de que a moeda seja tendenciosa em relação ao lado da cara é a probabilidade de obter seis caras ou mais em cada dez, o que representa 38%. Nesse ponto, a avaliação torna-se subjetiva: Isso significa que existem *apenas* 38% de chance de que a moeda seja justa? Ou significa que a moeda provavelmente seja justa? Se puder, o melhor que tem a fazer é reunir mais dados. Na impossibilidade disso, tire uma conclusão com base no que tem em mãos ou abstenha-se de fazer qualquer tipo de julgamento.

Ao testar os padrões com células múltiplas, conforme a Tabela 51, normalmente buscaríamos um agrupamento significativo nas tabelas de contingência que usam a estatística de quiquadrado. No entanto, isso não é válido para amostras pequenas (por exemplo, onde N < 30) ou casos nos quais as contagens das células esperadas estão abaixo de 5 em mais de 20% das células. Aqui, por exemplo, se temos 9 empresas em uma coluna ou linha, então a contagem esperada em cada célula é 9/3, o que representa menos de 5.

Diante disso, continuamos pela simulação. Na realidade, jogamos uma moeda com peso igual nos três lados k vezes, onde k é o número de empresas em uma linha ou coluna. Depois avaliamos se m ou mais empresas simuladas caem na mesma célula. Repetimos esse processo 10 milhões de vezes, calculando o percentual de vezes que m ou mais empresas simuladas em relação a k caíram em uma única célula.

Portanto, o teste exato que estamos aplicando é se m ou mais empresas em relação a k poderiam ser agrupadas em qualquer uma das três células em uma linha (ou coluna) por acaso. Assim, os percentuais anteriores são as probabilidades de que os agrupamentos observados não são aleatórios (definidos como cada empresa tendo a mesma probabilidade [$p = 1/3$] de cair em cada célula). Por sua vez, não estamos afirmando que a população parece com a nossa amostra. Pelo contrário, estamos afirmando que, dada a nossa amostra, o dinheiro inteligente está na ideia de que há relações sistemáticas entre a posição competitiva relativa e o tipo de comparação entre pares.

Assim, quando os *Miracle Workers* comparados aos *Long Runners* têm uma probabilidade seis vezes maior de ter posições competitivas relativas de não-preço em vez de baseadas no preço, não afirmamos que isso seja representativo para uma população maior. Pelo contrário, afirmamos que é muito improvável que essa divisão 6:1 venha de uma população com uma distribuição uniforme entre as alternativas e, portanto, os *Miracle Workers* têm maior probabilidade de ter estratégias não-preço do que estratégias baseadas em preço. É como se testássemos uma moeda com base na premissa de que fosse justa e então tirássemos seis caras em sete tentativas. Essa moeda tem uma chance de 1,6% de não ter uma tendência em relação às "estratégias não-preço". Não podemos dizer com certeza que ela não seja tendenciosa nesse sentido, mas não apostaríamos nisso.

Apêndice H: Mudanças na posição e no desempenho

A regressão apresentada no Capítulo 3 usa o método dos mínimos quadrados ordinários (MQO). Como nossas variáveis dependentes e independentes são variáveis discretas em três categorias, normalmente seria usado o modelo estatístico *probit*, já que estamos tentando calcular as probabilidades de se encaixar em uma das três categorias classificadas da variável dependente (desempenho: negativo, nenhuma mudança, positivo).

No entanto, essas análises exigem que cada preditor tenha uma variância em cada condição da variável dependente. Aqui, infelizmente, Mudança na posição = 0 em cada uma das cinco instâncias na qual a Mudança no desempenho = 0. Quando isso ocorre, podemos obter estimativas muito imprecisas dos coeficientes de regressão e erros-padrão.

Em comparação, o MQO trabalha com esses dados. Perdemos eficiência ao passar para o MQO, já que a variável dependente (Mudança no Desempenho) é categórica em vez de contínua. No entanto, por ser mais conservador, isso é preferível a obter estimativas tendenciosas pelo modelo *probit*.

Para cada uma de nossas 18 empresas excepcionais, podemos caracterizar a relação entre mudança, ou sua falta, em cada posição estratégica e de desempenho. Há três relações em jogo aqui. Primeiro, os *Long Runners* têm maior probabilidade de apresentar declínios independentemente das mudanças na posição. Segundo, as empresas com uma estratégia não-preço têm maior probabilidade de aproveitar um aumento no desempenho, seja qual for a categoria.

No entanto, é a terceira observação que é a mais importante e mais significativa em termos estatísticos: uma mudança na posição *em direção* a uma estratégia não-preço está associada a um *aumento* subsequente no desempenho, enquanto uma mudança na posição *em direção* a uma estratégia preço está associada a uma *piora* subsequente no desempenho.

308 AS TRÊS REGRAS

Aqui estão os dados específicos da análise de regressão apresentada no Capítulo 3.

TABELA 52 **Tabela de dados**

	Categoria de desempenho	Posição inicial	Mudança na posição	Mudança no desempenho
HMI	0	1	−1	−1
Maytag	1	1	−1	−1
T&B	1	1	−1	−1
FL	0	0	0	0
Hubbell	0	0	0	−1
Tootsie	0	−1	0	0
Weis	1	−1	0	−1
Werner	0	−1	0	−1
A&F	1	1	0	0
Heartland	1	1	0	0
Eli **Lilly**	0	1	0	0
Merck	1	1	0	0
Micropac	0	0	0	0
Medtronic	1	1	0	1
Wrigley	1	0	0	1
Linear	1	0	1	1
Publix	0	0	1	0
Stryker	0	0	1	0

Categoria		Mudança na posição	
LR	0	−1	em **direção ao preço**
MW	1	0	nenhuma **mudança**
		1	em **direção a não-preço**

Posição		Mudança no desempenho	
Não-preço	1	−1	negativa
itm	0	0	nenhuma **mudança**
preço	−1	1	positiva

REGRESSÃO 1: Stryker e Publix consideradas com mudança no desempenho

Resumo do Output

Estatística de regressão

R múltipla	0,83
R quadrada	0,68
R quadrada ajustada	0,61
Erro padrão	0,50
Observações	18,00

Anova

	df	SS	MS	F	Significância F
Regressão	3,00	7,45	2,48	9,95	0,00
Residual	14,00	3,50	0,25		
Total	17,00	10,94			

	Coeficientes	Erro-padrão	Estat t	Valor P	95% inferiores
Interceptar	−0,25	0,17	−1,46	0,17	−0,61
Categoria	0,18	0,25	0,71	0,49	−0,37
Posição	0,36	0,19	1,93	0,07	−0,04
Mudança na posição	1,21	0,22	5,44	0,00	0,73

REGRESSÃO 2: **Stryker e Publix consideradas sem mudança no desempenho**

Resumo do resultado

Estatística de regressão

R múltipla	0,82
R quadrada	0,67
R quadrada ajustada	0,63
Erro padrão	0,49
Observações	18,00

Anova

	df	SS	MS	F	Significância F
Regressão	2,00	7,32	3,66	15,18	0,00
Residual	15,00	3,62	0,24		
Total	17,00	10,94			

	Coeficientes	Erro-padrão	Estat t	Valor P	95% inferiores
Interceptar	−0,17	0,13	−1,34	0,20	−0,43
Posição	0,40	0,17	2,34	0,03	0,04
Mudança na posição	1,20	0,22	5,51	0,00	0,74

Apêndice I: A estrutura das vantagens de lucratividade

Ao criar regressões para as diferenças em cada margem bruta, outros custos e o giro dos ativos em relação às diferenças no ROA para cada ano de observação da empresa em comparação à mediana do setor, conseguimos testar a relação entre a vantagem do ROA e seus vetores independentemente das identidades algébricas entre eles.

Os resultados da regressão quantílica apresentados a seguir estão resumidos no texto do Capítulo 4. Os parâmetros dos efeitos principais da margem bruta, outros custos e giro dos ativos demonstram a taxa na qual os *Average Joes* transformam um ponto adicional em vantagem na margem bruta em relação à mediana do setor em pontos percentuais adicionais de vantagem no ROA. O coeficiente de 0,32 na margem bruta significa que, para cada ponto percentual adicional de vantagem na margem bruta, um *Average Joe* pode esperar 0,32 pontos percentuais de vantagem no ROA.

Os principais efeitos para os *Miracle Workers* e *Long Runners* mostram que essas empresas podem esperar vantagens no ROA em relação às medianas do setor que são de 4,82pp e 1,92pp a mais, respectivamente, do que os *Average Joes*. (Lembre-se, no entanto, de que os *Average Joes* têm em média uma vantagem no ROA em relação à mediana do setor de basicamente 0 pp, portanto, os efeitos principais para os *Miracle Workers* e *Long Runners* realmente aproveitam essa vantagem em relação aos *Average Joes*.) Da mesma forma, quando desfrutam uma vantagem equivalente a um giro dos ativos completo, os *Average Joes* apresentam uma queda de 1,56 pp na vantagem do ROA, enquanto um aumento de um ponto percentual na vantagem de outros custos se transforma em 0,27 pontos percentuais adicionais de vantagem no ROA. (O sinal é negativo por causa da forma como o modelo é construído, mas deveria ser interpretado conforme descrito anteriormente.) Esses parâmetros mostram a "eficiência" com a qual cada tipo de vantagem, em determinado vetor, se transforma em uma vantagem de lucratividade.

Os parâmetros dos efeitos de interação demonstram a eficiência adicional com a qual os *Miracle Workers* e *Long Runners* transformam as vantagens na margem bruta, outros custos e giro dos ativos em uma vantagem no ROA. Adicionando os parâmetros do efeito de interação ao efeito principal, chega-se ao efeito total de cada categoria de desempenho.

A estatística descritiva apresentada a seguir mostra a faixa de variação de cada um desses vetores, o que indica a oportunidade para aproveitar uma vantagem significativa no ROA a partir de mudanças nesse vetor. As distribuições são de alguma forma distribuições de cauda grossa e, portanto, a faixa interquartil (Q3-Q1 na Tabela 53) talvez seja a estimativa do melhor ponto da variabilidade de cada vetor.

Essas distribuições mostram também que os *Miracle Workers* aproveitam as vantagens na margem bruta com mais frequência do que os *Long Runners*, e que os *Miracle Workers* sofrem com desvantagens no custo com mais frequência do que os *Long Runners*. Isso é consistente com as observações dos nossos estudos de caso, nos quais vimos os *Miracle Workers*, como a Heartland e a A&F, alcançar uma margem bruta maior como consequência de outros custos mais altos.

A consonância entre essa análise estatística em grande escala e os detalhes minuciosos revelados em nossos estudos de caso nos dão um alto grau de confiança de que, em geral, os *Miracle Workers* dependem da margem bruta para obter vantagens no desempenho, e que alcançam essa vantagem na margem bruta por terem outros custos mais altos. Em outras palavras, as três regras não são apenas sustentadas pelos resultados de nossos estudos de caso, mas também pela estrutura das vantagens de lucratividade observadas em toda a nossa população de empresas excepcionais.

	Parâmetro	DF	Estimativa	Erro-Padrão	95% – Confiança	Limites	t Valor	Pr > |t|
	Interceptar	1	0,0012	0,0002	0,0007	0,0016	4,8500	<,0001
Efeitos principais								
	Margem bruta	1	0,3165	0,0064	0,3040	0,3289	49,7700	<,0001
	Giro dos ativos	1	−0,0156	0,0006	−0,0167	−0,0145	−27,0500	<,0001
	Outros custos	1	−0,2709	0,0056	−0,2819	−0,2599	−48,3400	<,0001
	Miracle Worker	1	0,0482	0,0014	0,0454	0,0510	33,6100	<,0001
	Long Runner	1	0,0192	0,0008	0,0175	0,0208	22,7700	<,0001
Efeitos de interação								
Miracle Worker								
	Margem bruta	1	0,1929	0,0133	0,1668	0,2189	14,5200	<,0001
	Giro dos ativos	1	−0,0149	0,0022	−0,0193	−0,0106	−6,7300	<,0001
	Outros custos	1	−0,2010	0,0121	−0,2247	−0,1773	−16,6200	<,0001
Long Runner								
	Margem bruta	1	0,0973	0,0124	0,0730	0,1216	7,8500	<,0001
	Giro dos ativos	1	0,0021	0,0016	−0,0010	0,0051	1,3400	0,1812
	Outros custos	1	−0,1293	0,0111	−0,1511	−0,1075	−11,6300	<,0001

Fonte: Análise dos autores.

TABELA 54 Estatística descritiva

	Miracle Workers			Long Runners			Average Joes		
Empresas exclusivas	174			170			1208		
Observações Empresa-ano	4333			4776			24376		

Distribuição da vantagem *versus* mediana do setor

Quantis	Margem bruta (pp)	Outros custos (pp)	Giro dos ativos	Margem bruta (pp)	Outros custos (pp)	Giro dos ativos	Margem bruta (pp)	Outros custos (pp)	Giro dos ativos
100% Max	82,7	74,0	4,93	78,2	74,3	4,94	80,9	73,4	4,98
99%	53,1	38,2	2,68	51,0	38,5	2,58	35,0	33,6	3,01
95%	37,1	26,0	0,84	33,3	22,4	1,15	18,3	15,7	1,20
90%	30,3	19,2	0,47	23,2	16,0	0,63	12,4	9,9	0,59
75% Q3	19,9	9,9	0,17	12,3	6,8	0,16	4,9	3,0	0,18
50% Mediana	9,8	1,9	0,00	3,0	0,0	−0,04	0,0	−0,6	0,00
25% Q1	1,4	−4,7	−0,17	−3,5	−8,0	−0,27	−5,1	−6,0	−0,13
10%	−5,3	−21,0	−0,59	−12,7	−21,7	−0,70	−11,5	−13,0	−0,33
5%	−12,8	−34,7	−1,02	−18,5	−33,8	−1,23	−16,7	−19,2	−0,56
1%	−27,0	−64,6	−2,33	−33,3	−61,9	−2,22	−30,3	−35,8	−1,69
0% Mín	−60,0	−84,9	−4,99	−51,1	−84,4	−4,89	−92,8	−82,9	−4,95

Nota: Devido à estrutura das regressões, um valor positivo em Outros Custos indica uma desvantagem de custo.

Apêndice J: Diferenças comportamentais por comparação de pares

Para facilitar nossa análise das diferenças comportamentais nas comparações de pares, criamos uma série de tabelas que classificaram cada comportamento como 0 quando duas empresas o adotavam no mesmo grau de intensidade, 1 se a primeira empresa apresentasse aquele tipo de comportamento de forma mais acentuada, e −1 se o apresentasse de forma menos acentuada.

Esses comportamentos estão sujeitos a caracterizações muito diferentes e igualmente válidas. Por exemplo, classificamos as M&A com base unicamente no número de transações realizadas durante um período de comparação. Isso não leva em consideração que as transações podem ser de tamanhos muito diferentes: cinco transações que representam 10% da receita de uma empresa apareceriam como "mais M&A" do que duas transações que representassem 50% da receita de uma empresa. Poderíamos tentar diferentes ponderações, porém, no fim das contas, cada escolha mostrou-se apenas diferente de qualquer outra que parecesse ser claramente melhor.

Como resultado, não conseguimos muita coisa com essa análise, baseando-nos nela como alternativa para fornecer um formato mais completo e facilmente acessível dos dados que nos levaram a formular nossa terceira regra, *não existem outras regras*. (Nas células em que nenhuma classificação foi inserida, é porque não conseguimos chegar a uma conclusão sobre semelhanças ou diferenças significativas.)

TABELA 55 Diferenças de comportamento

Miracle Worker	Long Runner	Diversificação					
		M&A	Produto	Região geográfica	Linha de negócio	Segmento de mercado	Média
Linear Technology	Micropac Industries	0	1	1	–	1	0,75
Medtronic	Stryker	1	1	–1	1	1	0,6
Thomas & Betts	Hubbell	–1	1	1	0	–1	0
Abercrombie & Fitch	Finish Line	–1	–1	0	–1	1	–0,4
Wm. Wrigley Jr. Company	Tootsie Roll Industries	–1	–1	1	0	0	–0,2
Weis Markets	Publix Super Markets	–1	–1	0	0	–	–0,5
Merck & Company	Eli Lilly & Company	1	0	–1	0	0	0
Heartland Express	Werner Enterprises	1	–1	0	–1	1	0
Maytag	HMI Industries	–1	1	1	–1	–1	–0,2
	Média de comportamento	–0,22	0	0,22	–0,25	0,25	0
							0,0056
Miracle Worker	Average Joe						
Linear Technology	International Rectifier	–1	1	1	0	0	0,2
Medtronic	Invacare	–1	1	–1	1	1	0,2
Thomas & Betts	Emrise	–1	1	–1	0	1	0
Abercrombie & Fitch	Syms	0	1	0	0	1	0,4
Wm. Wrigley Jr. Company	Rocky Mountain Chocolate Factory	1	1	–	–	1	1

Weis Markets	Whole Foods Markets	−1	0	0	0	−	−0,25
Merck & Company	KV Pharmaceutical	1	1	1	−	−1	0,5
Heartland Express	PAM Transportation Services	0	−1	0	−1	0	−0,4
Maytag	Whirlpool	−1	−	−1	−1	−1	−1
	Média de comportamento	−0,33	0,63	−0,13	−0,14	0,25	0,055
							0,072

Long Runner	**Average Joe**						
Micropac Industries	International Rectifier	−1	1	−1	−	−1	−0,5
Stryker	Invacare	−1	−1	−1	0	1	−0,4
Hubbell	Emrise	1	1	−1	0	1	0,4
Finish Line	Syms	1	1	0	1	−1	0,4
Tootsie Roll Industries	Rocky Mountain Chocolate Factory	1	1	−	−	1	1
Publix Super Markets	Whole Foods Markets	−1	1	0	0	−	0
Eli Lilly & Company	KV Pharmaceutical	−1	1	−1	1	−1	−0,2
Werner Enterprises	PAM Transportation Services	−	−	−	0	−	0
HMI Industries	Whirlpool	−1	−	−1	0	1	−0,25
	Média de comportamento	−0,25	0,71	−0,71	0,29	0,14	0,036
							0,05

Fonte: Análise dos autores.

$$\boxed{\text{NOTAS}}$$

Capítulo 1

1. Malcolm Gladwell, *Outliers: The Story of Success* (Nova York: Little, Brown & Co., 2008). No Brasil, *Fora de Série – Outliers*. Rio de Janeiro: Sextante, 2008.

2. Michael Raynor, "Theory to Practice: Management by Imitation", *The Conference Board Review*, julho de 2012.

3. O número exato de empresas excepcionais identificadas depende dos pressupostos utilizados na pesquisa. Acreditamos que alguns pressupostos são indefensáveis, outros discutíveis e outros ainda se resumem a questões de gosto. Diferentes iterações desta pesquisa relataram diferentes números de empresas excepcionais com base em diferentes hipóteses que se enquadram nessa terceira categoria. Os números aqui apresentados são baseados nos pressupostos específicos detalhados no Capítulo 2 e Apêndice C.

4. O número de transportadoras quase triplicou, passando de cerca de 16.100 em 1977 para cerca de 47.800 em 1991. Graças ao aumento de oferta, os preços caíram: o preço por tonelada-quilômetro transportada aumentou em 3,5% ao ano (aa) entre 1960 e 1980, mas cresceu apenas 0,9% aa entre 1980 e 2005. O crescimento em toneladas embarcadas aumentou de 3% aa antes de 1980 para 3,5% aa a partir de 1980, depois que a participação das empresas de transporte (caminhões) no total de envios nos Estados Unidos (que crescera 1% a.a. antes da desregulamentação) saltou para 1,5% a.a.

5. Mark Sirower, *The Synergy Trap: How Companies Lose the Acquisition Game* (Nova York: Free Press, 1997).

6. Nossa caracterização da PAM é baseada em relatórios anuais e outros registros da SEC.

7. No nível mais trivial, essa categorização há de ser verdadeira, pois qualquer sistema mutuamente excludente da forma "x ou ~ x" deve ser coletivamente exaustivo. Também seria correto dizer que todo o valor é azul ou não-azul. No entanto,

um sistema como esse seria de uso limitado. Do ponto de vista lógico, dividir o valor do cliente em dimensões de *preço* e *não-preço* parece uma proposta correta e consistente com a forma como os clientes realmente pensam sobre o valor do produto ou serviço.

8. Como se sabe, os dados de preços são difíceis de comparar, especialmente ao longo de um período de anos. Nossas fontes são entrevistas com especialistas do setor que, de modo consistente e independente, estimaram o preço diferenciado da Heartland de 10% a 12%.

9. A noção de que um bom conselho deve ser falsificável é um princípio importante para nós, mas nem todos são igualmente inflexíveis sobre isso. Em *Vencendo a crise*, Tom Peters e Robert Waterman afirmam que algumas das suas descobertas foram recebidas por estudantes de MBA com desdém, como se fossem "óbvias": preste atenção aos clientes, trate os empregados como adultos e assim por diante. Os autores contam que executivos trainees responderam com entusiasmo, pois tinham um senso intuitivo ou uma compreensão explícita de como é difícil seguir esses preceitos bem o suficiente para fazer a diferença. A importância da refutabilidade é uma função da natureza do que se procura descobrir. Se alguém procura o "o quê", então a refutabilidade é essencial, e "dar aos clientes o que eles querem" deixa de ser um conselho importante. Se o objetivo é fornecer orientações sobre como alcançar esse resultado desejável, então "dar aos clientes o que eles querem" é apenas o ponto de partida. O estudo de casos de sucesso parece-nos focado diretamente "em quê", apesar de admitir que a distinção entre "o quê" e "como" nem sempre é clara. Veja o trabalho de Michael E. Raynor, "What's Wrong with *What* Is That It's Not *How*", *The Conference Board Review*, primeiro trimestre de 2010.

10. Os detalhes podem ficar complicados e muitas vezes variam de um produto para o outro. Quando se trata de produtos de destaque, aos quais os clientes prestam atenção cuidadosa e constante (por exemplo, o leite), a Family Dollar é meticulosa, consistente e altamente competitiva. Em alguns casos, como descrito no texto principal, a Family Dollar apenas pratica preços mais caros por unidade em itens altamente comparáveis. Em outros casos, a Family Dollar dá a impressão de oferecer preços mais baixos por unidade, mas quando avaliada pela qualidade, a Family Dollar tem preços mais elevados. Oferecer produtos de menor qualidade com preços absolutos mais baixos é, *ceteris paribus*, concorrer com base no preço. No entanto, são as outras dimensões do valor *não-preço* do modelo (locais convenientes, cestas em tamanhos menores) que servem para elevar os custos da Family Dollar e tornam esses itens de qualidade inferior aceitáveis para os clientes que optam por comprar em outro lugar quando podem.

11. Um passeio pela Family Dollar e pelas principais lojas de desconto – ou seja, em qualquer varejista de "valor extremo" – revela uma crescente convergência entre os dois modelos. Nossa análise se refere às tendências centrais que definiram as diferenças entre as duas abordagens ao longo de mais de 30 anos. A convergência nos últimos cinco anos parece ser impulsionada, por um lado, pelo sucesso que os varejistas de valor extremo alcançaram à custa das megastores tradicionais, o que provocou a imitação como resposta e, por outro lado, pelo desejo desses varejistas de crescer invadindo o território tradicional das lojas de descontos.

12. É tentador ver a vantagem da Merck como um simples caso de economias de escala. Mas as economias de escala aparecem como menor custo unitário em consequência do maior volume total. Esse não é o caso aqui: o custo unitário de produção da Merck não parece ter sido menor em relação ao preço unitário da Eli Lilly. Dada a margem bruta superior da Eli Lilly, o caso parece ser exatamente o oposto. Somente quando levamos em consideração todos os outros custos associados a produção e venda de produtos farmacêuticos é que a vantagem da Merck se torna aparente. A discussão mais completa dos elementos de custos variáveis e fixos desse caso está apresentada no Capítulo 5.

13. Mais uma vez, não é necessário nenhum *trade-off* aqui. É perfeitamente possível imaginar uma empresa com preços mais elevados, maior margem e menor custo. Na verdade, essas empresas parecem existir: em alguns segmentos do mercado de eletrônicos de consumo, como os tablets, a Apple parece ter menor custo – produção em grande volume tem menor custo, enquanto a eficiência de venda no varejo reduz o custo de venda – e preços mais elevados graças à sua posição altamente diferenciada. Acreditamos que, como vamos fundamentar em maior extensão no Capítulo 4, as empresas com desempenho excepcional realmente experimentam esse *trade-off*, na luta por uma receita maior com custos mais baixos.

14. Sean Gregory, "Abercrombie & Fitch: Worst Recession Brand?", *Time*, 25 de agosto de 2009.

15. Essas recomendações foram tiradas respectivamente de: Jim Collins, *Good to Great* (HarperCollins, 2001) (no Brasil, *Empresas feitas para vencer – porque alguns brilham e a maioria não*. Rio de Janeiro: Elsevier, 2001); de Paul Nunes e Tim Breene, *Jumping the S-Curve* (Harvard Business Review Press, 2011); de William Joyce e Nitin Nohria, *What Really Works* (HarperBusiness, 2004), no Brasil publicado como *O que realmente funciona* (Elsevier, 2003); e Alfred Marcus, *Big Winners and Big Losers* (FT Press, 2005) (no Brasil, *Grandes vencedores e grandes perdedores: os quatro segredos do sucesso e do fracasso de longo prazo*. Porto Alegre: Bookman, 2007).

322   AS TRÊS REGRAS

16. Veja Jim Collins e Morten T. Hansen, *Great by Choice* (HarperBusiness, 2011), no Brasil, publicado como *Vencedoras por opção*, HSM Editora, 2012; Collins, *Feitas para vencer* (*op. cit.*); e Matthew S. Olson e Derek van Bever, *Stall Points* (Yale University Press, 2009).

Capítulo 2

1. Não somos os primeiros a lançar um olhar crítico sobre o gênero ou estas obras em particular. Consulte Phil Rosenzweig, *The Halo Effect... and the Eight Other Business Delusions That Deceive Managers* (Nova York: Free Press, 2007) (no Brasil, *Derrubando mitos: como evitar os nove equívocos básicos no mundo dos negócios*. São Paulo: Editora Globo, 2008); e Jeffrey Pfeffer e Robert I. Sutton, *Hard Facts, Dangerous Half-Truths & Total Nonsense: Profiting from Evidence-Based Management* (Boston: Harvard Business School Press, 2006) (no Brasil, *A verdade dos fatos – gerenciamento baseado em evidências*. Rio de Janeiro: Elsevier, 2006).

2. Consulte Michael J. Mauboussin, *The Success Equation: Untangling Skill and Luck in Business, Sports, and Investing* (Boston: Harvard Business Review Press, 2012).

3. Jerker Denrell, "Random Walks and Sustained Competitive Advantage", *Management Science* 50(7) (July 2004): 922–934.

4. Houve tentativas isoladas na literatura acadêmica de assumir isso. As referências em nossos documentos (veja a nota 12) citam muito desse trabalho. Dos esforços de empresas de consultoria, apenas o *Creative Destruction* enfrenta diretamente o problema. Também da McKinsey, consulte Janamitra Devan, Matthew B. Klusas e Timothy W. Ruefli, "The Elusive Goal of Corporate Outperformance", *McKinsey Quarterly*, 2007, uma pesquisa sucinta, de três páginas, feita para a Web, que aplica alguns métodos desenvolvidos por Ruefli neste trabalho acadêmico. (Ruefli é professor na University of Texas em Austin que, coincidentemente, é onde Andy Henderson, nosso consultor de estatística, também leciona.)

5. W. Edwards Deming, *Out of the Crisis* (The MIT Press, 2000), publicado originalmente em 1986 (no Brasil, *Saia da crise*. São Paulo: Futura, 2003).

6. Consulte Michael E. Raynor, Mumtaz Ahmed e Andrew D. Henderson, "Are 'Great' Companies Just Lucky?", *Harvard Business Review* (abril de 2009); Andrew D. Henderson, Mumtaz Ahmed e Michael E. Raynor, "Where Have You Gone, Joe DiMaggio: Just what is really great business performance?" *Ivey Business Journal* (maio/junho de 2009); Michael E. Raynor, Mumtaz Ahmed e

Andrew D. Henderson, "A Random Search for Excellence: Why 'great company' research delivers fables and not facts", Deloitte (2008) (www.deloitte.com/us/persistence); Andrew D. Henderson, Michael E. Raynor e Mumtaz Ahmed, "How Long Must a Firm Be Great to Rule Out Luck? Benchmarking superior performance", ganhador do melhor trabalho pela Academy of Management Proceedings (2009); Andrew D. Henderson, Michael E. Raynor e Mumtaz Ahmed, "How Long Must a Firm Be Great to Rule Out Luck? Benchmarking sustained superior performance without being fooled by random walks", *Strategic Management Journal* (abril de 2012).

7. Em *Vencedoras por opção*, Jim Collins e Morten Hansen discutem o impacto de acontecimentos inesperados – como sorte – no desempenho das empresas e concluem que as organizações de melhor desempenho reagem de forma mais eficaz, tirando melhor proveito dos golpes de sorte e reduzindo o impacto de revezes infelizes. O problema, porém, é que as empresas apresentadas como de excelente desempenho não trabalharam de maneira comprovadamente melhor. Não podemos saber se as empresas em questão obtiveram desempenho por algum motivo além da mais pura sorte. Encontrar uma explicação *post hoc ergo propter hoc* para o que realmente aconteceu é quase sempre possível e inevitável, dada a propensão do animal humano a entender os fatos em retrospecto. Consequentemente, encontrar uma explicação só é importante quando se tem uma boa razão para acreditar que há algo que vale a pena explicar.

8. Pode-se definir qualquer combinação de decis como um resultado de desempenho central e usar nosso método para identificar empresas que são "excepcionais" porque alcançaram esse resultado com mais frequência do que o esperado. Se você considerar que o 2º, o 6º e o 8º decis foram especiais, poderá procurar empresas que ficaram nesse intervalo não contíguo com mais frequência do que deveriam.

9. Existe a possibilidade de uma lacuna em nossas faixas de desempenho: as empresas que permaneceram no 9º decil o suficiente para *reduzir* o número de anos na faixa do 6º ao 8º decil até o limiar necessário para o status de *Long Runner*, mas que não ficaram no 9º decil o *bastante* para se qualificarem como *Miracle Workers*. Não estudamos essas empresas, pois queríamos uma distinção mais clara entre nossas categorias de organizações excepcionais, para melhorar nossas chances de enxergar diferenças marcantes no comportamento. No entanto, ao analisar a incidência de desempenho estatisticamente excepcional em outros estudos de caso de sucesso, incluímos o que chamaremos de "Super Long Runners", como empresas excepcionais.

10. Consulte Michael Raynor, Ragu Gurumurthy e Mumtaz Ahmed, com Jeff Schulz e Rajiv Vaidyanathan, "Growth's Triple Crown", *Deloitte Review* (2012).

324 AS TRÊS REGRAS

11. Em nossas regressões de quantis incluímos uma variável simbólica para as empresas fundadas antes de 1966, o primeiro ano de nossa janela de observação, para explicar a possibilidade de que essa característica apresente algum desvio.

12. Para nossa análise de períodos nos decis de desempenho, usamos regressão local (LOESS); consulte T. Hastie, R. Tibshirani e J. Friedman, *The Elements of Statistical Learning: Data Mining, Inference, and Prediction* (Nova York: Springer, 2001). Nossa análise de desempenho absoluto envolveu o desenvolvimento de uma nova aplicação dos métodos existentes por um de nossos consultores estatísticos; consulte James G. Scott, "Nonparametric Bayesian Multiple Hypothesis Testing of Autoregressive Time Series", *Annals of Applied Statistics* (setembro de 2008).

13. Note que, devido à forma como controlamos a natureza autorregressiva do ROA, para algumas empresas observamos menos o desempenho relativo do que o absoluto.

14. Rosenzweig, *Derrubando mitos....* (Editora Globo)

15. Clayton M. Christensen, *The Innovator's Dilemma* (Boston: Harvard Business School Press, 1997). No Brasil, *Dilema da inovação – quando novas tecnologias levam as empresas ao fracasso* (São Paulo: Makron Books, 2001).

16. Rosenzweig, *Derrubando mitos....*

17. Collins, *Feitas para vencer.*

18. Esse é um problema muito comum, estudado e comentado à exaustão. Para conferir uma investigação de como ele pode desencaminhar um pesquisador em seu trabalho, consulte David Hackett Fischer, *Historians' Fallacies* (Nova York: Harper & Row, 1970).

19. Jim Collins fala sobre a Stryker em seu livro *Vencedoras por opção* como uma empresa "excelente". Concordamos que o desempenho da Stryker tem sido notável, embora não seja tão notável quanto o da Medtronic. A Stryker distribuiu retornos superiores aos acionistas graças à sua evolução – de fabricante de equipamentos médicos de tecnologia inferior (como os cortadores de gesso) a produtor de implantes médicos mais sofisticados. A drástica melhoria no ROA e no crescimento que a Stryker desfrutou em relação a seu próprio desempenho histórico impulsionou a valorização significativa do preço das ações. A Medtronic apresentou lucratividade superior, de duas vezes a receita, mas como apresentava um desempenho mais constante, o preço de suas ações, embora impressionante, não ficou à altura da valorização da Stryker. Esse é um exemplo clássico da inadequação do valor patrimonial como uma medida do desempenho da empresa quando se busca entender o comportamento corporativo.

20. Além da prescrição está a previsão, o que exige outro projeto de pesquisa muito diferente. Nesse contexto, o poder preditivo das estruturas conceituais ainda

não foi testado, e isso inclui nosso trabalho. No entanto, a adoção de testes preditivos é extremamente rara. Para conferir um exemplo desse tipo de tentativa, consulte Michael E. Raynor, *The Innovator's Manifesto: Deliberate Disruption for Breakthrough Growth* (Crown Business, 2011).

21. Isso não quer dizer que nossa amostra seja grande o suficiente para ser representativa. Francamente, é difícil imaginar como alguém de bom senso possa fazer tal afirmação com qualquer tamanho de amostra, sem ter um conjunto de dados completo. Para determinar o tamanho necessário para que a amostra seja estatisticamente representativa, será necessária uma estimativa plausível da variância da população no que diz respeito aos principais indicadores. Isso nos coloca em um beco sem saída bastante incômodo, pois não saberemos quais são esses indicadores enquanto não fizermos os estudos de casos, o que exige a escolha da amostra.

22. Esses detalhes são de 2010, quando essas empresas foram classificadas em função do desempenho apresentado.

Capítulo 3

1. Consulte Craig Galbraith e Dan Schendel, "An Empirical Analysis of Strategy Types", *Strategic Management Journal* 4 (1983): 153–73; e C. Campbell-Hunt, "What Have We Learned About Generic Competitive Strategy? A meta-analysis", *Strategic Management Journal* 21 (2000): 127–54, e veja as várias tipologias de estratégia.

2. Veja, por exemplo, Berend Wierenga, *Handbook of Marketing Decision Models* (Nova York: Springer Science+Business Media, 2008), especialmente a Parte II.

3. Às vezes pode ser um pouco mais complicado. No caso de um bem durável, como um carro, o "custo total de propriedade" pode muito bem caracterizar não só o preço de compra, mas também as condições de financiamento, custos operacionais, de manutenção e de alienação, ou valor de revenda. Portanto, o valor *preço* também pode ter várias dimensões. Por um lado, estamos definindo o ar bastante rarefeito em que os altos preços indicam outros atributos valiosos, como qualidade, ou geram aspectos importantes, como escassez, como ocorre com alguns tipos de vinho ou artigos de moda.

4. O sucesso revolucionário aguarda aqueles que conseguem driblar os *trade-offs*, algo que pode ser visto como inovação. Consulte Michael E. Raynor, *The Innovator's Manifesto* (Nova York: Crown Business, 2011). Um dia a inovação acaba, mas em determinado momento, há restrições necessárias de algum tipo que nos obrigam a fazer concessões.

5. Michael E. Porter, "What Is Strategy?", *Harvard Business Review* (novembro–dezembro de 1996).
6. Campbell-Hunt, "What Have We Learned About Generic Competitive Strategy?"
7. No caso improvável de duas empresas idênticas, não saberíamos onde colocá-las no espaço competitivo, uma vez que não haveria como compará-las.
8. O termo mais comum para isso é a expressão "preso em meio a dois aspectos" (SITM – stuck in the middle), mas a palavra "preso" tem uma conotação negativa que queremos evitar, pois estamos abertos à possibilidade de que ficar "no meio" talvez não seja tão ruim para a lucratividade como já foi insinuado.
9. A definição precisa de que a causalidade é uma questão filosófica profunda, a despeito das evidências disso. Somos mais propensos a ficar com a definição do senso comum sobre o que significa uma coisa do que ter a pretensão de resolver um debate secular.
10. Existem 203 empresas no SIC 3674 (semicondutores) das quais obtivemos dados suficientes para avaliar o desempenho usando nosso método. A Linear Technology foi a única *Miracle Worker* e a Micropac, a única *Long Runner*. A International Rectifier foi uma das 27 *Average Joes*.
11. Recontamos esses estudos de caso no passado porque nosso período de estudo terminou em 2010. Quando afirmamos que "a Micropac parece ter sido uma empresa altamente focada e bem administrada", não queremos dizer que ela deixou de ser uma organização bem dirigida.
12. Na maioria dos trios, o *Average Joe* não é o elemento mais notável, mas a IR foi a melhor opção que encontramos para a Linear.
13. Existem 274 empresas nos SICs 3845 e 3842 das quais tivemos dados suficientes para avaliar o desempenho usando nosso método. Os decis de desempenho de cada empresa são baseados em suas respectivas variáveis de controle do SIC, mas esses dois códigos de quatro dígitos são considerados em conjunto, devido à adequação das comparações entre os limites do SIC. A Medtronic é um dos quatro *Miracle Workers*, a Stryker é um dos seis *Long Runners* e a Invacare é uma das 28 *Average Joes*.
14. Consulte os relatórios anuais de cada empresa em comparação com os relatórios dos analistas de patrimônio publicados ao longo desse período. Essas avaliações são, inevitavelmente, um tanto subjetivas, mas poucas tratam das especificidades de nossas conclusões, pois acreditamos apenas que os dois eram comparáveis no ritmo e na magnitude de seus novos produtos.
15. O leitor atento vai observar que as mudanças na classificação nos decis entre os anos 1960 e 1980 parecem desproporcionais e, às vezes, até mesmo correlacionadas negativamente com as mudanças no ROA absoluto referente a esses

períodos. Os decis que parecem extremamente baixos nos primeiros anos do nosso período de observação são, em parte, um artefato de controle para efeito do setor. Durante esse tempo, houve pouquíssimas empresas de capital aberto no código SIC da Medtronic e, portanto, grande parte do ROA deve-se aos efeitos do setor. Conforme a concorrência "aumenta", o mesmo ROA absoluto acaba sendo atribuído menos aos efeitos do setor e muito mais aos efeitos da empresa. No início dos anos 1980, quando comparamos a Medtronic com a Stryker, esse efeito de confusão quase havia desaparecido.

16. William P. Barnett, *The Red Queen Among Organizations: How Competitiveness Evolves* (Princeton, N.J.: Princeton University Press, 2008).

17. A Thomas & Betts e a Emrise apenas se sobrepõem durante o período de baixo desempenho relativo da T&B (de 1985 a 2010), quando é superada pela Hubbell e, portanto, essa é a comparação mais reveladora. A estrutura dos elementos de vantagem da T&B e da Hubbell sobre a Emrise é essencialmente idêntica; contudo, há uma desvantagem de margem bruta, mas uma vantagem geral em termos de ROS e TAT devido a um desempenho superior em quase todos os outros elementos.

Capítulo 4

1. Há um nível adicional de detalhes aqui que estamos ignorando, mas incluí-lo seria apenas complicar a exposição de nosso argumento, e não mudaria a mensagem fundamental. Especificamente, o valor que uma empresa cria deve ser dividido entre os vários stakeholders, dos quais os quatro mais óbvios são: acionistas (na forma de dividendos), funcionários (na forma de salários e benefícios), a sociedade (em termos práticos, o governo, geralmente na forma de impostos, mas muitas vezes há outros elementos opcionais, como doações a obras de caridade) e os clientes (na forma de produtos ou serviços prestados). A prioridade que a empresa dá a cada um desses stakeholders é uma questão filosófica, não econômica; consulte Michael E. Raynor, "End Shareholder Value Tyranny: Put the corporation first", *Strategy & Leadership* (janeiro de 2009). A despeito de como se decida essa questão, o primeiro passo para uma empresa que busca um desempenho excepcional é criar valor, e isso exige a obtenção de receitas dos clientes. O segundo passo é agregar valor à própria empresa na forma de lucros. Em seguida, vem a espinhosa questão de como dividir esse valor entre funcionários, acionistas e a sociedade.

2. Outros elementos captam o valor através de mecanismos diferentes, por exemplo, dividendos, salários etc.

328 AS TRÊS REGRAS

3. Veja o Apêndice I, Tabela 56. O *Miracle Worker* do 25º percentil ainda goza de uma vantagem percentual de margem bruta, mas o *Long Runner* análogo tem um percentual de margem bruta menor que as empresas medianas do setor. Com outros custos, a história é diferente: o *Miracle Worker* mediano tem outra desvantagem do custo, enquanto o *Long Runner* mediano tem outros custos mais baixos.

4. Não nos prendemos à importância da decomposição do ROA até mais de um ano depois de termos escolhido nossos trios e nos aprofundamos para compreender os históricos de cada organização. Consequentemente, não precisamos "ignorar" esses dados ao escolher nossos trios – apenas não os tínhamos disponíveis.

5. Se você está lendo com atenção, lembre-se de que testamos a relação entre as mudanças de posição e as alterações no desempenho no capítulo anterior, e que não testamos a relação entre as mudanças na fórmula do lucro e as alterações no desempenho. Há várias razões para isso. Em primeiro lugar, uma alteração no desempenho de uma empresa excepcional muitas vezes resulta em uma queda de lucratividade tão grande, que leva ao ponto em que não haverá vantagem alguma a explicar. Para empresas excepcionais que perderam esse status, o período de desempenho relativo inferior geralmente significa um ROA menor que o da concorrente escolhida para comparação. Por isso, é impossível dizer qual é a "fórmula de lucratividade" da empresa. Poderíamos ter procurado uma relação entre a fórmula de lucratividade para a empresa que se manteve excepcional durante seu período de melhor desempenho, mas o tamanho de nossa amostra não nos permite ver qualquer relação que possa existir. Lembre-se de que, dos nossos nove *Miracle Workers,* três perderam essa condição, três revelaram-se como tal, dois mantiveram esse status e um ficou na categoria "Outros". Os *Miracle Workers* com trajetória mantida têm fórmulas de lucratividade impulsionadas pela receita, enquanto dois dos três *Miracle Workers* com trajetória perdida usam essa mesma fórmula. Uma razão de 2:0 comparada à razão de 2:1 quase não sugere uma diferença na "durabilidade" de determinada fórmula de lucratividade. Com os *Long Runners*, a história é um pouco diferente. Os cinco *Long Runners* com trajetória mantida foram divididos à razão de 3:2 entre as fórmulas de lucratividade de receita e custo, enquanto a razão usada para os quatro *Long Runners* com trajetória perdida foi de 2:2. Nada menos do que um resultado unânime teria fornecido evidências estatísticas, mesmo com a mais frágil credibilidade, para corroborar uma relação entre a fórmula da lucratividade e a durabilidade de um desempenho excepcional. Nossa visão é que o principal fator determinante observável da durabilidade do desempenho excepcional é a manutenção de uma posição competitiva de *não-preço*.

6. Um comentarista observou com ironia o fato de que a A&F vende de tudo, inclusive *roupas*.

7. Isso não é tão absurdo quanto pode parecer. Lembre-se de que o status de *Miracle Worker* se dá em função do número suficiente de desempenhos no 9º decil e que tal classificação ocorre em função da posição da empresa em relação à economia como um todo, não só em relação ao setor em que atua. Consequentemente, embora nem todas as empresas em um setor possam ocupar o ponto mais alto, todas elas, em tese, seriam *Miracle Workers* no contexto da população maior de organizações que compõem toda a economia, mesmo depois de se controlar o impacto do setor na lucratividade. (Esta nota é para você, Phil.)

8. Ellen Schlossberg, William Blair & Company, 28 de julho de 1999. Schlossberg cita o U.S. Bureau of the Census (1990).

9. Michael T. Glover, Raymond James & Associates, Inc. (3 de agosto de 1999).

10. John A. Quelch e David Harding, "Brands Versus Private Labels: Fighting to win", *Harvard Business Review* (janeiro–fevereiro de 1996).

11. Kevin Lane Keller, *Strategic Brand Management: Building, Measuring, and Managing Brand Equity* (Englewood Cliffs, N.J.: Prentice Hall, 1997).

12. Valerie Seckler, "Private Labels Win Market Share", *Women's Wear Daily*, 23 de julho de 2003.

13. Janet Rovenpor, "Abercrombie & Fitch: An upscale sporting goods retailer becomes a leader in trendy apparel", no trabalho de Michael A. Hitt, R. Duane Ireland e Robert E. Hoskisson, *Strategic Management: Competitiveness and Globalization* (South-Western College Pub., 2008).

14. "Magalog" é a junção de "revista" e "catálogo" que obscureceu (ainda mais?) a linha entre jornalismo e publicidade. Essa publicação incluiu histórias, receitas e artigos sobre viagens, mas apresentou roupas e lançamentos de novos produtos da empresa.

15. De acordo com os relatórios anuais da empresa para 2003 e 2004, nesse período a A&F encontrava-se em meio a ações judiciais coletivas relacionadas à exigência de que o pessoal de vendas usasse apenas roupas da A&F, sem reembolso por tal despesa, e à discriminação racial em suas práticas de contratação. Foram implementadas novas políticas, procurando aumentar a diversidade étnica e racial da força de vendas, sem comprometer as prioridades estratégicas da empresa. Consulte também Emine Saner, "Abercrombie & Fitch: For beautiful people only", *The Guardian,* 27 de abril de 2012.

16. Ying Jiao Xu, "Impact of Store Environment on Adult Generation Y Consumers' Impulse Buying", *Journal of Shopping Center Research* 14(1) (2007).

17. Ellen Schlossberg, William Blair & Company, 28 de julho de 1999.

18. Stacy C. Pak e Bret Cicinelli, *Abercrombie & Fitch* (Credit Suisse First Boston Corporation, 13 de janeiro 1999).

19. Xu, "Impact of Store Environment".
20. Ellen Schlossberg, William Blair & Company, 28 de julho de 1999.
21. Esse é um fenômeno bem documentado. Consulte, por exemplo, Kathleen Rees and Jan Hathcote, "The U.S. Textile and Apparel Industry in the Age of Globalization", *Global Economy Journal* 4(1) (2004); Gary Gereffi e Olga Memedovic, *The Global Apparel Value Chain: What Prospects for Upgrading by Developing Countries?* (Viena: United Nations Industrial Development Organization, 2003); Frederick Abernathy, "The Future of the Apparel and Textile Industries: Prospects and choices for public and private actors", Harvard Center for Textile and Apparel Research (dezembro de 2005).
22. Kelly Armstrong, *Abercrombie & Fitch* (Wheat First Butcher Singer, janeiro de 1998).
23. Rovenpor, "Abercrombie & Fitch".
24. A estratégia de *sourcing* (obtenção de recursos) da Abercrombie & Fitch's foi amplamente discutida em relatórios de analistas, e a forte admiração pelas escolhas da empresa resistiu ao passar do tempo. Eis uma coletânea de relatórios de 1997 a 2010: Dorothy S. Lakner e D. Tiffany Tamplin, "Abercrombie & Fitch (Specialty Retailing)", Oppenheimer & Co., Inc., 12 de agosto de 1997; Kelly Armstrong, "Company Report (Abercrombie & Fitch)", Wheat First Butcher Singer, 23 de janeiro de 1998; Eliot S. Laurence, "Abercrombie & Fitch (Apparel Retail)", Jefferies & Company, Inc. Equity Research, 9 de novembro de 2000; Robin S. Murchison, "Abercrombie & Fitch (Specialty Retail)", Jefferies & Company, Inc. Equity Research, 10 de setembro de 2003; Michelle L. Clark e Chi H. Lee, "Abercrombie & Fitch, Initiation of Coverage: No more room to run", Morgan Stanley Research, North America, 9 de julho de 2007; "Abercrombie & Fitch Co. – SWOT Analysis", GlobalData Company Profiles, 12 de julho de 2010.
25. Laurence, "Abercrombie & Fitch".
26. Erin M. Loewe, "Feminine Energy: The Finish Line's Paiva concept is taking women's fitness apparel to a new level", *Display & Design Ideas* (outubro de 2006).
27. "Finish Line Launches New Branding Campaign", *PR Newswire*, 13 de março de 1998.
28. Katie Maurer, "Retailer Feeling Blue", *Indianapolis Business Journal*, 12 de agosto de 2002.
29. Susan Lisovicz, "Abercrombie & Fitch Rolling Out Store for Teens, Hollister", CNN*fn*: The Biz (30 de agosto de 2001).
30. David Moin, "A&F Finds a New Life by Aiming its Weapons at a Younger Shopper", *Women's Wear Daily*, 25 de fevereiro de 1997.

31. Erin White, "Rival Clothing Retailers in U.S. Tussle over the Same Teens: Prices at A&F and American Eagle hit new lows", The *Wall Street Journal*, 21 de dezembro de 2001.

32. Bruce Watson, "Abercrombie & Fitch: The biggest brand loser of the recession", *DailyFinance*, 26 de agosto de 2009.

33. Sapna Maheshwari, "At Abercrombie & Fitch, Sex No Longer Sells", *BusinessWeek*, 30 de agosto de 2012.

34. "Refashioning Perks Up Abercrombie – CEO Credits Slimmer Inventories and Faster Reaction to Trends for Stronger-Than-Expected Results", *The Wall Street Journal*, 15 de novembro de 2012; "Hong Kong's Million-Dollar Retail Rent Challenge", *The Wall Street Journal*, 10 de outubro de 2012.

35. Associated Press, *The New York Times*, 2 de novembro de 2011.

36. A empresa saiu da concordata em 2012, com o nome de Trinity Place Holdings, Inc. A nova pessoa jurídica tem declarado como seu único objetivo a venda dos ativos remanescentes para benefício dos acionistas. Seja como for, a Syms deixou de ser uma preocupação constante. Consulte os comunicados de imprensa da empresa de 17 de setembro de 2012.

37. Michael Redclift, *Chewing Gum: The Fortunes of Taste* (Routledge, 2004).

38. "Food Fundamentalism", *The Economist*, 4 de dezembro de 1993.

39. "The Top 100 Brands", *BusinessWeek*, 6 de agosto de 2001.

40. Entrevista com Jim e Lisbeth Echeandias da American Consulting Corporation, 17 de dezembro de 2008.

41. "Wm. Wrigley Jr. Co.: All gummed up", Bear Stearns Equity Research, 11 de janeiro de 2007.

42. Entrevista com Jim and Lisbeth Echeandias da American Consulting Corporation, 17 de dezembro de 2008.

43. "Tootsie Roll Industries, Inc.", *Great Lakes Review*, 4 de maio de 1995.

44. No trio do setor de confeitaria, a Wrigley é a que está "no meio", ou seja, é a que ocupa uma "posição de preço" em comparação à RMCF e à Tootsie em sua "posição de não-preço".

45. Harvard Business School, "Wrigley in China: Capturing Confectionary (D)", publicação de estudo de caso (2009).

46. "A Billion Jaws Chewing", *Asia Times*, 13 de agosto de 2005.

47. Para calcular os índices de aumento da receita "líquidos de aquisições", subtraia o total das receitas no ano de todas as aquisições feitas ao longo de um período a partir da receita total contabilizada para o último ano do período.

48. Entrevista com Jim e Lisbeth Echeandias da American Consulting Corporation, 17 de dezembro de 2008.

49. Em *Vencedoras por opção*, Collins observa que as empresas de melhor desempenho geralmente têm saldos de caixa maiores.

50. "Whole paycheck" é identificado como sinônimo de Whole Foods no The Urban Dictionary no site em http://www.urbandictionary.com/define.php?term= whole%20paycheck; acessado em 4 de outubro de 2012. Apesar de não terceirizarmos a determinação da posição competitiva para o site, essa entrada é um indicativo da imagem pública da empresa.

51. John Letzing, "CEO Bemoans 'Whole Paycheck' Nickname", *Wall Street Journal Market-Watch* (3 de março de 2011), no site em: http://articles.marketwatch. com/2011-03-03/industries/30736343_1_foods-market-executive-john-mackey-unhealthy-items. Acessado em 4 de outubro de 2012.

52. Robert L. Steiner, "The Nature and Benefits of National Brand/Private Label Competition", *Review of International Organizations* 24 (2004): 105–27.

53. Business Wire, "Abercrombie & Fitch selects Celarix to improve supply chain efficiency", 27 de novembro de 2000.

54. Nenhuma das empresas fornece uma análise detalhada do quanto depende dos produtos de marca própria. Os números nesta tabela têm caráter apenas estimativo. O fato mais marcante e relevante é que, até onde sabemos, demorou cerca de 20 anos para que nossas estimativas do percentual de vendas de marcas próprias se concretizassem. Se a convergência aconteceu dois ou três anos mais cedo ou mais tarde do que o estimado não afeta nosso argumento, e acreditamos ser improvável que estivéssemos tão enganados por uma década.

55. Todd Sharkey e Kyle Stiegert, "Impacts of Non-Traditional Food Retailing Supercenters on Food Price Changes", *Food Service Research Group Monograph Series* (20 de fevereiro de 2006).

56. Site do U.S. Department of Agriculture, Economic Research Service em http:// www.ers.usda.gov/data-products/food-expenditures.aspx. Acessado em 7 de outubro de 2012.

57. Stephen Martinez, "Competition Alters the U.S. Food Marketing Landscape", *Amber Waves*, novembro de 2005.

58. De acordo com o banco de dados de M&A da Thomson, o pico das negociações ocorreu no ano 2000, com mais de 60 transações, enquanto a análise "Monthly Retail Trade Survey", do U.S. Census Bureau, revela que a participação no segmento de supermercados controlado pelas quatro maiores redes varejistas de supermercados cresceu de menos de 20%, em 1987, para mais de 30% em 2005.

59. "Private Label Trends in the Supermarket Channel", *Information Resources, Inc.* (IRI) (outubro de 2002).

60. Com base na análise da Deloitte, esse valor é a média ponderada dos ativos de todos os supermercados varejistas de capital aberto em relação aos quais a Compustat possui dados confiáveis de 1966 a 2010.

61. Robert Simons e Antonio Davila, "How High Is Your Return on Management?", *Harvard Business Review* (janeiro de 1998).

Capítulo 5

1. A análise mais abrangente da literatura de M&As que conhecemos é a de Robert F. Bruner, *Applied Mergers & Acquisitions* (Hoboken, N.J.: John Wiley & Sons, Inc., 2004).

2. A literatura aqui é vasta. Os achados fundamentais incluem Richard P. Rumelt, "Diversification Strategy and Profitability", *Strategic Management Journal* 3 (1982): 359–69; L.H.P. Lang e R. M. Stulz, "Tobin's Q, Corporate Diversification, and Firm Performance", *Journal of Political Economy* 102(6) (1994): 1248–80; P. G. Berger e E. Ofek, "Diversification's Effect on Firm Value", *Journal of Financial Economics* 37 (1995): 39–65. Pesquisas recentes, porém, sugerem que estamos perdendo nosso tempo e que o chamado desconto de diversificação não passa de um artefato de relatórios baseados em segmentos. Consulte Xi He, "Corporate Diversification and Firm Value: Evidence from post-1997 data", *International Review of Finance* 9(4) (2009): 359–85.

3. Cynthia A. Montgomery e Birger Wernerfelt, "Diversification, Ricardian Rents, and Tobin's q", *The RAND Journal of Economics* 19(4) (1988): 623–32.

4. A. D. Chandler, *The Visible Hand: The Managerial Revolution in American Business* (Cambridge, Mass.: Harvard University Press, 1997).

5. Tarun Khanna e Krishna G. Palepu, "Is Group Affiliation Profitable in Emerging Markets? An analysis of diversified Indian business groups", *Journal of Finance* 55(2) (2000): 867–91.

6. Robert C. Schmidt, "On the Robustness of the High-Quality Advantage under Vertical Differentiation", *Journal of Industry, Competition and Trade* 6 (2006): 183–93.

7. Consulte, respectivamente, Robert D. Buzzell, "Is Vertical Integration Profitable?" *Harvard Business Review* (janeiro-fevereiro de 1983); Richard A. D'Aveni e D. J. Ravenscraft, "Economies of Integration Versus Bureaucracy Costs: Does vertical integration improve performance", *Academy of Management Journal* 37(8) (1994): 1167–1206; Richard T. Mpoyi e K. E. Bullington, "Performance Implications of Changing Vertical Integration Strategies", *American Business Review* (janeiro de 2004).

8. Kathryn Rudie Harrigan, "Matching Vertical Integration Strategies to Competitive Conditions", *Strategic Management Journal* 7 (1986): 535–55.

9. Cf. Hau L. Lee, "Aligning Supply Chain Strategies with Product Uncertainties", *California Management Review* 44(3) (2002); e Srinivasan Balakrishnan e B. Wernerfelt, "Technical Change, Competition and Vertical Integration", *Strategic Management Journal* 7 (1986): 347–59.

10. J. M. Campa e S. Kedia, "Explaining the Diversification Discount", *The Journal of Finance* 57 (2002): 1731–62; Belen Villalonga, "Does Diversification Cause the 'Diversification Discount'?" *Financial Management* 33(2) (2004).

11. J. D. Daniels e J. Bracker, "Profit Performance: Do foreign operations make a difference?" *Management International Review* 29(1) (1987): 46–56; Michael A. Hitt, R. E. Hoskisson e Hicheon Kim, "International Diversification: Effects on Innovation and Firm Performance in Product Diversified Firms", *Academy of Management Journal* 40(4) (1997): 767–98; Stephen Tallman e L. Jaitao, "Effects of International Diversity and Product Diversity on the Performance of Multinational Firms", *Academy of Management Journal* 39(1) (1996): 179–96.

12. Há um argumento para colocar a KVP na posição "do meio", com base na comparação da KVP com outros fabricantes de medicamentos genéricos, ou seja, empresas que fabricam exclusivamente medicamentos sem patente e que não tentam criar alguma forma de diferenciação. Há pelo menos duas razões para não se fazer isso. Em primeiro lugar, nossa análise é baseada na comparação direta das empresas de cada trio, como descrevemos no Capítulo 3. Em segundo, não parece que os "puros fabricantes" de medicamentos sem patente são tão comuns como se poderia pensar à primeira vista. Muitos, talvez a maioria, dos fabricantes de genéricos procuram diferenciar-se em relação a pelo menos alguns de seus produtos ou tecnologias. Como os produtos que não consistiam na pura síntese de medicamentos genéricos também não compunham um diferencial, a posição da KVP até meados da década de 1990 foi, claramente, a da concorrência baseada no preço, em comparação não só com a Merck e Eli Lilly, mas também com a maior parte dos outros fabricantes de genéricos. Foi somente na década de 1990, quando a KVP começou a atuar fortemente na descoberta de novas drogas, que se pode dizer que ela passou a procurar uma posição de *não--preço*, terminando na posição "do meio" na comparação com a Merck e a Eli Lilly.

13. Melody Peterson, *Our Daily Meds: How the Pharmaceutical Companies Transformed Themselves into Slick Marketing Machines and Hooked the Nation on Prescription Drugs* (Nova York: Farrar, Straus and Giroux, 2008).

14. Embora tenha uma série de aplicações clínicas, a talidomida tornou-se uma droga notória após ter sido incorretamente prescrita para inúmeras mulheres

grávidas como tratamento para enjoos matinais, no início dos anos 1960. Os filhos dessas mulheres sofreram uma incidência dramaticamente maior de focomelia, ou síndrome de "encurtamento dos membros". Consulte Trent Stephens e Rock Brynner, *Dark Remedy: The Impact of Thalidomide and Its Revival as a Vital Medicine* (Nova York: Basic Books, 2001).

15. Peter B. Hutt, "The Importance of Patent Term Restoration to Pharmaceutical Innovation", *Health Affairs* 1(2) (segundo trimestre de 1982).

16. Lacy G. Thomas, "Regulation and Firm Size: FDA impacts on innovation", *The RAND Journal of Economics* 21(4) (primeiro trimestre de 1990).

17. Peter Temin, "Technology, Regulation, and Market Structure in the Modern Pharmaceutical Industry", *The Bell Journal of Economics* 10(2) (último trimestre de 1979).

18. William Bogner e Howard Thomas, *Drugs to Market: Creating Value and Advantage in the Pharmaceutical Industry* (Oxford: Pergamon Press, 1996).

19. B. Achilladelis e N. Antonakis, "The Dynamics of Technological Innovation: The case of the pharmaceutical industry", *Research Policy* 30 (2001): 535–88.

20. Documentos da empresa; estimativas da Deloitte.

21. Documentos da empresa; estimativas da Deloitte.

22. Documentos da empresa; estimativas da Deloitte.

23. Roy P. Vagelos e Louis Galambos, *Medicine, Science and Merck* (Cambridge: Cambridge University Press, 2004). Embora tenha sido escrita por Vagelos, essa fonte de pesquisa fornece dados sobre publicações e outras medidas de produtividade objetivas e que corroboram a alegação de que os laboratórios da Washington University melhoraram drasticamente sob a liderança de Vagelos, ficando entre os melhores do mundo. Há fortes evidências de que esse avanço foi uma consequência da orientação de Vagelos.

24. Alfonso Gambardella, *Science and Innovation: The U.S. Pharmaceutical Industry During the 1980s* (Cambridge: Cambridge University Press, 1995); Patentes: Comitê de patentes; Produtos: Análise da Deloitte com base em anúncios feitos nos relatórios anuais da empresa.

25. A questão da produtividade *versus* resultados de P&D é espinhosa em virtude da incapacidade geral de se conectar as contribuições específicas de P&D aos resultados proporcionados durante os períodos relevantes. Optamos por apenas analisar o ROA geral das empresas ao longo do tempo como nosso indicador agregado da adequação de cada *trade-off* com relação a P&D e a todos os demais elementos do negócio (como diversificação internacional, por exemplo). Acreditamos apenas que o resultado da Merck foi melhor, e vemos isso como um grande fator de contribuição para o maior ROA da empresa. Talvez a divisão de P&D tenha sido menos produtiva que a da Eli Lilly, mas não temos uma

336 AS TRÊS REGRAS

opinião a respeito. No entanto, pode-se dizer que o resultado aparentemente melhor de P&D amplia a área terapêutica e a diversidade de produtos. Esse parece ser um fator importante para o crescimento da receita, enquanto a maior diversificação geográfica também impulsiona o crescimento e o ROA. É na combinação de todos esses fatores que se baseia o nosso *business case*.

26. Há um debate válido e importante na comunidade de saúde sobre o benefício final da proliferação do medicamento nas áreas terapêuticas. O surgimento da escola da "eficácia comparativa" pretende impor critérios objetivos para a avaliação da importância do que alguns comentaristas jocosamente chamam de "ajustes" aos compostos subjacentes, desenvolvidos apenas para garantir a proteção de patentes com pouco benefício para os pacientes. Consulte, por exemplo, Marcia Angell, *The Truth About the Drug Companies: How They Deceive Us and What to Do About It* (Nova York: Random House, 2004). No Brasil, publicado como *A verdade sobre os laboratórios farmacêuticos*, Ed. Record, 2007)

27. Congressional Budget Office, "Research and Development in the Pharmaceutical Industry" (outubro de 2006).

28. Henry Grabowski e Margaret Kyle, "Mergers and Alliances in Pharmaceuticals: Effects on innovation and R&D productivity", in Klaus Gugler and Burcin Yurtoglu, eds., *The Economics of Corporate Governance and Mergers* (Northampton, MA: Edward Elgar Pub., 2008), 262–87.

29. "FDA Advisory Committee Recommends Aldendronate [Fosamax] for Osteoporosis", *Medical Science Bulletin* (Pharmaceutical Information Associates, Ltd., August 1995). Acessado em 10 de fevereiro de 2010 no site em http://www.oralchelation.com/calcium/foxamax6.htm.

30. Gardiner Harris, "Back to the Lab: Merck to shed Medco, its drug-benefits unit, in bid to boost stock – Company is under pressure as five major products go off patent – resisting calls for a merger", *The Wall Street Journal*, 29 de janeiro de 2002; "Merck Announces Plans to Divest its PBM Subsidiary", *Drug Marketing*, 6 de fevereiro de 2002.

31. Apenas incluímos novamente no lucro líquido o ganho ou perda de cada empresa na alienação de sua divisão de PBM e recalculamos as diferenças de ROA nesse cenário. Determinamos a faixa usada em nossa estimativa na tentativa de explicar o momento da realização dos ganhos ou perdas, mas as diferenças são insignificantes: estima-se que entre 62,6% e 66,8% da real vantagem de ROA da Merck entre 1993 e 2003 se devam aos diferentes resultados que cada empresa alcançou em decorrência de seu negócio de PBM.

32. J. E. Flynn, "KV Pharmaceutical: Company report", Kidder, Peabody & Company (29 de novembro de 1991).

33. Documentos da empresa: apresentação do formulário 10-K referente ao ano fiscal terminado em 31 de março de 1993.

34. O Vioxx, anti-inflamatório da Merck, foi aprovado em 1999 e retirado do mercado em 2004, devido a preocupações de segurança relacionadas a eventos cardiovasculares adversos. Em 2009, a Eli Lilly declarou-se culpada da comercialização *off-label* (uso não aprovado, que não consta da bula) do Zyprexa, um antipsicótico. Além de todo o sofrimento humano envolvido, os dois acontecimentos resultaram em ações judiciais, custas legais, multas pesadas ou pagamentos de acordos amigáveis.

35. Charles Perrow, *Normal Accidents: Living with High Risk Technologies* (New Haven, CT: Princeton University Press, 1999).

36. Quanto maior a vantagem de desempenho em termos absolutos, maior a probabilidade de que haja mais de um único fator determinante dessa vantagem: como questão prática, as vantagens de margem bruta ou giro dos ativos só podem ser elevadas.

37. Esses saldos de caixa mais altos aparecem como um empecilho para o giro dos ativos circulantes com uma vantagem de compensação em receitas de juros, o que se reflete na linha do resultado não operacional e contribui para o ROS.

38. Documentos da empresa e Chaodong Han, T. M. Corsi, e C. M. Grimm, "Why Do Carriers Use Owner Operators in the U.S. For-Hire Trucking Industry?" *Transportation Journal* 47(3) (2008): 22–35.

39. John R. Wells e Nassan S. Dossabhoy, "The Major Home Appliances Industry in 1984: Revised", Harvard Business School Publishing, *case* 9-386-115 (1994); Jonathan C. Roche, U. Srinivasa Rangan e Stephen A. Allen, "U.S. Major Home Appliances Industry in 2002", Babson College, *case* BAB049 (2003); Stephen A. Allen, "Maytag Corporation 2002", Babson College, *case* BAB047 (2003); Michael Rehaut e Jonathan F. Barlow, "Appliance Industry", JPMorgan North American Equity Research (Nova York) (8 de janeiro de 2004).

40. Relatório anual de 1982 da Maytag Corporation.

41. Relatório anual de 1986 da Maytag Corporation.

42. Babson College, "U.S. Major Home Appliance Industry in 2002".

43. Rehaut e Barlow, "Appliance Industry".

44. Citigroup Smith Barney, "Maytag Corporation: Stuck in the spin cycle" (19 de janeiro de 2005).

45. Conversa com Jeff Fettig, CEO da Whirlpool.

46. De Leonard Mlodinow, *The Drunkard's Walk: How Randomness Rules Our Lives* (Nova York: Pantheon Books, 2008). No Brasil, publicado como *O andar do bêbado: como o acaso determina nossas vidas*, Rio de Janeiro: Zahar, 2009.

338   AS TRÊS REGRAS

Capítulo 6

1. Jim Collins, *How the Mighty Fall* (Collins, 2009), 17. No Brasil, *Como as gigantes caem – e por que algumas empresas jamais desistem*, Rio de Janeiro, Elsevier, 2010.
2. Karl E. Weick, "Sources of Order in Underorganized Systems: Themes in recent organizational theory", em Karl E. Weick (Hrsg.), *Making Sense of the Organization* (Malden, Mass.: University of Michigan/ Blackwell Publishing, 2001), 32–57.
3. Warren Thorngate, " 'In General' vs. 'It Depends': Some comments on the Gergen-Schlenker Debate", *Personality and Social Psychology Bulletin* 2 (1976): 404–10.
4. Uma interpretação comum do modelo de Weick é que nenhuma teoria pode ser de todo simples, precisa e geral. Vemos isso de forma diferente: acreditamos que Weick ressalta que uma teoria deve desistir de pelo menos uma dimensão, a fim de melhorar as outras duas. Assim, para que nossa teoria das "três regras" seja mais precisa, teríamos de adicionar mais detalhes, o que reduziria a simplicidade. No entanto, ao comparar duas teorias diferentes, não vemos nenhuma razão para que uma não seja mais precisa, simples e geral do que a outra. A título de prova de existência, consideramos a evolução lamarckiana e darwinista. A primeira é mais complexa, menos precisa e menos geral do que a segunda. Da mesma forma, esperamos que a teoria das três regras seja mais simples, mais precisa e mais geral do que as demais teorias de desempenho empresarial superior e duradouro.
5. Barry Schartz, *Paradox of Choice* (Nova York: HarperPerennial, 2004). No Brasil, publicado como *O paradoxo da escolha – por que mais e menos*, Ed. Girafa, 2007.
6. Herbert A. Simon, *Administrative Behavior: A Study of Decision-Making Processes in Administrative Organization*, 1st ed. (Nova York: Macmillan, 1947); and H. A. Simon, "Rational Choice and the Structure of the Environment", *Psychological Review* 63(2) (1956): 129–38. (Página 129: "Evidentemente, os organismos se adaptam bem o suficiente para 'cumprir os requisitos básicos'; em geral, eles não se 'otimizam'". Página 136: "Um caminho 'satisfatório' permite, ao menos, cumprir todos os requisitos básicos.") Para conferir uma discussão do conceito original de Simon, veja Reva Brown, "Consideration of the Origin of Herbert Simon's Theory of 'Satisficing' (1933–1947)", *Management Decision* 42(10) (2004): 1240–56.
7. Gerd Gigerenzer and Wolfgang Gaissmaier, "Heuristic Decision Making", *Annual Review of Psychology* 62 (2011): 451–82.

8. Donald Sull e Kathleen M. Eisenhardt, "Simple Rules for a Complex World", *Harvard Business Review* 90(9) (2012).

9. David Hume, *An Enquiry Concerning Human Understanding* (1748).

10. Phil Rosenzweig, *The Halo Effect... and the Eight Other Business Delusions That Deceive Managers* (Nova York: Free Press, 2007). (Veja nota 1, cap. 2, para dados da edição brasileira)

11. *Feitas para vencer* vs. *Como as gigantes caem.*

12. Laurie Burkitt, "China Retailer CRE Adopts Rivals' Western Ways", *The Wall Street Journal*, 23 de outubro de 2012.

13. Jeff Bennett, "Goodyear Rides Again", *The Wall Street Journal*, 15 de setembro de 2011.

14. Clayton M. Christensen, *The Innovator's Dilemma* (Cambridge: Harvard Business School Press, 1997). (Veja nota 16, cap. 2, para dados da edição brasileira)

15. Michael E. Raynor, *The Innovator's Manifesto* (Nova York: Crown Business, 2011).

16. A caracterização do iPod e do iPhone como produtos sustentáveis pode surpreender algumas pessoas. Por certo, não é uma caracterização aprovada por todos os adeptos da teoria da inovação de ruptura. O que define uma inovação como sustentável é o fato de ela ser ou não direcionada aos segmentos de clientes dentro de um mercado de produtos que os atores dominantes valorizem e se ela pretende ser substituível pelas soluções fornecidas por esses atores. No mercado de aparelhos portáteis, alguns clientes podem ter Samsung Yepp *e* um iPod ou um Sony MiniDisc *e* um iPod. Como esses produtos são substitutos, são sustentáveis no mercado de música digital portátil. Há um sem-número de explicações para o motivo que levou o iPod ao topo, mas para o nosso objetivo aqui, nenhuma delas é relevante. Não estamos explicando o sucesso do produto, mas sim descrevendo a natureza da inovação que representa.

A caracterização do iPhone é igualmente controversa. Há muita discussão em torno de o iPhone ser, *de fato*, uma inovação de ruptura. Veja, por exemplo, o Quora.com (em http://b.qr.ae/ IVr4GF). Trata-se de um fórum de discussão, no qual os comentaristas se concentram na noção de que o iPhone trouxe "coisas diferentes" – mas sempre se esquecem de analisar *também* que o produto fazia o *mesmo* que os outros smartphones disponíveis na época e que tinha como alvo os mesmos segmentos de clientes. Dizer que o iPhone tinha uma combinação diferente de atributos (por exemplo, é um telefone pior, não é tão bom no e-mail, mas é melhor em outras coisas) que caiu no gosto de um número maior de clientes é apenas outra forma de dizer que o iPhone era melhor. O iPhone teria sido uma nova forma de ruptura no mercado se a maioria de seus *early adopters* (pioneiros na adoção) tivesse comprado o iPhone para uma finalidade e mantido seu telefone antigo para outra e, quando o iPhone estivesse aprimorado, eles deixassem o antigo celular de lado. Há provas de que isso realmente aconteceu com alguns clientes, mas não vimos nenhum dado comprovando que esse tenha sido o pivô do sucesso do iPhone.

Moral da história, como o iPhone foi direcionado para pessoas que já utilizam telefones celulares e acabaram abandonando seu antigo smartphone para usar o iPhone, um aparelho mais caro, o iPhone não foi nem um produto menos sofisticado, nem uma ruptura. Clayton Christensen, autoridade em inovação de ruptura, caracterizou o iPhone como uma inovação sustentável. Consulte Jane McGregor, "Clayton Christensen's Innovation Brain", *Bloomberg Businessweek*, 15 de junho de 2007.

17. Michael E. Raynor, *The Strategy Paradox* (Nova York: Crown Business, 2007).

18. Raynor, *Innovator's Manifesto*.

19. Richard P. Rumelt, *Good Strategy, Bad Strategy* (Nova York: Crown Business, 2011); Walter Isaacson, *Steve Jobs* (Nova York: Simon & Schuster, 2011).

20. Immanuel Kant, *Grounding for the Metaphysics of Morals*, 3rd ed. (1785), transl. James W. Ellington (Hackett, 1996), 30. No que diz respeito aos princípios filosóficos, esse conseguiu se estabelecer. Como seria de se esperar, isso não ocorreu sem duras críticas, mas tem resistido a quaisquer reformulações convincentes e tudo indica que as conversas estão apenas começando: não se pode esperar que um princípio estabelecido há mais de 200 anos caia por terra de uma hora para a outra. Consulte Derek Parfit, *On What Matters* (Nova York: Oxford University Press, 2011).

21. Consulte Phil Rosenzweig, *The Halo Effect* (Nova York: Free Press, 2007). (Veja nota 1, cap. 2, para dados da edição brasileira)

Apêndice A

1. Os princípios de reconhecimento de receita e alocação de custos que dão significado ao conceito de renda de um período mudaram ao longo do tempo e o fizeram para acompanhar a evolução da atividade econômica. Como nossa análise é baseada principalmente no desempenho relativo anual de uma empresa no setor em que atua, para nós o mais importante é que esses princípios sejam aplicados de forma consistente nos setores da economia em determinado momento. Diferenças entre os setores e as mudanças ao longo do tempo provavelmente terão pouco impacto em nossos resultados.

Apêndice B

1. Como um aparte, observamos que a General Electric qualifica-se como uma empresa excepcional em nossa análise, que abrange o período de 1966 a 2010. No entanto, no início dos anos 1980, quando Peters e Waterman escolhiam a amostra para o estudo, ela não teria se qualificado como uma organização de desempenho excepcional: seu período de desempenho no 9º decil coincidiu com a era de Jack Welch como CEO, que teve início em 1981. É possível que as fontes que Peters e Waterman utilizaram para identificar sua amostra estivessem mais focadas no futuro, observando que Welch estava plantando as sementes de um desempenho drasticamente melhor e, por isso, classificaram a empresa como um lugar onde pessoas legais faziam um trabalho interessante. Mas só se pode analisar as relações entre desempenho e comportamentos passados. Consequentemente, não concordamos com o argumento de Peters de que o insight, por si só, seja melhor do que os inflexíveis indicadores, só porque a General Electric acabou excluída de sua lista. Em nossa opinião, esse foi o resultado certo naquele momento.

Apêndice C

1. Poderíamos ficar tentados a não definir como "excepcional" uma empresa que tenha ficado no intervalo do 2º ao 8º decil, pois essa é uma faixa muito ampla e pouco interessante.

Apêndice D

1. James Scott, "Nonparametric Bayesian Multiple Testing for Longitudinal Performance Stratification", *The Annals of Applied Statistics* (2009).

ÍNDICE

Abercrombie & Fitch
  análise de eras/períodos, 103
  como *Miracle Worker*, 2, 103, 194
  concorrentes, 105, 107
  construção de marca, 101,
    105–107
  desenvolvimento/crescimento,
    103–105
  destaque da, 101, 106
  elementos da vantagem, 110
  ênfase à regra *o melhor antes do mais
    barato*, 24, 58, 110–111
  ênfase à regra *receita antes do custo*,
    24, 109–111
  estratégia de crescimento, 23–24,
    105–107, 110, 142–143
  gráfico do perfil de desempenho,
    251
  trajetória "mantida", 103
Análise conjunta, 53
Análise da decomposição, retorno sobre
  os ativos (ROA)
  decomposição, 96–99, 210–217
Análise das trajetórias, 42–44, 58, 231,
  233, 235
  trajetórias, 58, 60
Análise de categorias, 230–232

Análise de consistência, 275–302
Análise de eras/períodos, 42–44,
  234–235
Análise de períodos, 42–44, 231
análise dos mínimos quadrados
  ordinários (OLS), 60–62,
  307–310
Apple Computer, 199–202
  e as Três regras, 201–202
  gráfico do perfil de desempenho,
    200
  produtos que representam uma
    inovação de ruptura, 201
Ativos, fixos e circulantes, 209
*Average Joe. Veja também empresas
  específicas*
  identificação estatística, 35
  lista de empresas, 2
  níveis de lucratividade, 97
  posição baseada em preço, 58, 61,
    100
Capacidade de generalizar
  e as três regras, 195–202
  nos estudos de casos de sucesso,
    49–52
China Resources Enterprise Ltd., 196
Collins, Jim, 219, 222

Comparações por pares
  para análises de pequenas amostras,
    303–305
  para componentes
    comportamentais, 143,
    315–317
Construção de marca
  Abercrombie & Fitch, 101,
    105–107
  Wrigley Jr. Company, 116–117
Correlação, como não causa, 46–49
  custo dos produtos vendidos
    (COGS, na sigla em inglês),
    cálculo aritmético, 208
Crescimento da receita, medição dos
  elementos da vantagem, 228–229
Crescimento orgânico, 5, 7, 120,
  123
Custo de produção relativo, 54
Desregulamentação, setor de
  transporte, 3–4, 10
Diferenças comportamentais
  componentes estudados, 3–8,
    315–317
  segundo comparação por pares,
    143, 315–317
Diversificação. *Consulte* Estratégias de
  crescimento
Efeito auréola, armadilha dos estudos
  de caso de sucesso, 44–46, 193
Elementos da vantagem, 46–49,
  207–217
  cálculos aritméticos, 207–210
  decomposição do giro total dos
    ativos (TAT), 210–215
  decomposição, 210–217
  decomposição, 214–215
  Heartland Express, 20–22
  medição, 228–229

medida de crescimento da receita,
  228–229
retorno sobre as vendas (ROS)
retorno sobre os ativos (ROA)
retorno total aos acionistas (TSR)
tipos de casos, 211
Elementos do valor não-preço, 9, 53
  comparações dos trios de empresas,
    58
  e o desempenho excepcional.
    *Consulte O melhor antes do mais
    barato* regra; indicadores dos
    Miracle Workers, 53–54
Eli Lilly & Co.
  como *Long Runner*, 2, 148–150
  ênfase à regra *o melhor antes do mais
    barato*, 16, 58 desenvolvimento/
    crescimento, 145, 148
  estratégia de crescimento,
    148–149
  expansão internacional, 150
  gráfico de perfil de desempenho,
    271
  limitações, 153, 159, 182
  posição de preço, 149–150
Empresas excepcionais. *Consulte
  Miracle Workers*
Emrise
  como *Average Joe*, 2, 91
  desenvolvimento/crescimento, 90
  estratégia de crescimento, 90–91
  gráfico de perfil de desempenho,
    249
  posição baseada em preço, 58, 91
Energia
  analogia da montanha russa,
    62–63
  cinética e execução, 74–83
  potencial e posição, 62–74

Energia cinética, execução como, 74–83

Energia potencial, posição competitiva, 62–74

Ênfase à regra *o melhor antes do mais barato*, 58, 75, 79, 80
como *Miracle Worker*, 2, 74
desenvolvimento/crescimento, 74
elementos da vantagem, 77
estratégia de crescimento, 78–79, 79–80
gráfico de perfil de desempenho, 243
limitações, 75–78
trajetória "revelada", 74

Estratégias de crescimento. *Veja também métodos específicos*
crescimento orgânico, 5
diversificação das linhas de negócios, 141, 143
expansão internacional, 143
fusões e aquisições (M&As), 5, 140–141
mudança proativa, 145–161
mudança reativa, 162–170

Estudos de casos de sucesso. *Veja também* Três regras
bibliografia dos, 219–222
causas especiais, como evitar, 32–33
como gênero, 28
comparação, 38–39
definição de perfil, 41–42
e o princípio do imperativo categórico, 202–205
estudos voltados ao crescimento, 37
estudos voltados ao retorno total aos acionistas (TSR), 37

limitações, 194–195
resultados, fatores determinantes dos, 33

Execução
como energia cinética, 74–83
definição, 62–63
forte, benefícios da, 74–83

Expansão internacional
como *Miracle Worker*, 2, 60, 170, 182, 194
eletrodomésticos fabricados no exterior e vendidos nos Estados Unidos, 176–177
ênfase à regra *receita antes do custo*, 174
fabricantes de eletrodomésticos, 177
gráfico de perfil de desempenho, 271
integração vertical como, 142
limitações, 174, 177–178
setor de material elétrico, 86, 87, 143
setor de vestuário, 119, 120, 143
setor farmacêutico, 149, 150
trajetória "perdida", 60, 170, 174–178

Fabricantes de eletrodomésticos, 170–181. *Veja também* HMI Industries; Maytag; Whirlpool
abordagem do valor preço *versus* não-preço, 10–12
comparações dos trios de empresas, 58
concorrência com produtos fabricados no exterior, 176–177
consistência no desempenho das empresas, 300–302

estatísticas descritivas para, 172
gráficos dos perfis de desempenho,
271–274
rankings das empresas, 2
Falsos positivos, correção para, 35–36,
226–227, 230–231
Family Dollar, ênfase à regra *receita
antes do custo*, 14–16
Finish Line
como *Long Runner*, 2
estratégia de crescimento, 109,
111–112
gráfico de perfil de desempenho,
252
limitações, 109–110
posição competitiva "no meio",
108
posição competitiva, 58
seguimento de mercado, 108–109
trajetória "perdida", 110
Foco no cliente
setor de semicondutores, 7
setor de transporte, 5–6, 10, 167
Forças do setor, 83–93
efeito "Rainha Vermelha", 83
formas de e desempenho, 85–90
importância das, 63, 93
mudanças, adaptação às, 63
Fusões e aquisições (M&As), prós e
contras, 5, 11–12, 140–141
Giro total dos ativos (TAT), 13
cálculo aritmético, 209
decomposição dos elementos da
vantagem, 20–22, 210–215
Goodyear Tire & Rubber Co.,
196–197
Gráficos de perfil de desempenho, 44,
238–274
padrões revelados através de, 41–44

Heartland Express
como *Miracle Worker*, 2, 5,
168–169, 181–182, 194
elementos da vantagem, 20–22,
165
ênfase à regra *o melhor antes do mais
barato*, 10, 19, 58, 163–164,
167, 169
ênfase à regra *receita antes do custo*,
13–14, 19–22, 164
estratégia de crescimento, 5, 22,
86, 162–165
estrutura terceirizada, 14, 21–22,
164, 166–167
foco no cliente, 6, 167
gráfico de perfil de desempenho,
267
limitações, 169–170
trajetória "mantida", 163
HMI Industries
como *Long Runner*, 2, 171, 180,
181
desenvolvimento/crescimento,
180
elementos da vantagem, 180
ênfase à regra *o melhor antes do mais
barato*, 58, 179
estratégia de crescimento,
179–181
gráfico de perfil de desempenho,
272
setor de hotelaria, posição
competitiva, relatividade da,
55–56
trajetória "perdida", 171, 179
Hubbell
como *Long Runner*, 2, 85, 90
elementos da vantagem, 91
expansão internacional, 143

gráfico de perfil de desempenho, 248

limitações, 88

posição competitiva, 58

Hubbell; Thomas & Betts

comparações dos trios de empresas, 58

consistência no desempenho das empresas, 285–287

estatísticas descritivas para, 84

gráficos de perfis de desempenho, 247–250

mudança, efeito nas empresas, 145

rankings das empresas, 2

Hume, David, 193, 202

Imperativo categórico, e as três regras, 202–205

Inovação

inovação de ruptura, 197–202

setor de transporte, 6

setor farmacêutico, 7–8

inovação de ruptura, 197–202

e os produtos Apple, 199–202

setor de drives de disco, 198–199

integração vertical, 142–143

Integração vertical, prós e contras, 142–143

International Rectifier, 70–74

como *Average Joe*, 2, 70–71, 74

desenvolvimento/crescimento, 70

estratégia de crescimento, 70–71

gráfico de perfil de desempenho, 241

limitações, 71–74

posição baseada em preço, 58

Invacare

como *Average Joe*, 2, 81

desenvolvimento/crescimento, 75

estratégia de crescimento, 81–82

gráfico de perfil de desempenho, 245

posição baseada em preço, 58, 81–83

Invariáveis dependentes, 44–46, 101, 193

Kant, Immanuel, 202

KV Pharmaceutical

como *Average Joe*, 2, 160, 162

desenvolvimento/crescimento, 145, 146, 160

estratégia de crescimento, 161

gráfico de perfil de desempenho, 265

limitações, 161–162

posição baseada em preço, 58, 145, 146

Lei Motor Carrier (1935), 3–4

Liderança, bem-sucedida, elementos, 18–19

Linear Technology, 67–70

como *Miracle Worker*, 2, 68–70, 194

desenvolvimento/crescimento, 67

elementos da vantagem, 68, 73

ênfase à regra *o melhor antes do mais barato*, 58

estratégia de crescimento, 67

gráfico de perfil de desempenho, 238–239

períodos de desempenho, 67–68

Long Runners. Veja também empresas específicas

estratégia preço e não-preço, 58, 61, 100, 138

identificação estatística, 35

lista de empresas, 2

níveis de lucratividade, 97

Lucratividade
das empresas excepcionais. *Consulte*
Regra *receita antes do custo*
e maior volume, 113–124
e posição de custos baixos, 54,
124–137
estrutura das diferenças em,
96–101
estrutura das vantagens em, 95–96,
311–312
fórmula, elementos, 96
manutenção de preços
diferenciados, 101–113
ROA das empresas bem-sucedidas,
13–16
vantagem de margem bruta,
97–99
Matriz de transição entre os diferentes
decis (DTM), desempenho
excepcional definido com base na,
34–36, 224–227
Maytag
desenvolvimento/crescimento,
170–171
elementos da vantagem, 171, 173,
180
ênfase à regra *o melhor antes do mais
barato*, 10–12, 58, 174
estratégia de crescimento,
173–176
Medtronic
Merck & Co.
como *Miracle Worker*, 2, 149,
154–160, 181, 194
desenvolvimento/crescimento, 145,
148
elementos da vantagem, 158
ênfase à regra *o melhor antes do mais
barato*, 17–18, 58, 149

ênfase à regra *receita antes do custo*,
16–18, 150
estratégia de crescimento, 148,
150–160
expansão internacional, 149
gráfico de perfil de desempenho,
263
inovação e riscos enfrentados, 8
limitações, 150–151
trajetória "Outros", 149
Métodos de regressão
análise dos mínimos quadrados
ordinários, 60–62, 307–310
regressão quantílica, 34,
311–312
Micropac Industries, 64–67
como *Long Runner*, 2
concorrentes, 64
desenvolvimento/crescimento,
65–66
elementos da vantagem, 73
gráfico de perfil de desempenho,
240
limitações, 66–67, 69, 73
posição competitiva, 58
trajetória "mantida", 67, 69
*Miracle Workers. Veja também empresas
específicas*
ênfase à regra *o melhor antes do mais
barato*, 11–12
ênfase à regra *receita antes do custo*,
13–16, 96–97, 99–100, 138
estratégia não-preço, 58, 60–61
fórmula de lucratividade, eficiência
da, 96–97
lista de empresas, 2
regras. *Consulte* Três regras
identificação estatística, 3, 35
trajetória "perdida", 60

Modelos de fluxo de caixa descontado (DCF), 26–27
Mudança proativa, 145–161
Mudança reativa, 162–170
Não há outras regras, 18–25, 139–185
   elementos, 28, 143
   fabricantes de eletrodomésticos, 170–181
   finalidades, 139–140, 183–185
   mudança, ineficaz, 170–181
   mudança, proativa, 145–161
   mudança, reativa, 162–170
   setor de transporte, 162–170
   setor farmacêutico, 145–162
PAM Transportation Services
   como *Average Joe*, 2, 5, 163, 169–170
   desenvolvimento/crescimento, 169
   estratégia de crescimento, 169
   estrutura terceirizada, 13–14
   foco no cliente, 5–6
   gráfico de perfil de desempenho, 269
   limitações, 169, 170
   posição baseada em preço, 10, 58
   riscos enfrentados, 6
Peters, Tom, 219–221, 222
Posição. *Consulte* Posição competitiva
Posição "no meio". *Veja também Long Runners*
   posição competitiva, 58
Posição competitiva
   como energia potencial, 62–74
   comparações nos trios de empresas, 58–60
   e as forças do setor, 83–93
   e criação de valor, 18
   e o desempenho excepcional.
      Consulte a regra *o melhor antes do mais barato*; regra *receita antes do custo*; *Não há outras regras*
   e o preço. *Consulte* Valor não-preço; Relatividade do valor baseado em preço, 55–56
   elementos, 53–55, 63
   empresas, tipos para comparação, 55–56
   execução, poder da, 62–63, 74–83
   posição de custos baixos, 54, 124–137
   relação posição/desempenho, 56–63
Posição competitiva relativa, 55–56
Post hoc ergo propter hoc, armadilha dos estudos de caso de sucesso, 46–49
Preços diferenciados, mantendo a lucratividade com, 101–113
produtos de marca própria, 128–129
   comparações dos trios de empresas, 58
   vendas e receitas por metro quadrado, 130
Publix Super Markets
   como *Long Runner*, 2, 127
   desenvolvimento/crescimento, 127, 134
   elementos da vantagem, 135
   estratégia de crescimento, 127–128, 129, 134
   gráfico de perfil de desempenho, 260
   posição competitiva, 58
   trajetória "revelada", 124, 127
   vendas e receitas por metro quadrado, 130
Receita, cálculo aritmético, 208

Regra *o melhor antes do mais barato*,
9–12, 53–93
  benefícios de seguir esta regra, 12,
    18, 19, 25–29, 80, 83, 93
  desafios, 124–125
  e a relatividade da posição,
    55–56
  e as forças do setor, 83–93
  elementos, 12, 28
  exemplos do valor preço versus
    não-preço, 9–12, 53–54
  relação posição/desempenho,
    56–63
  setor de equipamentos médicos,
    74–83
  setor de material elétrico, 83–92
  setor de semicondutores, 63–74
Regra *receita antes do custo*, 13–18,
95–138
  benefícios de seguir esta regra, 18,
    19, 25–29, 100–101, 138
  elementos, 28, 96
  estruturas de lucratividade,
    diferenças nas, 96–101
  indicador de desempenho,
    13–16
  preços diferenciados, uso de,
    101–113
  setor de gêneros alimentícios no
    varejo, 124–137
  setor de vestuário no varejo,
    101–113
  setor de vestuário, 113–124
  volume, aumento do, 113–124
Regressão quantílica
  decis de desempenho, criação dos,
    34
  estrutura da análise das vantagens
    de lucratividade, 311–312

Regulamentação federal
  desregulamentação do setor de
    transporte, 3–4
  setor farmacêutico, 146–148, 160
Renda, cálculo aritmético, 207–208
Resultados, fatores determinantes,
33
Retorno sobre as vendas (ROS)
  cálculo aritmético, 209
  decomposição dos elementos da
    vantagem, 210–215
Retorno sobre os ativos (ROA)
  análise da decomposição, 96–99,
    210–217
  cálculo aritmético, 209
  como indicador de desempenho,
    13–16, 36–41, 223–228
  elementos da vantagem, 20–22,
    46–49, 207–217
  estruturas de lucratividade,
    diferenças nas, 96–101
  matriz de transição entre os
    diferentes decis (DTM), 34–36,
    224–227
  melhoria, métodos pra, 13
  versus retorno total aos acionistas
    (TSR), 36–37, 40–41
Retorno total aos acionistas (TSR)
  como indicador de desempenho,
    36–41
  medição dos elementos da
    vantagem, 228–229
  versus ROA, 36–37, 40–41
Riscos enfrentados
  métodos do setor de transporte, 6
  setor farmacêutico, 7–8
Rocky Mountain Chocolate Factory
  como *Average Joe*, 2, 124
  desenvolvimento/crescimento, 115

ênfase à regra *o melhor antes do mais barato*, 58
estratégia de crescimento, 124
gráfico de perfil de desempenho, 257
limitações, 124
Setor de confeitarias, 113–124. *Veja também* Rocky Mountain Chocolate Factory; Tootsie Roll Industries; Wm. Wrigley Jr. Company
comparações nos trios de empresas, 58
consistência no desempenho das empresas, 290–292
estatísticas descritivas para, 114
estratégias de crescimento, 7
gráficos de perfis de desempenho, 255–256
mudança, efeito nas empresas, 145
rankings das empresas, 2
Setor de drives (unidades) de disco, 198–199
Setor de equipamentos médicos, 74–83. *Veja também* Invacare; Medtronic; Stryker
comparações dos trios de empresas, 58
consistência no desempenho das empresas, 282–284
estatísticas descritivas para, 76
forças do setor, resposta às, 82
gráficos de perfis de desempenho, 243–246
mudança, efeito nas empresas, 145
rankings das empresas, 2
Setor de gêneros alimentícios no varejo, 124–137. *Veja também* Publix Super Markets; Weis Markets; Whole Foods Market

consistência no desempenho das empresas, 293–294
estatísticas descritivas para, 126
gráficos de perfis de desempenho, 259–262
mudança, efeito nas empresas, 145
rankings das empresas, 2
tendências do setor, 131
Setor de gêneros alimentícios. *Consulte* Setor de gêneros alimentícios no varejo
Setor de material elétrico, 83–92. *Veja também* Emrise;
Setor de semicondutores, 63–74. *Veja também* International Rectifier; Linear Technology; Micropac Industries
comparações dos trios de empresas, 58, 64
consistência no desempenho das empresas, 280–281
estatísticas descritivas para, 65
estratégias de crescimento, 7
gráficos de perfis de desempenho, 238–242
mudança, efeito nas empresas, 143–145
rankings das empresas, 2
segmentos de mercados, 64
Setor de transporte, 162–170. *Veja também* Heartland Express; PAM Transportation Services; Werner Enterprises empresas, diferenças comportamentais entre, 3–8
abordagem do valor preço *versus* não-preço, 10
comparações dos trios de empresas, 58

consistência no desempenho das empresas, 297–299

estatísticas descritivas para, 5

estratégias de crescimento, 5–7

gráficos de perfis de desempenho, 267–270

história, 3–4, 10

métodos de lucratividade, 13–14

rankings das empresas, 2, 5

Setor de varejo de descontos, lucratividade do, 14–16

Setor de vestuário no varejo, 101–113. *Veja também* Abercrombie & Fitch; Finish Line; Syms

ciclo de crescimento e declínio, 23–24

comparações dos trios de empresas, 58

consistência no desempenho das empresas, 288–289

estatísticas descritivas para, 104

gráficos de perfis de desempenho, 251–254

mudança, efeito nas empresas, 145

rankings das empresas, 2

Setor de vestuário. *Consulte* Setor de vestuário no varejo

Setor farmacêutico, 145–162. *Veja também* Eli Lilly & Co.; KV Pharmaceutical; Merck & Co.

comparações dos trios de empresas, 58

consistência no desempenho das empresas, 295–297

desenvolvimento de medicamentos, 146–148, 151–153

estatísticas descritivas para, 147

gráficos de perfis de desempenho, 263–266

inovação, 7–8

métodos de lucratividade, 16–18

rankings das empresas, 2

regulamentação federal, 146–148, 160

riscos enfrentados, 7–8

Stall (estol), 221

Stryker

como *Long Runner*, 2, 79

desenvolvimento/crescimento, 74, 75

estratégia de crescimento, 79

gráfico de perfil de desempenho, 244

posição competitiva "no meio", 75, 80–81

posição competitiva, 58

Sucesso, regras para. *Consulte* Três regras

Syms

como *Average Joe*, 2

desenvolvimento/crescimento, 112

gráfico de perfil de desempenho, 253

limitações, 112

posição baseada em preço, 58, 112–113

Thomas & Betts

como *Miracle Worker*, 2, 85–89

desenvolvimento/crescimento, 83, 85–86

Elementos da vantagem, 88–89

ênfase à regra *o melhor antes do mais barato*, 58, 85–86

estratégia de crescimento, 85–86, 87

expansão internacional, 86, 87, 143

gráfico de perfil de desempenho, 247

limitações, 86–87, 89

trajetória "perdida", 85, 86–88

Tomada de decisões, e o sucesso corporativo. *Consulte* Três regras

Tootsie Roll Industries

como *Long Runner*, 2, 122

desenvolvimento/crescimento, 113, 115–116

estratégia de crescimento, 117–118, 120, 122

gráfico de perfil de desempenho, 256

limitações, 122–123

posição baseada em preço, 58, 122

trajetória "mantida", 113

Trajetória "mantida", relação posição/ desempenho, 60

Trajetória "perdida"

Miracle Workers, 60

relação posição/desempenho, 60

Trajetória "revelada", relação posição/ desempenho, 60

Três regras, 187–205

análise da trajetória, 42–44, 58, 231, 233, 235

análise de categorias, 230–232

análise de consistência, 275–302

análise de eras/períodos, 42–44, 234–235

análise de pequenas amostras, 303–305

análise de períodos, 42–44, 231

análise dos mínimos quadrados ordinários (OLS), 60–62, 307–310

armadilhas *post hoc ergo propter hoc*, 46–49

cálculo dos elementos da vantagem, 207–217

capacidade de generalização, 49–52, 195–202

comparações por pares, 143, 303–305, 315–317

componentes comportamentais estudados, 3–8, 143, 315–317

definição de desempenho excepcional, 34–36, 223–229

definição de perfil, 41–44, 238–274

dimensões das, 191–196

e o princípio do imperativo categórico, 202–205

efeito auréola, como lidar com, 44–46, 193

elementos da vantagem, 46–49, 207–217

estatísticas descritivas usadas, 312, 314

estrutura das vantagens de lucratividade, 95–96, 311–312

falsos positivos, correções para evitar, 35–36, 226–227, 230–231

indicador de desempenho do ROA, 13–16, 36–41, 223–228

métodos de análise em larga escala, 303

mudança, ineficaz, 170–181

mudanças de posição e desempenho, análise das, 60–62, 307–310

não há outras regras, 18–25, 139–185

número de empresas, 2

período, 2, 230–233

precisão das, 183–185, 191–195

regra *o melhor antes do mais barato*, 9–12, 53–93

regra *receita antes do custo*, 13–18, 95–138

regressão quantílica, 34, 311–312

relação entre as regras, 183–184

simplicidade das, 190–191

variáveis dependentes e independentes, 44–46, 101, 192–193

versus intuição, 183–184

TSR como indicador de desempenho, 36–41, 228–229

Valor
criação de, e posição competitiva, 18

regra *o melhor antes do mais barato*, 9–12

regra *receita antes do custo*, 13–18

Valor baseado em preço, 9–11. *Veja também Average Joe*
comparações dos trios de empresas, 58

definição, 9

sucesso de uma única empresa. *Consulte* Mudança temporária da Weis Markets para, 93

versus valor não-preço. *Consulte* a regra *O melhor antes do mais barato*; Valor não-preço

Valor preço relativo, 54, 56

Vantagem na margem bruta, propulsores da, 97–99

Variáveis dependentes, 44, 192–193

Volume, aumento de, e lucratividade, 113–124

Waterman, Robert, 219–221, 222

Weis Markets
como *Miracle Worker*, 2, 130

elementos da vantagem, 128, 135

estratégia de crescimento, 128–129, 132–133, 142–143

gráfico de perfil de desempenho, 259

limitações, 130, 132–134

posição baseada em preço, 58, 127, 128, 130, 137

trajetória "perdida", 125, 130, 132–134

vendas e receitas por metro quadrado, 130

Werner Enterprises
como inovador, 6, 22, 164

como *Long Runner*, 2, 5, 163, 169–170

estratégia de crescimento, 167–168

estrutura terceirizada, 13–14, 166

foco no cliente, 6, 10

gráfico de perfil de desempenho, 268

limitações, 166, 182

posição baseada em preço, 10, 58, 164, 169

trajetória "perdida", 163

Whirlpool
como *Average Joe*, 2, 170–171, 173

diversificação, 11–12

estratégia de crescimento, 173–174, 177, 178

expansão internacional, 177

gráfico de perfil de desempenho, 273

limitações, 176

posição baseada em preço, 58, 176

Whole Foods Market
como *Average Joe*, 2, 125, 127

ênfase à regra *o melhor antes do mais barato*, 58, 125, 127

gráfico de perfil de desempenho, 261

limitações, 127, 134, 136–137

Wm. Wrigley Jr. Company

como *Miracle Worker*, 2, 118–122, 194

construção de marca, 116–117

controles de preço, 117

desenvolvimento/crescimento, 113, 115–116

elementos da vantagem, 118

estratégia de crescimento, 116–117, 118–122

estratégia não-preço, 123

expansão internacional, 119, 120, 143

gráfico de perfil de desempenho, 255

na depressão econômica, 116

posição competitiva, 58

trajetória "revelada", 113, 115

Este livro foi impresso nas oficinas gráficas da Editora Vozes Ltda.,
Rua Frei Luís, 100 – Petrópolis, RJ.